数字经济 3.0

智联万物 智链百业

郭克强 彭志文◎主 编
卢 云 王 琦◎副主编

人民邮电出版社

北 京

图书在版编目（CIP）数据

数字经济3.0：智联万物，智链百业 / 郭克强，彭
志文主编. -- 北京：人民邮电出版社，2024.4（2024.7重印）
ISBN 978-7-115-63355-2

Ⅰ. ①数… Ⅱ. ①郭… ②彭… Ⅲ. ①信息经济
Ⅳ. ①F49

中国国家版本馆CIP数据核字(2024)第027849号

内 容 提 要

数字经济已经成为一种新的经济形态和经济增长方式。随着人工智能、大数据、区块链、云计算、5G 通信等关键技术的深入发展，数字经济进入了感知泛在、连接泛在、智能泛在、信任泛在的新时代。"智联万物"和"智链百业"成为数字经济 3.0 时代的基本特征。本书以通信行业视角，审视数字经济的阶段特征、发展脉络及其内在技术逻辑，阐述数字经济基础设施总架构，纵览数字经济包容创新全貌，通过丰富的产业案例，展示数字经济新应用和未来发展大趋势，为读者深入理解数字经济提供了分析框架和观点方法。

本书可以为运营商、互联网企业及与数字经济相关的行业客户提供参考，也可以供对数字经济感兴趣的读者阅读。

- ◆ 主　　编　郭克强　彭志文
　　副主编　卢 云　王 琦
　　责任编辑　李彩珊
　　责任印制　马振武
- ◆ 人民邮电出版社出版发行　　北京市丰台区成寿寺路 11 号
　　邮编　100164　　电子邮件　315@ptpress.com.cn
　　网址　https://www.ptpress.com.cn
　　固安县铭成印刷有限公司印刷
- ◆ 开本：710×1000　1/16
　　印张：21　　　　　　　　　2024 年 4 月第 1 版
　　字数：412 千字　　　　　　2024 年 7 月河北第 3 次印刷

定价：129.80 元

读者服务热线：(010)53913866　印装质量热线：(010)81055316
反盗版热线：(010)81055315
广告经营许可证：京东市监广登字 20170147 号

编 委 会

序 一

2023 年 12 月 15 日，习近平主席在致美中贸易全国委员会成立 50 周年庆典的贺信中指出，当今世界正经历百年未有之大变局。作为大变局的生产力基础，新一轮科技革命和产业革命将重塑社会生产生活的方方面面。从日常生活到全球治理都将面临重大冲击和调整，个人、企业、组织和国家在变局中如何应变，将决定其自身乃至全人类的前途和命运。妥善应对需要对关键趋势及其意义有正确的理解和把握。《数字经济 3.0——智联万物，智链百业》一书对此提出了富有启发意义的"一家之言"。

该书结构严谨、论述清晰，许多观点令人眼前一亮。例如，关于数字经济 3 个发展阶段的划分颇为新颖和独到。特别是对数字经济 3.0 时代的 4 个特征进行了精辟概括，为理解和分析即将到来的新经济提供了一个有效框架。"四个泛在"（感知泛在、连接泛在、智能泛在和信任泛在）的提法可能在智识界引起广泛反响。除了观点和理论上的深刻洞见，该书的另一个重要价值是，从生活、产业和治理 3 个方面提供了丰富生动的实践案例。这些案例中有的是已经实施的，有的是正在落实的，有的是近期有望推进的，无不具有扎实的现实基础和操作可行性，这也很好地回应和反击了对 5G 应用场景的某些质疑。

总之，这是一本既有理论深度又全面贴近实践的著作。该书既能给产业实务工作者以理论的启迪，又能给理论研究工作者以实践的滋养，还能为政策制定者提供决策参考。我相信，对数字经济感兴趣的有关人士，对 5G、人工智能、物联网、区块链、大数据、云计算、边缘计算等新技术和新产业感兴趣的有关人士，都可以从中汲取营养。

当前，我国已全面建成小康社会，实现第一个百年奋斗目标。我希望更多像中国移动一样的大型国企能够代表产业界积极发声，深度参与全社会的广泛讨论，不断深化对数字经济的认识，为国有企业改革和国有经济发展出谋划策，为产业经济发展政策提供决策依据，助力国内国际经济"双循环"，改善五大要素（土地、劳动力、资本、技术和数据）的配置效率，实现我国经济社会的可持续高质量发展。

郭克强

序 二

　　变化是永恒的主题。万事万物无时无刻不在变化。不同主体、不同事物的变化或兼容协调，或冲突龃龉。身处前所未有之快速变化的经济社会，每一分子都不得不与之俱变。有人张扬长期主义，有人关注流动性和波动率，无论是时间的朋友，还是时机的对手，究其实质，都是以变应变。

　　技术热点不断涌现，大数据、人工智能、物联网、区块链、云计算、边缘计算、数字孪生……一个接一个，令人应接不暇。莫说普通民众，纵然是专业研究者，也难以在短期内对如此众多、不断增长演化的新技术、新产业有一个基本准确的大概了解。科技前沿与产业应用、技术创新与传统经济、实践发展与大众认知……凡此种种都存在巨大的数字鸿沟。这可能是当前时代最大的社会风险之一。我们空前迫切地需要一大批优秀的头脑、优质的资源前赴后继地致力于弥合这些数字鸿沟，坚决避免出现所谓"断裂线"。

　　《数字经济3.0——智联万物，智链百业》一书就是在数字鸿沟上搭建桥梁的一种尝试和努力。该书的编写者来自中国移动集团和北京邮电大学。这两者都是我国数字经济的前沿哨兵，既接触最先进的技术创新，又掌握最广泛的技术应用，始终坚持以国家民族永续发展为最大利益，勇于承担和善尽社会责任，长期以各种方式致力于消弭数字鸿沟。该书虽然定位于面向大众、面向未来、面向实践的普及性读本，但它显然已经具备了一般普及读物经常缺失的一些优点。该书基本观点深刻新颖，理论框架专业严谨，案例描述生动具体，可谓近期数字经济研究领域的一本上乘佳作。书中针对正在展开或即将到来的数字经济3.0时代，将其基本特征概括为"四个泛在"（感知泛在、连接泛在、智能泛在、信任泛在），从而将新近的一系列重大技术整合于统一框架之下，为数字经济新阶段的模式创新和基础创新提供了一种全新的思考视角。除了观点充满真知灼见，令人感受深切的是字里行间传达出来的价值观：以人为本、以变应变、因势利导、生态制胜。我相信这种价值观是我们立足当下、放眼未来的根本法宝。

彭志文

前　言

　　我们毫不怀疑人们已经生活在数字经济之中，同时毫不怀疑数字经济的面貌将日新月异。数字经济是一个动态概念，其内涵和外延不仅与时俱进，而且因人而异、因地制宜。个别主体的认知无论多么准确深刻，都难免"盲人摸象"。只有全体成员共同参与的社会发展，才能在创造的过程中不断揭示数字经济的真相全貌。尽管如此，毕竟通信网络是数字经济的关键基础设施，运营商作为数字经济的"舞台监督"和"瞭望前哨"，对数字经济的探索和科普负有不可推卸的责任。本书的初衷正是为观察数字经济提供一种运营商视角。换言之，本书是运营商视角下关于数字经济的一幅"速写"。

　　本书由三部分组成，分别阐述了数字经济的理论体系、特征框架和应用前景。首先，划分了数字经济的发展阶段，特别强调了数字经济3.0时代的主要特征及其给经济社会带来的机遇和挑战。接着，从感知、连接、智能和信任4个维度回顾了数字经济的演化历程，厘清其中的逻辑机理，从而构建整合一致的数字经济分析框架。最后，通过大量应用实践案例展示数字经济3.0时代的产业经济动态，指出在"四个泛在"的赋能下，可能迎来哪些行业风口、解决哪些领域痛点、出现哪些商业机会。

　　自20世纪90年代所谓"新经济"以来，"数字经济"业已成为一种新的增长方式和经济形态。农业经济时代的基本生产要素是土地和劳动力。工业经济时代的核心生产要素是资源、资本和技术。数字经济时代的关键生产要素是知识、信息和数据。围绕生产要素的相对重要性和稀缺性，以及利用生产要素的技术方式，我们将数字经济划分为3个阶段。第一阶段的技术特征是尚未融合的IT和CT，主要满足通信和连接的基本需求，代表性的业务模式是电信增值服务和门户网站等。在第二阶段中，IT与CT逐渐融合成ICT，出现了以3G通信、移动互联网、B2C消费电子商务及社交媒体为主要特征的数字经济。随着这一阶段的发展，线下的交往和交换开始转移至线上，数字孪生于此发轫。在第三阶段中，随着大数据、区块链和人工智能等技术的深入发展，ICT进一步融合成DICT，"智联万物"和"智链百业"成为数字经济新阶段的基本特征。"智联万物"指的是新阶段的技术基础，即所有物体都能在感知和互信的基础上与人机相连接，协作产生并共同分享人工智能。"智链百业"则指新阶段的产业组织，即依托区块链、大数据等新型技术，大幅降低交易成本，改变社会交往交换方式，促进社会运动发展，通过数字孪生与数字创新，改造和重塑经济社会系统。

本书从感知、连接、智能、信任 4 个维度对支持数字经济发展的技术体系进行了深入分析。感知是指人类个体意识对内外界信息的察觉、感受、注意、知晓等一系列过程。经由传感器实现感知的技术是数字经济的最底层基础。传感器的发展已经经历了结构型传感器、固体型传感器和智能传感器 3 个阶段。以微机电系统（MEMS）为代表的智能传感器不仅能够实现"感"，还能根据其内置的智能芯片实现"知"。智能传感器是感受器，同时也是触发器，能够实现一定的决策和控制功能，在视、听、触、嗅、味等感知领域都已有大量应用。连接指的是连接通信技术。20 世纪 80 年代中后期，1G 以及互联网的相继出现，标志着人类进入了现代通信时代。此后 30 多年间，连接技术出现了长足发展：1G 到 2G 实现了从模拟通信到数字通信的飞跃；2G 到 3G 实现了从语音通信到数据通信的转变；3G 到 4G 实现了移动通信网络和传统电信网络的融合，将云计算等互联网技术用于移动通信，大大提高了带宽的使用率；4G 到 5G 实现了移动互联网向移动物联网的转变，使万物互联成为可能。连接技术的发展深刻改变了人们交往、交换、生产、生活的方式，进而对企业、产业和社会的组织形式产生深远影响。智能主要指经济中的决策技术。传统决策依靠人脑。人脑的存储和算力都极其有限，往往只能争取局部最优解而非全局最优解。以人工智能为代表的新技术引入了新的决策方式。目前已经出现了 3 个层次的人工智能，其正被逐步深入和广泛地应用于各种决策场景。计算智能是指"能记会算"，让机器具备像人类一样的计算、记忆与存储能力；感知智能是指"能听会说、能看会认"，使机器具备视觉、听觉等感知能力，主要依靠各种传感器、智能芯片等数据获取技术，对人类的感知或直觉行为进行模拟；认知智能是指"能理解会思考"，使机器具备数据理解、知识表达、逻辑推理和自主学习等认知能力。信任是社会分工合作的基本条件和实现机制。在数字经济新阶段，信任将从人-人信任转向物-物信任，以及人-机-物的全面信任。以区块链为代表的新型增信技术，将推动传统的中心化信任模式向去中心化、泛在化的信任模式转变，推动信息互联网向价值互联网演进。

本书最后部分通过描绘具体场景展现了数字经济新阶段的生动面貌，其中既有普通人眼中的日常生活，又有大量的产业应用案例。我们希望藉此激励和启发读者的想象。无论今天的数字经济是何等模样，只要插上想象的翅膀，未来的变化就不可限量。让我们跟随本书中的线索，一起期待数字经济的明天吧！

目　录

第一部分　数字经济新愿景

第二部分　数字经济新体系

第三部分　数字经济新应用

第一部分
数字经济新愿景

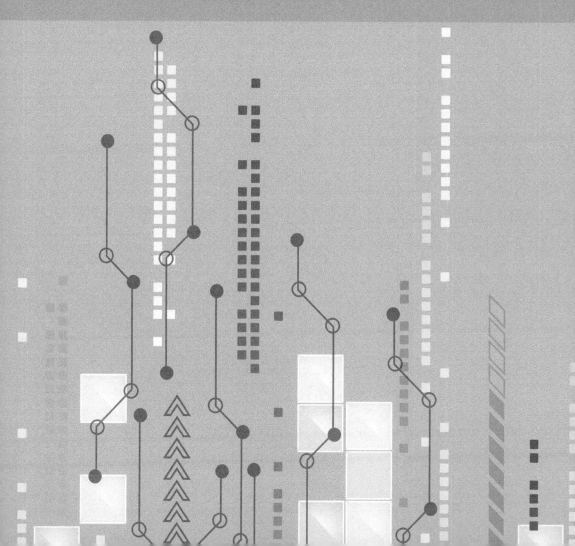

第1章

新技术构建数字经济 3.0

从 1994 年到 2019 年,时间跨越了 25 年,如果把数字经济看作一个人,这 25 年他经历了 3 个阶段:以最初的电子商务业态出生(数字经济 1.0),成长为消费互联网的少年(数字经济 2.0),而今度过青春期,一下变为全数据产业互联网的青年(数字经济 3.0)。在这高速成长的背后,3 个要素参与了数字经济的"养育":作为硬件,快速发展的信息通信技术提供了养育环境;作为软件,适时而至的国家战略给予了动力加持;而"数据"则成为其最核心的内驱力。

1.1 数字经济

1.1.1 概念的演化

任何一个经济概念都并非偶然提出,而是伴随着某种不同于过往的经济爆发而出现。

20 世纪 90 年代,美国经济出现了罕见性的持续增长,高增长、低就业、低通胀,人们把这种现象称为"新经济"。每一次经济爆发的驱动力几乎都是两个因素:技术革新和对外开放,新经济也不例外。互联网技术革新加上全球化的拓展是美国新经济的发动机。在这个充满了激情和希望的美好岁月中,人们归纳出一种新的经济形态,"数字经济"这个概念应运而生。

1996 年,美国 IT 咨询专家唐·塔普斯科特(Don Tapscott)出版的图书 *The Digital Economy: Promise and Peril in the Age of Networked Intelligence* 提出了因"信息高速公路"计划而兴起的新经济。这本书的出版,让"数字经济"这个概念进入政府官员、高校教授和商业巨头的眼里。因此,唐·塔普斯科特被誉为"数字经济之父"。

1998 年 4 月，美国商务部发布《浮现中的数字经济》报告，将电子商务以及为电子商务提供支撑的信息技术产业视为数字经济的两个组成部分。这标志着国家实体对数字经济的重视和投入。此后十几年间，美国政府陆续发布了 10 多份与数字经济议题有关的重要报告，在全球范围保持着数字经济的领先的地位。

2016 年 9 月，在杭州西子湖畔的二十国集团领导人第十一次峰会上，中国作为二十国的主席国，首次将"数字经济"列为 G20 创新增长蓝图中的一项重要议题。之后，多国领导人共同签署了《二十国集团数字经济发展与合作倡议》，这是全球首个由多国领导人共同签署的数字经济政策文件。该倡议指出，"数字经济是指以使用数字化的知识和信息作为关键生产要素、以现代信息网络作为重要载体、以信息通信技术的有效使用作为效率提升和经济结构优化的重要推动力的一系列经济活动"，这一定义反映了我国政府对数字经济的基本判断，即数字经济是以信息通信产业为基础的产业融合与产业改造。此后，历届 G20 峰会延续对数字经济的关注和讨论，数字经济已经成为当今主流的话语热词和发展共识。

1.1.2 数字经济改变了关键生产要素

我们梳理一下贯穿人类社会多数时期的农业经济和近 200 年的工业经济就会发现，数字经济之所以能上升到改变社会经济形态的地位，是因为其经济底层逻辑发生了变化。

所有经济的底层逻辑都包含两个生产要素：一是资源，资源越多意味着经济潜能越大；二是资源转化能力，资源转化能力越强意味着经济效能越高。这两个生产要素构成了这样一种逻辑表达方式。

某种经济的底层逻辑是：通过某种资源转化能力对资源的开发和转化来创造经济价值。

人类社会经历了几千年的农业经济形态。在那么长的岁月里，人们采用的是原始技术，使用的是犁、锄、刀、斧等手工生产工具和马车、木船等交通运输工具，主要从事第一生产——农业，辅以手工业。

农业经济的底层逻辑是：通过劳动力对土地的种植来创造经济价值。

其关键生产要素有两个：土地，土地是核心资源，沃野千里意味着经济潜能大；劳动力，即人口，人口代表资源转化的能力。人口越多，产能越大，经济能力越强。

但这个经济增长逻辑会很快到达瓶颈，人口既是生产力也是消费力，"人吃马喂"这 4 个字就表明农业经济的发展会迅速进入调节回路，生产和消费会很快抵消。

工业革命打破农业经济快速"抵消"的问题，资源及由资源转化的能源和机器构成了工业经济的生产资料，由此带来了新的经济增长方式，也改变了农业经济的底层逻辑。

工业经济的底层逻辑是：通过机器对能源和金属资源的开发和转化创造经济价值。

其关键生产要素有两个：资源，由化石能源和有色金属组成的资源代表经济潜能，"家里有矿"意味着财富潜力大；机器及工业技术，机器和工业技术代表资源转化的能力，有足够多的机器转化足够多的资源，就能带来无穷尽的产能和经济。

而当信息和信息技术革命出现后，知识、信息和数据构成了独特的虚拟资源，这些虚拟资源变成了一种生产资料，从而带来了新的经济增长方式，也改变了工业经济的底层逻辑。

数字经济的底层逻辑是：通过信息技术对数据、信息和知识的开发和转化来创造经济价值。

其关键生产要素则变成数据、信息和知识，由海量数据、信息和知识组成的资源代表经济潜能，"大数据"意味着财富潜力；信息通信技术，通信技术和信息技术代表资源转化的能力，通信能力越强，信息计算能力越强，资源转化的效率就越高。

经济发展的底层逻辑改变触发了经济从农业时代到工业时代、从工业时代到数字时代的演变。而对于数字经济时代，核心生产要素的阶段性变化同样会让经济产生阶段性特征。从 1946 年世界第一台计算机发明到近年来 5G、AI 等技术突破，几十年来一切关于比特、二进制的技术都可被称为数字技术。不同时期的数字技术具有不同的技术特征，从而导致数字经济的三阶段发展。

1.2　从数字经济 1.0 到数字经济 3.0

我国数字经济发展大致经历了 3 个阶段（见表 1-1）。

第一个阶段（数字经济 1.0）为 1994—2009 年，即从我国全功能接入国际互联网（标志着互联网在中国诞生）开始。该阶段以网络媒体和初级电子商务为主要商业形态，新经济主要为传统经济提供补充，对人们生产生活的改变以"增值"为主。

第二个阶段（数字经济 2.0）为 2009—2019 年，即从我国颁发 3G 商用牌照（标志着移动互联网时代到来）开始。该阶段主要以平台为载体，以移动互联网触发的消费互联网为主要商业形态，在这一阶段，数字经济开始改变人们的传统消费行为，人们的消费全部依托数据、信息。

第三阶段（数字经济 3.0）为 2019 年之后，即从我国 5G 商用牌照正式颁发，正式进入万物互联时代开始。该阶段主要以数字化转型引发的产业互联网为主要商业形态，这个阶段的数字经济对生产的影响已现端倪，无人工厂、自动驾驶、远程医疗已经不是科幻小说里的场景。

表 1-1 我国数字经济发展阶段

| 阶段 | 年代 | 基础设施 | | | | 关键技术 | 关键要素 | 经济业态 |
		感知	连接	智能	信任			
数字经济1.0	1994—2009年	• 应变电阻式传感器（应变电阻片的尺寸发生改变）、电容式传感器（间隙变化或面积变化）和磁电式传感器等的信息数字化； • "以人-人为核心的信息交互"	• 固定宽带、固话、1G/2G等； • "语音、数据、视频等信息迈入数字化"	• 计算智能，服务集群技术； • "能记会算"	• 人际信任、网络安全	CT+IT	信息、服务器	• 初级电子商务； • 门户网站、即时通信、电子商务等
数字经济2.0	2009—2019年	• 智能手机、笔记本计算机、各类简单的感知物联网终端设备； • "以人-机为核心的信息交互"	• 光纤技术、3G/4G、Wi-Fi等； • "固网连接光纤化、移动连接宽带化、固移融合"	• 感知智能，云计算、大数据等技术； • "能听会说、能看会认"	• 信息安全	ICT+DT	数字技术	• 消费互联网； • 平台载体、社交媒体、社会化电子商务、O2O、共享经济等
数字经济3.0	2019年以后	• 智能手机、智能穿戴、智能家居、工业机器人等各类感知终端设备； • "以人-机-物互联为核心的万物交互"	• 千兆光纤、5G/6G、Wi-Fi 6等； • "星地融合、天地一体、万物互联、永续在线"	• 认知智能，AIoT、深度学习、云计算、边缘计算、大数据等技术； • "能理解会思考"	• 区块链、网络空间安全（第五空间安全）	DICT+BT融合	数据	• 产业互联网； • 智慧治理、数字化生活、数字产业化、数字化工作

如果用关键技术来区分 3 个阶段，则更为有趣。信息行业是缩略语最多的行业。而数字经济 3 个阶段的关键技术恰恰是一个缩略语"加长版"。

数字经济 1.0 的核心技术是信息技术（Information Technology，IT）和通信技术（Communication Technology，CT），彼时，IT 和 CT 还是两个领域。

到了 2.0 时代，缩略语增加了一个字母，核心技术变成了 ICT（信息通信技术，Information and Communication Technology），这意味着随着移动互联网的成熟，IT 和 CT 开始融合，数据的计算和传输变成一体。

到了 3.0 时代，缩略语又增加了一个字母，核心技术变成了 DICT（数据+信息通信技术，Data, Information and Communication Technology），以 5G、IoT、AI 等为代表的新型信息通信技术又将数据技术（Data Technology，DT）、IT 和 CT 融合在一起，带来了新的增长源泉。

1.2.1　数字经济 1.0：增值

1994 年在通信和信息领域发生了两个标志性事件：全功能性接入国际互联网标志着互联网在中国诞生；中国打通第一个全球移动通信系统（Global System for Mobile Communications，GSM）电话，标志着移动通信发展进入了新阶段。这两个标志性事件意味着，信息以数字符号的形式在全世界的有线和无线网络中传播、交互，数字经济的萌芽状态出现。

依托那时的通信技术和信息技术，这一阶段主要解决的是传统媒体的线上转化、互联网的信息交互和桌面的电子商务。彼时，人们最主要的经济活动叫上网冲浪、淘宝下单、祝福短信。通信运营商、服务提供商、内容提供商把这些业务命名为"增值"业务。数字经济 1.0 的时代特征如图 1-1 所示。

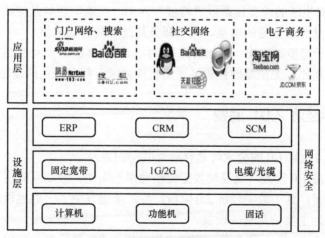

图 1-1　数字经济 1.0 的时代特征

1995 年，"可能是杭州英语最好的人"马云第一次赴美，在西雅图的一个朋友家里见识了互联网。那时的互联网找不到关于"China"的任何信息，这激发了马云的伟大梦想。回国后，他关了自己的翻译社，创业做了中国黄页。

到了 2008 年，阿里巴巴网站上的企业商铺总数已经达到了 460 万，马云领导的这家企业第一次在香港联合交易所上市一年多。而在 2008 年，中国电话用户数达到 9.8 亿户，其中移动电话用户数达到 6.4 亿户。当时中国网民数达到 2.98 亿人，爬到了世界的第一位。

除了固定互联网对人们信息获取方式和消费习惯的改变，手机也逐渐从打电话升级成"瑞士军刀"。2000 年，中国移动推出了移动梦网业务。移动梦网的英文是 Monternet，意思是"Mobile+Internet"，即移动+开放的互联网，是由运营商构筑的手机上网平台。移动梦网就像一个大超市，囊括了短信、彩信、手机上网、百宝箱（手机游戏）等各种多元化信息服务。在当时极低分辨率的手机屏幕上，跑着各种小游戏、彩信、网站，现在看来不忍直视，但却为未来移动互联网的发展提供了大量启发和借鉴。2005 年，手机第一次被人冠以"第五媒体"的称呼。

互联网为媒体增加了互动性，这让互联网媒体快速普及。以新浪、搜狐、网易为代表的门户网站，将传统媒体与受众的传播关系转变为双向或多向互动的传播关系。截至 2008 年 12 月，网络媒体的使用率达到 78.5%，用户群体达到 2.34 亿户。以百度为代表的搜索引擎和以腾讯 QQ 为代表的即时通信都得到迅速发展，其中 2008 年年底搜索引擎的使用率为 68.0%，在互联网应用中位列第四，用户数达到 2 亿户；而即时通信使用率达到 75.3%，用户数达到 2.2 亿户。

在数字经济 1.0 时代，通信技术的发展基本解决了媒体线上化、信息交互化和电子商务桌面化的问题，同时形成了以腾讯、阿里巴巴、百度、网易为代表的数字经济的新业态。但由于信息传输的基础设施以固定网为基础，网络的带宽极为受限，数字经济 1.0 对生活的改变还都以"增值"为主。互联网媒体是传统媒体的增值，移动数据业务是通话业务的增值，电子商务是线下商务的增值。

同时，由于起步时间晚，基础条件差，我国的数字经济企业与西方发达国家的数字经济企业相比，无论是硬件领域还是软件领域，都有一定的差距。

1.2.2 数字经济 2.0：消费

数字经济 2.0 与 1.0 的分水岭是移动互联网的普及。

在数字经济 1.0 阶段，受移动数据传输速率的限制，移动互联网还仅仅是一个点缀、一道佐餐；到了数字经济 2.0 阶段，经济基础发生了天翻地覆的变化，移动互联网一跃成为主要信息基础设施。

时间回到 2009 年 1 月 7 日，姗姗来迟的中国 3G 牌照终于发放，工业和信息化部（以下简称工信部）批准中国移动、中国联通、中国电信增加 3G 业务经营许可。3G 技术支持高速数据业务，其中的标志业务就是流媒体和视频通话。由此，移动互联网得以实现，数字经济 2.0 的大幕徐徐拉开。

很快随之而来的 4G 牌照则成为数字经济 2.0 的助推器。2013 年 12 月 4 日，工信部正式发放 4G 牌照，宣告我国通信行业进入 4G 时代。中国移动、中国联通和中国电信分别获得一张 TD-LTE 牌照。

从此以后，中国每个人的生活再也无法离开各种网络和各个"屏幕"。人们在线购物、在线零售、在线娱乐、在线阅读、在线学习、在线订餐、在线工作、在线祭祀扫墓……这一切行为都完全实现了任何时间任何地点。在人们的衣食住行的最底层需求之下，一个更底层的需求油然而生：永远在线（Online）。

在第 1.2.1 节，我们给数字经济 1.0 赋予一个关键词"增值"。1.0 时代仅仅是过去传统经济生活的增值，数字经济更像一个概念；到了 2.0 时代，"增值"这两个字永远进入了历史，取而代之的关键词是"消费"。人们生活中的大部分个体消费都离不开网络，因为用户消费行为的本质变化，经济模式才发生了本质变化。

除了基于 ICT 的移动互联网基础设施给数字经济 2.0 的"消费"互联网铺平了路，给数字经济 2.0 加持的基础设施还增加了云计算、感知和人工智能等，如图 1-2 所示。

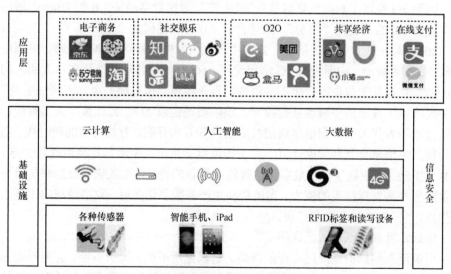

图 1-2　数字经济 2.0 的时代特征

大数据和云计算开始被应用到社会化资源的整合与调度中：滴滴繁杂的打车调度需要大数据和云计算，京东的快递分拣需要大数据和云计算，菜鸟网络的智慧仓储物流调度需要大数据和云计算。

智能移动设备的出现扩大了感知的来源，感知终端从计算机、功能机等转移到智能手机、智能可穿戴设备、平板计算机、手持的游戏机等。

人工智能技术开始运用到商业，除了简单的计算智能，语音识别成为数字经济 2.0 时代许多场景的入口。人工智能不仅能记会算，而且能听会说、能看会认。

在信任方面，除物理安全和系统安全外，信息安全成为人们关注的焦点，信息的完整性、真实性、保密性等受到关注。

在数字经济 2.0 时代，中国数字经济从当初的寻求发展演变为与世界并肩同行。截至 2019 年 12 月，中国互联网上市企业在境内外的总值达 11.12 万亿元。在全球市值排名前 30 名的互联网公司中，美国占据 18 个，中国占据 9 个，其中阿里巴巴和腾讯稳居全球互联网公司市值前十。在中国互联网巨头持续发力的同时，新生代互联网公司也已经崭露头角。小米、美团相继在中国香港上市，拼多多仅用了 3 年时间就敲响了纳斯达克的上市钟声。这些互联网行业的后来者用全新的商业模式打开了一扇扇大众消费的大门。

1.2.3　数字经济 3.0：生产

为什么说 5G 的商用打开了数字经济 3.0 时代的大门呢？

因为 5G 实现了利用数据和信息来"生产"。对比数字经济 1.0 的关键词"增值"、数字经济 2.0 的关键词"消费"，数字经济 3.0 的关键词是"生产"。

2019 年 6 月 6 日，工信部正式向中国电信、中国移动、中国联通、中国广电发放 5G 商用牌照，中国进入 5G 商用元年。5G 时代的移动通信正在从人和人的连接，向人与物及物与物的全面连接迈进，真正实现"信息随心至，万物触手及"，数字经济 3.0 发展的序幕也从此拉开。该阶段是由以 5G、云计算、人工智能、区块链技术等为代表的新型信息通信技术引发的万物互联、万物可信的新时代。当物与物能产生信息交互和深度计算，人工智能赋能生产、生活和社会治理各个方面，智慧化生活、产业数字化及数字化治理将成为新的趋势。这意味着数据和信息可以在供给生产端发挥惊人的威力。当消费和生产都数字化之后，数字经济的闭环则完全形成，"任督二脉"完全打通。

由此，互联网跃迁成泛在网。

所谓泛在网指的是广泛存在的网络。它以无所不在、无所不包、无所不能为基本特征。数字经济 3.0 时代将呈现出"四个泛在"的特征，即"感知泛在、连接泛在、智能泛在、信任泛在"，如图 1-3 所示。感知终端从手机终端和简单的物联网终端扩展到各种智能传感设备和智能感知终端，智能可穿戴设备、智能定位系统、工业机器人等感知终端无所不在，数据采集渠道更加丰富，实现了以"人-机-物"为核心的万物感知，即"感知泛在"。5G 网络、千兆光纤网络、卫星互联网技术等成为信息传递的载体，改变了传统网络架构，星地融合、天地一体，万物互联、永续在线，即"连接泛在"。人工智能与大数据、云计算等深度融合，认知智能成为人工智能的主要表现形式，能理解会思考成为本阶段人工智能应用的主要表现，即"智能泛在"。区块链技术全面应用于网络空间治理，并进一步融合到社会经济的方方面面，即"信任泛在"。

数字经济 3.0 的数字化基础设施核心是 DICT+BT，如图 1-3 所示。DICT 是指 DT 与 ICT 的深度融合，万物皆数据，数据不需要抽象转化即可发放到云端，数据的产生速度和质量大大提高。在 DT 的驱动下，数据可以从感知层面进一步扩大来源；在连接、智能方面技术的帮助下，海量的数据得以进一步充分利用，从而带动经济发展。经济的发展离不开信任的保障，在信任方面，区块链技术（Blockchain Technology，BT）成为数字经济 3.0 信任的关键，其基于互联网的数据传输协议，建立共享账本机制，结合现代社会所需的共识、信任和公平理念，进一步优化了现有的生产关系和商业逻辑，将引领新一轮的信息化革命。

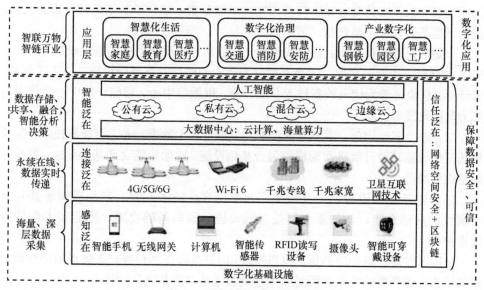

图 1-3　数字经济 3.0 的时代特征

1.3　新型信息基础设施

在第 1.2 节，我们看到泾渭分明的 3 个数字经济阶段，它们的发展并非线性发展，反而有种量子物理学"能级跃迁"的感觉。在量子物理学中，电子只在某几个轨道上运转，其轨道变化不是线性的，只有吸收足够的光子能量后，电子才会突然跃迁到高阶轨道。而数字经济的 3 个阶段也如此，好像生活着生活着，突然我们就发现世界变了个样。

能驱动数字经济产生"跃迁"的"光子能量"是什么呢？就是信息基础设施的变革。数字经济 1.0 的信息基础设施是遍布全球的光传输网络所形成的互联网；数字经济 2.0 的信息基础设施是 3G/4G 的移动互联网；而以 5G 为核心的新一代信息通信技术，结合 AI、IoT、云计算、大数据、边缘计算、区块链等数字技术的"能量"实现了数字经济 3.0 的跃迁，这些能量就是新型信息基础设施。

1.3.1　数字经济新型基础设施

新型基础设施建设，简称"新基建"，并非全新概念。2018 年 12 月，中央经济工作会议首次提及新型基础设施建设的概念。以 5G、人工智能、工业互联网、物联网为代表的新型基础设施，本质上是数字化的基础设施。2020 年 4 月 20 日，国家发展和改革委员会（以下简称国家发展改革委）细化了新型基础设施的概念，提出新型基础设施主要包括三方面内容。

一是信息基础设施，主要指基于新一代信息技术演化生成的基础设施，比如以 5G、物联网、工业互联网、卫星互联网为代表的通信网络基础设施，以人工智能、云计算、区块链等为代表的新技术基础设施，以数据中心、智能计算中心为代表的算力基础设施等。

二是融合基础设施，主要指深度应用互联网、大数据、人工智能等技术，支撑传统基础设施转型升级进而形成的融合基础设施，比如智能交通基础设施、智慧能源基础设施等。

三是创新基础设施，主要指支撑科学研究、技术开发、产品研制等具有公益属性的基础设施，比如重大科技基础设施、科教基础设施、产业技术创新基础设施等。

从国家发展改革委的界定中可以发现，信息基础设施和融合基础设施都与新型基础设施有着直接的关系，可见新型基础设施是"新基建"的核心。

新型基础设施以 5G、物联网等为代表的通信网络基础设施为基础，融合人工智能、云计算、区块链等新技术基础设施以及提供数据感知、采集、存储、传输、计算、应用、安全等支撑能力的新一代数字化基础设施于一体，数据如同血液一般贯穿于新型基础设施体系之中。基于此，我们将新型基础设施分为 4 个层次，如图 1-4 所示。

第一层是感知层。感知层实现对海量数据的智能化感知、识别、传输等初步处理，是数字基建的"感官"系统，由智能传感器、RFID 标签与读写设备以及智能监控设备、智能可穿戴设备等智能终端设备组成。

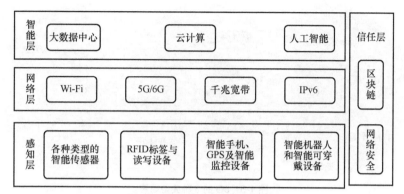

图 1-4　数字经济基础设施新架构

第二层是网络层。网络层实现对海量数据的传递以及对万物的连接，主要包括 5G 等新一代移动通信网络、千兆宽带、第 6 版互联网协议（Internet Protocol Version 6，IPv6）等。

第三层是智能层。智能层是海量数据的"决策"系统，对获得的数据进行存储和计算，实现对数据的高效处理，主要包括大数据中心、云计算、边缘计算、人工智能等。感知层、网络层、智能层新兴技术深度集成、系统创新、交织并进，加速推动连接泛在、感知泛在、智能泛在。

第四层是信任层。信任层不独立存在，而是贯穿于数据的获取、传输、存储等各个环节，与感知层、网络层、智能层均有交集。其既包括传统的防火墙技术、防攻击技术，也包括新一代的区块链技术，各种网络安全技术相互融合，保障经济交易的可靠性，为万物互联安全保驾护航，构建信任泛在。

1.3.2　数字经济 3.0 基础设施及运行机制

在数字经济 1.0 和 2.0 阶段，尽管感知层、网络层、智能层和信任层都有相应的技术标准，但受限于计算能力、存储能力和传输能力，这 4 层的协作运行多少有些不畅。而在数字经济 3.0 阶段，因为 5G 网络、人工智能和区块链的投入，这一套基础设施才如"身之使臂，臂之使指，莫不制从"。

（1）网络层：2015 年 9 月，国际电信联盟定义了 5G 的 3 种典型场景：增强型移动宽带（Enhanced Mobile Broadband，eMBB）、海量机器类通信（Massive Machine-Type Communication，mMTC）、超可靠低时延通信（Ultra-Reliable and Low-Latency Communication，URLLC），如图 1-5 所示。

eMBB：实现人与人之间极致的通信体验，可以帮助人们更快实现高清视频的传输与交互，主要服务于消费互联网的需求。

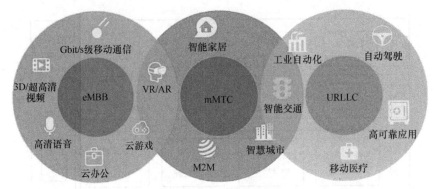

图 1-5　5G 的 3 种典型场景

mMTC：在单位面积内有大量的终端，需要网络能够支持这些终端同时接入，让我们对万物实现实时的遥感、遥测、可管理，属于典型的物联网场景，如智能井盖、智能路灯、智能水表电表等。

URLLC：例如车联网，如果时延较长，网络无法在极短时间内对数据进行响应，就有可能发生严重的交通事故，甚至危害人身安全，该场景主要面向车联网、工业控制等垂直行业的特殊应用需求。

5G 的三大应用场景，是指 5G 将采用网络切片等方式，整合集多种关键技术于一身的、真正意义上的融合网络，使一张网络同时为不同的用户提供服务。同时，物联网也会接入移动物联网。正是 5G 技术，使这两张网进行了融合进而拓宽了运营商的经营领域，使得运营商对接垂直领域。5G 与人工智能、云计算、工业互联网等新信息基础设施结合将带动传统产业优化升级，涉及工业、交通、能源等垂直行业，促进经济发展、质量变革，培育融合发展新业态、新模式。

（2）智能层：2017 年，阿尔法狗（AlphaGo）成为围棋的王者，让人们重新看待人工智能。但是 AlphaGo 也只能称为弱人工智能，尽管它代表目前围棋界的最高水平，但它只会下围棋，让它做其他事情就无所适从。按照演进过程，人工智能可以分为弱人工智能、强人工智能和超人工智能 3 个阶段。弱人工智能是指可以代替人力处理某一领域的工作，我们现在实现的基本都是弱人工智能。强人工智能是指拥有和人类一样的智能水平，可以代替一般人完成生活中的大部分工作。当人工智能发展到强人工智能阶段的时候，人工智能就会像人类一样可以通过采集器、网络进行学习。现阶段的技术正在摸索弱人工智能的极限，这为数字经济跃迁到 3.0 阶段提供了更为强大的“大脑”。而随着脑机接口的开发，我们似乎看到了一些强人工智能的影子。

（3）信任层：区块链的价值正在不断被发掘，网络技术与区块链的深度融合将产生远大于网络+区块链的能量，5G+区块链将构筑数字经济 3.0 时代的信任基石，构建更安全的网络空间。区块链借助密码学、共识算法和分布式存储等技术，形成一个去中心化的可靠、透明、安全、可追溯的分布式数据库，推动互联网数据记录、传播及存储管理方式变革，大大降低信用成本，简化业务流程，提高交易效率，重塑现有的产业组织模式，创造新的信任机制，构筑更加安全的网络空间。

那数字经济的基础设施是如何运行的呢？

数字经济基础设施的运作过程，犹如人脑与外界发生联系的过程。因此，我们不妨类比人脑的行为决策机制，提出数字经济基础设施的运行机制。

我们先想象一个最简单的人脑行为场景：一个孩子被妈妈叫回家吃饭。

首先，妈妈的叫喊声通过小孩的"感知层"——双耳，声音刺激转化为神经信号。

其次，神经信号经过"网络层"——低级中枢传向大脑听觉区。

在这个过程中，神经信号会激活大脑的"信任层"——下丘脑和边缘系统，下丘脑触发对该信号的警觉，边缘系统整合情绪体验，小孩产生了警觉和紧张的情绪。

最后，神经信号进入"智能层"——大脑皮层，负责听觉区的皮层被激活，与记忆里的信息（自己的名字）相比较，妈妈这句话的含义被前额叶皮层分析整合，小孩激起回家吃饭的概念。

如果分析得更全面一些，大脑皮层对运动区发出信号，把回家吃饭指令通过外导神经传送给骨骼肌肉，发生运动反应。小孩跑回家。

数字经济基础设施的运行跟大脑类似。我们还是举个数字经济 3.0 时代的简化场景例子。

远程医疗：医院通过某个人可穿戴设备传送的健康数据诊断疾病。

这同样是一个从数据的感知到决策的过程。

首先，通过"感知层"——智能可穿戴设备、北斗卫星定位系统感知到一个人的各种身体信号和位置信息，并在感知层转化成健康数据。

其次，通过"网络层"——5G 网络、卫星互联网、千兆光纤宽带把这些数据传送给"智能层"数据中心。

最后，"智能层"数据中心通过云计算、人工智能等技术构建起虚拟世界对物理世界的描述、诊断、预测和决策新体系，并优化物理世界资源配置效率。首先是描述，描述物理世界发生了什么，比如人体某几个健康数据发生了异常，在虚拟世界通过数据来呈现。然后是诊断，研究是什么原因造成了异常，比如进一步挖掘人体健康数据异常的原因。接着是预测，预测未来情况可能是什么样的：病情一旦发作，病人会怎么样？经过描述、诊断和预测后，智能层基于人工智能和数字模型给出最优解，做出最后的决策：给出治疗的建议和药物。

其中，"信任层"——通过区块链以及网络安全技术贯穿在数据的获取、传输、计算过程中，以确保数据传输的信任、加密和隐私：用区块链技术实现了客户数据难以篡改和隐私保护。

1.4 数字经济 3.0 的新生产要素——数据

2017 年中共中央政治局第二次集体学习时，习近平总书记强调，"要构建以数据为关键要素的数字经济"。2019 年 10 月，党的十九届四中全会首次提出将数据作为生产要素参与分配。2020 年 4 月，中共中央、国务院发布《关于构建更加完善的要素市场化配置体制机制的意见》，将数据作为与土地、劳动力、资本、技术并列的生产要素，要求"加快培育数据要素市场"。如同农业经济时代的劳动力和土地、工业经济时代的资源和技术一样，在数字经济时代，数据成为新的关键生产要素，从投入阶段发展到产出和分配阶段。数据要素涉及数据的生产、采集、存储、加工、分析、服务等多个环节，是驱动数字经济发展的"助燃剂"，对价值创造和生产力发展有广泛影响，推动人类社会迈向一个网络化连接、数据化描绘、融合化发展的数字经济新时代。

在这里，数据并不是数学里的数字，而是一切字母和数字符号的组合，文本、语音、图像等一切可以用计算机字节表达的信息都可被称为数据。

1.4.1 数据生产要素特征

数据作为新的生产要素投入日常生活、生产和社会治理，相比传统要素而言，其具有自我繁衍性，高初始成本、低复制成本，规模性以及外部性等特征。

（1）自我繁衍性

萧伯纳说过一句金句：你有一个苹果，我有一个苹果，我们交换一下，每个人仍只有一个苹果；你有一种思想，我有一种思想，我们交换一下，每个人就有了两种思想。实物苹果无法用数据呈现，思想却可以用数据表达。这句金句的含义就是数据的自我繁衍。数据的自我繁衍性指的是数据可以被使用但不会因此被消耗，并且能够在使用过程中产生更多数据的特性。自我繁衍性这一特性打破了传统生产要素有限性的限制。

随着万物互联时代的到来，数据来源更加多样。根据国际知名咨询机构 IDC（International Data Corporation）发布的《数据时代 2025》白皮书预测，未来的数据主要来自 3 个方面：一是企业数据中心或者企业云数据产生的核心数据；二是核心企业以外的企业的服务器或小型数据中心等，即边缘数据；三是个人计算机（Personal Computer，PC）、智能手机、智能传感器等智能终端设备和智能传感设备产生的数据。到 2025 年，全球数据规模可达 175ZB，1ZB 相当于 1.1 万亿 GB，如果把 175ZB 全部存在数字通用光碟（Digital Versatile Disc，DVD）中，那么 DVD 叠加起来的高度将是地球和月球距离的 23 倍或者绕地球 222 圈。

（2）高初始成本、低复制成本

高初始成本是指海量信息的获取、连接和计算等需要 IoT 设备、网络、云端设备等大规模硬件投入，因此其获取成本非常高昂。但是一旦数据生产出来，对其进行复制、保存就会容易很多。比如一个爬虫软件，能帮助人们在短时间内下载互联网上大量的数据。在存储方面，英特尔（Intel）创始人之一戈登·摩尔（Gordon Moore）提出了著名的"摩尔定律"：当价格不变时，集成电路上可容纳的元器件的数目，每隔 18～24 个月便会增加 1 倍，性能也将提升 1 倍。换言之，每一美元所能买到的计算机性能，将每隔 18～24 个月翻 1 倍以上。这一定律揭示了随着大数据及信息传输技术快速进步，信息存储、传输、处理的成本呈现几何下降。然而，对于劳动、土地等传统生产要素来说，其成本在一定时间则呈现相对稳定性。

（3）规模性

由于数据具有自我繁衍性，因此数字经济天然就容易产生规模效应。当数据的规模较小、及时性较差时，它们对生产和经营决策能起到的作用很小。但是，数据一旦形成规模，时效性不断加强，数据就能有效发挥规模经济效应和范围经济效应，从而产生大量经济价值。

5G 等新一代移动通信网络为数据的超大规模、超高速率、超低时延传输提供了载体，边缘计算、云计算等计算能力的突破，同时也提升了数据的处理和传输能力，大量数据不断回传。数据的及时性越来越强，自动驾驶、智能制造等更多无等待应用场景将会应运而生。

（4）外部性

数据的外部性是指数据的作用完全可能超出最初收集者的想象，甚至可能完全超越最初信息系统设计的目的，即同一组数据可以在不同的维度产生不同的价值和效用，也就是数据的正外部性。但是，与传统生产要素相比，数据也有很强的负外部性，也就是说我们在获取数据或使用数据的过程中，可能会侵犯人们的隐私权，或者产生其他一系列不良后果。

1.4.2　数据要素市场面临的挑战

数据作为新的生产要素，在推动经济高质量发展、加快产业转型升级以及提高政府治理能力等方面具有重要作用，但是要想构建更加完善的数据要素市场，数据确权、价格制定、交易流通、数据安全等方面都存在许多挑战。

（1）数据确权定价方面的挑战

2018 年 3 月 17 日，美国《纽约时报》跟英国《卫报》联合曝光 Facebook 的

5000 万用户信息被一家名为"剑桥分析"的公司泄露。此事件一经报道，立即在欧美等引起轩然大波，引发人们对信息泄露的恐惧，并进而导致 Facebook 股价急转直下，短短不到一个星期，Facebook 市值蒸发逾 500 亿美元。

这个事件背后的问题就是数据确权问题。

一个人微信聊天记录的权利属于谁？微信方和手机方必然能获取这些记录，但能出售它们吗？如果用户想出售某条非常有价值的聊天记录，怎么标价？怎么交易？

数据被我国正式列入生产要素范畴后，数据会像劳动力、资本一样资产化，数据的确权定价就是亟待解决的问题。

数据确权是数据交易的基础，数据可被交易的第一前提是明确权利到底属于谁，不明确就无法转让。数据到底属于谁，公司是否有权使用这些数据，使用数据的界限又在哪，哪些行为是被允许的，哪些行为是被禁止的，这些都是数据确权问题的"拦路虎"。数据一旦确权，数据定价问题就显得格外重要。数据目前尚未建立有效的数据价值和成本的计量方法，数据仍是大部分企业生产经营的附属产物，很难将数据价值和成本从业务中剥离，难以通过市场直接定价。随着数字经济日益蓬勃发展，数据权属生成过程愈加复杂多变，当下我国在与数据所有权、使用权、管理权、交易权等权益相关的行政立法、行业标准和市场准则方面亟须突破。

（2）数据交易方面的挑战

数据作为生产要素只有流通和共享起来才能更好发挥其价值。在数字经济 3.0 时代，产业互联网各垂直行业应用突起，更注重各应用间的融合。数据越分散，就越难以形成一定的体系和发挥其价值。

目前，我国缺乏明确的数据交易和应用的专门性法律法规，对于哪些数据可以交易、可以处理后交易或禁止交易，并没有明确的法律依据。在新的发展形势下，数据交易及配套的个人信息保护、数据跨境流动等方面的法律法规亟须健全。同时，没有明确的数据交易监管机构对数据交易市场准入、数据安全、数据滥用、数据交易纠纷等进行监管。

（3）数据安全保障方面的挑战

你是否经常会接到一些莫名其妙的销售电话？陌生的对方知道你的电话号码、姓名、性别、公司、职位，而你自己却确信从未告知对方这些信息；在网络上经常会出现"人肉搜索"这个概念，即用现代信息科技将一个陌生人的身份信息调查出来。

以上这些现象，都直指数据安全保障问题。

在信息技术飞快发展的今天，数据呈现爆发式增长，数据安全成为网络安全的重要话题。数据要素区别于传统要素资源的特点是虚拟化的数据要素更易泄露，数据安全和隐私保护的要求空前提高。踩好刹车才能跑得更快，做好数据安全保护才能推动数据要素资源更有效配置。

我国发展数据要素市场需要高度关注数据安全问题。近年来，数据泄露事件频发，涉及公民、企业、社会等有关社保、户籍、电话等方方面面，利用个人隐私等诈骗案件也时有发生，对公民、企业和政府造成极大困扰。一旦发生数据安全事件，对企业经营和用户利益的危害性非常大，极大束缚了数据价值的释放。没有对数据的充分保护，就会使市场失灵，市场配置资源就不能实现对数据要素的最优配置。将数据视为一种新的生产要素，表明数据将从助力经济发展转变为引领经济发展，因此应当多方面协同，推动构建权属清晰合理、流动自主有序、配置高效公平的数据要素市场，发挥数据对经济的发展引领作用。

1.4.3　数据生产要素的价值化

数据作为新的关键生产要素投入生产，改变了经济运行的内在机理。

依托数字技术，万物皆可数字化，通过对数据的充分挖掘和利用，可以放大劳动力、资本等生产要素在社会各行业的价值，提升全要素生产率，从而驱动产业智能化、催生新的组织形态，实现生活智慧化、产业数字化和治理数字化。

（1）生活智慧化

生活的智慧化是指生活因智能更加便捷。生活智慧化主要分为个体生活的智慧化和民生智慧化。

① 个体生活的智慧化

个体生活的智慧化主要是个人生活便捷化、个性化、情趣化。以下场景是每个懒人的梦想生活：清晨在轻松愉悦的音乐中起床，伸个懒腰，问下语音助手今天的天气情况，智能衣橱根据你的需要为你推荐最佳穿搭，离家时一键就可以关闭灯、窗帘、电视机、空调等。开车上班时通过手机查看公司附近的共享车位，提前预约，省去寻找车位的麻烦。在外面随时查看家中电器状态，门窗异常开启报警、煤气报警、烟雾报警等全方位保障家的安全。智能监控帮你查看家中老人和小孩情况，如果老人出现身体异常会提醒家人，有突发情况可以有效地联系家人或物业。当家里需要生活缴费或维修时，通过手机直接缴费或联系物业，省去繁杂的手续流程。下班前查询冰箱存储情况，提前下单今天想吃的菜品。回家时，再也不用带一大串钥匙，一部手机就可以解决。当你进门的一刹那，一盏小灯为你亮起，空调为你自动开启，温暖整个房间。饭后躺在沙发上，用手机打开影音系统，高清视频自动播放，沉浸式演唱会也在上演，你仿佛身临其境，拥有了属于自己的舒适空间。

② 民生智慧化

民生智慧化是指民生服务更加便捷高效，实现在医疗、教育等方面的便民、惠民服务，充分整合现有资源，促进信息资源共享与应用。智慧医疗是医疗行业便民化发展的结果，其核心价值是基于数据共享、协同，通过医疗机构的电子病例数据，实现人们健康的档案管理，实现区域协调、远程医疗等应用，将患者与医生点对点联系在一起，让医生真正地了解患者的需求，患者能得到切实有效的治疗，真正地解决挂号难、看病难等问题，缓解医疗资源分配不均。与医疗行业相似，我国教育资源同样存在地域分配不均。教育是立国之本，教育水平的高低决定着国家未来的发展。然而，由于我国幅员辽阔，地域间发展水平存在较大差距，师资力量参差不齐导致的教育资源不均成为教育领域的突出问题，大城市的孩子坐在多媒体教室学习，少数偏远地区的孩子可能都没有一间不漏雨的教室、一张完好的课桌。智慧教育是教育的信息化，在教育领域全面深入运用现代信息技术促进教育改革与全面发展的过程，本质是通过信息技术把教育资源和学生连接起来，让更多的孩子接受优质的教育。

随着人工智能、5G、云计算等技术的发展，在数字经济 3.0 阶段，生活智慧化将逐渐变为现实，将完成个体智慧化到民生智慧化的转变。但由于生活智慧化涉及的领域有所不同，智慧生活应用的实现时间可能存在一定差异。相对于民生智慧化，个体智慧化应用连接的物体、涉及的终端等可能较少，跨越的地域较小，因此，个体智慧化应用的实现时间要早于民生智慧化的实现时间。

（2）产业数字化

产业数字化通俗来说是将数字技术与传统产业相结合以提升效率的过程，各个产业都朝着数字化、网络化、自动化推进，按照经济行业大类可以分为农业、工业和服务业的智慧化。

农业智慧化是指将数字技术运用于农业生产、经营等各过程，以市场导向推动构建现代农业产业体系、生产体系、经营体系，助力农业的现代化。中国是农业大国，农业资源丰富，但与制造业、服务业等相比，农业的数字化转型进度较慢。受历史原因和土地政策影响，农业目前还没有实现大规模集约生产，许多农业土地的生产效率并未得到充分发挥。并且由于其自身弱质性，数字资源体系建设基础差，实现农业的数字化转型需要一个较长的过程。

工业智慧化是以制造业为代表的智慧化。简单来说，工业生产智慧化就是将物联网、5G、大数据、人工智能等技术综合运用于产品生产消费的全生命周期，指将工厂内所有的机器、设备所产生的数据进行收集、整合、分析，以此实现生产系统数字化、高效化、智能化，促进制造业生产模式、运营模式、决策模式和商业模式的变革。在新一代数字技术推动下，我国传统工业正实现生产方式的转型升级，数字化、智能化的工业形态日益显著，工业大数据正改变产业运作模式，虚拟现实（Virtual Reality，VR）/增强现实（Augmented Reality，AR）技术打通了数字世界和物理世界，制造业正朝着智慧化的形态迈进。

服务业智慧化是指将数字经济运用于服务行业。据国家统计局数据，服务业是中国经济的第一大产业，占国内生产总值的比重达 53.9%，但其中只有相当少的部分完成了数字化转型，因此，服务业还存在巨大的数字化红利。2020 年新型冠状病毒感染疫情（以下简称新冠疫情）倒逼服务企业数字化转型。零售、餐饮、教育、办公面对疫情防控的寒流，通过对接互联网，在一定程度上支撑了疫情下的国民经济。当疫情退去，服务业的数字化转型还有很长的路要走。利用数字技术进行全方位、多角度、全链条的改造，实现传统服务业的数字化、网络化、智能化发展，不断发挥数字技术对业态的放大、倍增作用，最终促进服务业提质增效。

（3）治理数字化

不同于数字化生活的主体是老百姓、数字化产业的主体是企业，数字化治理的主体是政府。治理数字化是指政府利用大数据、人工智能等技术解决社会管理等问题，包括治理主体的多元化、治理过程透明化、治理效率提升、治理手段现代化、治理体系制度化等多个方面。2019 年 5 月 16 日，习近平总书记在致第三届世界智能大会的贺信中指出：当前，由人工智能引领的新一轮科技革命和产业变革方兴未艾。在移动互联网、大数据、超级计算、传感网、脑科学等新理论新技术驱动下，人工智能呈现深度学习、跨界融合、人机协同、群智开放、自主操控等新特征，正在对经济发展、社会进步、全球治理等方面产生重大而深远的影响。数据化、网络化与智能化给人类的生产、生活、工作、学习以及思维与认知方式带来革命性的变化，不仅改变了经济模式、产业结构和社会结构，而且推动了政府治理朝向数字化和智能化的迅速转型，催生了政府治理的浪潮。

智慧政府是数字化治理的一个重要体现，指利用物联网、云计算、移动互联网、人工智能、数据挖掘、知识管理等技术的新型政府。智慧政府一般包括 4 个部分：智能办公、智能监管、智能服务及智能决策。

智能办公方面：采用人工智能、知识管理等手段，将传统的办公自动化系统改为智能办公系统。智能办公系统对公务员的办公行为有记忆功能，能够根据公务员的职责、偏好、使用频率等，对用户界面、系统功能等进行优化。

智能监管方面：智能监管系统可以实现对监管对象的自动感知、自动识别、自动跟踪。智能监管系统可以对突发的事件进行自动报警、自动处置等；其同样可以对比企业数据，发现企业的偷税漏税等行为；智能化的移动执法系统可以根据执法人员需求自动调取有关材料。

智能服务方面：能够自动感知、预测民众所需的服务，为民众提供个性化的服务。

智能决策方面：采用数据仓库、数据挖掘、知识库系统等技术手段建立智能决策系统，该系统能够根据领导所需自动生成报表；开发用于辅助政府领导干部决策的系统，把经济运行、社会管理等情况呈现在政府领导干部面前。

政府是一个城市的大脑，建设智慧城市的重要任务是建设智慧政府。建设智慧政府对于推动整个国家从信息化走向全面数字化，建设现代化国家治理体系具有重要意义。

第2章
新战略造就数字经济新机遇

数字经济的发展离不开国家战略的支持。随着新一代通信技术的快速发展，人工智能、区块链、云计算、大数据等进一步完善，数字经济作为带动经济发展的重要力量，已成为全球经济增长日益重要的驱动力，各国加快数字经济布局。

2.1 美国数字经济战略布局

美国是全球最早布局数字经济的国家，早在20世纪90年代，美国就启动了"国家信息基础设施行动计划"（即"信息高速公路"战略），支持发展信息产业，推动互联网普及，为美国数字经济发展奠定了基础。之后美国相继发布了《浮现中的数字经济》《新兴的数字经济1999》《数字经济2000》等报告，积极推动数字经济的发展，奠定了在全球的领先地位。

近年来，美国进一步聚焦大数据、人工智能、智能制造等前沿技术领域，发布了《联邦大数据研发战略计划》《国家人工智能研发战略计划》《美国先进制造业领导力战略》《美国5G安全国家战略》等多项战略计划，明确了对未来数字经济发展的规划和愿景。在大数据领域，《联邦大数据研发战略计划》旨在构建数据驱动的国家战略体系，基于大数据的分析、信息提取以及决策支持能力激发联邦机构和整个国家的新潜能。在人工智能领域，美国成立机器学习与人工智能分委会，专门负责跨部门协调人工智能的研究与发展工作，并于2016年先后发布《国家人工智能研发战略计划》和《为人工智能的未来做好准备》，将人工智能上升到国家战略层面，进一步引领人工智能的研发与应用。2018年3月美国进一步发布《美国机器智能国家战略报告》，提出六大国家机器智能策略，旨在通过对产品研究与开发的长期资金支持，促进机器智能技术安全发展，并通过加强创新基地巩固美国领先地位。在智能制造领域，美国先后通过了《制造业复兴法案》《先进制造伙伴关系计划》等文件。在 2018 年 10 月发布的《美国先进制造业领导力战略》中，美国政府明确了发展智能与数字制造、先进工业机器人、人工智能基础设施、网络安全 4 个优先事项，同时关注网络安全、大数据、人工智能等关键技术和产品的研发，提出利用工业机器人、大数据、云计算和人工智能等新一代信息技术推动制造业的数字化转型，加强本国制造业供应链的实力，巩固美国在数字经济领域的领导地位。

2.1.1　美国物联网战略布局

物联网在美国有着较长的发展历史，无论在基础设施、技术水平，还是在产业链发展程度上，美国都走在世界各国的前列，已经趋于完善的通信互联网络为其物联网的发展创造了良好的先机。

2008 年，国际商业机器公司（International Business Machines Corporation，IBM）率先提出了"智慧地球"的概念，计划将传感器嵌入电网、铁路、桥梁、公路、建筑、供水系统、大坝、油气管道等各类基础建设中，并与互联网整合，实现人类社会与物理系统的连接。随后，美国政府将"宽带网络等新兴技术"定位为振兴经济、确立美国全球竞争优势的关键战略，并通过《经济复苏和再投资法》，从能源、科技、医疗、教育等方面对物联网技术发展进行具体指导。经过近 10 年的发展，美国借助其在软件、芯片等方面的技术优势以及强大的电子信息产业基础，形成了相当完善的物联网产业链。

2017 年美国国会提出几项与物联网有关的法案，其中《物联网网络安全改进法案》（IoTCIA）提出了为政府采购联网装置制定最低安全标准（但不包括一般电子设备），《物联网消费者 TIPS 法案》指示联邦贸易委员会为消费者草拟有关联网装置的教育资源，《SMART IoT 法案》要求商务部对物联网行业的状况进行研究。

2018 年美国加州通过了《IoT 设备网络安全法》，该法律于 2020 年 1 月 1 日正式生效。该法律规定任何互联网连接或智能设备的制造商都要确保设备具有合理的安全功能，能够"保护设备及其中包含的任何信息，防止未经授权的访问、破坏、使用、修改或披露"。

2019 年 3 月，美国参众两院提出新版《物联网网络安全改进法案》，该法案要求联邦政府使用的任何物联网设备都要达到最低安全标准，并希望通过提高联邦政府的安全标准，使整个物联网市场的标准提升。

2.1.2　美国 5G 战略布局

2016 年 7 月，美国联邦通信委员会（Federal Communications Commission，FCC）针对 24GHz 以上频谱用于无线宽带业务宣布新的规则和法令，使美国成为全球首个宣布规划频谱用于 5G 无线技术的国家。同月，白宫宣布由美国国家科学基金会（National Science Foundation，NSF）启动"先进无线研究计划"，投资 4 亿美元支持 5G 无线技术研究，以保持美国在无线技术领域的领先地位。2017 年 12 月，白宫发布特朗普任期内第一份《美国国家安全战略》，将 5G 网络作为美国的首要行动之一。

2018 年，美国国家安全委员会文件《保护 5G：信息时代的艾森豪威尔高速公路系统》指出，政府将 5G 的地位提升到国家安全的高度。同年，美国政府出台"5G FAST"战略，包括为 5G 分配更多商用频谱资源；简化 5G 部署的政府批准流程；更新促进 5G 回传网络（5G Backhaul）部署的法规等行动计划。10 月，特朗普签署《制定美国未来可持续频谱战略总统备忘录》，要求美国商务部制定长期全面的国家频谱战略。12 月，美国国际战略研究中心（Centre for Strategic and International Studies，CSIS）发布《5G 将如何塑造创新和安全》报告，指出 5G 技术将对未来几十年的国家安全和经济产生影响。

2019 年 2 月，白宫发布特朗普政府上台以来的第二份"科学技术要点"，5G 超越人工智能成为首个重点关注对象，文件特别强调制定《国家频谱战略》，以及促进公私领域合作，推动美国占据 5G 创新和主导地位。《国家频谱战略》是特朗普政府为保证无线通信领域领导地位所做的全面的国家愿景，帮助建立必要的商业平台以推动美国创新和引领未来行业。4 月，美国发布《5G 生态系统：对美国国防部的风险与机遇》报告，介绍 5G 发展历程和现状，并对美国国防部提出重要建议，包括共享频段、重塑 5G 生态系统、调整贸易战略、强化美国科技知识产权、发展 5G 以外的通信技术等。同月，特朗普发表美国 5G 部署战略讲话，宣布"5G 竞赛是一场美国必须赢的比赛"，美国将释放更多无线频谱并简化通信设施建设许可，以在 5G 领域获得领导地位。

2020 年 3 月 23 日，特朗普签署了《保护 5G 安全及其他法案》和《美国保护 5G 安全国家战略》，正式确定了 5G 之于美国的战略重要性——5G 将成为 21 世纪美国繁荣与安全的主要驱动力。文件给出了美国如何保护国内外 5G 基础设施的架构，阐明了特朗普的美国 5G 愿景：与美国最紧密的合作伙伴和盟国密切合作，共同领导全球安全可靠的 5G 通信基础设施的开发、部署与管理。《美国保护 5G 安全国家战略》还提出 4 项具体措施，包括加快美国 5G 国内部署，评估风险并确定 5G 基础架构的核心安全原则，管理由使用 5G 基础设施带来的对美国经济与国家安全的风险，促进负责任的全球 5G 基础设施的开发部署。美国政府将与私营部门、学术界和国际政府合作，建立相关政策、标准、指南和采购战略，以加强 5G 供应商的多样性，促进市场竞争。

2.1.3 美国人工智能战略布局

作为信息技术革命的发源地和领跑者，美国在人工智能的发展过程中处于领先地位，从政府到企业都对人工智能带来的变革极为重视，科研机构也不断加大对人工智能的研究力度。

2016 年 10 月，美国白宫科技政策办公室发布了《国家人工智能研发战略计划》，将人工智能上升到国家战略层面，制定了美国人工智能的发展战略计划和发展蓝图。具体内容包括对人工智能研究进行长期投资，推动其发展与创新，维护美国的世界领先地位；实现人类和人工智能系统之间的有效交互；提出人工智能的应用要符合伦理、法律和社会的要求；确保人工智能系统的安全可靠；努力提供人工智能所需要的数据集；大力建设人工智能科研队伍，做人工智能技术测量标准的制定者等。同月，美国总统行政办公室与美国国家科学与技术委员会共同发布了《为人工智能的未来做好准备》报告，该报告从公共事务，联邦政府，监管，研发与从业者培养，自动化与经济，公平、安全与治理以及全球考量与安全议题 7 个领域分析了人工智能的发展现状、现有及潜在应用和可能引发的问题。具体内容有：在公共事务方面，要尽可能将人工智能应用到医疗、交通、金融等多个领域，从而方便和改善人们的生活；在政府办公方面，各个部门要广泛应用人工智能技术，提高工作效率；在经济领域，对于以人工智能为代表的自动化发展而引发的失业问题，政府应该妥善解决；在研发人才培养方面，政府要进行长期稳定的资金投入，以扩大人才培养规模；在使用安全方面，人工智能的应用要具有可控性；在监管方面，人工智能产品既要符合产品安全的要求，又要符合公共安全的需要；在国际安全方面，着重关注国防安全问题和国际关系处理等。

2016 年 12 月发布的《人工智能、自动化与经济》报告主要从经济角度出发论证了人工智能可能对未来产生的影响，就人工智能驱动的自动化对经济的影响进行了讨论。报告主要提及了 3 项对策：投资开发人工智能技术、注重人工智能领域人才的培养、帮助转型过程中的工人。

2017 年 7 月，美国情报高级研究计划局发布《人工智能与国家安全》报告，分析了人工智能的发展可能对国家安全产生的影响，认为人工智能的发展将从军事、经济和信息 3 个方面影响国家安全。

2018 年 5 月，美国白宫举办了"美国工业人工智能峰会"，旨在通过人工智能的发展促进工业的不断进步。主要内容有支持美国人工智能研发生态系统；政府、企业、高校有效联合，形成公私合作的伙伴关系；开发美国的劳动力以充分利用人工智能优势；消除美国人工智能创新创造障碍；明确提出人工智能对国防安全的重要性；加大对人工智能相关产业的投资；利用人工智能为政府服务；设立人工智能专责委员会等。

2019 年 2 月，特朗普签署"维护美国人工智能领导力"的行政命令，启动"美国人工智能计划"，将人工智能研究和开发作为优先事项，以维持和加速美国在人工智能领域的领导地位。该行政命令提出了 6 个目标：实现人工智能和相关技术的技术突破；提升人工智能研发资源的价值；减少使用人工智能技术的阻碍；制定技术标准以最大限度地减少恶意攻击；通过学徒培训的方式培养下一代人工智能研发人员；制定并实施行动计划。行政命令还要求将重点放在研发、资源调配、政府政策、人力资源和国际合作上，保证美国在经济和国家安全利益方面能够战胜竞争对手。

2019 年 2 月，美国国防部提出《国防部人工智能战略》，旨在通过人工智能维护国防优势。战略中提出要建立一个高效、精简的国防组织；通过跨国家、跨部门的合作建立共同的人工智能国防体系；采用立即行动的方式扩大其在国防部的影响力；同步人工智能在国防部的活动以扩大联合部队的优势。

2019 年 6 月美国政府对外发布了最新版本的《国家人工智能研发战略计划》，在 2016 年人工智能研发七大关注领域的基础上新增了第八个关注领域——公私合作伙伴关系。

2.1.4　美国区块链战略布局

在区块链领域，美国重点关注区块链在金融商业领域、政府业务中的应用，并发布法案对区块链标准进行规范，制定法律框架以防范相关风险。

2018 年 11 月，美国国际战略研究中心发布《利用区块链实现美国商业与繁荣：10 个案例、10 个问题、5 个解决方案》报告，提出 5 项用于改进区块链生态的政策应对措施：一是在国际标准化组织（ISO）引领全球区块链标准的发展，鼓励区块链应用、区块链生态系统、数据有用性和智能合约的创新和使用；二是通过监管确定性和灵活性来创新区块链，包括使用区块链沙箱和区块链平台的安全港；三是承诺使用联邦资金加速在国防、反间谍、海关和边境保护、贸易执法和医疗健康管理领域的区块链的开发、用例和公私合作；四是与盟友和合作伙伴共同创立全球区块链发展基金（Global Blockchain Development Fund，GBDF），以加速区块链在发展中国家的应用，从而改善商业环境，推进联合国 2030 年可持续发展目标，并为美国科技公司在发展中国家开辟新机遇；五是通过加深监管机构、联邦和州政府机构以及企业对区块链益处的认识，加速区块链在各行各业的应用。

2019 年 7 月 9 日，美国参议院商业、科学和运输委员会批准了《区块链促进法案》。该法案明确要求美国商务部为"区块链"建立标准定义以及新的法律框架，为未来新兴技术的应用提供指导和防范风险。《区块链促进法案》的发布证明了美国已经认识和开始重视区块链带来的价值，比如通过区块链防止税收欺诈、消除官僚主义、减少浪费，以及降低监管不确定性等。在颁布《区块链促进法案》后，美国商务部部长威尔伯·罗斯（Wilbur Ross）在商务部内建立了一个区块链工作组，工作组由联邦机构"跨部门"的成员以及来自与区块链技术有关的行业利益团体代表、学术机构、非营利组织和消费者权益倡导者的代表组成。他们的任务是在《区块链促进法案》颁布后的一年内向国会提交报告。报告将包括对"区块链技术"定义的建议，并在分布式账本技术的研究中提出潜在应用范围建议，包括可提高美国联邦机构效率的区块链技术应用。

2.1.5　美国网络安全战略布局

美国的网络信息安全思维源于冷战时代。1949 年 8 月，苏联第一颗原子弹"铁克瓦"试爆成功，从此打破了美国的核垄断。因此，从 1964 年开始，美国高级研究计划署（ARPA）大力资助兰德公司从事高端通信网络的研发工作，以确保一旦美国遭受苏联的核打击，依然有足够的高端通信网络来维护军事信息的安全传输，指挥美国武装部队进行反击。

1969 年，兰德公司成功研制出"无明显中心节点"的交互式计算机网络，命名为"阿帕网"（Advanced Research Projects Agency Network，ARPANET）。1988 年 1 月，时任美国总统里根签署的《计算机安全法令》已将信息安全建设聚焦于操作和管理层面的"敏感信息"泄露及与计算机相关的欺骗、滥用和隐私问题，但对网络信息安全隐患还不够重视。

1998 年，美国在对以往的网络安全政策进行整合后，首次在《新世纪国家安全战略》报告中正式运用"网络安全"（Cyber Security）这一概念。随后，2000 年 12 月发布的《全球化时代的国家安全战略》被誉为"首个国家网络安全战略"。

2003 年 2 月发布的《网络空间安全国家战略》指出，"在跨国信息共享的基础上，通过系统性的国际合作追查和发现恶意的跨国网络攻击行为，以达到阻遏和威慑网络攻击的作用"。

2006 年 3 月的《国家安全战略》正式将"先发制人"确立为美国的安全战略方针，"为应对恐怖袭击这类意想不到的威胁，美国必须做好准备，必要时采取'先发制人'的行动以维护美国人的安全和自由"。

2010 年 5 月发布的新版《国家安全战略》指出，"互联网、无线网络、移动智能电话、卫星和航空成像，以及分布式远程传感基础设施等技术的涌现，已为促进民主和保障人权创造了许多新的机会"。

2011 年美国充分运用国家资源，通过"综合威慑"手段来应对敌方的网络攻击。正如《网络空间国际战略》指出的，"必要时，美国将对网络空间的敌对行为做出回应，就像我们回应国家的其他威胁一样"。

2018 年 9 月，白宫推出了新的《国家网络战略》，这是自 2003 年以来首份完整阐述美国国家网络战略的顶层战略，阐述了美国网络安全的 4 项支柱、10 项重点任务和 42 项优先行动，4 项支柱包括保护美国人民、美国国土和美国生活方式；

促进美国繁荣；以实力维护和平；提升美国影响力。该战略与 2018 年 5 月国土安全部《网络安全战略》、9 月国防部《网络战略》、12 月国防部《云战略》一同构成了特朗普政府的网络安全战略。

2019 年，美国参众两院的议员提出了新版《物联网网络安全改进法案》，希望对联邦政府使用的所有物联网设备设定最低安全标准。2020 年，加利福尼亚州针对物联网安全通过的《信息隐私：设备连接法案》正式施行，这是美国首部关于物联网设备安全和用户隐私保护的法规。

2.2　英国数字经济战略布局

英国是最早出台数字经济政策的国家之一，早在 2009 年，英国就发布《数字英国》计划，从国家战略的高度对英国社会、经济、文化等方面的数字化进程设立了明确目标，旨在将英国打造为世界数字之都。

2013 年，英国政府发布《信息经济战略》，着重分析了英国数字经济的发展情况及未来将要面对的机遇挑战，制订了相应的发展目标及行动纲要，明确了英国信息经济的短期发展方向，进一步提出繁荣信息经济、增强国家竞争力的愿景。

2015 年，英国技术战略委员会发布《英国数字经济战略（2015—2018）》，倡导通过数字化创新来驱动经济社会发展，为把英国建设成未来的数字强国做出战略部署。

2017 年 3 月，为应对脱欧后的新形势，英国文化、媒体和体育部（Department for Culture, Media and Sport，DCMS）发布了《英国数字战略 2017》，对打造世界领先的数字经济和全面推进数字化转型做出全面周密的部署，提出把数字部门的经济贡献值从 2015 年的 1180 亿英镑提高到 2025 年的 2000 亿英镑。《英国数字战略 2017》中提出了七大战略：一是连接战略，致力于打造世界级的数字基础设施，将宽带接入变成一项公民权利，加快推进网络全覆盖和全光纤、5G 建设；二是数字技能与包容性战略，大力推进全民数字素养和数字技能培训，为每个人提供所需的数字技能，为数字经济发展培育数字技能人才，弥补数字技能鸿沟；三是数字经济战略，投入资金和政策，支持创新和数字创业，紧跟技术变革步伐，建立技术友好型监管制度，促进数字经济增长和创新发展；四是数字转型战略，英国政府将通过多种形式帮助、支持企业实现数字转型，提高生产效率；五是网络空间战略，增强网络安全能力，投资和鼓励网络安全行业及人才培养输出，关注儿童网络安全；六是数字政府战略，深入推进政府数字转型，打造平台型政府，更好地为民众提供公共服务；七是数据经济战略，多种举措释放数据在英国经济中的潜力，同时加强数据保护和数据开放共享。

对于人工智能和智能制造领域,英国政府也做出了重点部署。

在人工智能领域,英国于 2018 年 4 月发布了《产业战略:人工智能领域行动》,提出将采取切实可行的措施推动人工智能发展,通过支持人工智能创新来提高生产力,并宣布对人工智能行业进行 10 亿英镑的联合投资,以确保英国在人工智能领域的国际竞争中处于领先地位。

在智能制造领域,英国于 2017 年提出了新版《英国工业 2050 战略》,通过分析制造业面临的问题和挑战,提出英国制造业发展与复苏的政策。该战略展望了 2050 年制造业的发展状况,并据此分析英国制造业的机遇和挑战。战略中提到,信息通信技术、新材料等科技将在未来与产品和生产网络融合,极大改变产品的设计、制造、提供甚至使用方式。此外,英国还设立了 7 个先进制造研究中心,力求在数字化、精确医药、未来城市、新能源汽车等领域占领科技制高点。同时政府进一步支持"创新英国"(Innovate UK)项目,推进关键数字技术在制造业领域的应用与发展。

2.2.1　英国物联网战略布局

2015 年,英国政府斥资 3200 万英镑成立了国家物联网计划 IoTUK,专注于加速物联网产业及应用的发展,由数字加速器(Digital Catapult)与智慧城市加速器(Future City Catapult)共同推行,计划分 3 年完成,旨在提高英国在物联网领域的全球领导地位,并提高整个行业和公共部门对高质量物联网解决方案的采用。IoTUK 的重点是使英国企业和公共部门能够在安全与信任、数据互操作性、投资合理性和设计开发等领域的物联网能力建设方面取得进展。目前执行中的大型物联网项目计划有 4 个,分别是物联网硬件加速器(Hardware Accelerator for IoT)、智慧城市计划 CityVerve、长期照护与智慧医疗服务计划 NHS Test Bed,以及与 IoT 安全相关的研究计划 PETRAS。

2018 年年初英国政府在最新发布的《英国数字战略》中提出全力发展物联网及城市智慧基础建设,并投入 3000 万英镑,资助国家物联网计划 IoTUK,以加速产业物联网创新与研发。

2019 年,英国启动了新国家中心的建设,开展与物联网网络安全相关的研究。新中心主要有五大研究领域:一是采用与可接受性,随着物联网的发展,系统设计需要考虑社会和文化的可接受性;二是经济价值,数据的长期价值体现在成长为可交易的商品;三是隐私与信任,物联网正在创造前所未有的数据量,引发了关键的隐私、信任和道德问题;四是安全性,从小型医疗植入式传感器到城市范围的传感基础设施,各种物联网系统都带有安全挑战;五是标准、治理与政策,在物联网带来的重大机遇与其对隐私和安全的独特挑战之间取得平衡，是政府关注的一个主要问题。

2.2.2 英国 5G 战略布局

2017 年 1 月，英国政府向 5G 研究机构拨款 1600 万英镑，建立"5G 创新网络"，以实现其"成为世界上第一批使用 5G 的国家"的愿望。3 月，英国 DCMS 和财政部联合发布了《下一代移动技术：英国 5G 战略》，旨在尽早利用 5G 技术的潜在优势，塑造服务大众的世界领先数字经济，确保英国的领导地位。战略包括七大发展主题：一是构建 5G 实用案例，二是实施适当的监管方案，三是加强地区管理和部署能力建设，四是明确 5G 网络的覆盖范围与容量，五是确保 5G 的安全部署，六是频谱，七是技术与标准。此外，在商业模式、实验部署、监管政策、地方部署、网络覆盖、安全部署、频谱策略、标准制定、知识产权等方面，英国政府均制订了严谨的行动计划，以实现战略目标。

2017 年 3 月，英国政府发布《英国数字战略 2017》，从连接性、数字技能、数字经济等方面提出了打造"数字英国"的构想。这份战略指出，英国 98% 的国土面积将在 2017 年年底实现 4G 数据覆盖，超高速宽带接入率将达到 95% 以上，并在 2020 年之前继续提速降费；预计在 2018 年年底，铁路运输专线上 90% 的乘客可以享受免费 Wi-Fi，并将在更多的交通工具和公共场所推广免费 Wi-Fi；英国计划投资超过 10 亿英镑，推动包括全光纤和 5G 网络在内的下一代数字基础设施的开发和利用。

2.2.3 英国人工智能战略布局

英国是人工智能理论的发源地，在人工智能和机器学习领域有深厚的积累，其创新型成果不断在全球范围内得到推广应用。英国人工智能注重实效性，强调"综合施治、合力发展"，在产学研的转换周期上，更加快速地落地。

2016 年 10 月，英国下议院科学和技术委员会发布了题为《机器人技术和人工智能》的报告，阐述了机器人技术与人工智能系统的发展前景，对其发展可能带来的伦理、法律问题提出了相应的解决措施和政策建议，主要包括加大对教育培训和技术发展的投资；发布数字战略，对劳动者进行数字技能培训，以稳定就业市场；建立专门的人工智能委员会，为政府提供建议；建立持续的监管制度，使智能机器决策系统透明化、科技误差最小化；鼓励与公众对话，建立公众对政府相关决策的信任。

2016 年 11 月，英国政府科学办公室发布了题为《人工智能：未来决策制定的机遇和影响》的报告，陈述了未来人工智能发展可能对英国产生的影响。具体内容包括：扩大企业和政府对人工智能的应用；继续投资并重点研究人工智能的相关项目，鼓励外来投资；政府需要推进工人新技能的发展，进行人工智能培训以保障工人就业；鼓励高校的技术研发；要求在安全和可控的环境中研究人工智能技术；保持人工智能体系决策的透明度；确定系统偏差并采取措施评估其带来的影响；政府严格管控人工智能发展中的风险，制定具体的法律框架。

2017 年，英国发布了《产业战略：打造适合未来的英国》，旨在通过产业发展挑战基金，与产业界合作开展世界级研究，实现人工智能与先进分析技术的创新性使用，将英国建设为全球人工智能与数据驱动型创新的中心。

2018 年 4 月，英国人工智能特别委员会发布了题为《英国人工智能发展的计划、能力与志向》的报告。内容主要包括：促进数据访问和共享，增大数据利用率，在充分利用数据和保护用户隐私之间寻求平衡；提高人工智能的可理解性和可信赖度，保证关键系统的技术透明；健全法律机制，促进人工智能的研究应用，避免形成基于人工智能的新型网络犯罪；建立人工智能管理机构，做好人工智能的规划与管理工作；在国际领域，积极参与人工智能相关规则的制定，推动形成人工智能研发和使用的全球准则。

2018 年 4 月，英国政府出台了《产业战略：人工智能领域行动》文件，就总体设想、人才基础、基础设施、商业环境和重点区域 5 个方面制定了具体措施，要求政府和业界支持人工智能创新，资助人工智能研发，促进人工智能应用；合作培养高技能员工，增加人工智能员工的数量，引进全球高技能人才；改进数据的基础设施，开发安全的数据共享框架，制定开放的数据标准；制定人工智能支持政策，向全球推广英国的人工智能产品；扩展人工智能集群并与关键集群密切合作，从而为企业提供技术支持。

2.2.4 英国区块链战略布局

2016 年 1 月，英国政府发布了一份关于区块链技术的重要报告——《分布式账本技术：超越区块链》，这是当时全球唯一由一国政府发布的区块链报告。报告指出，英国政府正在探索类似于区块链技术这样的分布式账本技术，并分析了将区块链应用于传统金融行业的潜力。报告还指出，去中心化账本技术在改变公共和私人服务方面有着巨大的潜力。它重新定义了政府和公民之间数据共享的关系，重新定义了透明度和信任，将会主导政府数字改造规划方案。任何新技术都会带来挑战，但是如果能够很好地处理领导、协作和治理之间的关系，分布式账本也许能够为英国带来很大的好处。

在监管层面，英国推出了首创的监管工具——监管沙盒，它提供一个安全环境，允许进入其中的金融科技公司测试其创新产品、服务以及商业模式，旨在促进英国金融科技的有效竞争，鼓励企业创新、激发市场活力、保障消费者权益。对于英国金融行为监管局（Financial Conduct Authority，FCA）及接受测试的公司而言，这是一项新的市场与监管实验，也是金融科技领域的重要监管创新。

2.2.5　英国网络安全战略布局

英国是最早将网络安全提升至国家战略高度的大国之一。2009 年 6 月，英国发布首个国家网络安全战略文件《英国网络安全战略：网络空间的安全、可靠性和可恢复性》，用于指导和加强国家的网络安全建设，成为最早将网络安全提升至国家战略高度的大国之一。相较于美国的《网络空间国际战略》，英国的国家网络安全战略并不谋求网络空间的主导地位，而是聚焦于维护本国网络安全、提升本国网络安全产业竞争力等方面，用以构建安全、可靠与可恢复性强的网络空间和确保英国在网络空间的优势地位，从而促进并实现英国的经济繁荣、国家安全和社会稳定。

2011 年 11 月，英国发布第二版国家网络安全战略《英国网络安全战略：在数字世界中保护和促进英国利益》。该战略阐述了网络空间促进经济增长与社会稳定、网络安全威胁发展变化情况，描述了 2015 年网络安全的愿景和目标，并提出了未来 4 年的行动方案。相较于 2009 年的战略，该战略不再局限于维护网络安全本身，而是试图通过构建安全和充满活力的网络空间，促进英国的经济繁荣、国家安全和社会稳定。

2016 年 11 月，英国政府发布第三版国家网络安全战略《2016—2021 年国家网络安全战略》，明确了 2021 年网络安全的愿景目标以及未来 5 年的行动方案等事项。英国对 2021 年网络安全的愿景是：将英国建设成一个安全、能有效应对网络威胁的国家，在数字世界中繁荣而自信。战略目标包括防御网络空间、威慑敌对分子和发展能力。具体战略措施包括组建新的网络安全机构；启动多项网络安全计划；大力培育网络安全人才；加强跨部门及公私协作；重视开展国际交流合作。

在物联网网络安全方面，英国在 2018 年针对物联网设备制造商发布了《消费类物联网设备安全行为准则》，旨在确保家用集线器、智能家居设备、安全摄像头、可穿戴设备和联网玩具等设备免受外部攻击和数据泄露，保护消费类物联网。2019 年 10 月，英国和新加坡签署了《安全设计：英国和新加坡就物联网进行合作的联合声明》协议，以加强两国在联网设备安全方面的伙伴关系。2020 年 1 月英国政府公布了一项加强消费者物联网设备安全性的法律，以保护数百万人免受网络攻击威胁。

2.3　日本数字经济战略布局

在数字经济领域，日本也早早展开布局。早在 2001 年，日本政府就提出"e-Japan 战略"，随后又相继发布"u-Japan 战略"、"i-Japan 战略 2015"、《智能日本 ICT 战略》等，实现了数字经济信息化、网络化、智能化各阶段发展的有章可循。日本通过多年来对数字信息产业的政策支持、法律法规规范，为数字经济的发展创造了良好环境。

2009 年 7 月，日本 IT 综合战略本部公布了"i-Japan 战略 2015"。该规划文件描述了预期在 2015 年实现的数字社会愿景，目标是建设"国民发挥主导作用、充分保障数字安全、充满活力的社会"。主要强调数字包容和数字创新，选择三大优先领域（电子政务和电子政府、卫生健康医疗、教育和人力资源）重点突破，通过创建以人为本的数字社会，增强国际竞争力，领先于其他国家克服全球共同挑战，展示全球领导力。

对于数字经济的发展，日本奉行实用主义。由于人口老龄化、经济增长动能不足等因素，日本政府更加侧重于推动数字技术与经济增长、民生福祉、社会治理的深度融合。一方面，日本在加速智能型社会的建设。2016 年，日本政府在《第五期科学技术基本计划》中首次提出"社会 5.0"概念，"社会 5.0"是继狩猎社会、农耕社会、工业社会和信息社会之后的一个社会新阶段，这一阶段将是在科学技术创新引领下的"超智能社会"。"社会 5.0"具备以下 3 个核心要素：一是虚拟空间和物理空间高度融合的社会系统；二是超越年龄、性别、地区、语言等差异，为多样化和潜在的社会需求提供必要的物质和服务；三是让所有人都能享受到舒适且充满活力的高质量生活，构建一个以人为本、适应经济发展并有效解决社会问题的新型社会。另一方面，日本也在积极推进产业的数字化转型。2017 年，日本经济产业省提出"互联工业"战略，积极推动人工智能、物联网、云计算等科技手段应用到生产制造领域，突破人口老龄化、劳动力短缺、产业竞争力不足等发展瓶颈。此后，日本相继发布《下一代人工智能推进战略》《科技创新综合战略 2017》《集成创新战略》等纲领性文件，从战略规划、制度建设、人才培养等方面为"社会 5.0"和"互联工业"铺平道路。

2.3.1　日本物联网战略布局

日本是世界上第一个提出"泛在网"战略的国家。2004 年，日本政府提出了"u-Japan 战略"，其目标是实现无论在何时何地任何物、任何人都可受益于信息与通信技术（ICT）的社会。物联网包含在泛在网的概念之中，并服务于 "u-Japan 战略" 及后续的信息化战略。2009 年 3 月，日本总务省提出 "数字日本创新计划"，物联网被广泛应用于 "泛在城镇" "泛在绿色 ICT" "不撞车的下一代智能交通系统" 等项目中。

2017 年 3 月，时任日本首相安倍晋三在德国汉诺威召开的信息通信展览会上发表了《互联工业：日本产业新未来的愿景》演讲，明确了 "互联工业" 的概念。所谓 "互联工业"，是指以采集海量数据为基础，将人、设备、系统、技术等相互连接，从而创造新的附加值和解决相关的社会问题。它具有三大核心理念：一是人与设备、系统之间并不是对立关系，而是合力实现新型数字社会；二是通过企业之间、产业之间以及国家之间的紧密协作解决复杂问题；三是贯彻以人为本理念，积极推进与数字化技术相结合的人才培养。"互联工业" 战略包含四大实施措施：组建实施平台、发布参考架构、推动数据交易、加强对中小企业的支持。

为了推进 "互联工业"，日本经济产业省于 2017 年提出了 "东京倡议"，确立了 5 个重点发展领域：无人驾驶-移动性服务、生产制造和机器人、生物与素材、工厂-基础设施安保、智能生活。这些领域的发展涉及 3 类政策：一是实时数据的共享与使用，二是针对数据有效利用的基础设施建设，三是国际、国内的各种横向合作与推广。在推动工厂智能化及物联网在制造业应用的过程中，日本政府推进了一系列工作，如示范应用案例的整理和可视化，建立中小企业的外部支援以提供技术、人员、工具的支撑，日本标准国际化，面向制造的网络安全，数字化人才培养，加速国际合作等。

在 2018 年发布的《日本制造业白皮书》中，日本明确提出将 "互联工业" 作为制造业发展的战略目标，强调 "通过连接人、设备、系统、技术等创造新的附加值"。与德国 "工业 4.0" 参考架构不同，日本在 "互联工业" 中提到了 "数字化三胞胎" 的概念，即信息世界、物理世界以及人的世界，将人作为制造系统的重要组成部分。

2.3.2 日本 5G 战略布局

在 5G 应用方面，日本的发展虽落后于中、美等国，但仍在 2020 东京奥运会上积极部署，近些年不断推动 5G 的商业化和落地，努力实现赶超。

2016 年，日本内政和通信部发布《2020 年实现 5G 的无线电政策》，提出 3 项措施：一是举办 5G 移动峰会，组织协调各机构工作，促进 5G 发展；二是推进政产学研协作，完成频谱分配工作和 5G 演示；三是在国际电信联盟和第三代合作伙伴计划（3GPP）指导下开展标准制定工作。同年，日本总务省成立 5G 研究组，讨论 5G 最新政策。为配合 2020 东京奥运会，三大无线通信运营商 NTT DoCoMo、SoftBank（软银）以及 KDDI 计划在东京都中心城区等区域率先提供 5G 服务。9 月，日本软银启动 5G 项目"5G Project"，成为全球第一家商用 Pre5G Massive MIMO 的运营商。

2018 年，日本总务省提出积极推动以 eMBB 为主的应用研究，重点研究车联网、远程医疗、智能工厂、应急救灾等应用的新型商业模式，要求在 2025 年左右使"后 5G"标准实现商业化，并公布以 2030 年为设想的频谱利用战略方案。11 月，KDDI 宣布计划于 2019 年启动有限范围的 5G 服务，2020 年全面推出 5G 服务，以支持即将到来的东京奥运会和残奥会。

2019 年 4 月，日本总务省向 NTT DoCoMo、KDDI、软银和 Rakuten Mobile 这 4 家公司颁发了 5G 服务和频谱牌照。具体网络部署计划包括有关基础设施投资额、基站收发台（Base Transceiver Station，BTS）部署、部署和预测全国网络覆盖目标等信息。

在 2020 年度税制改革大纲草案中，日本向 5G 通信网络的电信运营商提供税收优惠政策，以推进 5G 基站等相关设施的建设，进而快速推广 5G 在社会各领域的广泛应用。

2.3.3　日本人工智能战略布局

日本政府十分重视人工智能的研发工作，以建设"社会 5.0"为引领，发布国家战略，全面阐述了人工智能技术和产业化路线图，重点关注制造业、医疗和护理行业、交通运输等领域。希望通过人工智能强化其在汽车、机器人等领域的全球领先优势，解决日本在养老、教育和商业领域的国家难题。

2015 年 1 月，日本发布《机器人新战略》，提出日本在机器人领域的三大核心目标，即"世界机器人创新基地""世界第一的机器人应用国家""迈向世界领先的机器人新时代"。战略计划在 5 年内实现公私联合投资 1000 亿日元，扩大机器人市场规模至 2.4 万亿日元，确保日本在机器人领域的世界领先地位。

2016 年 6 月，日本发布《日本再兴战略 2016》，提出将人工智能作为第四次产业革命的核心，并建立与之相适应的研发机构和安全保障机制，通过"产学官"相结合的方式推动人工智能的研发和利用。

2017 年 3 月，日本人工智能技术战略会议小组发布政府"议程表"，试图通过人工智能实现生产、流通、医疗等领域效率的提高，分 3 个阶段来实施：第一阶段（到 2020 年），发展无人工厂和无人农场技术，实现通过人工智能预测设备故障的能力；第二阶段（2020 年到 2030 年），实现配送的完全自动化和人工智能对家电的完全控制；第三阶段（2030 年以后），实现出行自动化，在智能意识领域取得重大突破。

2018 年 6 月，日本政府在人工智能技术战略会议上出台了推动人工智能普及的计划，推动研发与人类对话的人工智能，以及在零售、服务、教育和医疗等行业加快人工智能的应用，以节省劳动力并提高劳动生产率。12 月，日本科学技术振兴机构（Japan Science and Technology Agency，JST）研究开发战略中心（Center for Research and Development Strategy，CRDS）发布了人工智能战略提案，旨在建立"AI 软件工程"，从"AI 软件工程体系化"和"基础研究中重要的技术挑战"两个方面提出确保日本国际竞争力的研究开发课题。同月，日本综合科学技术创新会议（Council for Science, Technology and Innovation，CSTI）从人才、数据、伦理3 个方面探讨了人工智能目前存在的问题和发展方向，指出发展人工智能技术必须确立"以人为中心"的原则，推动日本主导的人工智能发展原则和技术标准国际化。

2017 年和 2018 年日本政府预算已明显向人工智能领域倾斜。2019 年科学技术领域的年度预算较 2018 年增长 13.3%，达到了 4.351 万亿日元，其中很大一部分资金用于人工智能技术开发及人才培养。

2019 年 3 月日本正式提出"AI 战略 2019"，以尊重人类、多样性和可持续发展为理念，设定人才、产业竞争力、技术体系、国际化四大战略目标。

2.3.4　日本网络安全战略布局

2006 年，日本信息安全政策委员会（ISPC）出台了《第一期信息安全基本计划》，提出通过信息技术"推动日本经济可持续发展""改善国民生活水平""应对信息安全威胁"三大基本目标，以及将日本建设成"世界上信息最安全国家"的最终目标。2009 年的《第二期信息安全基本计划》提出要建立一套稳定可靠的快速反应机制来应对网络威胁。2010 年，日本在前两期信息安全基本计划的基础上又制定了《保护国民信息安全战略》，旨在通过对关键基础设施的保护努力提高日本的信息安全水平。该战略包含了日本信息安全的三大特征：一是预防性，日本信息安全政策应当立足于预防网络攻击，强化应急处置；二是适应性，信息安全政策应当具有较强的网络环境适应能力；三是主动性，信息安全政策应当主动应对网络安全问题。

2013 年 6 月，日本发布首份《网络安全战略》，从国家层面对网络安全建设进行设计和指导。该战略确立了构建"世界领先、强大而充满活力的网络空间"、实现"网络安全立国"的目标，并提出未来 3 年的行动方向和强化措施。2014 年 11 月，日本出台《网络安全基本法》，从法律层面对《网络安全战略》的地位进行明确。

2015 年和 2018 年日本分别发布了新版的《网络安全战略》，其中，2015 年版战略提出了"努力确保自由、公平和安全的网络空间,促进社会经济提高活力和可持续发展,构建让人民安全安心生活的社会,促进国际社会的和平稳定和保障日本的国家安全"的愿景,比起 2013 年版更加强调网络安全防御机制的积极主动性。2018 年版战略结合网络威胁的发展演变对实现战略目标的政策方法和行动措施进行了调适,更加强调服务提供者的任务保证、网络安全的风险管理以及和平时期个人与组织的参与和协作。

2.4　德国数字经济战略布局

随着新一轮技术浪潮的到来以及国际科技竞争的加剧,作为西方工业化强国,德国敏锐地感觉到数字经济的新机遇和新挑战,并为此制定了促进产业发展的创新战略——"工业 4.0"。

2013 年 4 月德国政府正式提出"工业 4.0"战略,该战略旨在打造以信息物理系统为特征、以智能工厂为具体体现的智能化时代,全面提高德国工业的竞争力。"工业 4.0"的本质是以万物互联为基础,通过与互联网和物联网等相关的技术来改变既往的大规模生产模式,增强柔性化生产,同时将传统工厂关注制造环节向前端的设计环节以及后端的服务环节延伸。"工业 4.0"强调利用信息技术和制造技术的融合来改变当前的工业生产与服务模式,既能使生产和交付更加灵活,又有助于提高能源利用效率、优化人才结构。

为进一步实现"工业 4.0",德国政府于 2016 年 5 月发布了《德国数字化战略2025》,在该战略中提出了迈向数字化的 10 项行动计划,包括在德国经济的核心领域推进智能互联、强化数据安全和数据保护、利用"工业 4.0"提高德国制造业的地位、利用数字化技术使研发和创新达到具有竞争力的水平、加强数字化方面的教育培训等,为德国全面推动数字化转型指明了方向。

德国将发展数字经济作为其政治和经济层面的首要任务,自 2010 年发布《数字德国(2015)》以来,相继出台了《2020 创新伙伴计划》《保障德国制造业的未来——关于实施工业 4.0 战略的建议》《数字议程(2014—2017)》《德国数字化战略2025》等一系列战略,用于推进智能互联、产业数字化进程,协助德国企业实现"工业 4.0"。同时,德国不断加强对人工智能领域的关注,接连发布《联邦政府人工智能发展战略要点》《人工智能德国制造》《高科技战略 2025》等战略,旨在通过人工智能等高新技术的研究创新推动建设数字强国。在这些战略的协同指导下,德国的人工智能技术和产业数字化已成为数字经济发展的重点。通过构建网络化协同设计和制造体系,德国产业数字化在数字经济的占比已达到 90%,居世界首位。

2.4.1 德国 5G 战略布局

2017 年 7 月，德国联邦交通和数字基础设施部发布《德国 5G 战略》，提出"德国致力于成为 5G 网络及应用的领导国家"的战略目标，具体措施包括全面优化现有实验场的基础设施条件；建立起可持续性的竞争市场，设计出更多人性化的 5G 网络应用；更多借鉴世界各国的经验和知识，并与其他国家合作。《德国 5G 战略》提出了落实 5G 战略的 5 个行动领域，包括加强 5G 网络输出，装备和完善 5G 网络所需频率，加强电信产业和 5G 网络应用产业的合作，进行更加协调、更加有针对性的研究，实现 5G 网络城镇村全国覆盖。

2.4.2 德国人工智能战略布局

在 2013 年提出的"工业 4.0"战略中，德国政府就已经意识到了人工智能的重要性。时任德国联邦教研部部长卡尔利泽克表示，德国要争取通过创立"人工智能——德国制造"的新品牌来保持德国的核心竞争力。德国政府将继续扩大人工智能研究中心，以提升德国在人工智能领域的国际竞争力，进一步加强人工智能研究与生产实践的结合，并用研究成果尽快造福大众。

2018 年 7 月，德国政府发布《联邦政府人工智能发展战略要点》，提出要求联邦政府加大对人工智能相关重点领域的研发和创新转化的资助，加强同法国的人工智能合作建设、实现互联互通；加强人工智能基础设施建设，以将本国对人工智能的研发和应用提升到全球领先水平。同年 9 月，德国联邦政府颁布《高科技战略 2025》，该战略提出的 12 项重点任务就包括"推进人工智能应用，使德国成为人工智能领域世界领先的研究、开发和应用地点之一"，战略还提出建立人工智能竞争力中心、制定人工智能战略、组建数据伦理委员会、建立德一法人工智能中心等措施。

2018 年 11 月，德国联邦政府发布了《德国人工智能发展战略》，以推动德国在人工智能领域的研发、技术应用及产业政策。该战略的主要目标有三：一是通过人工智能战略确保德国和欧洲在人工智能研发与应用方面处于国际领先地位，提高德国在相关领域的竞争力；二是确保人工智能技术的发展与应用旨在造福社会；三是在伦理、法律、文化和制度等多个方面加强社会对话与政治引导。战略的具体措施有扶持初创企业；建设欧洲人工智能创新集群，研发更贴近中小企业的新技术；增加和扩展人工智能研究中心等。

2019 年 2 月，德国联邦经济和能源部发布了《德国工业战略 2030》，其中提到：德国在人工智能技术的应用上与其他国家领先企业的差距日益扩大，针对发展现状，德国必须集中企业、科研和政策的力量，强化对中小企业的支持，消除关键技术的竞争差距，创立数据主权，改进工业生产的框架条件，充分利用新技术中的经济潜力，如此才能让德国在新一轮科技竞争中处于不败之地。

2.4.3　德国区块链战略布局

2019 年 9 月 18 日，德国联邦政府审议通过并发布了区块链战略。该战略由德国联邦经济和能源部、财政部等机构共同起草，并经过了与 158 名专家和公司代表的磋商。德国政府希望充分利用区块链技术，挖掘其促进经济社会数字化转型的潜力，并应对 Libra 这类"加密货币"带来的风险。该战略明确了五大领域的行动措施，包括在金融领域确保稳定并刺激创新；支持技术创新项目与应用的有关实验；制定清晰可靠的投资框架；加强数字行政服务领域的技术应用；传播普及区块链信息与知识，加强相关教育培训及合作等。时任德国联邦经济和能源部部长阿尔特迈尔指出，区块链在德国能源领域的应用是重点，能够促进能源数字化转型。时任财政部部长肖尔茨表示，区块链是未来互联网的基石，在区块链应用中，消费者和国家主权必须得到保护。其中，货币发行是国家主权的核心要素之一，德国不会将其让渡给私人企业。

2.5　中国数字经济战略布局

伴随着云计算、大数据、人工智能、5G、物联网、区块链的发展，新一轮信息技术革命正在爆发，我国数字经济发展迎来新的变化，农业、工业、服务业出现深度数字化转型窗口机遇，亟待通过人工智能、大数据、区块链等新兴技术提升生产效率、降低成本，助力实现产业数字化高质量发展的目标。中国早在 2006 年就发布了《2006—2020 年国家信息化发展战略》，把推动数字经济发展作为国家战略，不断推进信息技术的研发应用。

2017 年 12 月 3 日，习近平主席在致第四届世界互联网大会的贺信中提到，当前，以信息技术为代表的新一轮科技和产业革命正在萌发，为经济社会发展注入了强劲动力，同时，互联网发展也给世界各国主权、安全、发展利益带来许多新的挑战。为了迎接数字经济机遇，中国共产党第十九次全国代表大会制定了新时代中国特色社会主义的行动纲领和发展蓝图，提出要建设网络强国、数字中国、智慧社会，推动互联网、大数据、人工智能和实体经济深度融合，发展数字经济、共享经济，培育新增长点、形成新动能。

目前，数字经济的发展正在进入一个新的时期。以新一代信息革命为契机，数字技术的融合提升作用和数字资源的巨大应用价值引起了科技界、产业界乃至全社会的广泛关注，开启了对数字经济议题的新探讨。我国政府先后发布了网络强国战略、新基建战略、5G 战略、人工智能战略、区块链战略等多个战略规划，不断助推产业升级，大力促进数字经济发展。

网络强国战略加强了信息化基础能力，在良好的网络基础设施基础上，大力发展新型基础设施建设，为 5G、人工智能、区块链的发展提供助力，同时提高了产业发展基础。在网络强国战略、新基建战略、5G 战略、人工智能战略、区块链战略的共同作用下，我国将信息技术与制造技术相融合，发展数字化、网络化、智能化制造，赋能实体经济，促进传统产业的数字化转型，支持数字经济的蓬勃发展，迎接数字经济新机遇，如图 2-1 所示。

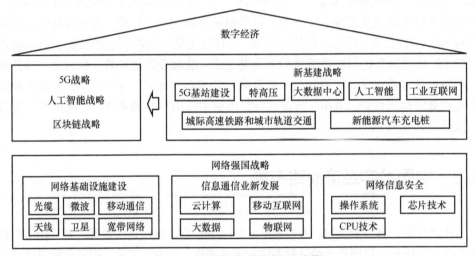

图 2-1　国家战略支撑数字经济发展

2.5.1　中国网络强国战略布局

2014 年 2 月 27 日，在中央网络安全和信息化领导小组第一次会议上，习近平总书记提出"网络安全和信息化是事关国家安全和国家发展、事关广大人民群众工作生活的重大战略问题，要从国际国内大势出发，总体布局，统筹各方，创新发展，努力把我国建设成为网络强国"，自此开启了中国从"网络大国"向"网络强国"的阔步转型。

我国网络强国战略主要包括网络基础设施建设、信息通信业新发展和网络信息安全 3 个方面。实现网络强国战略的相关指标有如下几个。

（1）与互联网相关的信息化基础设施处于世界领先水平。主要是网络规模、宽带普及率、与网络相关的信息产业的竞争力、网络安全能力等要处于世界领先水平。特别是在云（云计算）、网（宽带网）、端（各种终端）已成为一个国家基础设施重要组成部分的今天，云计算、移动互联网、大数据以及物联网的建设和应用等也要处于世界领先水平。

（2）在国际互联网治理规则制定中拥有一定话语权。中国要成为网络强国，必须制定网络强国发展战略，积极参与国际互联网治理相关事务，在构建和平、安全、开放、合作的网络空间和建立多边、民主、透明的全球互联网治理体系方面拥有一定话语权，并得到国际社会的认同。

（3）在互联网应用方面处于世界领先水平。这既包括产业互联网、消费互联网整体上要达到比较高的水平，也包括电子商务、电子政务等社会信息化手段得到较为广泛的应用。同时，互联网应用还要在促进经济社会发展转型方面取得重大成效、发挥更大作用。

（4）与互联网相关的关键技术自主可控。要从根本上改变关键技术受制于人的局面。中国在关键技术方面存在短板，需要在芯片、操作系统及 CPU 等技术领域实现大的突破。

2.5.2　中国新基建战略布局

早在 2018 年年底召开的中央经济工作会议上就明确了 5G、人工智能、工业互联网、物联网等"新型基础设施建设"的定位。随后"加强新一代信息基础设施建设"被列入 2019 年政府工作报告。2020 年 2 月 14 日，中央全面深化改革委员会第十二次会议指出，基础设施是经济社会发展的重要支撑，要以整体优化、协同融合为导向，统筹存量和增量、传统和新型基础设施发展，打造集约高效、经济适用、智能绿色、安全可靠的现代化基础设施体系。2020 年 3 月，中共中央政治局常务委员会召开会议，提出加快 5G 网络、数据中心等新型基础设施的建设进度。

在 2020 年 4 月 20 日的国家发展改革委新闻发布会上，首次明确了"新基建"的概念和范围。新型基础设施是以新发展理念为引领，以技术创新为驱动，以信息网络为基础，面向高质量发展需要，提供数字转型、智能升级、融合创新等服务的基础设施体系。目前，新型基础设施主要包括 3 个方面内容：一是信息基础设施，主要是指基于新一代信息技术演化生成的基础设施，如以 5G、物联网、工业互联网、卫星互联网为代表的通信网络基础设施，以人工智能、云计算、区块链等为代表的新技术基础设施，以数据中心、智能计算中心为代表的算力基础设施等；二是融合基础设施，主要是指深度应用互联网、大数据、人工智能等技术，支持传统基础设施转型升级，进而形成的融合基础设施，如智能交通基础设施、智慧能源基础设施等；三是创新基础设施，主要是指支撑科学研究、技术开发、产品研制的具有公益属性的基础设施，如重大科技基础设施、科教基础设施、产业技术创新基础设施等。

从国家部署"新基建"的会议语境看，"新基建"的主要方向有：一是要大力发展先进制造业，推进智能、绿色制造，要统筹传统和新型基础设施发展，打造现代化基础设施体系；二是要扩大有效需求，发挥好有效投资关键作用，加快项目开工建设进度；三是要把在疫情防控中催生的新型消费、升级消费培育壮大起来，使实物消费和服务消费得到回补。在新冠疫情下，以光纤宽带、4G/5G、数据中心、云计算等基础设施为支撑的互联网医疗、教育直播、在线办公、公共服务等产业互联网新兴业态呈现爆发态势，这为推进"新基建"的意义和必要性增加了新的注脚。

2.5.3 中国物联网战略布局

我国在国家层面高度重视物联网的相关工作，国务院和各部委从顶层设计、组织机制、产业支撑等多个方面持续完善物联网政策环境，协力推动物联网产业的发展。

2009 年，物联网被正式列为国家五大新兴战略性产业之一，随后被写入 2010 年政府工作报告。2011 年，工信部发布《物联网"十二五"发展规划》，明确表示重点支持智能工业、智能农业、智能物流、智能交通、智能电网、智能环保、智能安防、智能医疗、智能家居 9 个重点领域发展。2013 年，国务院出台《关于推进物联网有序健康发展的指导意见》，明确物联网发展目标是实现物联网在经济社会各领域的广泛应用，掌握物联网关键核心技术，基本形成安全可控、具有国际竞争力的物联网产业体系，成为推动经济社会智能化和可持续发展的重要力量。2016 年国务院发布的《"十三五"国家信息化规划》中明确提出推进物联网应用区域试点。

2017 年 1 月，工信部发布《信息通信行业发展规划物联网分册（2016—2020 年）》，提出"十三五"时期是经济新常态下创新驱动、形成发展新动能的关键时期，必须牢牢把握物联网新一轮生态布局的战略机遇，大力发展物联网技术和应用，加快构建具有国际竞争力的产业体系，深化物联网与经济社会融合发展，支撑制造强国和网络强国建设。该文件明确了物联网产业"十三五"时期的发展目标：到 2020 年，具有国际竞争力的物联网产业体系基本形成，包含感知制造、网络传输、智能信息服务在内的总体产业规模突破 1.5 万亿元，智能信息服务的比重大幅提升；推进物联网感知设施规划布局，公众网络 M2M 连接数突破 17 亿；物联网技术研发水平和创新能力显著提高，适应产业发展的标准体系初步形成，物联网规模应用不断拓展，泛在安全的物联网体系基本成型。规划的主要任务有强化产业生态布局；完善技术创新体系，构建完善标准体系；推动物联网规模应用；完善公共服务体系；提升安全保障能力。

2017 年 3 月，时任国务院总理李克强在政府工作报告中指出，要加快物联网等的应用，以新技术新业态新模式推动传统产业生产、管理和营销模式变革。6 月，工信部发布《关于全面推进移动物联网（NB-IoT）建设发展的通知》，要求加强移动物联网标准与技术研究，打造完整产业体系；推广移动物联网在细分领域的应用，逐步形成规模应用体系；优化移动物联网应用政策环境，创造良好可持续发展条件。

2.5.4　中国 5G 战略布局

我国政府高度重视 5G 发展，提出"5G 引领"的发展目标并将 5G 纳入国家战略，在《中华人民共和国国民经济和社会发展第十三个五年规划纲要》《国家信息化发展战略纲要》等规划中对 5G 发展做出明确部署，要求在 5G 方面成为技术、标准、产业、服务与应用的领先国家之一，综合竞争实力和创新能力进入世界前列。

2013 年，工信部、国家发展改革委及科学技术部（以下简称科技部）联合成立了 IMT-2020（5G）推进组，组织移动通信领域的产学研用单位共同开展技术创新、标准研制、产业链培育及国际合作。在研发方面，政府积极推动 5G 产学研一体化，完成了全球首个 5G 测试项目，并在 2018 年年底提前完成第三阶段的 5G 技术研发测试。2019 年 6 月，工信部向中国电信、中国移动、中国联通、中国广电 4 家运营商颁发了 5G 商用牌照，我国正式进入 5G 商用元年。2020 年 3 月 24 日，工信部发布《关于推动 5G 加快发展的通知》，提出要加快 5G 网络建设部署，丰富 5G 技术应用场景，持续加大 5G 技术研发力度，着力构建 5G 安全保障体系，加强组织实施。在网络建设部署方面，要加快 5G 网络建设进度；加大基站站址资源支持；加强电力和频率保障；推进网络共享和异网漫游。在技术应用场景方面，要培育新型消费模式；推动"5G+医疗健康"创新发展；实施"5G+工业互联网"512 工程；促进"5G+车联网"协同发展；构建 5G 应用生态系统。在技术研发方面，要加强 5G 技术和标准研发；组织开展 5G 测试验证；提升 5G 技术创新支撑能力。在安全保障体系方面，需要加强 5G 网络基础设施安全保障；强化 5G 网络数据安全保护；培育 5G 网络安全产业生态。

2.5.5　中国人工智能战略布局

人工智能作为新一轮产业变革的核心驱动力，将进一步释放历次科技革命和产业变革积蓄的巨大能量，并创造新的强大引擎，重构生产、分配、交换、消费等经济活动各环节，形成从宏观到微观各领域的智能化新需求，催生新技术、新产品、新产业、新业态、新模式。当前，人工智能正在与各行各业快速融合，助力传统行业转型升级、提质增效，在全球范围内引发全新的产业浪潮。

随着我国经济发展进入新常态，面对深化供给侧结构性改革的艰巨任务，必须加快人工智能的深度应用，培育壮大人工智能产业。未来，人工智能将在教育、医疗、养老、环境保护、城市运行、司法服务等领域被广泛应用，并将准确感知、预测、预警基础设施和社会安全运行的重大态势。

2017 年 3 月，人工智能首次被写入 2017 年政府工作报告。2017 年至今，一些轻量级应用已经落地。时任国务院总理李克强在政府工作报告中提到，要加快培育壮大新兴产业。全面实施战略性新兴产业发展规划，加快人工智能等技术研发和转化，做大做强产业集群。

2017 年 7 月，国务院发布《新一代人工智能发展规划》，指出我国要立足国家发展全局，准确把握全球人工智能发展态势，找准突破口和主攻方向，全面增强科技创新基础能力，全面拓展重点领域应用深度广度，全面提升经济社会发展和国防应用智能化水平。规划提出我国人工智能的 3 步走战略目标：第一步，到 2020 年人工智能总体技术和应用与世界先进水平同步，人工智能产业成为新的重要经济增长点，人工智能技术应用成为改善民生的新途径，有力支撑进入创新型国家行列和实现全面建成小康社会的奋斗目标；第二步，到 2025 年人工智能基础理论实现重大突破，部分技术与应用达到世界领先水平，人工智能成为带动我国产业升级和经济转型的主要动力，智能社会建设取得积极进展；第三步，到 2030 年人工智能理论、技术与应用总体达到世界领先水平，成为世界主要人工智能创新中心，智能经济、智能社会取得明显成效，为跻身创新型国家前列和经济强国奠定重要基础。规划还提出以下重点任务：构建开放协同的人工智能科技创新体系、培育高端高效的智能经济、建设安全便捷的智能社会、加强人工智能领域军民融合、构建泛在安全高效的智能化基础设施体系、前瞻布局新一代人工智能重大科技项目。

在人工智能伦理方面，我国于 2019 年发布《新一代人工智能治理原则——发展负责任的人工智能》，提出人工智能治理框架和行动指南，强调和谐友好、公平公正、包容共享等 8 条原则。同时，十三届全国人大常委会将数字安全法、个人信息保护法、修改科学技术进步法等与人工智能密切相关的立法项目列入了本届 5 年的立法规划。

2.5.6　中国区块链战略布局

进入 21 世纪以来，以人工智能、物联网、区块链为代表的新一代信息技术加速突破应用，区块链技术作为数字经济的底层支撑技术，有望在数字经济与实体经济融合、培育数字经济发展新动能等方面发挥重要作用。区块链技术的发展将催生巨大应用空间，发展区块链产业正在成为顺应全球大势、落实国家战略的实际行动，具有重大的划时代意义。在区块链技术监管方面，中国已经走在世界前列，是目前全球少数几个能在区块链技术架构层次上提出与时俱进的发展标准和监管要求的国家。

2016 年，国务院发布《"十三五"国家信息化规划》，首次将区块链技术列入国家级信息化规划，标志着我国开始推动区块链技术和应用发展。2017 年，国务院办公厅发布的《关于创新管理优化服务培育壮大经济发展新动能加快新旧动能接续转换的意见》提出：在人工智能、区块链、能源互联网、大数据应用等交叉融合领域构建若干产业创新中心和创新网络，开始推动区块链技术和应用的发展。2018 年，时任工信部总经济师王新哲在 2018 可信区块链峰会上表示将积极构建完善区块链标准体系，加快推动重点标准研制和应用推广。

在信息服务安全方面，国家互联网信息办公室于 2019 年发布《区块链信息服务管理规定》，进一步明确区块链信息服务提供者的信息安全管理责任，规范和促进区块链技术及相关服务健康发展，规避区块链信息服务安全风险，为区块链信息服务的提供、使用、管理等提供有效的法律依据。

总体而言，我国正在积极探索区块链技术标准与技术安全应用，不断推动区块链技术与实际应用场景结合，使用区块链技术服务实体经济。但对于"虚拟货币"和首次币发行（Initial Coin Offering，ICO）风险，我国持谨慎对待和防范态度，并禁止"虚拟货币"的交易。此外，我国在数字资产监管方面还处于探索阶段，监管政策有待完善。

第 **3** 章

数字经济 **3.0**：新愿景与新机遇

一个朋友很喜欢汉服，穿汉服走在街上简直是一道风景。在过去做一套汉服，需要量尺寸、挑颜色、选面料及精细化多工序定制，整个流程至少要一个月时间。

在数字经济 3.0 时代，一套汉服会怎么制作出来呢？

在棉花生产阶段，人工智能摄像头 24h 监控病虫害的情况；自动无人机给棉花撒农药、施肥；等棉花成熟的时候，智能收割机一键收割。棉花收获制成棉布后，实时调度的无人集装箱运输车将棉布运上货轮送往各地工厂。服装公司的设计师们通过 VR、AR 采集你身体的相关尺寸数据，协作完成一件汉服的设计。你在手机或者平板计算机上就可以看到自己身穿这身汉服的样子，如果满意就能直接下单。而在你进行虚拟试衣的同一时刻，你的尺寸就已经被发送到工厂，工厂灵活调度生产的材料、工具和人员，一套量身定制的汉服就完成了。

如果你想穿着这身汉服参加晚上的直播，物流公司还可以使用自动物流系统短时间内送到你面前。你穿着这身汉服优雅走在步行街上，引来很多人围观。你请朋友打开直播，把这一幕放到视频平台。

古典美和数字经济完美结合在一起。

在这个故事背后，物联网、5G、区块链、人工智能等技术若隐若现。数字经济 3.0 在技术和战略的驱动下呈现出这样一个"智能万物，智链百业"的时代图景，并给各行各业带来全新的机遇。

3.1 数字经济 3.0：新愿景

社会生产的两个核心要素是：生产力和生产关系。生产力和生产关系互相作用、互相演进，构成了社会生产的一次次进步。

而在数字经济 3.0 阶段，时空边界进一步被打破，人-人通信正在加速向物-物、机-物、人-机-物全面全向交互转变，这将呈现出"智联万物"的新特征。智联万物，带来的是生产力的高速跃迁。

同时，基于区块链和人工智能构成的价值体系、信任体系和协作体系又将呈现"智链百业"的新特征。智链百业，带来的则是生产关系的根本升级。

3.1.1　智联万物

在数字经济 3.0 时代"智联万物"的本质是"泛在"。早在 2004 年，日本政府提出了"u-Japan 战略"，成为最早采用"泛在"一词描述信息化战略并计划构建无所不在的信息化社会的国家。之后，韩国、欧洲也都发布了类似概念。不同于互联网最爱用的符号"i"，泛在网最爱用"u"作为自己的标签。泛在网的字面意思就是"无处不在的网络"。而业内人给泛在网的定义是不断融合新的网络，不断注入新的业务和应用，直至"无所不在、无所不包、无所不能"。

中国在 1997 年提出过电信网、广电网和互联网三网融合的构想，就是一种朝向"泛在"的构想。但经历了 20 多年，真正能把网络推向"泛在网"的还是物-物相联的广泛普及，这就是"智联万物"的愿景。

"智联万物"包含 4 个概念。

- 物：实现以新型感知技术为代表的感知泛在，让所有物都能被感知。
- 联：实现以 5G、IoT 为代表的连接泛在，让所有"人-人""人-物""物-物"都能连接。
- 智：实现以 AI、DT 为代表的智能泛在，让每个节点、每个连接都拥有认知、判断、计算、决策的智慧。
- 信：实现以 BT 为代表的信任泛在，推动"人-人"交互、"人-机"交互向"人-机-物"全方面连接的"智链万物"转变。

"四个泛在"与数字经济的关系图 3-1 所示。

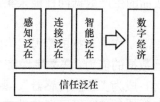

图 3-1　"四个泛在"与数字经济的关系

1．感知泛在

小明用手指触碰一下含羞草后，看到它的叶子收拢起来。这个场景里，两个生物都产生了感知：含羞草感知到触碰；小明感知到含羞草的变化。小明和含羞草都是生物。生物与非生物的一个区别是可感知。生物可感知，非生物不可感知。

但是到了数字经济 3.0 时代，传感技术、智能终端要让非生物也"可感知"。非生物可感知，感知泛在才成立。

从心理学角度看，感觉的本质是：物理能量通过感受器转化成神经能量。人类的感觉有 10 种：视觉、听觉、味觉、嗅觉、触觉、温度觉、痛觉、运动觉、平衡觉、内脏觉，全部都是内外部的物理量通过眼睛、耳朵、皮肤、躯干这些"感受器"变成了大脑可以解读的神经能量。

如果物品有感觉：让一台冰箱具备视觉、嗅觉；让一把椅子具备运动觉、平衡觉；让一个水杯具备温度觉、触觉；其本质是什么？

外在物理能量是客观存在的，不会因为感知客体的变化而变化。变化的是能量转换的方式和媒介。在数字经济中，能量最终转化为数字，其媒介是传感器。

因此，非生物感觉的本质是：物理能量通过传感器转化成数字能量。

在人体上的终端（数字经济 3.0 时代的终端可能是智能手机，可能是可穿戴设备，也可能是植入人体里的某个小物体）会获取人们在物理世界的各种体征、状态与行为，把一个物理世界中的人复制成一个"数据孪生"人。

除了人，任何一个组合体都可以变成一个有感知的"生态体"。

- 智能房间。房间里的各个物件都会安装一大堆微型智能体：台灯、床、座椅、衣柜、屏幕……一台冰箱绝对想不到，自己除了能装，竟然能感知容积、食品类型、食品新鲜度等数据。这一切数据可以把一个物理世界中的家庭复制成一个"数据孪生"家庭。

- 智能交通。智能交通不是简单的自动驾驶汽车，而是道路、交通标志、路灯、车辆、停车场等一切和交通相关的市政路政设施都拥有了感受器，它们可以看到交通、听到交通、触碰到交通。

- 智能制造。办公室、车间、门店形成了一种数据"前店后厂"。前店能感知到消费行为，用户的认知、消费、运营数据被采集；后厂能感知到生产行为，车间、模具、样品和成品的生产数据同样被采集。这些数据成为实现智能制造的基础。

感知泛在的关键在于传感器。作为数据的来源，传感器不仅需要具有获取数据的能力，还要具有分辨和处理数据的能力。在数字经济 3.0 时代，传感器将集测量、计算、信息处理等技术于一体，成为"智能传感器"。智能传感器不仅具有自补偿、自校准、自诊断功能，还具有数值处理和双向通信功能，其在人工智能技术的帮助下，可以完成图像识别、特征检测、多维检测等复杂任务，使其所获取的数据更加精准、有效。

2. 连接泛在

单一的传感器不能产生巨大生产力。任何稍微复杂一点的决策和行为都是多个传感器相联后综合识别、计算、决策的产物。

而数字经济的特点是，指数级的连接产生了指数级的数据，指数级的数据带来了指数级的经济潜能。一切感知物的连接构成网络是"泛在网"实现的基础。

5G、物联网等技术将成为数字经济 3.0 下信息传输的主导技术。在新一代信息传输技术的推动下，传统的网络架构被改变和升级，连接速度的高速化和连接范围的广泛化得以成为现实，这将促使"万物互联"的连接泛在出现。

采用大规模天线阵列、超密集组网、新型多址、全频谱接入等新技术的 5G 通信将带来至少 10 倍于 4G 的峰值速率、毫秒级的传输时延和千亿级的连接能力。在 5G 的帮助下，高速率、大连接和低时延业务场景的技术瓶颈得以打破，这将使得感知泛在的数据能得到进一步的有效利用。

物联网通过传感器的相互连接，通过传感器源源不断地产生和采集实时数据，在原子世界和比特世界之间建立起实时的镜像关系。物联网的应用不仅升级了传统的"人–人连接"，还扩展了"人–物连接""物–物连接"，从而实现更广泛的万物互联。

5G 网络与物联网结合而催生出的连接泛在，将给我们的生活体验、产业升级和社会发展带来新的机遇。在连接泛在的帮助下，沉浸式的社交和办公成为影响人们生活的新方式；大规模生产类数据的流通得以在产业链、价值链甚至整个经济系统内实现，促使产业供需紧密切合；经泛在感知网络采集的社会生活数据得以顺畅传输，为国家的智能治理提供了科学决策依据。

3. 智能泛在

光有"感知泛在"加"连接泛在"仅仅构成"泛在网"的躯壳。这张网并没有"意识"。只有网络中能统计、归纳、描述、解释、运算、分析、判断，泛在网才变成"活的网"。

让泛在网具备"意识"，让人工智能成为泛在网的意识，就是智能泛在。

人工智能技术是对人的意识和思维过程的模拟，它利用机器学习和数据分析方法赋予机器拟人化的思考、计算、决策和执行能力。凭借快速提升的人工智能技术，网络能够为用户提供个性化、精准化、智能化服务，不断提升用户的业务使用体验。人工智能技术与生产决策的深度融合，如大数据分析技术、数据可视化，都将辅助产业发展智能决策，与生产生活的各个领域相融合，有效提升各领域的智能化水平，为企业的数字化、智能化转型带来了前所未有的机遇。

目前，人工智能已经在许多行业成功应用，并为诸多企业带来了巨大的价值。物流园区的 IoT 智能设备可以自动识别人员进出，指引货车行驶和装卸；仓库内的智能摄像头不仅能记录和保存视频画面，还能进行自适应数据处理，通过对仓库的不间断动态扫描，自动计算货物存储堆积和进出情况，并将处理结果实时反馈到调度系统。在智能终端方面，以人工智能技术为基础的、机器翻译软件和专属硬件相结合的翻译机为人们创造了需求。

随着连接泛在和信任泛在的进一步推进，未来更多智能设备将实现数据互通和智能联动。其中 5G 场景化的网络连接极大地促进了智能终端的普及，并持续拓展 AI 的应用场景；5G 边缘计算为边缘 AI 提供了更好的基础设施，让 AI 走进更多的商业和生活场景；区块链解决去中心化环境下的身份信任问题，使得分属不同企业的智能设备能够进行更为紧密的自主协作、智能联动甚至价值传递。智能泛在为数字经济 3.0 的新智能、新商业提供重要技术支撑，在这一阶段，智能终端之间将打破产品界限，不同类型的智能终端在功能与形态上实现跨界融合，数据互联互通，从单品智能发展至场景智能，智能技术在工业领域的应用将推动工业级 App 出现，实现企业信息化、数字化、智能化转型。

3.1.2　智链百业

数字经济 3.0 所展现的"智联万物"仅仅实现了社会生产力的跃迁，生产关系并不涉及。而我们知道，人类生产生活中 80% 的活动是基于互动、协作的生产关系。智联万物更多强调"硬"基础设施的智能化。

智联万物可以实现"智慧房屋"，但怎么实现"智慧家庭"？

智联万物可以实现"智慧办公"，但怎么实现"智慧组织"？

智联万物可以实现"智慧城市"，但怎么实现"智慧社会"？

举个例子，中国移动为了推动其 5G 网络的运营，必须与合作伙伴如设备商、渠道商、广告商、服务提供商合作。与这些合作伙伴的协作过程就是生产关系的体现。这些行为包括信息交互、合约建立、信任建立、安全监管、项目管理等行为。数字经济 3.0 能帮助这些行为实现互联互通、自动对接、信任可靠，这将带来整个行业的颠覆。

这就是"智链百业"的图景。

1．信任泛在构建新型契约关系

人和人的信任从来不是生来就有的，是在人们建立的一定的协作活动中基于双方的行为而建立起来的。

首先，个体之间要实现协作，例如，甲方产品经理张三跟乙方程序员李四合作开发一个产品，这期间会出现大量信息共享和交换；其次，个体之间在合作中要实现安全，张三和李四共同工作的信息需要一定的隐私保护和安全措施；再次，在合作过程中，甲方发现乙方响应及时，验收良好，乙方看到甲方按时支付各种款项，二者间的信任建立；最后，该产品得到了公司的重视，双方又安排了 20 个人进入他们的团队，协作和信任开始多元化和复杂化。

但是，如果没有数字智能的管理，就难以无障碍共享信息、难以保证数据的安全，二者之间的信任就会有各种折扣。

在数字经济 3.0 时代依靠区块链技术处理这些问题。

区块链技术的分布式、去中心化、难以篡改特性赋予了上链数据"诚实"和"透明"的属性，保障了数据的真实性和可靠性，建立起可信机制。首先，以区块链为主的分布式网络对数据资产进行可信的数字化连接，节点之间可以无障碍、安全地实现信息的共享和交换；其次，区块链记录它们在供给侧和需求侧之间的流动、连接、权益分配的完整过程，保证数据真实性，并能实现匿名性处理，实现了信息的隐私保护和安全；再次，乙方提交的标准化成果和甲方支付的费用被纳入区块链的智能合约，由此解决了信任机制问题；最后，区块链还可以帮助多个个体系统解决协作中的资源获取、责任分工、项目管理、冲突管理、进程管理等问题。

由此，区块链将实现物流、资金流、信息流在人与人协作中的高度协同，促进数据的开放共享，降低各方的信任成本，构建新型契约关系。

在数字经济 3.0 时代，企业需要通过数字化转型满足将要面临的更多不确定的、个性化的、更加复杂的需求，这就要求企业从优化内部经营效率、封闭的技术解决方案转向建设开放技术体系，支撑创新迭代。在这一方面，区块链将改变科层制组织体系，建立起"去中心化"的扁平组织模式，通过跨部门、跨领域的数据开放和适当共享，节省信息传递间的沟通成本，实现组织创新和协同效率提升。区块链上的智能合约作为自动执行、开放透明的去中心化网络协议，将实现企业与企业之间的信任合作，让可信价值与原有生产关系进行更好的结合，降低数据交易和交换的成本，由供应链中的核心企业、上下游供应商等多方见证物流、资金流、信息流的流通，降低各参与方的信息不对称，保证各主体账本的安全、透明和一致，构建起价值互联体系。

区块链技术能够广泛服务于清算、票据、保险等金融领域，以及工业互联网、产品溯源、版权等实体经济领域，诚信可靠的交易环境支撑行业的健康发展。区块链是一个可信的分布式数据库，通过数学原理而非第三方中介来创造信任，因此确保了数据来源可靠。分布式记账与存储实现所有交易信息被"如实记录"且难以篡改，每个节点都有一份区块链的完整副本，即使部分节点被攻击或出错，也不影响整个网络的正常运转，这也就保障了数据流通的安全。"全网见证"数据流通，实现治理过程透明化，结合其他智能技术，将实现精准治理，且治理过程透明化。

区块链技术应用将实现可靠数据来源、安全数据流通、可信数据治理，在数字技术基础设施的支撑下发挥数据要素的最大价值，并将建立起社会信任体系。无论是个人与企业之间的金融、商业信用，还是个人与社会、机构与机构之间的新型信任关系，甚至是万物智联的"人-机-物"信任关系，区块链都将重塑现有信任价值体系，影响生产力、生产资料和生产关系，构建数字经济 3.0 时代的新型契约关系。

2. 资源利用从行业最优到系统最优

在数字经济时代，数据成为驱动经济增长的核心生产要素。云计算、物联网、人工智能等新数字技术则成为驱动和利用数据这一核心要素的关键手段, 构建起新的数字经济基础设施和生产工具。数字经济发展, 是数字科技的快速发展与数据价值的充分体现。数字经济下的各行各业, 借助着数据和数字技术的力量, 加速产品与服务创新, 探索新的市场机遇。

各行各业的发展脱离不了技术、劳动力、资源三大驱动力, 而除了技术这种以非实体形式存在的要素, 劳动力和资源这类以实体存在的生产要素并不能实现行业间的复用。因此, 行业间的发展更类似于一种资源上的零和博弈, 利用资源发展此行业就需要牺牲彼行业。在过去, 由于经济数据获取能力与经济决策能力的不足, 各行各业对生产要素的利用并不高效。因此, 尽可能地多占资源就成为行业发展的关键策略。而在数字经济 3.0 时代, 随着云计算、物联网、人工智能等新数字技术的发展, 经济数据的感知能力有了长足的进步, 各行各业的各类数据都能尽可能地被收集, 同时经济利用数据进行决策的能力也得到了大幅度的提升。经济中资源要素的使用得以向精细化发展, 从行业最优到产业链最优甚至经济系统最优成为可能。

但是, 仅有行业数据的收集并不能实现产业间的协同发展。自 ICT 诞生以来, 数字技术的发展其实已经让各行各业积累了一批数据。但由于行业专业性要求、商业经营生态要求等多种限制条件的存在, 行业间的数据融合交流始终未能实现。区块链技术通过"分布式账本"的形式, 实现底层数据库之间的互联互通, 在组织和组织的生态系统内创建数据一致性参与者, 建立信任泛在机制, 通过不断地复制数据并人为地连接不同的后台系统, 超越传统的公共组织边界, 解决数据孤岛问题。区块链技术与物联网、人工智能、云计算、大数据等多种智能技术深度融合, 协同发展, 发挥集成效应, 将为连接泛在、感知泛在和智能泛在奠定信任基石, 保证数据的采集、传递、存储、处理和决策全过程可溯源和难以篡改。通过技术融合连接产业发展、缩小行业壁垒, 技术变革促进产业转型、提高协同效率, 实现百业互联。"智链百业"铺就信任基石, 使经济"器官"转向经济"系统", 将实现经济系统的整体性与统一性, 强化诚信体系约束, 加快价值传递, 让各行业协调发展, 互惠共赢。

3.2 数字经济 3.0: 新机遇

"数字经济"自 2017 年首次被纳入政府工作报告以来, 规模不断扩大、保持快速增长态势。据新华三数字经济研究院测算, 2016—2018 年中国数字经济规模分别为 21.75 万亿元、25.77 万亿元、33.16 万亿元, 在国内生产总值 (GDP) 中所占比重分别为 29.24%、31.40%、36.83%。其中 2018 年数字经济规模增速尤为显著，达到 28.7%，是同期 GDP 增速的 4 倍以上。根据中国信息通信研究院 2020 年发布的《中国数字经济发展白皮书》，2019 年我国数字经济增加值规模已达到 35.8 万亿元，占 GDP 比重达到 36.2%。按照可比口径计算，2019 年我国数字经济名义增长15.6%，高于同期 GDP 名义增速约 7.9%。尽管测量口径不同使数字经济规模的具体数值有所差异，但是整体来看，中国数字经济正蓬勃发展：数字经济增速显著高于同期 GDP 增速，数字产业化和产业数字化规模的 GDP 占比稳步提升，数字经济结构持续优化，中国数字经济在数量和质量方面都有长足的进步和巨大的空间。

数字经济 3.0 的新机遇会作用在 4 个方面，如图 3-2 所示。

- 新经济基础建设。基础建设历来是我国经济动力"三驾马车"之一：在传统经济基础建设逐步收尾之时，基于数字经济的新基础建设会是新的万亿级投入。
- 生活智慧化。经济面对的核心问题是"供需问题"。需求侧来自每个消费者的生活方式。数字经济已经在消费者的生活方式上实现本质飞跃，在 3.0 时代还会进一步实现生活智慧化。其中又会出现万亿级的市场。
- 产业数字化。市场经济的演进秉承需求侧先激活，倒逼供给侧改革。数字经济 3.0 的一个最重要的标志就是供给侧、生产端的颠覆。产业数字化的机会不能单单以市场规模计算。
- 治理数字化。社会治理和经济发展是社会生活运作的双循环动力。经济发展推动社会治理的公平效率提升，社会治理的透明高效又为经济繁荣提供土壤。数字经济 3.0 会帮助社会治理实现主体多元、过程透明、效率提升。

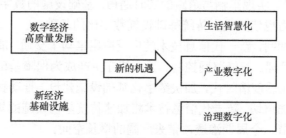

图 3-2　数字经济 3.0 发展新机遇

3.2.1　数字化赋能基础设施

提到"基础设施"，人们通常想到的是大众所使用的大规模公共物质资产。在我国，由于交通基础设施的持续大规模建设和突飞猛进的发展，人们往往把基础设施与"铁公机"（即铁路、公路、机场）联系起来。事实上，基础设施涉及的内容比"铁公机"宽泛得多，其并不局限于运输基础设施，还可以包括通信、能源等各方面的基础设施。改革开放 40 多年来，我国基础设施建设取得了突飞猛进的发展，甚至被冠以"基建狂魔"的称谓。在传统基础设施建设日渐饱和的形势下，基础设施的数字化则成为未来基础设施建设行业的新机遇。

传统基础设施的数字化，是指数字技术的深度应用，使传统基础设施具有高度数字化、智能化的特征。自 2018 年 12 月的中央经济工作会议以来，"新基建"一词就不断出现在中央的历次会议中。而对于新基建，新型数字基础设施建设又是其十分重要的组成部分。新型数字基础设施既涵盖了传感终端、5G 网络、大数据中心、工业互联网等，也包括利用物联网、边缘计算、人工智能等新一代信息技术，对交通、能源、生态、工业等传统基础设施进行数字化、网络化、智能化改造升级。在物联网、大数据、云计算、人工智能、机器人、区块链等数字技术的推动下，交通、能源、通信、市政、社会等领域的传统基础设施正在发生根本性的改变。智能基础设施能够向其运营者实时反馈自身的状态，从而实现"预测性维护、方案规划和投资决策，以满足不断变化的需求并优化整个生命周期的资产价值"。更为重要的是，智能化的基础设施能够适应产业发展、居民生活、公共服务和社会治理更高的要求。例如，能源基础设施的智能化有助于高效调配能源的生产和传输，提高能源的综合利用效率；交通基础设施的智能化能够缓解交通拥堵、减少交通事故、降低交通领域的能耗和污染物排放。再如，无人驾驶的发展不仅要求车辆通过加载定位导航系统、相机、激光雷达、毫米波雷达、超声波雷达而具备周边环境感知与自主决策的能力，而且要求对道路、路边标志、交通信号系统等传统基础设施进行数字化、智能化改造，实现车辆与道路的实时通信。基础设施的数字化在连接、数据、决策等方面的能力也使其成为传统基础设施数字化的基础。

在新冠疫情期间，新一代信息技术的广泛应用推动了交通、能源等多个领域的精细化、智能化管理。智能路网控制、无人值守生产成为保障基础设施正常运转的重要支撑手段。在后疫情时代，加快数字化基础设施建设、推动我国经济社会高质量发展的需求更加迫切，新一代信息技术将加速传统基础设施的规划、设计、建设、运营、维护全环节、全周期渗透，带来广阔的增长空间。

3.2.2　万物连接造就智慧化生活

在数字经济 3.0 时代，人、物、数据和应用通过互联网更加紧密地联系在一起，在 5G、物联网、人工智能等新型信息技术的支撑下，所有人–机–物的全方位连接将成为现实，整个社会的生产工具、生产方式和生活场景将因为"万物智联"而发生改变。数据、信息和知识逐渐成为社会生产的"原材料"，对于企业来说，柔性化、定制化的生产模式对大规模、批量化生产进行了改进，能满足人们的个性化需求。智能手机、可穿戴设备、VR/AR、无人驾驶、智能家电、云视频等智能设备不断涌现，影响人们生活的各个方面，家庭生活、交通出行、学习办公、消费购物场景都在朝着信息化、智能化、智慧化的方向发展。

1. 智慧生活满足升级需求

马斯洛需求层次理论将人的需求从低到高分为生存、安全、情感、尊重和自我实现 5 种需求。在万物互联的时代，伴随着感知和连接能力全面提升，人与物将在数据构筑的智能环境中进行交互，智能设备将大大拓展人类能力的边界，人们在不同层次的美好生活需求也将得到不断的满足。

在家庭生存层面，随着乡村基础设施建设、互联网水平提升及信息服务体系的完善，脱贫攻坚取得长足进步，水电煤等有关生活保障的基础设施不成问题，人们的基本生活需求都能得到满足。2020 年是我国全面打赢脱贫攻坚战的收官之年，实现贫困地区农民人均可支配收入增长幅度高于全国平均水平，确保我国现行标准下农村贫困人口实现脱贫，贫困县全部摘帽，是我国脱贫攻坚的重要目标。数字经济的发展也为农村脱贫带来新机遇。2019 年全国 2083 个县域网络零售总额达 30961.6 亿元，同比增长 23.5%，其中 832 个贫困县网络零售总额达 1076.1 亿元，同比增长 31.2%；县域农产品网络零售总额达 2693.1 亿元，同比增长 28.5%，其中 832 个贫困县农产品网络零售总额为 190.8 亿元，同比增长 23.9%。随着数字经济的发展，人们的生存条件朝着更高的智能化水平发展。智能洗衣机、扫地机器人、语音控制等智能终端解放人们的双手，全屋智能塑造更美好的家居体验。

在安全层面，人脸识别、智慧社区保障人们的居住安全，自动驾驶汽车、实时车联网、智慧交通保障人们放心出行，大数据智能推荐出行路线，既能保障出行安全，还能解决现有的行车不畅、停车难问题，在居家安全和出行安全两方面满足人们的安全需求。事实上，在国家政策的大力支持以及社会需求、技术的大力推动下，近年来我国智慧交通行业发展迅速，2010 年行业市场规模仅 200 多亿元，2017 年增至 500 多亿元，预计 2025 年，市场规模有望超 1750 亿元。

在社交方面，O2O、移动支付、电子商务、共享出行、智慧物流等新兴经济模式出现，新一代通信技术的场景应用将满足人们日益增长的娱乐性社交和工作性社交需求。移动支付业务量快速增长，2019 年，银行共处理电子支付业务 2233.88 亿笔，金额为 2607.04 万亿元，其中移动支付业务 1014.31 亿笔，金额达到 347.11 万亿元，同比增长 67.57% 和 25.13%。5G 超高清视频给人们带来更顺畅的观看体验，电商网购、云游戏成为新消费和娱乐形式，在线办公也变得"时髦"起来。在新冠疫情期间，大规模线上办公成为新常态，在线办公、视频会议、远程协作等创新应用爆发式增长。据统计，国内已有超过 1800 万家企业的 3 亿员工实现远程数字办公；国外，视频会议软件 Zoom 全球活跃用户数在 3 个月内从 1000 万增长到 2 亿。结合 5G、区块链等新技术围绕用户进行理念和实践创新的智慧银行，不仅是传统银行的数字化转型，满足用户的业务需求，还能带来更高质量的用户体验。

在自我实现的成长需求层面，人们的精神文化需求和身体健康需求通过智慧教育和智慧医疗得到满足，教育资源和医疗资源也将通过智慧化的方式得到更好的调度和协调，满足不同地区、不同人群的个性化需求。在新冠疫情期间，在线教育成为"停课不停学"的重要保障，仅 2020 年 2 月 2 日开播当天，作业帮免费直播课的报名人数就增长了 150 万人，报名人数在 2 月 15 日突破 2800 万；猿辅导在同年 2 月 3 日免费直播课开课，在开课首日创下全国 500 万中小学生同日在线听课的在线教育行业纪录。怎样为如潮水般涌来的新用户提供优质服务，在高峰值流量下维持系统稳定是新冠疫情期间应对爆发式的用户增长时，在线教育企业需要关注并解决的实际问题。未来，数字经济的发展将开启教育信息化时代，在全面关注"物、人、教、育"的基础上，借助互联网、物联网、云计算、大数据、人工智能等新一代信息技术，智慧教育将打造智能化、感知化、泛在化的教育新模式，达到提高课堂教学效果，增强学生学习兴趣，提升学习效率的教育目标。针对现有医疗资源分配不均，人们存在看病难、看病贵等民生难题，与新型基础设施深度融合，智慧医疗能实现远程高清会诊、远程超声、远程应急救援等多种创新医疗手段，辅助保障人们的生命健康安全。智慧化生活新机遇如图 3-3 所示。

智慧化生活新机遇	
智慧民生 智慧医疗 智慧教育 智慧银行	智慧娱乐 云游戏

图 3-3　智慧化生活新机遇

从个体角度来看，万物连接造就的智慧化生活将实现人们由低到高、由基本生存需求到美好生活需要的需求，智慧医疗、智慧教育、智慧银行、云游戏将成为未来的重要发展机遇，在保障人们生命安全、精神文明健康、促进业务办公协同、满足娱乐性社交等方面发挥重要作用。

2."家庭-社区-城市"智慧化生活体系

未来社会，智能泛在将使人们的生活更加简单：语音识别、图像识别等技术与智能设备的结合优化了人机交互方式，人与机器的交流更加顺畅；感知泛在将使人们的生活更加便捷，通信技术被应用于扫码付款、一键取件等诸多生活场景，人们只需触摸或控制设备即可实现无线连接、智能沟通；智能终端相互连接构成的智能网络将个人、家庭、社区和城市连接在一起，5G、物联网等新型基础设施实现资金流、物流、信息流在社会网络的流通，移动支付、O2O、智慧物流等新经济模式不断出现，从而促进智慧家庭–智慧社区–智慧城市的智慧化生活体系，如图 3-4 所示。

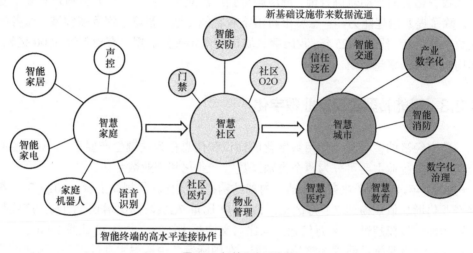

图 3-4　智慧化生活体系

　　智慧家庭体系依赖高水平的连接协作，包括智能终端之间的连接和人与终端之间的连接。一方面，创新的人机交互方式，如语音识别、人脸识别、声音控制等，实现人与终端之间的交流，让终端能够"接收"并"理解"人类需求，做出及时的响应。另一方面，智能终端也在人机交互的过程中实现对数据进行采集、存储、计算和处理，终端之间进行有效数据和信息的传递，形成智能信息网络，联动起来满足家庭生活需求，如户主可以通过手机终端远程控制屋内空调或者扫地机器人工作。

　　智慧社区体系充分利用物联网、云计算、移动互联网技术为社区居民提供安全、舒适、便利的现代化、智慧化生活环境，从而形成基于信息化、智能化社会管理与服务的一种新的社区经济、管理形态。以社区为中心的 O2O 服务、社区医疗、社区教育、智能物业、智能安防等可保护居民安全、保障正常生活需求。

　　智慧城市是运用物联网、云计算、大数据、空间地理信息集成等新一代信息技术，促进城市规划、建设、管理和服务智慧化的新理念和新模式，智慧城市体系依赖数字基础设施的建设，以及 5G、人工智能、物联网等多种信息技术的深度融合。数据在城市网络上流动并创造价值，形成连接泛在、感知泛在、智能泛在和信任泛在的社会发展基础，物与物的广泛连接，将实现城市规划和城市基础设施管理的数字化、精准化水平大幅提升，推动城市管理精细化。

随着智能终端的广泛深入应用，电力、燃气、交通、物流等公用基础设施将更加智能化，公共服务也将更加便捷化；新基建支撑形成和改进的数字化治理将全面提升城市治理能力，推动社会治理能力和治理体系现代化。在新冠疫情期间，"大数据+网格化"的智慧社区实现基层精准防控，基于通信网络大数据与政府、垂直行业数据结合的行动轨迹查询、健康码得到广泛应用，有力支撑人员筛查和复工复产。除了提升治理能力，智慧城市将围绕着智能交通、智慧医疗等多领域，服务民众数字化生活。预计 2025 年，我国智慧城市技术相关投资规模有望超过 3000 亿元，年均复合增长率超 10%。

3.2.3 赋能转型实现产业数字化

数字经济的核心是"使用数字化的知识和信息作为关键生产要素"，所涵盖的产业和细分行业主要可分为两个类别：数字产业化和产业数字化。

2019 年，数字产业夯实基础，内部结构持续优化。从规模上看，2019 年，数字产业化增加值规模达 7.1 万亿元，占 GDP 比重 7.2%，同比增长 11.1%；产业数字化增加值规模超过 28.8 万亿元，同比名义增长 16.8%，占 GDP 比重 29.0%。

实体经济是推动我国经济持续发展、在国际竞争中赢得主动的根基，因此产业数字化转型势在必行。产业数字化具体是指将互联网、大数据、云计算、人工智能等数字技术与传统产业相结合所带来的产出增加和效率提升的手段。对于量大面广的传统产业，数字化转型是利用数字技术进行全方位、多角度、全链条的改造过程。通过深化数字技术在生产、运营、管理和营销等诸多环节的应用，实现企业以及产业层面的数字化、网络化、智能化发展，不断释放数字技术对经济发展的放大、叠加、倍增作用。在数字经济 3.0 时代，一方面重视传统存量领域的数字化转型；另一方面加大对新兴增量领域发展数字经济的支持，能更好地推动产业结构向中高端迈进，实现经济可持续和高质量发展。

产业数字化在不同领域呈现出多种新业态、新模式，新型数字基础设施建设引领新基建发展，数据成为生产流通的关键要素，连接供给侧和需求侧，形成"供需一体、双向赋能"的产业发展机遇。在工业生产领域，"工业互联网+智能制造"的融合，推进大数据、人工智能与实体企业智能制造融合，制造业与服务业"深度融合"，促进传统制造业朝着服务制造业的方向发展，企业实现柔性化生产。在服务业领域，新场景、新产业、新业态、新模式随之诞生，包括新零售、智慧物流、电子支付、在线旅游、在线教育和共享经济等。受新冠疫情影响，人们的生产生活方式发生了显著变化，传统产业生产受到限制和影响，以数字经济为代表的新经济快速"补位"，平台型企业发挥重要作用，远程教育、远程办公、远程诊断、在线娱乐等一系列新的生产生活方式迅猛发展，可以说是疫情"培养"了人们的新消费习惯，这也将成为数字经济3.0时代的重要特征。产业数字化转型如图3-5所示。

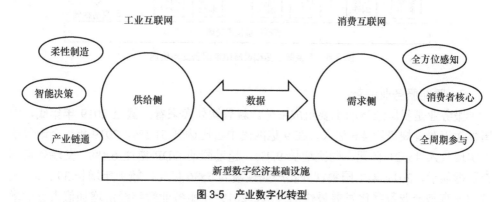

图3-5　产业数字化转型

1. 赋能工业转型升级

新基建将加速金融、制造、能源等传统行业的智能化变革，同时也能推动新兴信息技术产业的发展，数字化产业不断扩大、繁荣和企业数字化转型实现产业数字化都将成为数字经济的重要动能。

5G是新一代信息通信技术演进升级的重要方向，三大应用场景赋能工业互联网，将成为实现经济社会数字化转型的重要驱动力量。作为供给生产信息和需求信息的高效对接平台，工业互联网能促进行业融通发展，有效打破行业间壁垒，实现资源高效配置，激发创新活动，培育新型业态，为经济高质量发展提供新动能。物联网、边缘计算、云计算、5G、大数据、人工智能等新型信息技术构建起的"端–边–云–网–智"技术框架与制造业的深度结合，工序模块化、硬件通用化、服务可编辑的柔性制造保障制造业实现大批量生产与个性化定制共存，感知泛在与连接泛在实现全方位、全链条的生产数据采集、处理、存储和传递。通过智能算法得出智能决策建议，工业生产由经验决策逐渐转向智能决策，同时信任泛在保障产业链内的数据流通，通过深化数字技术在生产、运营、管理和营销等诸多环节的应用，实现企业以及产业层面的数字化、网络化、智能化发展，释放出更大规模、更高质量的效率红利。

工业数字化转型正在加速推进，2019年工业数字经济增加值占行业增加值比重为19.5%，同比提升1.2%。未来工业互联网在制造业、汽车、能源、石化、矿业等重点行业的融合创新将催生智能工厂、智慧交通、车联网、智慧港口、智慧钢铁、智慧矿业等新型操作系统，形成新的生态，成为新经济时代的重要行业机遇。新型数字基础设施赋能服务业新机遇如图3-6所示。

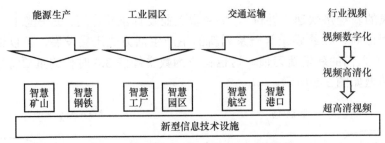

图 3-6　新型数字基础设施赋能服务业新机遇

2. 赋能服务业创新

服务业是我国经济的重要组成部分。就餐饮外卖来看，截至 2019 年年底，中国外卖消费者规模约 4.6 亿人，在 9 亿网民中占比达到 51.1%。2019 年，全国餐饮业实现收入 46721 亿元，同比增长 9.4%，超过同期 GDP 增速 6.1%。艾瑞咨询调查数据显示，2019 年中国餐饮外卖产业规模为 6536 亿元，较上年增长 39.3%。服务业一直是产业数字化发展最快的领域，2019 年服务业数字经济增加值占行业增加值比重为 37.8%，同比提升 1.9%。在服务业领域，智能技术深度融合催生了新型经济业态，网络直播、电子商务、O2O 等新型商业模式不断创新出现。截至 2020 年 3 月，我国网络直播用户规模达 5.60 亿，较 2018 年年底增长 1.63 亿，占网民整体的 62.0%。其中电子商务数字化发展迅速，对数字经济增长有巨大贡献。2019 年，全国电子商务交易额达 34.81 万亿元，其中网上零售额 10.63 万亿元，同比增长 16.5%，实物商品网上零售额 8.52 万亿元，占社会消费品零售总额的比重上升到 20.7%；电子商务从业人员达 5125.65 万人。

我国经济已由高速增长转向高质量发展的阶段，依靠市场机制和技术创新将进一步推动服务业发展。依靠市场机制可以促进更多市场主体在服务业领域创新创业，促进市场竞争，提高服务产品质量，使供给侧结构与消费需求结构更吻合，实现供需循环的定制化服务，依靠科技创新可以不断提供更新颖、更适应需求的服务产品，创造新的需求，技术的不断融合也将颠覆传统服务行业融合互联网思维进行创新，拉动消费互联网的升级。

我国服务业数字化转型的重要特征，就是前端消费互联网带动后端产业互联网发展，服务业数字化转型面临从生产驱动到以消费者为中心的价值创造的新机遇。相比传统经济形态，数字经济市场条件发生了较大变化。在多数产品供过于求的市场环境下，传统产业的价值链中以供给为导向的商业模式逐渐式微，以消费者需求为中心的价值创造逻辑日益显现。新型基础设施不仅为企业优化生产提供了关键技术支撑，还成为连接供给侧生产和需求侧消费者需求的重要渠道。一方面，以"云-网-端"为核心的新型数字基础设施促进数字技术的应用和普及，无处不在的感知泛在将在需求侧全方位、立体化地感知消费者需求，数字化消费者，消费者主权崛起，继而出现个性化服务和大规模定制的新型生产和服务模式。另一方面，数据成为重要生产要素，数字化支撑使得各类生产要素、生产资源分配更加合理，从而降低生产成本，提高了产能。基于智能制造推动制造换法，柔性化生产能有效满足消费者个性化定制，基于智能产品构建起全生命周期的服务体系，可以通过监测、整理和分析产品使用中的数据，通过"服务可编程"提高企业服务附加值。

3. 疫情凸显数字化转型重要意义

在 2020 年年初，以数据生产要素为基础的数字经济，依托新技术优势和大平台优势，通过信息聚合、数据共享，为全社会资源调配、物资流转、网上办公等起到了重要的支持作用，为我国服务业转型升级带来重大机遇。

数字经济下，个体之间通过网络节点互相连接，个体连接多样性带来网络复杂性。消费者可以选择与不同厂商对接，以满足自身对差异化、个性化以及多元化产品的消费需求。例如，在新冠疫情初期，国内医用口罩供应不足，一些紧急性措施限制了人们空间物理位置，于是居民便通过海外代购、网上海淘等多种抢购方式，购置了大量不同类型的口罩和消毒用品，满足了消费者在产品选择方面的多样化需求。

各类平台型企业为复工复产、稳就业、保民生起到了重要的支撑作用。电商平台为消费者购买产品、生产者稳定订单提供了便利。在新冠疫情期间，线上销售额、订单量、客单价、购买频次等关键指标总体上涨。北京的外卖买菜订单量大幅增长，更有某生鲜购物平台的网上订单数量较去年同期激增 220%。数字信息交互平台为疫情防控提供了全面而稳定的信息流、资讯流，社交媒体成为防控疫情的主要宣传媒介之一。数字定位出行平台为物资配送、人员调配保驾护航；数字金融平台用普惠的能力、科技的效率，积极捐资捐物助公益、扶持小微企业渡难关、助力金融服务保民生。远程办公、在线教育、远程医疗等各类线上服务平台提供了"云办公""云课堂"等新模式。2020 年春季新学期以来，网络教育用户规模较去年增长 22%，使用时长增加了 30%。仅 2020 年 1 至 2 月，远程办公企业规模就超过 1800 万家，远程办公人员超过 3 亿人。在远程医疗方面，基于 5G 开展的远程医疗，提供远程会诊、影像云等服务，有效平衡了医疗资源，以解决看病难问题。

3.2.4　扁平透明创新数字化治理

信息技术会深刻影响国家治理能力的发展，数字新基建的实现将促进国家数字化、信息化、现代化发展，推动数字经济迈向 3.0 时代。传统产业面临数字化转型的困境、政府数据开放共享制度建设相对滞后，存在互联互通难、数据流通难、业务协同难的问题，3.0 时代新型基础设施的建立、数字化新技术的应用将创新国家治理，推动治理能力数字化、治理体系现代化，扁平治理组织模式，提升社会治理效率，实现科学政府决策、精准社会治理、高效公共服务的现代化国家治理，如图 3-7 所示。

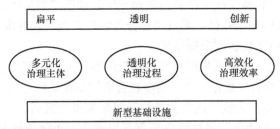

图 3-7　新型数字技术推动治理向多元化、透明化、高效化转变

1．推动治理主体多元化

数字化技术的应用将推进多元主体间的有效互动，构建起新型信任机制，激发社会组织、人民群众参与社会治理的积极性，让社会治理的各类主体能够更加及时、合理、有效地参与到社会治理中，建立起一个集体参与和集体维护的"共建、共治、共享"社会治理格局。

在数字经济 3.0 时代，以数字基础建设为核心的新型基础建设将数据放在重要地位，数据的开放共享成为多主体参与社会治理的重要前提。面对要素的高速流动和变动，尤其是作为社会基本单元的个体的快速流动，社会治理存在许多不确定性，由此引发诸多治理风险，数字化则能有效解决城市社会治理的信息缺失问题。通过对手机终端信息、车辆通行信息、道路视频信息等的全面数字化，可以实现城市社会全要素、全时段、全过程的信息留痕，无处不在的感知泛在和连接泛在实现数据的采集、处理和传递，从而获取社会治理需要的关键数据。以区块链为代表的信任泛在让数据流动更加透明化，破除多元主体之间的信任障碍，有助于构建新型信任机制。

在社会治理领域，智能泛在推动传统治理朝着数字化治理、智能治理的方向发展，通过充分发挥人工智能技术在增强社会互动、促进可信交流中的作用，充分发挥信任机制在数据公开、治理透明中的作用，有助于改变过去政府、社会组织、人民群众之间的信息不对称情况，激发社会组织、人民群众参与社会治理的积极性。同时，数字化技术的应用将实现双向赋能，推动建立"共建共享共治"的治理格局。

一方面，数字化技术向社会赋能，在传统管理形态下，政府对社会管理的权力行使是单向的，即自上而下的；在数字时代，权力行使是双向的，是上下互动的。网民、虚拟社群、非正式组织等多元化主体的主人翁意识逐渐增强，更容易明白自己在社会治理中的责任，主动参与到政策议程和公共事务中，而不仅是被动接受者。

另一方面，数字化技术向政府赋能，政府的权力行使的组织结构更加扁平，事务处理效率得到提高，数据的公开透明使政府决策和行为得到更多的制约和监督。借助数字化技术，可以实现个体需求信息近乎零成本地传输和识别，通过个人生活大数据分析、社区空间分析和平台数据分析等多种途径，精准了解不同社区、不同群体和不同个体的需求，精准研判相关治理风险，真正以智慧化实现差异化治理，满足现代社会人们对美好生活的多元需求。

2. 推动治理过程公开透明

在传统管理形态下，政府的信息公开度、透明度低。在数字经济 3.0 下，基于现代信息通信技术的电子政务致力于通过互联网提供公共事务信息和公共服务，从而提高政府信息公开度，实现透明公开的政府运作过程。

区块链是一种新型信息技术，与互联网技术相比，区块链技术传递的信息具有真实性与安全性的特点。在目前我国缺乏统一的政务信息平台、政府信息存在分散化和区隔化特点的背景下，区块链技术由于能够保证信息的透明性、难以篡改性和可追溯性，有利于增强社会公众对政府公开信息的信任，加强信息互通和共享。这是因为区块链的分布式账本、共识机制、智能合约等技术可以广泛应用于电子政务中，如公民身份认证、政务信息公开、食品溯源监管、慈善组织资金流向监管等。

数字基础设施是立足当下、面向未来的新型基础设施。它顺应网络化、数字化、智能化的社会发展趋势，为人类未来新的生产生活方式提供平台和保障。作为数字经济 3.0 时代的代表性数字基础设施，区块链是核心技术自主创新的重要突破口，以区块链技术为核心的信任泛在能够保障信息的真实可信，其难以篡改性和可追溯性也保障了治理过程的公开透明。

在数据开放和信息共享的基础上，保证社会治理信息和社会治理过程的公开透明，有利于密切政府、企业、公众之间的关系，促进政府工作公开，使权力运行在阳光之下，提升政府公信力，从而能够使政府为企业和公众提供更好的服务，通过数字化技术的运用促进社会治理在各方面取得更多更好的效果，让数字技术真正实现以人为本的治理。

社会治理过程和治理数据的公开透明增加了数据违规犯错的机会成本，不仅能够保证数据流通的安全、个人信用的透明，还能构建新型社会信用体系，在个人信用基础上实现社会的有效治理。现代社会是一个陌生人占主导的社会，传统的熟人社会道德和制度难以对个人进行有效约束，个人不诚信问题很难被发现，难以受到有效惩罚。而数字化为陌生人社会的治理提供了全新的可能，数字化能使个体的行为轨迹全面留痕，使个体的不诚信行为能及时被发现，从而在一系列惩罚机制下，能最大限度地实现个人诚信，降低人与人之间的信用风险，从而重塑社会信用体系。

3．推动社会治理效率提升

互联网、大数据、云计算等新型信息技术与社会治理的深度创新融合构建起一个开放、高效、智能、互动性强的治理平台，形成新型信任机制，政府、企业和社会等多主体共同参与治理过程，治理主体多元化，市场、社会、公众都可以参与到社会治理活动中来，个体个性化、差异化的需求也都能得到很好的满足；治理过程更加透明公开，社会主体自下而上的自治模式代替政府自上而下的社会管理模式，社会治理的智能化将得到进一步强化。由此带来的社会治理能力和治理体系现代化，将推动社会治理效率的显著提升。

深化"放管服"改革，推进政府机构职能重组，将推动政府的数字化转型，实现政府治理的现代化。过去政务服务中存在互联互通难、数据共享难、业务协同难等现象，而在数字经济 3.0 时代，数字化治理目标是全社会的数据互通、数字化的全面协同与跨部门的流程再造。大数据、物联网、人工智能等新型信息技术的使用可以打破过去的部门壁垒、区域壁垒和行业壁垒，通过数据互联互通实现治理区域、治理领域、治理机制的互联互通，从而有效激发各要素和各主体的协同治理效应。

基础设施具有公共服务属性，新型基础设施需要能够提供标准化服务。通过数据的标准化建设，尽快实现不同领域数据的互联互通。通过跨部门和跨层级的数字平台建设，将实现多部门多层级的协同联动。其中，区块链的去中心化能够创新组织模式，由科层制组织转变为更高效的扁平组织模式，降低沟通成本，提高组织内部沟通效率，为打破政府行政部门间的行政数据壁垒和破除数据孤岛，实现数据资源流转通畅提供技术建构新机遇。同时，大数据具有扁平化、交互式、快捷性的特点和优势，能够建设不受空间及地域限制、高效便捷、多渠道的信息网络服务平台，实现跨部门、跨层级政府治理的无缝衔接，大幅提高公共治理效率。

以"云网端"为核心的数字基础设施的出现和支撑，让数据的流动、采集、存储、计算变得更有效，将数字基础设施运用在社会治理领域，将实现智能决策，提高决策精准性、及时性和科学性。新基建在政务服务、社会治理、智慧医疗、智慧养老、智慧教育等应用场景加快成熟，依托城市大脑、超强算力，将推动构建"一网通办、一网统管、一键回应"的社会治理体系，提供更高效的政府服务和更有效的社会治理。

4．数字化治理防控疫情

国家治理能力的强弱、治理体系的完善与否，既体现在日常的社会运转之中，也体现于国家和社会发展面临重大挑战之时。新冠疫情就是对我国国家治理体系和治理能力的一次重大考验。与 2003 年抗击"非典"相比，有高科技、大数据的支撑是此次新冠疫情防控工作一大不同。政府部门可以通过各行各业的数据来实现特定的防控措施：利用工业大数据，可以及时掌握应急物资的生产能力、库存状况和供应链企业的分布，快速组织口罩、消毒剂等医疗防护用品生产；利用电信运营商和各种数据平台的数据，可以快速锁定感染者的密切接触人群并对其进行隔离，利用定位数据生成"健康码"加快恢复人员流动和复工复产；利用互联网和各种数字平台，开展线上问诊，实施线上会议、远程协作办公，实现"停课不停学"。对比世界范围内的疫情防控，可以看到，数字化和智能化水平越高、数字技术应用越好的国家，对新冠疫情的防控越有效。

　　自新冠疫情发生以来，我国一系列高效的防控举措凸显了数字化治理体系和治理能力的核心地位和重要作用，进一步深化数字化治理成为未来经济社会的重要机遇。加强新基建和信息共享，预示着经济增长动能的转变，数字化战"疫"也给数字化治理、提升公共卫生治理能力带来了新的思考。

　　首先，建立数据共享机制，积极应用区块链等新技术应用，促进数据资源共享。在公共卫生治理方面，体现为建立公共卫生数据共享交换平台，促进医疗数据、药品数据、交通数据、人口数据等关键数据的可信安全共享交换。其次，建立可追溯信息平台，保障治理过程公开透明，提供信息化保障。在数据共享和可溯源体系的支持下，在公共卫生事件突发初期，政府就可以快速掌握关键物资的分布、库存、流通等情况，从而进行科学合理高效的调配。最后，开展数字化协同建设，搭建信息化平台，提高治理效率，体现为建立公共卫生应急联动响应体系，进行科学合理的顶层设计，依托大数据技术，完成国家应急大数据平台、指挥调度中心和指挥体系建设。

第二部分
数字经济新体系

第**4**章

感知泛在

感知是指个体意识对内外界信息的觉察、感觉、注意、知觉的一系列过程。感知技术已经成为数字经济时代的"隐形能力",传感器则是实现感知技术的"隐形武器"。各种智能终端中集成了大量的传感器,时时刻刻地生产"数据信息",向数字经济源源不断地输出"数据原料",感知泛在,将成趋势。

4.1　从人的感知到物的感知

此到西陵路五千,
烽台列置若星连。
欲知万骑还千骑,
只看三烟与两烟。

烽火,也叫烽燧,是古代边防报警的两种信号,白天放烟叫"燧",夜间举火叫"烽",烽火台则是古时用于点燃烟火传递重要消息的高台,遇有敌情发生,则白天施烟,夜间点火,台台相连,传递消息,利用可见的烟气和亮光向各方与上级报警。古代水手通过观察陆地、太阳和星辰在海上航行,识别和记录重要地理位置,这些"情报"为海上作战、探险旅行乃至人们制作地图和认识世界提供了重要依据。在这一阶段,以人为感知主体、利用人感知到的信息及其总结的经验规律指导军事防御、农作生产是感知的重要特征。

随着认识世界的深度和广度不断拓展,光靠身体的感觉已无法探索整个世界,智慧的人类认识到数据的重要性,创造性地设计和制造了许多种精巧的观察和测量仪器,帮助感知和采集数据。在天文方面,我国最古老的、最简单的天文仪器是土圭,用来测量日影长短,通过观察记录正午时影子的长短变化来确定季节的变化。

日晷起源于"圭表"，是古代观测太阳影子以定时刻的一种天文仪器，不但能显示一天之内的时刻，还能显示节气和月份。司南是中国古代用于辨别方向的一种仪器，据《鬼谷子》记载，"故郑人之取玉也，载司南之车，为其不惑也"，郑人取玉借助司南辨明方向才没有迷路，它也是指南针的原型。指南针的主要组成部分是一根装在轴上的磁针，磁针在天然地磁场的作用下可以自由转动并保持在磁子午线切线方向上，磁针的南极指向磁场北极，即地理南极，利用这一性能可以辨别方向。磁针问世后，被广泛应用于航海领域。15世纪初，欧洲君主开始探索大西洋和印度洋，以寻找通往东方的新贸易路线，宗教象征主义定义了大多数中世纪的欧洲地图制作，地图可以告诉人们伊甸园的大致方向，却不能说出到底有多远。指南针沿着连接东西方的丝绸之路传播，不仅给探险者提供了准确导航，还引发了简单地图向实际导航的地理地图转变，填补了世界地图的空白，极大地促进了地理大发现和海上贸易。在这一阶段，以人为感知主体渐渐转变为以工具为感知主体。

然而古老的工具感知仅仅成为人的初级助手，它们的问题显而易见。

（1）感知量贫乏。古老的传感器只能感知少数几个度量，指南针只能定位，日晷只能定时间，视觉、听觉等复杂信息的感知完全无法实现。

（2）感知条件受限。阴天无法用日晷和六分仪，指南针在某些金属环境下会失效，无法实现任何时间、任何地点、任何环境下的感知。

（3）感知精度过粗。日晷无法衡量出秒以下的时间，六分仪的机械误差达到0.7′（约 0.01°）。过粗的精度只能解决粗放的问题。

（4）感知器制造费力。在农业社会里，司南、日晷这种感知器都是"国之重器"，需要花费大量时间、人力、财力才能制造出一台，根本无法广泛用于人们的日常生活中。

100 多年以前的工业革命和近几十年的信息革命，极大加速了感知技术的发展演进。

4.2 感知技术的发展演进

感知世界，获取信息，需要具备相应的技术手段。人类的身体在自然演化过程中形成了一些"手段"——眼睛可以看到光源的信息，耳朵可以听到声波的信息，鼻子可以闻到气味的信息，手指可以触摸到物体表面的信息。人类具备的看、听、闻、触等知觉能力，都可以称为"感知"，人类正是通过这些身体感知获得客观世界的信息。

在演化的过程中，人类之所以强于其他物种，有一个很重要的原因：人类除了会借助自己的身体，还学会了制造和使用工具，从而可以更广泛、更全面、更深刻地认识和改造世界。机械延伸了人类的体力，计算机延伸了人类的智力，无处不在的传感器，则大大延伸了人类的感知力 —— 借助哈勃望远镜可以看到遥远的银河系边缘，借助电子显微镜可以看到细胞结构，甚至埋在地下几百米甚至几千米的、看不见摸不着的石油资源，通过勘探技术，也能够感知其密度、质量。随着感知技术的不断提升，人类自身"眼耳手鼻"的感知能力得到持续延伸，人类也慢慢进入"增强人类"的时代。

4.2.1 传感器发展简史

在各种感知技术和感知工具中，传感器可谓"集大成者"。各类终端设备中广泛存在的传感器是现代化感知技术的集中展示，将成为数字经济的"眼耳手鼻"。传感器是一种能够感受被测量对象并按照一定规律转换成可用输出信号的器件或装置，通常由敏感元件、转换元件和信号转换电路组成。它可以将各种非气电量（如亮度、温度、质量、距离等）转换为电气量（如电压、电阻、电流或电容等），通过信息形式的转换，被测量对象的数据或价值信息能够以电信号或其他所需形式输出，进而满足信息的传输、处理、存储、显示、记录和控制等要求。

从 20 世纪 50 年代开始，感知技术大致经历了三大发展阶段：第一阶段，单一传统的结构型传感器；第二阶段，具备信息处理功能的半导体固体型传感器；第三阶段，无处不在的智能传感器。

1. 传感器 1.0 时代：结构型传感器

结构型传感器产生于 20 世纪 50 年代，主要以结构设计为基础，通常利用某些物理规律来感受被测量，被测量会触发转换元件的某一结构参数的改变，从而实现信号的转换和输出，比如应变电阻式传感器（应变片的尺寸改变）、电容式传感器（极板间隙或面积变化）和磁电式传感器等。

（1）典型应用一：电容式传声器

电容式传声器利用导体间的电容充放电原理，以超薄金属或镀金塑料薄膜为振动膜来感应音压，以改变导体间的静电压，从而转换成电能信号，实现声音信号到电信号的转化。其具体工作原理是：该类型的传感器中有两块金属极板，驻极体膜片本身带有电荷，表面电荷为 Q，极板间电容为 C，则在极头上产生的电压 $U=Q/C$，当受到声波振动或受到气流摩擦时，两极板间的距离会发生改变，即电容 C 改变，而电荷 Q 不变，就会引起电压的变化，电压变化的频率大小反映了外界声压的强弱。传声器工作原理如图 4-1 所示。

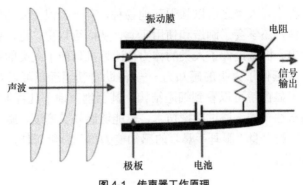

图 4-1　传声器工作原理

（2）典型应用二：自动控温电熨斗

自动控温电熨斗对温度的控制表现为，可以根据不同的衣物设定不同的温度，当达到设定温度后将不再升温，使用过程中若温度降低，会自动升温到设定温度。其具体工作原理是电熨斗中有双金属片温度传感器，其中上层金属片的热膨胀系数大于下层的金属片，常温下两触点接触，电路连通，电热丝加热；等温度上升后，双金属片形状发生变化，上层比下层膨胀程度大，双金属片向下弯曲，两触点分离，则电路断开，从而使电热丝停止加热 —— 通过这样的不断循环，实现了电熨斗自动控制温度的目的。电熨斗结构如图 4-2 所示。

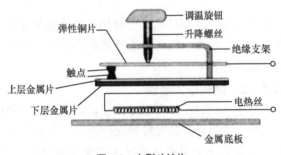

图 4-2　电熨斗结构

2．传感器 2.0 时代：固体型传感器

传感器 2.0 的标志是集成芯片，依托硅半导体集成工艺的发展，传感器从体积大的元器件集成到一个小小的芯片上，从而实现结构型传感器到固体型传感器的升级。

固体型传感器产生于 20 世纪 70 年代初，由半导体、电介质、磁性材料等固体元件构成，主要是利用材料某些特性制成的传感器，如光敏传感器。70 年代后期，固体型传感器进一步发展为集成传感器，主要采用硅半导体集成工艺制成，因此也被称为硅传感器或单片集成传感器。80 年代，模拟集成传感器问世，它将传感器集成在一个芯片上，可完成测量及模拟信号输出功能。模拟集成传感器具有功能单一（仅针对性测量某一物理量）、测量精度高、价格低、响应速度快、体积小、功耗低等特点。

（1）典型应用一：火灾报警器

天花板上的火灾报警器是利用烟雾对光的散射来工作的。火灾报警器带孔的罩子里装有发光二极管（Light-Emitting Diode，LED）、光电三极管和不透明的挡板，其中，光电三极管具有强光下电阻变小的特性。正常情况下，在挡板的作用下，光电三极管接收不到 LED 发出的光，电阻较大；当有烟雾进入罩内时，由于烟雾对光的散射作用，部分光线照射到光电三极管上，导致其电阻变小。与光电三极管相连的电路检测出这种变化，就会发出警报。火灾报警器外观及工作原理如图 4-3 所示。

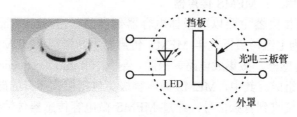

图 4-3　火灾报警器外观及工作原理

（2）典型应用二：光控开关

光控开关根据节能需要可以将光控探头（功能）与时控功能同时启用，达到最佳节能效果，可广泛应用在街道、铁路、车站等场所，路灯上安装的光控开关将实现天明熄灭、天暗自动开启的功能。

3．传感器 3.0 时代：智能传感器

智能传感器是具有信息处理功能的传感器，可以集传感器、微处理器和执行器于一体，具有信号检测、处理、记忆和执行等功能。其工作原理可概括为首先识别或检测输入信号，然后进行信号调理，最后将信号发送至执行器/控制系统。在传感器 1.0、2.0 时代，感知还仅仅实现了"感"，到了 3.0 时代，才算是"感"和"知"同时实现。

（1）典型应用一：MEMS

微机电系统（Microelectromechanical System，MEMS）是指可利用集成电路（IC）制造技术和微加工技术，把微型传感器、微型执行器以及信号处理和控制电路、接口、电源等集成于一体的微型器件或系统，可以理解为利用传统的半导体工艺和材料，用微米技术在芯片上制造微型机械，并将其与对应电路集成为一个整体的技术。

按照工作原理，MEMS 传感器可以分为物理型、化学型和生物型 3 类。按照被测的量可以分为压力、磁场、红外线、温度、加速度、角速度等类型的传感器。

作为感知信息、获取数据的关键器件，MEMS 传感器在太空卫星、航空航天设备、汽车、生物医学、消费电子等领域中得到了广泛的应用。

MEMS 传感器在生物医药领域中应用广泛，主要用于临床化验、健康指数评定及检测等，所使用的 MEMS 传感器类型主要涉及压力传感器、集成加速传感器和微型流体传感系统等。将 MEMS 传感器放入医用口服液中，通过口服的形式，将传感器芯片送入体内，可实现对人体目标器官的检测与实验分析。同时，借助 MEMS 传感器的吸附功能，可以逐步清除人体内的有害物质等，还可以将人体内多余的油脂清除，从而高效地降低人体心脏病的发生概率。在生物医药领域，将 MEMS 传感器应用于术前介入治疗，还能降低手术风险。

（2）典型应用二：MEMS 传声器

以往的微型传声器主要以驻极体电容器传声器（Electret Capacitance Microphone，ECM）为主流，最近几年 MEMS 传声器不断涌现。MEMS 传声器一般由 MEMS 微电容传感器、微集成电路、声腔、射频（Radio Frequency，RF）抗干扰电路这几个部分组成。其中，MEMS 微电容极头包括接收声音的硅振膜和硅背极，硅振膜可以直接接收到音频信号，经过 MEMS 微电容传感器传输给微集成电路，微集成电路把高阻的音频电信号转换并放大成低阻的电信号，同时经 RF 抗干扰电路滤波，输出与前置电路匹配的电信号，就完成了声电转换，通过对电信号的读取，实现对声音的识别。

MEMS 传声器在制作工艺、制作材料方面都有创新，具有成本低、性能稳定的优点。传统传声器的尺寸通常要比 MEMS 传声器大一倍多，且受限于制作工艺水准，传统传声器不能进行表面贴装操作。MEMS 传声器在不同温度下的性能都十分稳定，其敏感性不会受温度、振动、湿度和时间影响。由于耐热性强，MEMS 传声器可承受 260℃的高温回流焊，且性能不会有任何变化。由于组装前后敏感性变化很小，还可以节省制造过程中的音频调试成本。

4.2.2　传感器发展方向

在数字经济 3.0 时代，物联网、人工智能、5G 等新基建不断崛起，作为数字经济的"眼耳手鼻"，传感器的精度、响应时间和可靠性方面都有了更高的要求，因此微型化、多功能化、无线化、仿生化、智能化发展成为传感器发展的主要趋势。

（1）微型化

传感器的微型化是指采用精密加工、微电子及微机电系统技术，实现传感器尺寸的减小，如敏感元件的尺寸从毫米级降到微米级，甚至达到纳米级。就集成的传感器而言，微型化是指将微小的敏感元件、信号处理器、数据处理装置封装在一块芯片上从而形成集成传感器。传感器系统微型化是指传感系统中不但包括微传感器，还包括微执行器，各器件之间可以独立工作，甚至由多个微传感器组成传感器网络，或者可实现异地联网。

（2）多功能化

传感器的多功能化体现为准确采集事物和环境的信息，并将其集中在一块芯片上，芯片上有多种参数的检测信息。传感器多功能化不仅可以用一个传感系统同时实现多种传感器的功能，还可以降低生产成本，减小体积，有效地提高传感器的稳定性、可靠性等性能指标。

（3）无线化

传感器的无线化可对传感目标实现远距离追踪，如使用无线传感器控制家里的电器。无线传感器网络诞生于20世纪70年代，近几年在农业、工业、环境监测等领域获得广泛应用。未来，无线传感器将随处可见，更广泛地融入我们的日常生活。

（4）仿生化

仿生传感器是通过对人的种种行为（如视觉、听觉、感觉、嗅觉和思维等）进行模拟，研制出的自动捕获信息、处理信息、模仿人类行为的装置，是近年来生物医学和电子学、工程学相互渗透发展起来的一种新型的信息技术。随着生物技术和其他技术的进一步发展，仿真生体功能的仿生传感器逐渐具有超过人类五官的能力，从而完善目前机器人的视觉、味觉、触觉和对目标物体进行操作的能力。

（5）智能化

物联网要求物物相连，实现万物连接，每一个需要识别和管理的物体上都需要安装与之对应的传感器，因此，传感器的智能化升级是物联网快速发展的关键。传感器的智能化是指传感器在基本功能之外，还需具有自动调零、自校准、自标定功能，同时应具备逻辑判断、智能校正和补偿、功能计算、网络通信等多种功能。传感器需与人工智能技术相结合，融合5G通信特点，从而实现智能感知、低时延传输和及时响应。

4.2.3 传感器的类人感知

传感器还有一个昵称：电五官。这个昵称更形象地描述了传感器的类人感知。人们设计出能模拟视觉、听觉、味觉、触觉的传感器，目的不是简单地复制人的感知，而是延长人的感知。这种延长不单单是空间、时间和精细度的延长，如借助视觉传感器看到普通人看不到的地方，借助听觉传感器听到更隐秘的声音，借助嗅觉传感器嗅到更复杂的气味……这种延长还是更"聪明"的延长，智能传感器除了感知得更精细、更广泛，还能做出人类大脑做不出的判断。

1. 视觉感知

最典型的视觉感知传感器是各种摄像头，超高清的摄像头已经广泛应用在城市安防、车联网、VR 影像等场景。而更强大的视觉感知系统已经不是某一个超高清摄像头，而是能满足多个摄像头协作的系统，实现"超视距感知"。

超视距感知的一个典型应用就是车联网。

即便车辆能如驾驶员一样看到周围场景，依然不能实现自动驾驶。车辆需要看到驾驶员看不到的场景，比如转角处的状况、下个路口的状况、驾驶员盲区的状况等，自动驾驶才可能实现。

2000 年，车辆与车辆（Vehicle to Vehicle，V2V）被列入大车企的创新计划中。其用意在于车辆与邻近车辆之间可以互相告知位置信息，目的是减少交通事故和缓解交通拥堵。2006 年，通用汽车的第一个 V2V 系统建立。但仅靠 V2V 并不能实现自动驾驶，V2V 并非让汽车长了一双眼睛，而仅仅是帮助驾驶员排除盲区。5G 的到来让车辆与万物（Vehicle to Everything，V2X）成为可能。

5G+V2X（V2X 主要包括车辆与网络（Vehicle to Network，V2N）、V2V、车辆与基础设施（Vehicle to Infrastructure，V2I）和车辆与行人（Vehicle to Pedestrian，V2P））通过补充雷达等现有视距传感器，保障更高效且更安全的交通，如转弯时提示驾驶员转角盲区、向驾驶员提供信号灯状态信息等。5G+V2X 成为汽车的"超视距传感器"，汽车不光能看见驾驶员看得到的场景，还能看到驾驶员看不到的场景。

超视距传感系统是一套车辆与车辆、车辆与路面监测摄像头之间实时协作的系统，是依赖 5G 的低时延、高可靠、大容量、高速率等特点所建立的系统。C-V2X 是基于 3G、4G 等蜂窝网通信技术演进形成的车用无线通信技术，支持车辆与车辆、行人、道路、云端等进行信息交互和互联互通，拥有向 5G 新空口（5G NR）演进的路径。

超视距传感系统与现有视距传感器（如雷达）相互补充，解决驾车时视野盲区的痛点，保障驾驶安全。当汽车在道路上行驶的时候，可以利用视距传感器对汽车周围的事物进行感知，为驾驶员提供安全高效的驾驶体验。此外，依赖超视距传感系统还可以把现在的辅助驾驶（L3）推向真正的自动驾驶（L5），让自动驾驶也走入寻常百姓家。

5G+V2X 被视为一种无线传感系统的解决方案，它允许车辆通过通信信道共享信息，它可检测隐藏的威胁，扩大自动驾驶感知范围，能预见接下来会发生什么，从而进一步提升自动驾驶的安全性、效率和舒适性。高通与大唐电信完成了首个由多芯片组厂商支持的 3GPP Release 14 C-V2X 直接通信（PC5）Mode 4（也被称为 LTE-V2X）互操作性测试。该测试采用高通 9150 C-V2X 芯片组解决方案及大唐的 LTE-V2X 模组 DMD 31，支持汽车在 5.9GHz 智能交通系统（Intelligent Transportation System，ITS）频谱与其他车辆、交通基础设施等直接通信，无须依赖任何蜂窝网络，具有更低的时延及更快的响应速度，能够有效避免碰撞事故，促进交通安全。在交通基础设施方面，中国移动研究院、中国移动全资子公司中移物联网有限公司与高通合作，推出了基于高通 9150 C-V2X 芯片组解决方案的全新路侧单元，该成果已经在无锡 LTE-V2X 城市级示范应用项目中得到了应用，取得了良好的效果；在车载设备方面，星云互联、东软睿驰、金溢科技等多家企业已经或计划推出基于高通 9150 C-V2X 芯片组的车载终端，将帮助汽车利用 5G+V2X 相关技术及应用提升安全驾驶能力，并为未来实现自动驾驶做好准备。

2. 听觉感知

往前溯源的话，最古老的听觉传感器来自 1877 年。那一年，爱迪生在最原始的留声机前唱起了"玛丽有只小羊羔，雪球儿似的一身毛"，那台留声机感知到了，并在锡箔上留下了深浅不一的槽纹，这些槽纹经由探针触碰、放大，在喇叭里还原出原来的声音，在座的所有人都惊掉了下巴。留声机就是最古老的听觉传感器。

之后，听觉传感器一路发展，从唱片、磁带、CD 直至现在的数字感知，人们早已习以为常。这些都是传感器 1.0、2.0 时代的产物。

数字经济 3.0 时代的听觉传感器已经朝向更智能方向发展。机器除了能听到声音，还要能识别，而且不光能识别说什么，还能识别谁说的。这就涉及智能语音技术。智能语音技术包含自动语音识别（Automatic Speech Recognition，ASR）、自然语言处理（Natural Language Processing，NLP）、语音合成 3 项主要技术。在进行语音识别前，需要通过声音传感器进行音频信号的采集，实现声音信号的传递，并进行后续的交互。典型语音识别系统如图 4-4 所示。

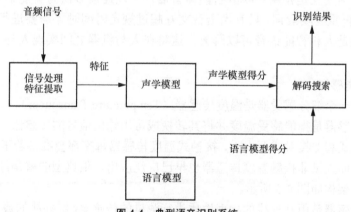

图 4-4　典型语音识别系统

智能语音识别现在最常用的应用场景就是智能家居。

而今各个厂商的智慧屏已经有一些有趣的语音识别功能。智慧屏里会弹出一个虚拟声音，通过跟它对话，可以远程开关电视、点播节目、查询天气和信息、跟其他人远程视频。这个智慧屏已经算作智能家居的一员。

智能家居指利用计算机技术，通过对大量传感器获得的实时数据进行处理，从而对家居内部的各种设备（包括空调、冰箱、灯等）进行智能控制，以达到安全、舒适、环保、节能的效果。随着 5G 移动和互联网技术的发展，人机交互的应用不断深入，语音技术将解放人类的眼睛和双手，成为最佳人机交互模式，服务于智慧家庭的多种场景。通过语音搜索实现信息查询，如在出门前通过语音插叙交通、路况、天气信息；通过语音控制实现家居控制，如通过语音面板控制电视的开启和关闭，通过语音开关灯、窗帘等智能家居。

要实现 5G 智慧家庭场景，AI 智能语音技术需要支持远场拾音、声纹识别、多轮对话交互等多种关键技术。

（1）远场拾音技术

主要采用传声器阵列实现。传声器阵列是由一定数目的传声器组成，用来对声场的空间特性进行采样并处理的系统，可以保证在用户距离智能语音终端较远时，语音终端依然能够接收到用户的语音指令。

（2）声纹识别技术

在语音交互时代，家庭语音控制在关注便利性的同时也需要重视安全性。声纹识别包括说话人辨认（Speaker Identification）和说话人确认（Speaker Verification）。家庭场景的声纹识别是说话人辨认过程，先对说话人的声纹进行建模，在语音交互时对说话人的声纹特征进行匹配，可以根据说话人角色的不同提供个性化的业务体验。

（3）多轮对话交互技术

多轮对话交互是指用户唤醒智能语音后，可以连续多次与智能语音进行语音交互，无须再重复唤醒词，只有当语音交互超过规定时间时才需要进行再次唤醒。简单来说就是人和智能语音可以聊天。这将在人与机器之间实现人与人的连续对话模式。

3. 触觉感知

触觉的一个细分感受器是温度传感器（Temperature Transducer）。

温度传感器是指能感受温度并将其转换成可用输出信号的传感器。按测量方式可分为接触式和非接触式两大类，接触式温度传感器每家都会准备若干个，就是水银温度计；而大量非接触温度传感器也早已广泛应用，最典型的就是红外传感器。红外传感器架构如图 4-5 所示。

红外传感器是用红外线的物理性质进行测量的传感器。红外线的最大特点是具有光热效应，而红外辐射的物理本质是热辐射，物体的温度越高，辐射出来的红外线越多，红外辐射的能量就越强。常见的红外传感器可分为热传感器和光子传感器，前者波段较宽，可以在室温下工作，使用较为简单，缺点是热传感器响应时间较长，灵敏度较低，一般用于低频调制的场合；后者则利用某些半导体材料在入射光的照射下，产生光子效应，使材料电学性质发生变化，通过测量电学性质的变化，可以知道红外辐射的强弱，利用光子效应制成的红外传感器一般需要在低温下工作，探测波段较窄，但是灵敏度高，响应速度快，具有较高的响应频率。

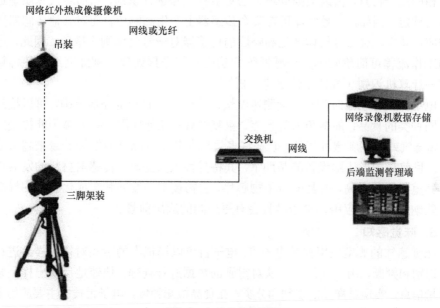

图 4-5　红外传感器架构

利用红外传感器可以设计出很多实用的传感器模块，如红外测温仪、红外成像仪、红外人体探测报警器、自动门控制系统等。例如，在口岸、机场、车站等场所安装的人体测温红外热像相机，可以连接声光报警装置，通过对人体温度的实时监测，将体温过高者自动筛出，实现所有出入人流的温度实时监测和超温预警。

除此之外，温度传感器还可应用在生活的方方面面，温度传感器作为物联网的"触手"，可以在各个领域实现信息的快速准确获取，也将促使物联网不断渗入智能家居、智慧家庭、智慧医疗等多个行业。

4．嗅觉感知

在 2020 年 1 月的《新英格兰医学杂志》上有这样一篇文章 *Sniffing Out Colorectal Neoplasms*（嗅出结直肠肿瘤），文章记录了荷兰的研究者通过电子鼻检测个体呼出气体的挥发性有机化合物来筛查结直肠肿瘤的实验过程。作为嗅觉感知的典型应用，电子鼻的功效已经明显强于人类，不，是几乎所有动物的鼻子。

电子鼻是利用气体传感器阵列的响应图案来识别气味的电子系统，它可以在几小时、几天甚至数月的时间内连续地、实时地监测特定位置的气味状况。其应用场合包括环境监测、医学诊断、爆炸物检测等，在产品质量检测方面，电子鼻可以用于食品、烟草、发酵产品和香精香料的质量检测。

电子鼻的核心器件是气体传感器。电子鼻识别的主要机理是阵列中的每个传感器对被测气体都有不同的灵敏度，利用各个气敏器件对复杂成分气体都有响应却又互不相同这一特点，借助数据处理方法对多种气味进行识别，从而对气味质量进行分析与评定。例如，一号气体可在某个传感器上产生高响应，而对其他传感器则是低响应；同样，对二号气体产生高响应的传感器对一号气体则不敏感。因此，电子鼻的工作流程可简单归纳为传感器阵列响应—信号预处理—神经网络和各种算法处理—计算机识别（气体定性定量分析）。

电子鼻技术响应时间短、检测速度快，具有较广的测定评估范围，可以检测各种不同种类的食品；能避免人为误差，重复性好；还能检测一些人鼻不能检测的气体，如毒气或一些刺激性气体，它在许多领域尤其是食品行业发挥着越来越重要的作用。目前在图形认知设备的帮助下，其特异性大大提高，传感器材料的发展也促进了其重复性的提高，并且随着生物芯片、生物技术的发展和集成化技术的提高以及一些纳米材料的应用，电子鼻将会有更广阔的应用前景。

5. 味觉感知

味觉感知的典型应用就是电子舌。电子舌可以模拟人的舌头对待测样品进行分析、识别和判断，用多元统计方法对得到的数据进行处理，快速地反映出样品整体的质量信息，实现对样品的识别和分类。在食品检测领域，电子舌技术主要应用于食品溯源、食品新鲜度检测、食品品质分级和食品生产过程中的质量监控等方面。日本九州大学设计的多通道类脂膜味觉传感器能有效鉴别啤酒、日本米酒、牛乳等多种食品。在环境检测领域，可以应用基于多通道类脂膜电位型电子舌系统对不同水质中的碱性离子进行检测，并结合神经网络模型对湖水和饮用水中的碱性离子进行预测。

电子舌系统主要由味觉传感器阵列、信号采集系统和模式识别系统三部分组成。味觉传感器阵列是电子舌系统的核心组成部分，根据传感器阵列工作原理的不同可分为电位型、伏安型、阻抗谱型、光寻址型、物理型及生物传感器等种类。国内外研究较多的味觉传感器阵列主要为电位型、伏安型与阻抗谱型。其中，电位型传感器主要包括多通道类脂膜味觉传感器和非特异性硫属玻璃传感器阵列两种，基本原理均为测量膜两端电极的电势，通过分析电势差来研究样品的特性。

由味觉传感器阵列、信号采集系统和模式识别系统构成的电子舌系统可以简单、方便、快速无损地在线检测未知液体的整体特征，因此，电子舌技术在一些应用领域得到广泛的研究和一定的实际应用。电子舌技术受限于传感器阵列，不可能对所有检测对象均有很强的响应信号，可适时研究一些专用的电子舌系统以减小系统体积和提高检测精度；电子舌系统自动化程度可进一步提高，流动注射、顺序注射等技术已被引入电子舌系统中，如果有的现场检测环境比较恶劣，可实现技术人员远程无线现场检测以保障人员健康和安全等。

4.3　感知技术在终端上的应用

尽管传感器作为"电五官"逐渐被广泛应用到生产生活中，但在实际的生活工作中，人们很难发现传感器，因为它们被隐匿在各种生活用品中。手机、电视、冰箱、灯、马桶、汽车，几十年的外观并未发生巨大变化，但内部结构却早已异化。大量智能传感器集成在这些"终端"里，给生活带来了潜移默化但又惊天动地的改变。

4.3.1　感知技术赋能终端

终端，在早期是面向计算机领域定义的，指一台计算机或者计算机系统，用来让用户输入数据，以及显示其计算结果，简而言之就是人类与计算机交互的设备。随着半导体集成电路以及互联网的发展，终端向智能化方向发展，成为"智能终端"。智能终端是指那些内置处理器（基本硬件平台）及操作系统（基本软件平台），具备多媒体功能的智能设备，支持音频、视频、数据等方面的功能。

智能终端通常具备三大特征。

（1）设备高度集成。半导体制造工艺的快速发展，以及硬件架构的高速发展，使得智能终端具备高度集成硬件处理平台。

（2）开放式操作系统的广泛应用。开放式操作系统是智能终端的核心，也是智能终端系统资源管理、应用程序运行的基础。它决定了应用程序开发的环境和应用程序的生态链系统，决定了智能终端利用系统软/硬件资源的能力。

（3）完善的程序开发环境。完善的程序开发环境一方面使得智能终端具有很强的扩展性，另一方面在应用开发过程中遵循应用程序接口（Application Program Interface，API）标准、采用模块化封装的软件开发工具包（Software Development Kit，SDK）工具标准。

智能终端区别于非智能终端的标志是什么？就是其集成了智能传感器。传感器及对应感知技术加持的智能终端，能够实现外部物理量的采集、传输和处理，一方面能更充分地判断用户的行为，了解用户真实需求，更"懂"人；另一方面结合泛在的网络连接、智能化云平台，能形成完整的"智慧"服务系统，满足数字化管理需求，更"懂"物。

智能终端可被应用于多个领域，包括消费电子、汽车电子、机械制造、工业过程控制，以及医疗、气象、能源等领域。以消费电子为例，消费电子是指围绕消费者应用而设计的，与生活、工作娱乐息息相关的电子类产品，最终实现消费者自由选择资讯、享受娱乐的目的，主要包括智能手机、智能家居、平板计算机、个人计算机（Personal Computer，PC）、可穿戴设备等。智能手机上已经集成了如光线传感器、距离传感器、陀螺仪、加速度计、气压计等各式各样的传感器。它会根据需要变身为温度计、血压计、计步器、检测仪，甚至能够准确地捕捉你的动作、眼神、表情，从而掌握用户的心情，了解用户的需求，成为用户离不开的贴身小秘书。

智能终端的大规模应用为感知泛在奠定了物理基础，而智能终端感知方式的升级将促进感知泛在向纵深发展。人类对物理世界的"感觉"和对数字世界的"感知"趋于融合，4K、8K 甚至 32K 高清视频将成倍提高个人数字感知的深度和锐度，AR/VR 应用的发展将为感知方式添加新维度，使人类感知超越物理世界的局限。

感知升级将直接驱动智能终端从工具向助理的角色升级。工具无法判断一个人的需求，手里有把锤子，就只能把一切看作钉子；而助理则能通过对人类行为的感知判断人的需求，你想要敲钉子，助理会递给你一把锤子，你要拧螺丝，助理会递给你一把螺丝刀。这个"助理"就是智能机器人。

作为智能终端的实例，新型智能机器人从工具升级为助理。它不仅会提供更主动的服务，更将成为残障人士、孤寡老人的帮手。新型智能机器人将拥有强大的数据收集能力、智能视觉能力、自然语言处理能力，大幅提高用户效率和决策水平。智能助理、智能服务机器人将为 AI 真正进入个人和家庭铺平道路，智能算法将迅速渗透到消费应用领域，形成数千亿美元的市场。随着万物互联时代的到来，生活、工作各个场景中无所不在的感知节点将促进物理世界与数字世界逐步融合，为消费、教育、出行、办公等场景塑造新的智能基础平台，由此衍生出更多智慧服务。

4.3.2 智能健康

想象一下这样一个情境，清晨小明起床，坐在马桶上排便。之后是神奇的一幕，在他的手表上弹出一个小提示："血压正常，血糖偏高，最近消化不良，建议多吃绿叶蔬菜，比较适合您的蔬菜有菠菜、白菜……"当然，这是笔者的设想。但智能马桶已经出现。

早在 2016 年 8 月，谷歌公司就公布了一项"智能浴室"的专利。浴室中配备多个非侵入式健康监测仪器，包括超声波浴缸以及压力传感马桶，可以全面监测用户的心血管健康，这就是智能传感器在健康管理领域的一个应用场景。

健康管理是指以物联网、移动互联网、云计算等技术为依托，在健康管理信息系统的基础上，将健康管理类可穿戴式设备等多层次感知智能终端作为数据采集源，将智能显示终端作为个人健康信息等内容的汇集终端，整合健康服务机构为消费者提供健康管理信息服务。通过健康管理服务平台对空气、水和食品等进行安全监测和预警，并提供运动健身、食品营养和网络预约挂号等信息服务。智能健康的一大应用便是"智慧养老"。智能硬件是"智慧养老"的基础，包括智能可穿戴设备和智能摄像机。其中，智能可穿戴设备可守护空巢老人的健康，通过智能可穿戴设备采集用户的心电、血压、心率、体温等各种类型的健康数据并上传到云端，实时监测老年人的身体健康状况，还能实现求助报警，老年人一旦遇到危险便可一键求助。智能摄像机作为安装在家里的设备，更多的职责是守护空巢老人的家庭安全，还能让在外工作的儿女实时查看老年人的生活状况，并进行对话。智能硬件的应用，将为老年人提供更智能化、更便捷的生活，极大地提高老年人的生活品质。

随着感知技术的不断发展，除了温度传感器、湿度传感器等传统传感器，越来越多的运动和环境传感器以及新兴的生物传感器快速崛起，可以实现心率、汗液、血压、睡眠、血糖的检测，全面监测人们的身体健康状况，实现智能健康管理。

（1）心率检测

可以在皮肤下测量心跳次数的传感器，它的工作原理是：把一个光线感应器放置在绿灯旁，当皮肤下的血液脉动时，光线感应器感应到的亮度会改变，而亮度的变化就是心跳的信号。测量心率很重要，因为它可以告诉你很多关于身体健康的信息。如果你的心脏跳动对于你的年龄、体重来说太快的话，可能意味着有些器官运作不正常。追求健康的生活，除健身和注意饮食外，还有健康的心脏带来的无压力的生活方式。

（2）汗液检测

出汗是身体冷却并释放毒素的方式之一，所以汗液就是一个百宝箱。皮肤电传感器能够检测汗液中的分子，该传感器会对毛孔发送小电流，大量出汗比不出汗时的信号返回速度快，传感器对汗液进行分析后，就能告知用户身体的健康状况。

（3）情绪检测

情绪检测是将心率、汗液和温度等数据综合分析后得到用户情绪信息的技术。这种技术一般用在用户富含情绪的业务环境中，一个典型场景就是游戏。用户在玩游戏时，通过情绪检测，计算机可以知道用户的情绪，并对此做出适当的反应和建议。

（4）睡眠监测

可穿戴设备的一个功能是睡眠监测。不同设备的精确度不同，有些设备只会告诉你你睡了多长时间，而有些设备知道你何时睡着，并追踪你的睡眠周期和心率。例如，传感器能够告诉我，我何时开始入睡、何时进入深度睡眠，那么我就能知道也许我在床上躺了 8h，可我真正只睡了 5h。

（5）血压检测

传统的血压测量是医生用血压计和听诊器进行测量，智能传感器应用后，对于患有高血压或低血压的人来说，只要有家用无线系统，就能测量血压。

（6）血糖检测

血糖检测对于患有糖尿病的人来说是十分重要的。有一些通过了医疗审批的设备，可以测量我们身体内的葡萄糖含量。

目前，还有很多传感器在研发阶段，未来，它们都会变得越来越小、越来越精确。未来的"养老"将变得更加智能和便捷：智慧养老系统可以远程监控老人的生活，如果老人走出房屋或摔倒，智能可穿戴设备就能立即通知医护人员或亲属，使老人能及时得到救助服务；当老年人因饮食不节制、生活不规律而出现各种健康隐患时，智能居家养老服务中心也能第一时间发出警报。智能居家养老服务中心会提醒老人准时吃药和注意平时生活中的各种健康事项。

除了监测老人的身体健康数据，对可能存在的危险进行预警，未来智慧养老系统甚至可以充当老人的"隐形伴侣"。例如，当老人想休闲娱乐时，系统可以告知老人当天的电视节目、社区开展的活动等内容。同时，结合社区服务中心、街道、医院等，在老人、社区养老服务站、街道办之间建立高效联动机制，真正实现对老人的实时看护照顾。

4.3.3 智能家居网络中的神经末梢

1. 智能家居的概念与起源

美国知名电影《钢铁侠》是大家耳熟能详的经典科幻电影。电影中展现出来的高科技让人印象深刻，托尼·斯塔克不借助任何实体工具就可以控制操作自己的家，通过一个虚拟管家处理各项工作和家庭事务。钢铁侠的家其实就是智能家居的一个典型呈现，利用计算机通过通信网络实现自动控制和信息处理，建设高效的家居设施体系和管理体系，处理各种日常工作，可以让我们的家居生活更加安全、舒适和便利。

智能家居的起源可以追溯到美国哈特福德市的城市办公大楼。在 20 世纪 80 年代，美国康涅狄格州的一家科技公司在改造此幢大楼的时候就已经初步实现了信息的自动整合，形成了智能家居的雏形。而提到智能家居的典型代表，不得不提比尔·盖茨先生位于美国华盛顿州的智能豪华住宅，这所住宅于 1990 年开始建设，1997 年才建设完毕。住宅的神经中枢是多个性能强大的服务器，住宅中所有的电器设备、门禁、窗户、灯光、泳池、蓄水箱都内嵌了传感器，家中各种光线、温度、电器使用均可以根据主人的习惯和环境自动调整，住宅中花草树木都可以实现自动灌溉。

2. 智能家居的硬件设备及传感器

在智能家居系统中，实体设备被称为智能家居的硬件装置。智能家居硬件装置的一个重要设备就是接收信息的传感器，比如红外温度感应器、有毒气体泄漏感应器、门窗异常感应器、摄像头、声音收集感应器、距离感应器等。获取信息后就要求智能家居系统具有可靠高效的数据传输设备，即各类互联设备，如光纤、电缆、双绞线、路由器、交换机、集线器等。各级网关和中央处理器是智能家居的核心部分，作为智能家居的大脑，它们负责统筹各项输入/输出、集中控制和信息处理等工作，并对各硬件设备部分进行结合。

在整个家居系统中，传感器是接收信息的重要设备，没有传感器就没有信息的采集、家居设备的监控、居住环境的监测，无法实现感知的目的。例如，住宅的温度调节要通过温度传感器时刻监测环境温度，通过监控环境温度的变化自动控制空调冷风或热风甚至可以随时调节环境湿度，还能结合主人的个人习惯随时调整。

传感器并不是独立存在于智能家居系统中的。要想实现智能家居设备的实时监控测量和主动控制，传感器就需要与各种具有感知和控制功能的设备装置深度结合。例如，智能厨卫设备中有烟感传感器，加热设备中有燃气泄漏传感器，照明设备中有光感传感器，空调中有温/湿度传感器，门禁系统中有声音传感器，安防系统中有摄像设备，电视及盒子设备中有人体感应传感器。

在智能家居的系统控制中，传感器技术还与无线网络技术、纳米技术、感知信息技术、分布式信息处理技术、无线通信技术等相结合，实现智能可靠的微小无线传感器节点（Wireless Sensor Node）。智能家居需要整个系统的优化实现，因此会涉及多个传感器间的联动，需根据场景设置传感器联动等技术，从而实现更加智能化的服务。当然，这些联动问题不仅涉及传感器本身，还涉及感知信息的传输、处理（决策实现）以及控制等。

3. 智能家居中的感知应用

从智能家居应用功能上进行划分，一个智能家居系统主要包括智能安防、智能节能、智能环境、智能健康、家电控制、智能娱乐、智能管家 7 个子系统，各个子系统部分涉及的硬件还会有所交叉，如图 4-6 所示。

图 4-6　智能家居系统组成

（1）智能安防

智能安防是智能家居系统的重要组成部分，可靠而智能的安防控制系统能够确保智能家居用户的生命财产安全，及时发现安全隐患并能够及时进行自动处理。安防控制系统主要实现家庭防盗、防火、煤气泄漏监测与报警、用电安全、用水安全、家电安全、车辆安全等，并能够提供自动报警及自动处理、紧急求助等功能。该系统涉及的传感器包括门磁感应器、红外感应器、玻璃破碎探测器、吸顶式热感探测器、煤气泄漏探测器、烟感探测器、监控摄像头等。将家庭安防控制系统与智能社区相连接，可以实现功能更强的安防控制。

（2）智能节能

智能节能旨在实现智能家居低碳节能、绿色环保运行。它涉及自动照明、用电监测、温度控制（空调、地暖）、淋浴系统、自动窗帘、房屋再生能源系统、自动灌溉系统等，涉及的传感器和家电包括红外及超声波感应器、人体存在监测感应器、恒温控制器、智能灯具、智能家电、光伏发电太阳能电池板和汽车自动充电器等。

（3）智能环境

智能环境主要为居住者提供一个安全、健康、舒适的生活环境。一般而言，主要对家居中的环境情况，如室内温度、空气湿度、有害气体含量（二氧化碳浓度、甲醛浓度、烟雾、PM2.5 浓度、粉尘颗粒浓度等）等情况进行实时监测，并能针对实时监测的情况对环境进行调节，如通过相应的家电设备（换气扇、空气净化器等）的开启与关闭，自动满足居住者的需求。

（4）智能健康

智能健康主要通过智能家居中的智能可穿戴设备（智能手表、智能手环等）、智能马桶（尿液监测）、智能呼吸监测仪、智能体重计、智能健身器材、智能冰箱、智能油烟机等对人的睡眠、饮食、活动、生活习惯、身体体征等进行实时记录、统计和分析，对不健康生活提出预警，对健康生活提供指导。除此之外，健康监测还可以结合其他传感器设备，对老人、病人、小孩等实施健康监测和看护。如果将智能家居健康监控系统与远程医疗看护相连接，在家里使用智能综合测试仪将家人的体温、脉搏、血压、血糖、血氧、心电图、体重等信息定期上传，那么可通过专业医生的反馈指导保证健康生活。

（5）家电控制

家电控制主要实现智能家居系统中各类家电的使用与监控。使用者可以通过手机等设备控制智能家电的开启、运行与停止，方便在智能家居中对各类电器设备的使用，远程控制家电也可以实现。此外，家电控制系统还可以根据预先设定，通过智能插座、环境监测传感器等实现对环境的自适应，对家电运行提供监测与保护，并能自动控制，如窗帘自动控制、照明灯光自动控制等。

（6）智能娱乐

智能娱乐可实现对家庭影音系统（电视机、投影仪、音乐播放器）、智能手机、计算机等的智能使用与管理，满足娱乐、工作、学习等需求。由于终身学习已经成为生活的重要组成部分，智能化的辅助学习设备可以满足人们预设的学习需求。此外，智能聊天机器人能够满足家庭成员对知识的获取需求，并具备一定的陪护功能。

（7）智能管家

智能管家将协助主人管理整个家庭，如自动清理卫生、自动灌溉草坪、协助安排与提醒各类工作、生活计划的实施等。随着人工智能的发展，智能管家系统将使得智能家居更加智慧化。

4.3.4　智能网联汽车终端

19 世纪末到 20 世纪初，电子技术作为一门新兴技术迅速发展起来，机电一体设备开始被应用到汽车中，汽车从某种意义上成为一种可以移动的机电系统。随着计算机技术、信息技术和通信技术的发展，汽车智能化、网联化也逐渐成为一种发展趋势。在一辆汽车内部，遍布各种智能传感器。汽车不再是单纯的交通工具，而是人们生活的"第三空间"。

1. 车载传感器的发展演进

传感器是汽车的感知器官，通过对各种信息进行实时、精确的测量，确保汽车的操控性、安全性和经济性达到最优。汽车早期安装的传感器主要用于汽车动力系统、底盘和车身的控制。与其说它们是传感器，不如说它们是一个个开关，通过限定明确的最大值和最小值，保证汽车正常运转。随着传感器向电子化和数字化方向发展，依托于固体原件的集成式传感器和智能传感器能够测量更多的信号量。

按照作用部位的不同，可以将汽车内部传感器分为 4 个部分。

- 发动机控制系统传感器：包括空气流量传感器、进气压力传感器、节气门位置传感器、曲轴角度传感器、氧传感器、进气温度传感器、水温传感器、机油压力传感器、爆燃传感器。
- 车身控制系统传感器：包括自动空调系统中的多种温度传感器、日照传感器、风量传感器，安全气囊中的加速度传感器，门锁中的车速传感器，以及用于亮度控制的光传感器等。
- 底盘控制传感器：包括传动系控制系统、行驶系控制系统、悬架控制系统、转向控制系统以及制动控制系统等多种不同系统中使用到的传感器。
- 辅助驾驶控制系统传感器：包括轮速传感器、转向角传感器（方向盘转角测量）、惯性测量传感器（汽车行驶中三轴转角和三轴加速度测量）等。

这些传感器获取的各种变量信号被传递给汽车电子控制单元（Electronic Control Unit，ECU），电子控制单元通过运算、处理和判断，最后输出能够操控汽车的指令。

如今，测量汽车内部物理信息状态的传感器逐渐成熟，车载传感器开始不再简单地用于提升单车性能水平，汽车感知系统逐渐从汽车内部信息感知向外部环境感知演进。外部环境感知是汽车实现自动驾驶意图的前提，主流的外部环境感知传感器主要包括视觉传感器、雷达类传感器以及高精度定位传感器等用于搜索汽车周边环境信息的传感器，相当于汽车的"眼睛"。

2. 智能网联汽车感知技术发展现状及趋势

所谓的"无人驾驶"，并非一辆不需要司机的汽车，而是结合智能感知、5G 网络、人工智能，实现自动驾驶的全套交通系统。在这个系统中，汽车、道路、交通指示乃至市政设施会有机整合在一起。当然，最重要的是交通工具本身，交通工具本身的智能传感系统决定了交通工具的"无人驾驶"程度。目前，安装在汽车上的智能感知系统已经相当完善。

汽车上的智能传感系统包括由车载摄像头、激光雷达、毫米波雷达和超声波雷达组成的超视距传感系统和由全球导航卫星系统（Global Navigation Satellite System，GNSS）+惯性测量单元（Inertial Measurement Unit，IMU）、高精度地图组成的定位导航系统。这两个系统协同感知，让汽车拥有了一双长长的"眼睛"和一个精准的导航仪。

（1）车载摄像头

车载摄像头是智能汽车最主要的视觉传感器。按照摄像头安装位置和功能的差异，可以分为前视、环视、侧视、后视及内视等。前视摄像头功能最复杂，也最重要，主要用于车辆和行人探测、交通标志识别、车道偏离警告、车距监测以及自适应巡航控制等，因此部分前视摄像头，特别是后装产品，通常需要搭配复杂的算法芯片，相对其他摄像头更为复杂。此外，环视摄像头主要用于全景泊车和车道偏离警告，侧视摄像头可用于盲点检测，后视摄像头用于倒车辅助，内视摄像头用于疲劳驾驶预警和情绪识别等。特斯拉摄像头布局如图 4-7 所示。

图 4-7　特斯拉摄像头布局

摄像头依靠感光组件将镜头采集的光信号转换为电信号，然后经由控制电路进行模数转换进一步处理为可供计算机处理的数字信号。摄像头的优点是能探测物体的质地和颜色，因此能够获取更多的环境语义信息，同时价格低廉。近年来，随着高级驾驶辅助系统（Advanced Driving Assistance System，ADAS）市场迅速扩大，摄像头在汽车上的应用愈发多元。主流的 ADAS 通常配套 6 个以上摄像头，高端车型甚至可达数十个。

摄像头的劣势是：在逆光和光线动态范围大的场景下，可靠性较差，因而容易受到恶劣天气的影响；同时，摄像头一般能看到的距离为 6～100m，更近的距离和更远的距离需要其他传感器补充。

（2）激光雷达

激光雷达是汽车精度最高的环境感知传感器。安装于车辆顶部或者前部的激光雷达通过发射装置向外发射激光束，激光束遇到目标物体会折返，接收器接收到反射光束后得到光束传播时间，进而可用于计算车辆与目标物体的相对距离。激光雷达的优点是方向性好，抗干扰能力强。其次由于光波频率很高，激光雷达能获得超高的距离、角度和速度分辨率。

目前激光雷达分为机械式激光雷达和固态激光雷达两种。Velodyne 32 线激光雷达用于街区扫描如图 4-8 所示。

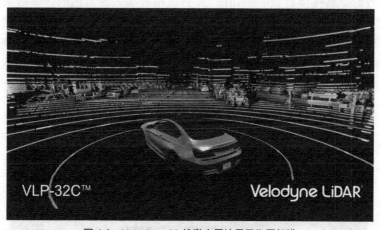

图 4-8　Velodyne 32 线激光雷达用于街区扫描

- 机械式激光雷达通过电机带动发射系统和接收系统旋转，根据测量的距离和旋转角度可计算探测环境的三维空间信息。机械式激光雷达按照线数的不同，可以分为单线和多线。多线激光雷达常见的有 8 线、16 线、32 线、64 线、128 线等。单线激光雷达只能获取空间的横截面信息，随着线数的增加，可检测的立体信息逐渐丰富，达到 3D 扫描的目的。

- 固态激光雷达目前有 3 种技术路线：MEMS 将原本体积较大的机械结构通过微电子工艺集成在硅基芯片上，MEMS 微镜实现垂直方面的一维扫描，整机 360°水平旋转来完成水平扫描；光学相控阵（Optical Phased Array，OPA）技术通过控制多个光源组成的阵列，实现不同方向的扫描；Flash 激光雷达则通过短时间直接发射出一大片覆盖探测区域的激光，再配置高度灵敏的接收器，完成对环境周围图像的绘制。相较于机械式激光雷达，固态激光雷达的体积更小、成本更低，且更容易符合车规要求，激光雷达固态化将是未来的主要发展趋势。

（3）毫米波雷达

毫米波雷达是目前车载环境感知传感器中成熟度最高的产品。利用波长为 1～10mm、频率为 30～300GHz 的毫米波，可以探测车辆与目标物体之间的距离，主要用于碰撞预警、自动巡航、制动辅助和泊车辅助等功能。与激光雷达工作原理相似，毫米波雷达通过测算电磁波的往返时间差来计算相对距离。与光学传感器相比，毫米波雷达对灰尘和雨水的穿透能力强，不受环境和天气影响，探测性能稳定，具有全天候的特点。但缺点是探测精度较低，通常在几厘米到十几厘米之间。因此，如果几十米处有个行人，因为行人的反射波较弱，毫米波雷达容易探测不到。

毫米波雷达通常与摄像头等其他传感器一起组成综合解决方案，在摄像头和激光雷达失效时能够提供有效的感知能力。目前车载毫米波雷达的频率多采用 24GHz 频段和 77GHz 频段。24GHz 的技术难度和成本较低，占据了目前毫米波雷达的主要市场，主要用于测量中短距离物体；77GHz 的毫米波雷达具有体积更小、测量距离更远、测量精度更高等优点，主要用于测量长距离物体，77GHz 等高频段毫米波雷达产品目前以国外产品为主。沃尔沃自动驾驶使用的毫米波雷达如图 4-9 所示。

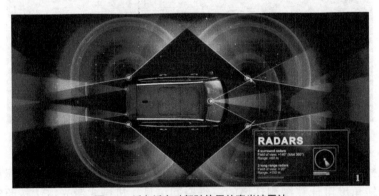

图 4-9　沃尔沃自动驾驶使用的毫米波雷达

（4）超声波雷达

超声波雷达主要用于自动泊车系统和倒车系统。超声波雷达的工作原理是发射器发射工作频率在 20kHz 以上的机械波，当接收器接收到反射波时，利用发射和接收之间的时间差来计算距离。与激光雷达和毫米波雷达相比，超声波雷达的结构简单、成本较低，在短距离测量中的精度较高，因而被广泛应用于汽车盲区碰撞预警。但是超声波有一定的扩散角，方向性差。同时超声波的发射信号和余震信号都会对回波信号产生干扰，因此在低于某一距离时，障碍物的探测将会失效。

目前，超声波雷达常用探头的频率有 40kHz、48kHz 和 58kHz 3 种。频率越高，灵敏度越高，但水平与垂直方向的探测角度就越小，故 40kHz 的探头应用最广。超声波雷达的安装方式主要有两种。一种安装于汽车的前/后保险杠，用于检测车身前/后障碍物，其探测距离较短，通常为 15～250cm，主要用于倒车预警；另一种安装于汽车侧面，探测距离为 30～500cm，但成本较高，这种超声波雷达主要用于自动泊车系统。汽车保险杠和侧面的超声波雷达如图 4-10 所示，超声波雷达用于自动泊车系统如图 4-11 所示。

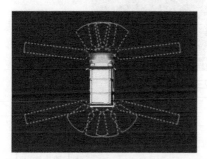
图 4-10　汽车保险杠和侧面的超声波雷达

图 4-11　超声波雷达用于自动泊车系统

表 4-1 列出了 4 种传感器的用途、优劣和距离。

表 4-1　4 种传感器的用途、优劣和距离

传感器	优势	劣势	主要用途	覆盖距离
车载摄像头	能识别标识牌、行人、车内人；能分辨障碍物大小和距离	受逆光和光影影响大；受恶劣天气影响；视野受限	车辆行人检测（包括交通标识识别、全景泊车、车道偏离预警、疲劳驾驶检测、倒车辅助）	6～100m
激光雷达	测距精度高，方向性强，反应快，可以快速模拟出目标物的三维模型	精度越高成本越高	周边环境感知（如无人驾驶核心技术）	100～200m
毫米波雷达	对灰尘和雨水穿透力强，不受天气和雨水影响，覆盖距离远	探测精度低，难以检测行人	碰撞预警、自动巡航、制动辅助、泊车辅助	>200m
超声波雷达	成本低，短距离精度高，防水防尘	方向性差，测试角度小	自动泊车	0.15～2.5m

（5）GNSS+IMU 组合定位

GNSS 是对北斗系统、全球定位系统（Global Positioning System，GPS）、GLONASS、伽利略（Galileo）导航卫星系统等单个卫星导航定位系统的统一称谓，又指代这些卫星导航定位系统及其增强型系统的混合体。可利用 GNSS 实现三角定位，如图 4-12 所示。IMU 通过陀螺仪和加速度计对运动信息进行积分，可以解算出汽车相对于初始位置的运动轨迹和姿态，如图 4-13 所示。

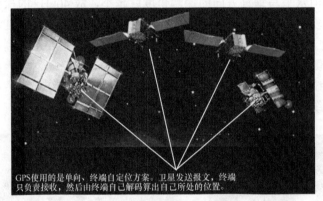

图 4-12　利用 GNSS 实现三角定位

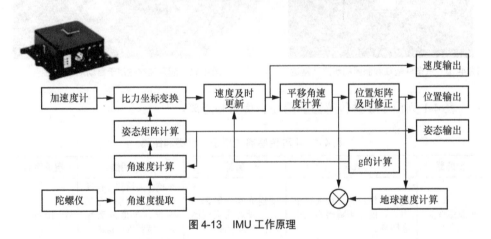

图 4-13　IMU 工作原理

GNSS+IMU 的组合定位成为解决汽车定位频率和精度的折中方案。单纯的 GNSS 易受高层建筑物的多路径反射干扰，定位精度不可靠，同时位置更新频率只有 10Hz，不满足自动驾驶的实时性要求。而 IMU 的定位方式能够提供 1kHz 的刷新率，但属于相对定位方式，定位误差会随时间累积。GNSS+IMU 的组合定位能够使用 GNSS 修正 IMU 累积误差，也能够在两次 GNSS 定位之间使用 IMU 提高定位更新频率。

（6）高精度地图

传统电子地图为道路级地图，是对路网的抽象呈现，包括道路、路口、建筑物、功能区等，最多叠加拥堵、施工、封闭等动态信息，一般精度为米级。高精度地图由地图层、实时道路层和驾驶层共同构成。地图层主要提供车道级的高精度地图模型，包括道路斜率、曲率、车道标志、路边物体标注等；实时道路层在地图层上叠加动态的交通信息，包括如拥堵、事故、交通信号灯状态、天气灾害等；驾驶层基于真正的人类驾驶经验，通过积累大量的传感器数据，提取出与地图层相配合的合适的车辆行为规范，如速度规范等，为实现自动驾驶决策提供基础模型。高精度地图如图 4-14 所示。

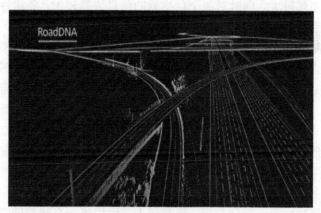

图 4-14　高精度地图

高精度地图作为一种被先行验证过的信息，可以弥补智能汽车传感器的感知局限性，为汽车提供超视距的感知能力，即经验感知。其次，传统地图的定位依赖GNSS，定位准确性和稳定性较差，而高精度地图具有更多维度的数据，利用高精度地图匹配，可以实现车辆更精准的定位。

（7）多传感器融合感知与端云协同的发展趋势

车载传感器主要包括激光雷达、车载摄像头、毫米波雷达、超声波雷达以及惯性传感器等，各类传感器的功能、传感距离、环境适应性各不相同。视觉主导和激光主导的感知方案成为目前自动驾驶领域的两个主流。

视觉主导以车载摄像头为主要传感器，其他传感器辅助。因为摄像头是各类传感器中唯一能够感知物体表面纹理信息的传感器，被业界认为是最不可代替的。视觉主导方案的采用者以特斯拉为代表。

激光主导以激光雷达为主要传感器。因为激光雷达能够提供精确的三维环境信息，为可靠精确地定位和提高感知成功率提供重要手段。激光主导方案的采用者以谷歌为代表。

毫米波雷达凭借优秀的抗干扰性能，成为车载摄像头和激光雷达的重要补充。

多传感器融合感知、多定位方式组合成为环境感知技术的重要特点和发展趋势。不同的传感器在感知精度、鲁棒性、可靠性上各有不同，适用于不同环境、不同物体的感知测量，因此多传感器融合感知成为扩大整车感知范围和提高精度的必要方式。

多传感器融合在技术路线上主要有以下两种。

第一种是数据级的前向融合，通过将不同传感器的采集信息在原始数据层融合，得到一个具备多种感知信息的综合数据，然后进行计算处理。这种方法对计算机的存储资源消耗过大，同时对每个传感器的信息依赖较大，鲁棒性较差。一旦计算出现失误，系统有可能崩溃。

第二种是基于特征级的后向融合，先对单个传感器进行特征提取，再将有限特征信息进行融合优化，这种方法是当前多传感器融合的主要研究和应用方向。

端云协同是指汽车利用车载无线通信技术将"人车路云"等交通参与要素有机地联系在一起。在车辆与外界互联方面，专用的 V2X 技术是借助新一代信息通信技术将车辆与一切事物相连接的无线通信技术，支持实现 V2V、V2I、V2P、V2N 的全方位网络连接和信息交互。例如在路侧安装、激光雷达等传感器，再通过 V2I 互联，将路侧传感器感知到的结果传递给车辆，能够使得车辆获得视距之外更多的环境信息。此外，V2X 无线通信技术不仅可以支撑车辆获得比单车感知更多的信息，促进自动驾驶技术创新和应用，还有利于支撑构建一个智慧的交通体系，促进汽车和交通服务的新模式新业态发展，对于提高交通效率、节省资源、减少污染、降低事故发生率、改善交通管理具有重要意义。

车载智能感知和端云协同如图 4-15 所示。

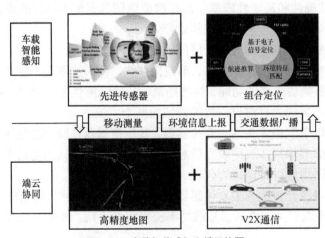

图 4-15　车载智能感知和端云协同

3. 智能网联汽车感知代表案例

根据美国汽车工程师学会（Society of Automotive Engineers，SAE）的定义，基于驾驶员与驾驶自动化系统在执行动态驾驶任务中的角色分配，以及有无设计运行条件限制，自动驾驶汽车被划分为 L0~L5 共 6 个不同的等级，见表 4-2。

- L0：0 级驾驶自动化（应急辅助）中，系统具备持续执行部分目标和事件探测与响应的能力，当驾驶员请求驾驶自动化系统退出时，能够立即解除系统控制权。
- L1：1 级驾驶自动化（部分驾驶辅助）中，系统具备与车辆横向或纵向运动控制相适应的部分目标和事件探测与响应的能力，能够持续地执行动态驾驶任务中的车辆横向或纵向运动控制。
- L2：2 级驾驶自动化（组合驾驶辅助）中，系统具备与车辆横向和纵向运动控制相适应的部分目标和事件探测与响应的能力，能够持续地执行动态驾驶任务中的车辆横向和纵向运动控制。
- L3：3 级驾驶自动化（有条件自动驾驶）中，系统在其设计运行条件内能够持续地执行全部动态驾驶任务。
- L4：4 级驾驶自动化（高度自动驾驶）中，系统在其设计运行条件内能够持续地执行全部动态驾驶任务和执行动态驾驶任务接管。
- L5：5 级驾驶自动化（完全自动驾驶）中，系统在任何可行驶条件下持续地执行全部动态驾驶任务和执行动态驾驶任务接管。

表 4-2　驾驶自动化等级划分

分级	名称	车辆横向和纵向运动控制	目标和事件探测与响应	动态驾驶任务接管	设计运行条件
0 级	应急辅助	驾驶员	驾驶员及系统	驾驶员	有限制
1 级	部分驾驶辅助	驾驶员和系统	驾驶员及系统	驾驶员	有限制
2 级	组合驾驶辅助	系统	驾驶员及系统	驾驶员	有限制
3 级	有条件自动驾驶	系统	系统	动态驾驶任务接管用户（接管后成为驾驶员）	有限制
4 级	高度自动驾驶	系统	系统	系统	有限制
5 级	完全自动驾驶	系统	系统	系统	无限制*

注：* 排除商业和法规因素等限制。

根据自动驾驶各等级的典型需求，L0~L5 不同等级对车载传感器的需求也不尽相同，目前没有统一的定论，但业内对 L2、L3 和 L4 等级的传感器类型和数量的典型配置进行了相关讨论，国内外主要的自动驾驶提供商都设计并测试了各自的解决方案，其整车传感器的配置和自动驾驶等级分类见表 4-3。

表 4-3　整车传感器的配置和自动驾驶等级分类

品牌	车型	自动驾驶等级	激光雷达/个	前视摄像头/个	环视摄像头/个	毫米波雷达/个	超声波雷达/个
A8	A8	L3	1	1	4	5	12
Model S	Model S	L2.5	—	3	5	1	12
BMW	7 Series	L3	—	1	4		12
Mercedes	S class	L3	—	1	4		12
G3	G3	L2.5	—	1	4	3	12

第5章

连接泛在

如果要为"连接泛在"设定一个初始时间，那应该是 1837 年。那一年电报机被发明并广泛应用。奥地利著名作家斯蒂芬·茨威格在《人类的群星闪耀时》中讲到一个故事"飞越大洋的第一句话"。在那个故事里，1837 年发明的电报机被他形容成"让空间和时间的关联发生了决定性的转变"。这句话在将近 200 年的时间里被一次又一次地复制，"空间和时间的关联又发生了决定性的转变"。

我们可以从 4 个维度诠释这种"决定性的转变"。

（1）连接节点类别：从有意识的人到无意识的物。

（2）连接节点的移动性：从固定到游牧移动再到高速移动。

（3）连接的信息量：从只能传递几个字到秒传 3D 电影。

（4）连接的同步性：从几分钟的时延到肉眼无法感知的高可靠。

这 4 个维度经历了电报、电话网、1G 移动网……直到当前的 5G 和物联网，一次次的转变实现了"连接泛在"的万物互联时代。

5.1　连接发展简史——从网线相牵到万物互联

在 20 世纪 80 年代的中后期，1G 及互联网的相继出现标志着人类进入了现代通信的新时代，人与人之间有了全新的连接方式。经过 30 多年的发展，连接技术极大地改变了人们的生活方式，并成为推动社会发展的重要动力。

1G 到 2G 实现了从模拟电路到数字电路的飞跃；

2G 到 3G 实现了从语音通信到数据通信的飞跃；

3G 到 4G 实现了移动通信网络和传统电信网络的融合，将云计算等互联网技术用于移动通信，大大提高了带宽的使用率；

4G 到 5G、IoT 实现了移动互联网向移动物联网的转变，使万物互联成为可能。

连接技术的发展不仅改变了人们的生活方式，还影响着产业结构和社会发展。未来，以互联网和通信技术为代表的连接技术将进一步连接万物、聚合平台、赋能产业，将在人类科技和社会发展中发挥更大作用。

5.1.1　连接 1.0 时代——PC 互联网时代

在 PC 互联网时代，连接技术主要以 1985 年诞生的 1G、1990 年前后开始运用的互联网技术，以及后来出现的 2G 技术为主。

1．1G：移动通信成为现实

1G 的想法雏形可以追溯到 1939 年的万国博览会上，当时美国最大的电信运营商 AT&T 提出了研发移动通信技术的想法。但是，这个想法被美国联邦通信委员会驳回并搁置整整 30 年，直到 1969 年电视从有线电视过渡到无线电视，美国一下富余了很多无线频谱资源，1G 的研究才得以继续。

1976 年摩托罗拉公司的工程师马丁·库珀首先将无线电应用于移动电话，打通了第一个移动电话。但由于 1G 技术尚未成熟，当时一个基站只能支持 4 个人拨打电话，这根本无法让 1G 普及商用。后来，AT&T 利用频谱复用技术建立蜂窝移动通信网解决了这一问题，1G 的容量才真正达到了可以推广普及的级别。此后一直到 20 世纪 80 年代中期，许多国家开始建设基于频谱复用技术和模拟调制技术的第一代移动通信系统。

1987 年，我国首个模拟蜂窝移动通信系统在广东建成。这带领我国走向移动通信的时代，移动通信成为现实。当然，当时移动通信还是一个稀罕物，这从手机价格便可见一斑。当时人们印象最为深刻的就是"大哥大"手机。在那时的警匪片中，那种"砖头手机"是黑帮老大的专属，"大哥大"手机也因此得名。当时，一部"大哥大"的标价为 2 万元（那时的 2 万元能买北京市一套 40m^2 的房子）。"大哥大"不仅售价十分高昂，就连通信费用也十分昂贵，1min 的通信费用大概为 1 元。这在那个收入普遍不高的年代可以说是一笔不小的开支。正因如此，"大哥大"才成为财富与身份的象征，在适当时把它拿出来，拉出长长的天线，花上 1 元/min 的话费，在人群里喊上一句"喂！喂！听不清，你再说一遍"便引来无数惊羡的目光。

不可否认，1G 时运用模拟通信技术实现了移动电话的语音传输，解决了最基本的通信移动性问题，奠定了蜂窝通信、频谱复用等移动通信核心技术的应用基础。但是，1G 技术同时也存在品质差、安全性差、易受干扰、频谱利用率低等缺点，这给移动通信的应用扩展带来了阻碍。

2．2G：从模拟到数字

为了克服 1G 技术上的缺点，2G 诞生了。2G 通过数字编码技术克服了 1G 的缺点，保证了语音的高品质、抗干扰能力，同时也增强了数字通信的能力。数字编码技术先将声音的模拟信号变成数字编码并进行传输，然后用调制解调器把编码恢复成声音。由于数字传输稳定、抗干扰、安全的特性，2G 时代更优质的移动通信成为现实。除此之外，2G 也不再仅限于语音传输，还能发短信、浏览网页、玩小游戏等。

谈起 2G 的数字业务，就不能不提中国移动的移动梦网。移动梦网的英文名为Monternet，意思是 Mobile+Internet。通过移动梦网，中国移动走出了中国通信运营商自己搭台、自己唱戏、自己受益的传统定位和发展思路，在"开放、合作、共赢"的原则下，对价值链进行了重新定位整合。观念的彻底转变带出了一个全新、庞大的产业。移动梦网作为移动互联网业务的载体，聚集起众多的服务提供商（Service Provider，SP），向手机客户提供丰富的移动数据增值服务。移动梦网平台就像一个大超市，在这个"超市"里摆满了移动用户所需的各种特色"商品"。在移动梦网"双赢、多赢"的合作原则下，中国移动的定位是"移动门户提供商+网络运营商"，其他的"环节"则由应用开发商、手机制造商、服务提供商、用户等负责，各方都是价值链中非常重要的一环，都能找到自己的位置和获利的机会。网络运营商提供接入平台和信息通道；手机制造商根据移动梦网业务的特色生产手机，推动手机的更新换代；服务提供商通过提供有价值的信息和应用获取收入并实现盈利；用户得到"一站式"服务，一部手机就可以浏览有价值的信息、使用各种有趣的应用。

移动梦网使互联网和移动通信的发展都进入了一个新境界：使得互联网的移动性、互动性更强，使得移动通信的应用更广、与生活更密切。移动梦网平台就像一个增值业务的孵化器，不断催生出短信新闻、手机游戏、位置服务、移动 QQ、手机铃声和图片下载等应用。移动梦网与 SP 合作的短信业务形成一种双赢模式，创造了短信业务的空前繁荣，使当时中国的互联网从寒冬再次步入春天。随着无线应用协议（Wireless Application Protocol，WAP）、Java 和多媒体消息业务（Multimedia Messaging Service，MMS）等技术被应用到移动梦网上，移动梦网的业务更不断推陈出新，移动梦网的"金矿"越挖越深。后来，移动梦网仅全网合作的 SP 就有 600 多家，移动梦网提供的移动 QQ、手机铃声和图片下载、手机游戏等都是人们熟悉的经典无线互联网应用，而彩信、手机上网、彩铃、百宝箱等应用使移动梦网更加多元化、立体化。

3. 互联网：传播方式改变，IT 产业崛起

在 20 世纪 90 年代，随着浏览器技术和网页技术的出现，互联网迎来了高速发展。为了赶上这波信息革命的浪潮，1994 年 4 月，时任中国科学院（以下简称中科院）副院长胡启恒专程赴美拜访主管互联网的美国自然科学基金会，代表中方重申接入国际互联网的要求。4 月 20 日，我国实现了第一条 TCP/IP 全功能链接，成为互联网大家庭中一员。5 月 15 日，中科院高能物理研究所设立了国内第一个 Web服务器，推出我国首套介绍高科技发展的网页，后更名为"中国之窗"，成为我国

利用国际互联网发布信息的主要渠道之一，这意味着我国互联网的浪潮就此拉开。

而谈起那时的互联网浪潮，就不得不谈一谈当今互联网巨头的创业史。

（1）网易

1994 年，丁磊从中科院高能物理研究所的同学那里要来了一个账号。通过这个账号，他第一次登录 Internet，接触 Yahoo 等网站。这给丁磊打开了新世界的大门。1995 年，丁磊不顾家人的反对，毅然从宁波电信局离职，投向互联网的大潮。辞职后的丁磊一路南下，到广州加盟刚刚成立的广州 Sybase。在 Sybase 待了一年后，丁磊觉得自己除整体调试数据库外，并没有什么长进，于是又选择了离开。1996 年，丁磊架设了 ChinaNet 上的第一个"火鸟"公告板系统（Bulletin Board System，BBS），结识了很多网友。但好景不长，由于运营费用日渐高涨，"火鸟"不得不关闭。但也正是因为这次关闭，网易才有了出生的机会。1997 年 5 月，网易公司成立。这次，丁磊吸取了前几次经历中的教训，把网易的主要业务放在邮箱上。为了邮箱产品的迅速推广，丁磊出其不意地借用了当年拨号上网用的"163"字段作为网易邮箱的域名，这直接推动了网易 163 邮箱的大火，网易公司也赚到了第一桶金。当时，即时聊天工具尚未兴起，人们在网络上互相通信用得最多的要属电子邮件。不得不说，"有事给我发 E-mail"成为当时最前卫的事。大部分网站在注册账号时，也都要求用户填写个人电子邮箱方可注册。

随着公司规模愈发庞大，丁磊也接触到越来越多的人。一次，在一个国外门户运营商的提醒下，丁磊突然发现未来基于门户网站的广告业务会是互联网的主流，于是在 1998 年 5 月，网易开始向门户网站发起进攻。在 1998 年和 1999 年中国互联网信息中心主办的"中国互联网络十佳网站"评选中，网易两度名列第一，成为最受中国网民欢迎的网站。

（2）新浪

1993 年王志东得到四通集团 500 万港币投资创办了四通利方，这便是新浪的前身，此时身为总经理的王志东才 26 岁。四通立方在之后的几年推出了中文操作系统 RichWin，取得国内微机中文平台预装软件 80%的占有率，公司总资产达到800 万美元。1995 年，王志东在硅谷成功获得 650 万美元融资。四通利方发展迅速，在 1998 年收购互联网公司华渊资讯，并改名为新浪网，王志东担任四通利方及新浪总裁兼 CEO。之后新浪在世界杯、悉尼奥运会等重大事件报道中取得巨大成功，一举成为中文第一门户网站并创造了巨大商业价值。

（3）搜狐

相比于丁磊、王志东"年少有为"，搜狐创始人张朝阳的创业就相对晚了一些、坎坷了一些。

1995 年 10 月 31 日，身为麻省理工学院物理学博士的张朝阳回国创业。但是由于创业资金缺乏，张朝阳不得不为公司的融资四处奔走，经常往返于中国、纽约和波士顿之间。当时，美国的风险投资者并不相信一个远在中国的公司，因此张朝阳吃了不少闭门羹。直到他接触了在麻省理工学院媒体实验室担任主任的尼葛洛庞帝教授之后，才在尼葛洛庞帝教授的帮助下拿到了 22 万美元的天使投资，张朝阳的爱特信公司才得以成立。

但是拿到钱的张朝阳很快面临另一个难题：究竟做一个什么样的公司。为此，他花了两个月的时间来探索，其间还与以色列的公司进行了接触。但最终，张朝阳决定先做一个网站。1996 年年底，在张朝阳的努力下，中国的第一个商业网站 ITC 诞生了。网站诞生归诞生，盈利模式的缺乏却让张朝阳再次陷入了困境。1997 年年底，第一次融资得来的 18.5 万美元所剩无几，爱特信快到了连工资都开不出来的地步。迫不得已，张朝阳向他的投资人发出紧急求救，3 位投资人再次为张朝阳提供了 10 万美元的贷款。度过危机的张朝阳开始对公司的商业模式进行探索，在不断地摸索中，最终张朝阳确定了搜索引擎加网络广告的模式，这最终成为搜狐的主要盈利模式。1998 年 2 月，张朝阳正式推出了第一家全中文的搜索引擎——搜狐，爱特信也正式更名为搜狐公司。自此搜狐公司蒸蒸日上。在 1998 年年底，搜狐全年的广告收入就已经达到了 60 万美元，两年后就成功在美国纳斯达克挂牌上市。发展至今，搜狐已经成为中国互联网的巨头。

（4）腾讯

相比于其他三大巨头，腾讯的切入点则十分与众不同。1996 年，3 个以色列人维斯格、瓦迪和高德芬格聚在一起，决定开发一种使人与人在互联网上能够快速直接交流的软件。他们为新软件取名 ICQ，即 "I Seek You"（我找你）的意思。这款软件推出后在全球引起了巨大的反响。其凭借着前所未有的创意很快在全世界拥有了大批的用户，即使在当时互联网不太发达的亚洲，市场用户量也占到了 70%，在国内更是占到了 80%。但是，ICQ 终归是外国人设计的，缺乏对中文用户使用习惯的支持一直是其一大缺陷。1999 年 2 月，由腾讯自主开发的即时通信软件—— OICQ 上线。随后，OICQ 被指侵权。2000 年 11 月，腾讯推出 QQ2000 版本，OICQ 正式更名为 QQ。由于采取通讯录在线保存机制，以及推出 QQ 群等创新功能，QQ 获得了用户的追捧，用户量开始高速增长。

在那个各大互联网公司都在进行 BBS 社交的天下，QQ 的出现很快改变了人们的社交方式。QQ 作为一款即时通信软件，支持在线聊天、QQ 邮箱等多种功能。只要好友"在线"，QQ 用户就可以与远隔千里的好友实时聊天。很快，QQ 受到大家的追捧，用户量高速增长，一跃走上中国互联网的社交"神坛"。

对于很多人来说，QQ 还是一种情感的寄托，伴随了自己整个青少年和成年时期。在那个时代，很流行与网友聊天。大家每天都在不亦乐乎地改着网名、头像、空间、个性签名，还不时地发表矫情的日记文字。QQ 号从最初 5 位数字发展到了到现在的 10 位数字。

伴随着 QQ 的发展，2004 年 6 月，在马化腾的带领下，腾讯控股在香港联合交易所主板正式挂牌，成为第一家在中国香港主板上市的中国互联网企业。随后，腾讯业务范围不断扩大，涉及社交、游戏、网媒、电商和搜索等。

在互联网时代诞生的门户网站对社会最大的改变就在于其改变了传统的信息传达方式。在连接 1.0 时代以前，人们只能通过报纸、电报或固定电话等方式进行联系，连接往往只能发生在固定的两点之间。而连接 1.0 则解决了这种问题。互联网以其快捷、虚拟、无界、互动、海量等特点将世界联为一体。

2008 年 5 月 12 日，四川汶川发生里氏 8.0 级特大地震，当天就登上国内外各大媒体头条。中国政府和普通民众在这场灾难中以迅速、准确、高效的方式采取救援行动，在很大程度上得益于互联网。地震发生仅 25min，新浪网便发布准确的新闻报道，几大门户网站当天推出地震专题报道相关进展，消息迅速传遍全国。几小时时间，相关视频、博客、网络媒体报道不断更新。政府也迅速发布政策，实施紧急救援行动。由于信息传递方式比以往更加丰富，各路媒体不断实时跟踪报道，不但让全世界感受到中国政府的决策迅速、国民的凝聚力超强，也让人们见识了最新的信息传输方式速度竟然可以如此之快。而所有这些，在信息闭塞的年代是根本无法想象的。在互联网的强烈冲击之下，信息传递的速度更快，信息的"时延感"消失了。

回顾中国互联网的发展历史，随着网络技术的不断成熟，互联网的商务模式开始发生变化，各类服务逐渐兴起。从早期的门户网站、邮箱、即时通信软件到 2006 年左右各类游戏、影音网站成熟，随着互联网技术的发展，我国 IT 从无到有，从发展到逐渐崛起，成为我国经济的重要组成部分。

5.1.2 连接 2.0 时代——移动互联网时代

3G 牌照的发放标志着我国进入了数字经济 2.0 时代，也标志着我国开启了连接 2.0 时代。

1. 3G：可移动的数据连接

连接 2.0 时代与连接 1.0 时代最大的不同在于数据连接的可移动性。在连接 1.0 时代，移动通信仍然以语音通信为主，数据连接不是主流。人们必须通过不可移动的 PC 连接互联网。但是进入连接 2.0 后，随着 3G 业务的逐渐推广以及智能手机的普及，数据连接也可以在手机这类移动终端上实现，可移动的数据连接成为现实。

移动数据连接的逐步推广给基于手机等移动终端的通信产业提供了广阔的发展空间。在 3G 时代前期，手机操作系统的发展基本成熟，当时各大手机巨头都有自己的手机操作系统，如微软的 Windows CE、黑莓的 BlackBerry OS、诺基亚的塞班等。这些操作系统为手机软件开发者提供了便利。配合 3G 的数据网络，一时间，优秀的手机应用如雨后春笋般纷纷冒出，这给消费者的数字生活增添了丰富的色彩——手机不再局限于打电话、发短信，还可以浏览网页、听歌、看电影、玩游戏。

但也正是这些平台的存在，限制了手机应用的发展：手机巨头们都想建立行业壁垒，都不希望自家平台的高质量应用流向他家，因此纷纷与平台应用开发者签订了排他性协议，同时降低了平台间的可兼容性。然而，寡头们的竞争最终伤及的往往是消费者。在这种竞争状态下，开发者的开发成本很高，开发积极性被大大挫伤，这就导致了移动应用生态的荒芜，降低了消费者的手机使用体验。最终，手机巨头们终于意识到平台兼容的重要性。2007 年，在谷歌的倡议领导下，手机开放协会诞生。正是这个协会，孕育了今天的安卓。

在手机开放协会紧锣密鼓地筹备安卓系统时，苹果也在酝酿着一项变革性的计划。2008 年 3 月 6 日，苹果对外发布了针对 iPhone 的 SDK，供免费下载。在这个开发包的帮助下，第三方应用的开发人员能够快捷地开发针对 iPhone 及 iPod touch 的应用软件。不到一周时间，这个开发包就获得超过 10 万次的下载；3 个月后，这一数字上升至了 25 万次。7 月 11 日，苹果 App Store 正式上线。在先前开发包的铺垫下，App Store 仅上线 3 天，其中可供下载的应用就已达到了 800 个，下载量达到 1000 万次。App Store 中的应用大多不是免费的，于是苹果就规定，用户购买应用所支付的费用由苹果与应用开发商按 3:7 分成。这规定一出，直接改变了手机行业过去以出售终端设备为核心的玩法，苹果一下从一个设备运营商变成一个生态运营商，为后来苹果生态的扩张做足了铺垫。

2010 年，随着 App Store 的成熟以及 iPhone 4 的出现，国内掀起了智能机的浪潮。在那个年代，HTC、三星、中兴等企业纷纷推出了自己的基于安卓系统的智能机。这样，我国形成了高价如苹果、三星、HTC，低价如中兴、康佳等全价位的智能手机覆盖，我国手机行业真正开始摆脱 2G 时代山寨机横行，迈入了品牌机主导的智能机时代。

连接 2.0 让连接从以语音为主向以数据为主转变，这也带动了软件产业的转型。在连接 2.0 时代，软件应用的核心功能从沟通联系逐步转向以娱乐为核心，视频、音乐、游戏等软件大量出现，同时移动支付等重塑生活方式的软件也开始成熟。这些软件彻底改变了人们的生活，手机也越来越成为我们日常生活中不可分割的一部分。

2．4G：数据的全面爆发

2013 年 12 月 4 日，工信部正式向中国移动、中国联通、中国电信三大运营商发布 4G 牌照，我国开始进入 4G 时代。4G 是在 3G 技术上的一次改良，其相较于 3G 通信技术来说具有一个更大的优势，即将无线局域网（WLAN）技术和 3G 通信技术进行了很好的结合，使图像的传输速度更快，让图像更加清晰。借助 4G，用户的上网速度能够更加迅速，速度可以高达 100Mbit/s。而这高速的上网速度远远超过了用户的预期，让我国移动通信网络的用户数量大大上升，截至 2018 年 6 月，我国 4G 用户数就超过了 11 亿。随着 4G 的蓬勃发展，运营商也加快了 4G 网络的建设。2014 年到 2016 年是三大运营商 4G 基站建设高峰期，基站的建设数量达到 321 万个。基站的大量建设给我国的 4G 带来了广覆盖的优势。因此，在高速和广覆盖加持下，我国开启了移动互联网时代。

移动互联网带来的第一个改变就是移动支付的兴起。2012 年夏天，打车软件出现。在这种高频且小额的支付场景下，人们发现用纸币支付过于麻烦，基于手机的移动支付产品相对方便不少。于是，在这种契机下，移动支付逐渐渗入人们的日常生活，打车支付也成为移动支付较先普及的领域。在这一时期，智能手机开始普及，移动支付技术分歧基本消除，移动支付应用场景得以推广，移动支付进入市场发展期。支付技术成熟、用户占有量大的企业呈现出积极的发展态势，通过不断创新应用，不仅适应了市场需要，而且创造了市场需求，对移动支付市场的成长起到了推波助澜的作用。

自 2013 年起，移动支付的发展呈现出了势不可挡的态势。2013 年支付宝推出了"余额宝"项目，开启从移动支付走向普惠理财的先河。余额宝的推出提高了支付宝的用户黏性，也为普通老百姓打开了一扇理财的窗，让很多本来还不认为自己需要理财服务的人群也开始主动理财，实现了财富的保值增值。如果说"移动理财"是支付宝抢占市场的重要战略，那么"电子压岁钱"就成了微信支付快速崛起的"撒手锏"。2014 年 1 月 27 日，时值春节前夕，微信推出了微信红包功能。凭借微信在社交领域的良好基础以及人们过年发红包的习俗，微信红包功能推动微信支付进入快速发展通道。在两大互联网巨头的移动支付产品崛起之后，越来越多的企业开始进入移动支付领域。2015 年 12 月中国银联推出了"云闪付"产品，2016 年 2 月 Apple Pay 正式进入中国市场，同年 3 月三星推出 Samsung Pay，华为的 Huawei Pay 和小米的 Mi Pay 也分别于 8 月和 9 月正式上线，商业银行与手机供应商纷纷凭借其用户基础加入移动支付阵营。

移动支付的出现给中国的社会生活带来了翻天覆地的变革。一时间，从奢侈品店铺到菜市场的菜摊，人们都可以使用移动支付快捷地完成交易。"无现金"开始成为人们生活的潮流。随着移动支付技术的逐渐成熟，移动电子商务也获得了爆发性的增长。"双十一"购物节已经证明了移动电子商务的发展潜力，2019 年"双十一"全网成交额为 4101 亿元。移动电子商务越来越多地改变着传统的购物行为，人们购买的商品不再局限于实物商品，逐渐向数字商品、娱乐和账单支付等方向延伸。

移动互联网的另一大现象就是用户娱乐方式的改变。

15s 能干什么？在过去，人们的回答或许是写下一句话、背几个单词、喝一杯水，但是到了现在，人们的回答可能是看一条抖音视频。抖音是一款音乐创意短视频社交软件，是一个专注年轻人的 15s 音乐短视频社区。用户可以通过这款软件选择歌曲，拍摄 15s 的音乐短视频，形成自己的作品并支持一键发布到社区，可以获得他人的点赞、评论和分享。抖音短视频于 2016 年 9 月上线，上线 365 天，实现视频日均播放量超过 10 亿次，日活跃用户数量超过千万；上线 500 天便锁定了 App Store 摄影与录像类应用第一名及免费总榜第二名。

随着无线网络带宽、连接质量的改善和资费的下调，高清视频、网络游戏、云存储等大流量应用的用户需求被释放。移动游戏市场上的低画质、简单游戏逐渐被高画质、大制作游戏取代。同时，在突破了网速这个瓶颈之后，视频类业务成为最具推动力的 4G 应用，微视、抖音、快手等短视频社交软件在中国已火遍大江南北。这类基于移动终端的娱乐应用的兴起，标志着移动互联网已经在娱乐、信息获取和社交沟通三大应用领域超越了 PC 互联网。

3. 物联网：物体开始成为网络的一员

物联网即"万物相连的互联网"，是在互联网基础上延伸和扩展，将各种信息传感设备与互联网结合起来而形成的一个巨大网络，可实现在任何时间、任何地点、人、机、物的互联互通。在连接 2.0 时代，物联网开始"走入寻常百姓家"。

在连接 2.0 时代，物联网典型的应用例子就是共享单车。随着经济发展和城市重新规划，国内汽车保有量激增，单车的使用率降到了 10%左右。但是对于一个拥有十数亿人口的大国，尤其是众多一二线城市而言，汽车在带来便捷舒适性的同时，也加剧了城市交通压力。众多上班族渐渐发觉，自己的出行需求仍然没有被很好地满足。特别是"最后一千米"的尴尬距离，属于"打车犯不上，腿儿着又嫌远"的范围。2013 年，还是普通媒体人的摩拜单车创始人胡玮炜突然冒出一个想法：为什么不设计一款随时随地扫码开锁就可以骑走的自行车？于是，中国第一个城市共享单车企业的雏形崭露头角。2016 年年底，国内共享单车突然火爆起来。一夜之间，五颜六色的共享单车遍布城市的大街小巷。

共享单车的蓬勃发展得益于物联网技术的使用。实际上，共享单车的技术实现主要包括这几个主要角色：单车上的智能锁（这是核心，其包括 GPS 定位模块、通用分组无线服务（GPRS）通信模块、主控模块、电控锁模块等）、用户手中的手机及手机上的 App、单车提供商的云服务器（平台）。单车停放在路边，通过 GPS 定位模块，定期将定位信息告知设备商的云服务器。当用户想使用共享单车时，其只需要通过手机 App，就能访问云服务器的数据，从而查看周边的单车停放位置信息。当然，用户自己的位置信息也通过 App 上传到了服务器上。用户来到单车旁边，扫单车二维码，App 获取单车 ID，发送开锁信息给云服务器，云服务器发送开锁信息给单车。如果一切正常，单车通过 GPRS 通信模块收到解锁命令后，就会由主控模块控制车锁进行解锁。用户也会收到解锁成功的消息，并进入计费状态。然后，用户开始骑行。在骑行过程中，用户不断通过 GPS 定位模块上报云服务器自己的位置信息。最后，骑行结束后，用户下车手动拨动车锁进行锁车。单车检测到锁车成功动作后，发送车已锁好的通知消息给云服务器。云服务器结束计费，发送计费信息和车已锁好的信息给用户 App。

　　共享单车是典型的物联网应用场景。当然，在连接 2.0 时代，物联网的运用十分广泛，除了共享单车，还有智能家居设备等一系列应用场景。在物联网的帮助下，人们的连接范围从人与人逐步过渡到了人与物，这给人们的生活带来了新的体验。

　　在连接 2.0 时代，移动互联网与传统互联网相比最大的不同就是随时随地能满足个性化的需求，移动终端的个人属性和定位属性，以及移动支付方式的日益便捷方便，引发了社会化媒体、社会商务、O2O 和共享经济等消费互联网产业爆发式增长，也使得数字经济进入一个全新的阶段。

5.1.3　连接 3.0 时代——万物互联网时代

　　当连接进入 3.0 时代，在 5G、IoT 技术的支持下，通信的双方就不再局限于人和人，人与机器、机器与物品等全方面的连接得以实现，使得人们真正进入万物互联的时代。

1. 人–机–物的"万物互联"

　　连接 2.0 仍局限于人与人之间的通信，物与物的连接仍处于成长的状态，但连接 3.0 时代将让我国进入人与物、物与物的互联时代。

　　（1）5G：从人与人的连接到人与物、物与物、人–机–物的全方面连接

　　从基于 1G、2G、PC 互联网的连接 1.0 到基于 3G、4G 的连接 2.0，连接技术迭代的动力主要来源于人与人间的通信需求。需要移动通信，1G 诞生；通信容量不大，2G 出现；需要移动数据连接，3G 到来；享受丰富的数据体验，4G 启动。但是，4G 已经满足了人人通信的绝大部分需求，以人人连接为驱动的发展逻辑到了 4G 就难以继续了。基于 5G 的连接 3.0 将视野投入了更宏大的无生命物体中，物体与机器不仅将成为网络连接中的重要组成部分，还会成为网络连接的主要组成部分。未来以 5G、IoT 技术为主导的连接 3.0 更会遵从二八分布，20%将应用于人和人的通信，80%将应用于人与物、物与物、人–机–物的全方面通信。

　　（2）6G 实现"天地互联"

　　目前全球移动通信服务的人口覆盖率约为 70%，但受制于经济成本、技术等因素，移动通信服务仅覆盖了 20%的陆地面积、小于 6%的地球表面积。以我国为例，即便进入了 5G 时代，我国仍有 80%以上的陆地面积、95%以上的海洋面积没有移动网络信号覆盖。

　　放眼更远的未来，6G 必然将代替 5G 主导连接 3.0 的发展。不同于 5G，6G 将着力解决海陆空覆盖等地域受限问题，包括整合卫星通信，以便实现全球的无缝覆盖。在 6G 的帮助下，网络信号能够抵达偏远的乡村，深处山区的病人能接受远程医疗，孩子们能接受远程教育。此外，在全球卫星定位系统、电信卫星系统、地球图像卫星系统和 6G 地面网络的联动支持下，地空全覆盖网络还能帮助人类预测天

气、快速应对自然灾害等。

2. 智能应用覆盖生活场景

3G、4G 引领了移动互联网的爆炸式发展，移动支付、共享经济、网络社交等彻底改变了人们以往传统的生活方式，带来了工作效率和生活质量双重提升。那么 5G 来临后，人们的生活又将如何改变？这里可以从 3 个角度展开介绍。

（1）沉浸式体验

一维条形码升级为二维码后，其承载的信息量瞬间增加了一个数量级。5G 的高速度和高带宽让信息也增加了一个数量级，这个数量级的信息使得三维呈现成为可能，这将给予我们更大的想象空间。VR 眼镜、头盔或其他传感器能让人"现场"体验各种神奇场景，如旅游景点、演唱会、密室逃脱、科幻和玄幻场景等；但沉浸式体验却能让我们"置身"于现场，即从"看到"现场变成"身在"现场。这种全息体验的最典型应用就是游戏，VR 游戏会让人区分不出哪个是游戏世界，哪个是真实世界。

（2）万物互联

目前，我们可以通过手机以及苹果的 Siri、小米的小爱同学等，控制一些家用电器，智能电器已见雏形。5G 将使得万物互联大大往前推进一步。未来，可能每个物件上都会有一个或若干个芯片，用于收集信息、传输信息或接收指令。通过每个物件的标签，我们可以追踪每一个苹果、猕猴桃的生长情况，可以精确知道自己的快递到了哪里；我们不再需要满屋子找钥匙、梳子和拖鞋，也不必担心孩子或老人走丢，一切人和物都有了自己的 ID，通过此 ID 可以随时随地了解这些人和物的相关信息，真正实现万物互联。

（3）无人驾驶和智能交通

4G 时代的无人驾驶汽车最多能实现 L3 级别，5G 所带来的技术和基础设施能实现完全驾驶自动化的 L5 级别。未来或许不再需要自己买车，只需通过某个应用界面预约无人驾驶汽车出行。无人驾驶汽车在到达顾客指定终点后，会自动去接下一个客户或回基地充电。汽车将不再需要中控台、方向盘、油门、挡位、制动器等，更重要的是，不需要驾驶员，开车会像骑马一样成为一种娱乐活动，而非必备技能。

3. 重新定义传统产业

传统产业包括农业、制造业、化工业、能源业、建筑业，这些行业已经实现了工业 3.0 自动化，机器已经接管了人的大部分体力劳动，甚至一部分脑力劳动。

但是工业 3.0 往往会带来两个问题：产能快速过剩、消费互联网激发的个性需求无法满足。

工业 4.0 开始重新定义传统产业，传统产业开始要做一件工业社会不喜欢做的事，这件事有 3 个特点：快速、小批量、定制化。这意味着大量设备和机器人都拥有高内聚、低耦合的控制结构，其连接都需要无线连接。

对于这些性能要求，连接 2.0 时代的技术力有所不及，必须依靠 5G 技术提供基础设施。

通过 5G 的 URLLC 场景和切片技术，实现制造业大量设备、机器人、工业无人车、检测仪器的物联网，以及工业 AR 的建模设计和监控，实现高灵活性的柔性生产，以更紧密的"前店后厂"商业模式与经济社会各领域深度融合，全面构筑经济社会发展的关键信息基础设施。

4. 走向数字经济时代

4G 改变生活，5G 将改变社会。5G 对经济社会的影响主要体现在新基础、新动能、新空间 3 个方面。

（1）新基础

5G 将构筑新型网络基础设施，汇聚成新一代信息通信技术，打通信息"大动脉"。人类社会的生活生产活动将进一步移植架构在新型基础设施之上，进而加快新一轮科技革命和产业变革进程，推动社会生产力再次跃升。

（2）新动能

5G 与云计算、大数据、人工智能等技术交织并进，与实体经济在更广范围、更深程度、更高水平融合应用，为设备赋智、为企业赋值、为产业赋能，加快实体经济数字化、网络化、智能化转型创新。5G 高科技、高投入、高回报，溢出效应十分显著，每投入 1 个单位，将带动 6 个单位的经济产出，形成数字经济的"聚宝盆"。

（3）新空间

从人人互联到万物互联，从大众消费到生产制造，从物理世界到数字世界，5G 与多领域深度融合，将大幅拓展科技创新的空间、网络融合的空间、制造业转型的空间。

根据中国信息通信研究院发布的《5G 经济社会影响白皮书》，预计到 2030 年，5G 将直接带动经济产出 6.3 万亿元。5G 将培育经济发展新动能、打造社会治理新模式、拓展民生福祉新内涵、成为数字经济新引擎。

5.2 连接泛在架构体系

5.2.1 连接技术总体架构

泛在连接的技术架构，就是通过多种连接形式把连接对象所产生的连接内容进行信息传递的连接技术和网络系统。如图 5-1 所示，连接技术可以分成 4 层：接入网技术、传送网技术、承载网技术和核心网技术；连接对象包括终端和平台端，其中终端包括固定电话、手机、计算机、物联网终端、行业终端等，而平台端则包括电信增值业务平台、企业应用平台、互联网平台等。卫星通信技术跨越了接入、传送和承载层提供卫星连接通道，可以提供终端到终端、终端到平台端的连接，也可以提供终端到核心网的连接，由核心网技术控制后续连接建立的过程。部分互联网平台端跨过了核心网，可以直接通过承载网/互联网与终端连接——如通过计算机上网浏览网页。

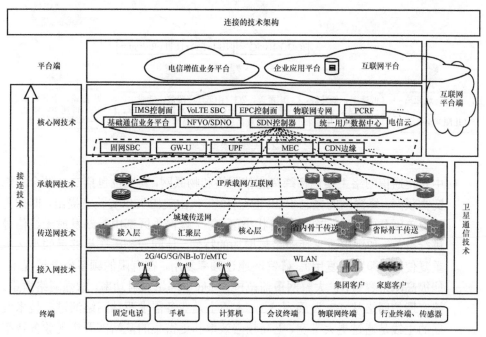

图 5-1 连接技术总体架构

5.2.2 无线接入网

1. 无线接入网的基本概念

无线接入网（无线网）是指仅利用无线电磁波实现通信设备互联的网络。1901年，意大利工程师马可尼以电磁波为传输媒介，成功发送了穿越大西洋的无线电报，开创了人类现代通信事业的新纪元。无线网按距离分为近场、短距离、中长距和超长距通信，如图 5-2 所示。

- 短距离通信网络的代表性网络是无线局域网（Wireless Local Area Network，WLAN），是指以无线信道代替传统有线传输介质所构成的局域网络，它是一种利用无线技术实现快速接入以太网的技术，根据产品性能以及传播环境的不同可以覆盖几十米至几百米的范围。

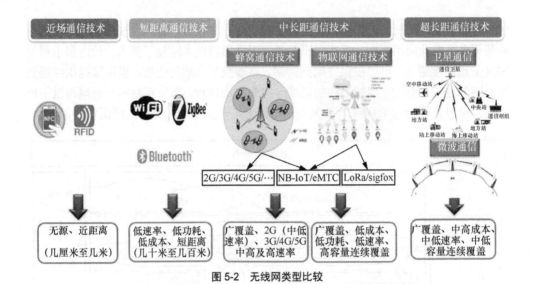

图 5-2　无线网类型比较

- 中长距通信网络主要包括蜂窝通信网络和物联网，其中也包括二者结合的蜂窝物联网。蜂窝网的概念于 20 世纪 40 年代由美国贝尔实验室提出，即把无线覆盖区分成一个一个的蜂窝状小区，每个蜂窝小区都由基站发射无线信号进行覆盖，利用电波衰耗随距离增加的特性，使同一频率在足够远的小区中重复使用（即频率复用）。蜂窝网通过频率复用，在有限的频率资源情况下，能提高网络容量，扩大整网覆盖范围，降低单基站发射功率，增强网络质量。蜂窝通信网络从 1G 发展到 5G，本质上是业务需求驱动网络演进，技术发展的主线是通过更大带宽、更高频谱效率和更密集的基站部署实现业务速率的不断提升。更大带宽通过将载波带宽从 200kHz、5MHz、20MHz 演进到 100MHz、400MHz，同时为了实现大的载波带宽，使用的频谱资源也从数 MHz、数十 MHz 到数百 MHz，未来可能会继续提升到 GHz、数十 GHz 量级。

- 超长距通信网络主要指卫星通信网络，其优势是通信卫星所处的位置远远高于地面，因而可与位于地球上的通信用户轻松实现无线电信号损耗最小的直射路径。这种广覆盖的特性非常适合广播业务，早在 1964 年就利用卫星对东京奥运会进行了实况转播，直到现在广播电视都是卫星承载的最主要业务。卫星通信的发展离不开轨道位置的选择。距地球约 36000km 的地球静止轨道卫星，与地球上的卫星站处于相对静止状态，可以显著降低卫星和地面通信设备设计难度，能够提供稳定的传输链路。在 20 世纪 70 年代到 80 年代，卫星通信主要用于干线通信，地面站均采用大口径天线，未能普及至普通用户。为进一步降低通信时延，使卫星通信用户体验达到与地面通信接近的水平，在火箭发射技术和卫星控轨技术均取得新突破的有利条件下，近年来卫星通信从地球静止轨道卫星逐步转向低轨卫星。低轨卫星一般距地 400～1200km，信号单向传播时延不到 5ms，可以更好地支持时延敏感业务和宽带互联网业务，且低轨卫星距地球较近，可以支持地面用户采用更小的终端进行通信，并具备与地面移动通信相近的特性，"天地一体"星地融合发展的难度显著减少。卫星与地面通信系统的融合已经势在必行，将有助于打造一张全球无缝、随遇接入的通信网络，从而提供更易实现的信息交互方式。

最后，我们强调一点，基础电信运营商主要运营中长距通信网络和超长距通信网络。在无线接入网的 3 代升级过程中，在每一个阶段，中长距通信网络和超长距通信网络都产生了各自的升级。

2．数字经济 1.0 的无线接入网

（1）中长距通信网络（1G/2G）

1978 年年底，美国贝尔实验室成功研制了高级移动电话系统（Advanced Mobile Phone System，AMPS），建成了蜂窝状移动通信网，这是第一个真正意义上的可随时随地通信的大容量的蜂窝状移动通信系统，标志着 1G 的开始。1G 采用的是频分多址（Frequency-Division Multiple Access，FDMA）和模拟技术，仅为用户提供语音业务，且不支持加密，长途漫游非常不方便。因此，1G 网络并未在人们生活方式上产生底层改变。

真正让人们生活方式产生巨变的是 2G。2G 弥补了 1G 的不足，采用数字通信技术，支持全球自动漫游，包括欧洲的全球移动通信系统（Global System for Mobile Communications，GSM）制式（采用时分多址（Time-Division Multiple Access，TDMA））、北美的码分多址（Code-Division Multiple Access，CDMA）制式等。在国内，中国移动和中国联通建设了 GSM 网络，中国联通建设的 CDMA 网被中国电信收购并运营。2G 的成功运营，让移动通信进入人们日常生活中。随时随地通信成为一种"默认需求"，它如同魔法一般改变了人类社会的生活方式。

GSM 网络也是逐步演进的，初期核心网仅存在电路域，主要为用户提供语音业务和短信业务，并能够提供低速上网业务。为了提升数据业务传输速率，2000 年 3GPP 完成了 EDGE 的标准化（EDGE Phase 1 包含在 3GPP Release 99 中），并将之引入 GSM 标准中。核心网增加了分组域，提高了用户数据业务速率，这通常被称为 2.5G。

（2）超长距通信网络（卫星 VSAT）

自古以来，人们就发现月亮始终围绕地球运转，并形象地称之为"卫星"。"海上生明月，天涯共此时"，不同地域的人看到的都是同一个月亮，利用月亮能为不同地区的人传递情感，是否也能传递信息？然而，地球与月球间距离为 38 万千米，普通无线电通信手段还不能穿越如此长的空间，因此发射距地球更近从而可以实现无线电通信的人造卫星，进入航天和通信学科的视野。卫星通信就是地球上的无线电通信站之间利用人造卫星作为中继站转发或反射无线电波，实现两个或多个地球站之间通信的一种通信方式。卫星通信系统组成如图 5-3 所示。

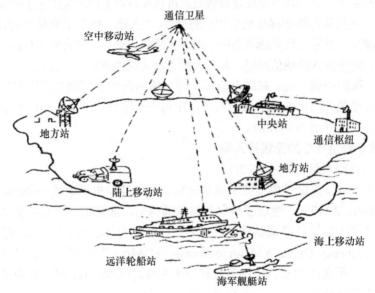

图 5-3　卫星通信系统组成

1957 年，苏联成功发射了第一颗人造地球卫星，卫星距地面的最大高度为900km，绕地球一周约需 95min，并最终在太空中稳定运行 3 个月才因失去动力坠入大气层。由于卫星绕地球不断转动，实现这种超远距离无线电通信最大的难题在于如何保持地面收发站与人造卫星实时对准。理想的状态是卫星绕地周期与地球自转周期一致，地球站与卫星保持同步，地球静止轨道卫星由此诞生。其可以大幅度降低卫星地球站实现难度，并且地球站可以采用大口径抛物面天线时时对准卫星，能量更集中，通信链路更稳定，从而推动了卫星通信成为一种成熟可靠的信息交互方式，一直作为通信卫星的首选方式。

1970 年 4 月 24 日，我国第一颗人造卫星"东方红一号"发射成功，中国成为世界上第五个能制造和发射人造卫星的国家。受限于火箭能力，东方红一号运转于近地点 439km、远地点 2384km 的近地椭圆轨道，并利用超短波天线向地球进行广播，尚不能承担实时通信任务。随着 1984 年东方红二号、1988 年东二甲以及 1990 年亚洲一号等地球静止轨道通信卫星的成功发射，我国地面卫星通信建设迎来了第一波高潮。在 90 年代，我国先后在西藏、新疆、贵州、内蒙古、广西、青海、云南等地建了语音甚小口径天线终端（Very Small Aperture Terminal，VSAT）网，用于解决边远地区的通信需求。VSAT 系统采用信道共享、按需分配方式分配空中信道，极大地提高了系统资源的利用效率。为解决 VSAT 系统与我国公用长途电话网的互联互通问题，在信号接口方面进行了大量开发和调试，最终顺利接入并解决了很多地面通信无法到达地方的信息交互难题。

3. 数字经济 2.0 的无线接入网

从技术角度来看，数字经济 2.0 时代的无线接入网主要有两种形态。

（1）中长距通信网络（3G/4G）

1996 年，国际电信联盟（International Telecommunications Union，ITU）将 3G 正式命名为 IMT-2000，其含义为该系统将在 2000 年左右投入使用，工作于 2000MHz 频段，最高传输速率为 2000kbit/s。1999 年 11 月 5 日，在芬兰赫尔辛基召开的 ITU TG8/1 第 18 次会议上最终通过了 IMT-2000 无线接口技术规范建议，基本确立了 3G 的 3 种主流标准：欧洲和日本提出的宽带码分多址（Wideband CDMA，WCDMA）、美国提出的 CDMA2000 及中国提出的时分同步码分多址（Time-Division Synchronous CDMA，TD-SCDMA）。相对于 2G 系统，3G 通过无线技术演进将业务范围拓展到多媒体领域，对于语音业务，电路域增加了对可视电话的支持；对于数据业务，提高了传输速率。

2008 年 ITU 开始公开征集长期演进（Long Term Evolution，LTE）标准。2012 年 LTE-Advanced 正式被确立为 IMT-Advanced。LTE 包括 TDD-LTE（时分双工）和 FDD-LTE（频分双工）两种制式，其中 TDD-LTE 由我国提出并引领。4G 无线采用正交频分复用（Orthogonal Frequency-Division Multiplexing，OFDM）和多输入多输出（Multiple-Input Multiple-Output，MIMO）技术，主要为用户提供高速的数据业务，LTE 无线网接入的仅仅是演进的分组核心（Evolved Packet Core，EPC）网络，不再接入电路域，需额外考虑语音业务的解决方案。2013 年，我国正式向中国移动、中国联通、中国电信三大运营商颁发了 4G 牌照。

（2）超长距通信网络（传输卫星/高通量卫星）

随着地面移动通信网络的大规模建设，各类型数据业务兴起，用户对信息交互的速率具有更高的要求，卫星通信 1.0 时代宽带能力不足的弱点被放大。在此情况下，卫星通信从两方面入手，主动升级到了 2.0 时代。

从发展角度来看，2.0 时代的无线接入网主要具有向外拓展和向内挖掘两个特点。

① 向外拓展，融入移动通信网络

移动通信的发展离不开传输网络，光纤通信在我国极为发达，光传送网络解决了关键"点""线"的基站回传需求，但对于偏远山区、沙漠、海岛等基站分布稀疏的区域，单站的回传建设成本急剧上升。此外，对于需要灵活机动布放的应急通信场景，光传送网络难以满足第一时间响应以及抗损毁能力要求；而卫星通信具有广覆盖、抗灾害、机动性强的优势，可提供"面"的传输能力，正好弥补"点""线"式光传送网络的不足。中国移动从 2003 年开始试点通过卫星为偏远地区 GSM 基站提供数据传输，并在后续积极响应国家"村村通电话"工程号召，利用"中卫一号"提供的卫星传输能力，将卫星通信嵌入移动通信网络架构中，如图 5-4 所示。中国移动 10 年内在全国边远贫困地区建设超过 1000 个基站，为这些地区提供了从 2G 至 4G 的无差别移动通信服务。

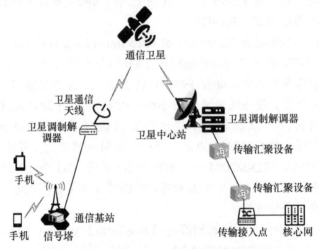

图 5-4　卫星通信为移动通信基站提供回传示意图

② 向内挖掘，提升卫星通信速率

2005 年 8 月，一颗名为"IPSTAR"的卫星横空出世，整星双向通信能力达到 30Gbit/s，是其他卫星的 10 倍。高通量卫星（High Throughput Satellite，HTS）这个新名词由此诞生。

长久以来，卫星通信被人所诟病的重要一点就是成本高昂而容量却不足。IPSTAR 卫星走出了宽带化的第一步，通过增加卫星可用带宽、增加卫星发射功率和增加卫星波束数量提升卫星通信速率，如图 5-5 所示。

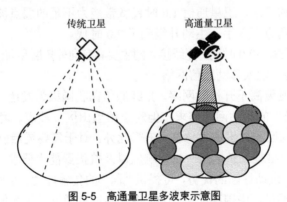

图 5-5　高通量卫星多波束示意图

2017 年 4 月，我国首颗商用高通量卫星"中星 16 号"发射成功，该卫星由国内设计、生产、发射和运营，是一颗纯国产高通量卫星。该卫星提供 26 个用户波束，覆盖我国大部分陆地和近海 200km 海域，总容量达到 20～30Gbit/s。中星 16 号的成功发射标志着我国正式进入高通量卫星时代。

4．数字经济 3.0 的无线接入网

（1）中长距通信网络（5G）

2015 年，ITU 无线电通信部门确定 5G 的正式名称是"IMT-2020"。在我国，由工信部、国家发展改革委和科技部共同成立了 IMT-2020（5G）推进组，旨在研究和推动 5G 技术的成熟。5G 无线网标准相对于 1G～4G 出现了几个突破性变化。

第一，5G 标准第一次实现了全球统一，体现了各个国家和组织之间技术标准融合的趋势，有利于移动通信系统产业发展与业务推广。在 1G～4G 标准化过程中，1G 以美国主导的 AMPS 为主，欧洲主导的 TACS 并存；2G 以欧洲主导的 GSM 为主，美国主导的 CDMA 并存；3G 以欧洲主导的 WCDMA 为主，美国主导的 CDMA2000、中国主导的 TD-SCDMA 并存；4G 以 FDD-LTE 为主，TDD-LTE 并存。通信标准的激烈竞争体现了各个国家和组织之间在技术领先、商业利益等方面的诉求，5G 标准首次实现了标准化的统一，必将进一步推动产业协同发展。

第二，5G 标准在 4G 面向个人移动通信业务为主、对物联网业务进行初步探索的基础上，明确提出了以面向 eMBB、mMTC 和 URLLC 三大典型应用场景为代表的需求（如图 5-6 所示），显示出蜂窝移动通信网络作为基础设施服务千行百业的美好愿景，也为相对封闭的蜂窝移动通信网络技术体系打开了与行业伙伴合作共赢的窗口。为满足三大典型应用场景，在满足覆盖、速率要求的基础上，5G 标准在降低业务时延、提升可靠性、提升用户密度、降低能耗、支持高速移动性等方面均提出明确的能力要求。在提高人与人、人与物之间的更丰富的业务体验的同时，能够为用户、企业按需提供相应等级的业务质量保证，满足工业 4.0、物联网、互联网+的业务发展需求，赋能万物互联。

第三，为了满足三大应用场景的需求，5G 标准化借鉴 IT 系统发展思路，明确了基于网络功能虚拟化（Network Functions Virtualization，NFV）和软件定义网络（Software Defined Network，SDN）的整体网络架构及切片技术应用框架，无线网标准化过程中也针对此做出了改变，包括采用 CU-DU-AAU 的 3 级基站架构，支持切片技术等。

5G 无线空口的关键技术主要体现在新架构、新设计、新频段、新天线 4 个方面。新架构秉持"以用户为中心"的无线网络设计理念，采用 CU/DU 两级架构，即集中式广域控制和分布式本地业务结合；为了适应不同的业务需求以及不同商家不同的流量和物联网需求，设计了全动态结构的新系统，能做到动态帧结构和资源配置、灵活上/下行时隙切换以及包括子载波、GP 等在内的多

种参数配置；由于超高频段的毫米波频段在满足多用户场景上的不足，5G 广域覆盖主要依赖中低频段 700MHz/2.1GHz/2.6GHz/3.5GHz/4.9GHz；天线直接决定着移动通信的性能，新天线内容包括大规模天线及增强方案、新型波束管理机制等。3GPP 于 2017 年 6 月发布 5G 非独立（Non-Standalone，NSA）组网第一版规范，2017 年 12 月发布独立（Standalone，SA）组网第一版规范，成为 5G 网络商用的第一个技术版本。5G 系统将在以新型多址、大规模天线、超密集组网、全频谱接入为核心的技术体系之上，全面满足面向 2020 年及未来的 5G 技术需求。

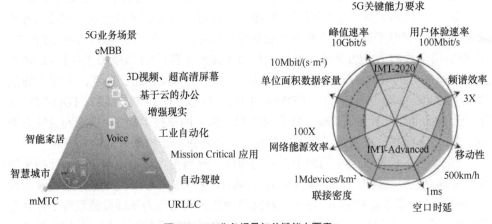

图 5-6　5G 业务场景与关键能力要素

（2）超长距通信网络（移动通信卫星/Starlink）

在卫星通信网方面，2016 年 8 月天通一号 01 星成功发射，这是我国第一颗移动通信卫星。该卫星可与手机或终端直连，可以解决山区、海洋等区域的移动通信覆盖不佳问题，使用方式与移动通信网络相同，大大提升了卫星通信用户的便利性。然而，由于卫星使用 S 频段，可用带宽较少，仅能提供语音接入和数十 kbit/s 的传输速率，在提供易用性的同时丧失了宽带性。为此，卫星产业界从卫星和地球站两端发力，将从轨道位置和终端形态上不断突破，最终将实现地面移动通信和卫星通信"天地一体"融合组网，从而为用户提供更易用的信息交互手段。

地球静止轨道卫星可以大幅降低地球站建设难度，是通信卫星中当之无愧的"龙头"，可以说没有地球静止轨道卫星就没有卫星通信的发展。然而，地球静止轨道存在两个关键问题：一是轨道仅此一条，资源紧缺、容量受限；二是卫星距地球较远，无线电信号衰减大、时延大。

因此就不得不提曾经在商业上惨败过的铱星系统。20 世纪末，美国铱星公司另辟蹊径，在距地 780km 的轨道上陆续发射了 66 颗卫星。这些卫星借鉴地面移动电话系统的蜂窝设计思路，每颗卫星覆盖区域或波束相当于一个蜂窝，66 颗卫星组成星座，提供全球无缝卫星移动通信服务，如图 5-7 所示。

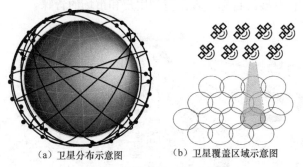

（a）卫星分布示意图　　　　　　（b）卫星覆盖区域示意图

图 5-7　低轨卫星星座示意图

虽然铱星系统在后续由于投资过大、市场拓展不利而一度停止服务，但其展示的低轨卫星组网能力开拓了卫星通信的思路，可以缓解卫星频轨资源紧缺的问题。低轨卫星提供的全球空中直连无缝覆盖的能力、多层多频高密度组网带来的超高容量及低时延特性，非常契合全球宽带互联的需求。在这种需求推动下，铱星在 2010 年之后逐步复苏，但由于其使用带宽非常有限的 L 频段，仅能提供全球语音和低速数据接入服务。

随着集成电路技术的进步、相控阵天线的规模应用、流水线卫星制造方式的实现以及火箭发射成本的不断降低，可提供低时延、低成本、高速率互联网接入的低轨卫星互联网计划正在一步步地从设想走进现实。美国 SpaceX 公司于 2014 年提出低轨互联网星座计划——星链（StarLink），截至 2020 年 11 月 25 日，已发射通信卫星 935 颗。根据 SpaceX 公司向 ITU 提交的计划，后续总卫星数量将达到 4 万多颗，分布于距地 450～1200km 的多个轨道面，由于卫星采用可用带宽很大的 Ka、Q、V 等频段，每颗星能够提供 10Gbit/s 以上的接入能力，星座总容量将达到 400Tbit/s，单用户速率可达到 100Mbit/s 以上。此外，StarLink 后续还将进一步打造具有星间链路的低轨卫星星座，卫星之间可以直接通信，通信范围可以不受地面传输的限制，用户通信链路时延可达到 10ms 级别，已经接近 4G、5G 用户的体验。更重要的是，低轨卫星距地球较近，将可以支持地面用户采用更小的终端进行通信，使得信息交互更为容易。

随着 Starlink 等低轨宽带卫星星座投入使用，频段和轨道位置的竞争激烈度将不亚于卫星导航系统，掌握了全球通用标准的星座无疑就掌握了主动权。这一趋势已经在 5G 标准中有所体现，国际电信联盟提出了星地 5G 融合应用场景，第三代合作伙伴计划（3GPP）提出非地面网络（Non-Terrestrial Network，NTN）体系架构。如图 5-8 所示，卫星通信可在空中、海上、偏远地区等地面移动通信难以实现的区域，发挥自身广覆盖优势，使得这些区域的用户信息交互更容易，卫星与地面通信系统的融合已经势在必行。在地面移动通信极为普及的情况下，以卫星通信拓展移动通信边界、弥补移动通信覆盖不足，与地面通信相融合，将推动卫星通信进入更广阔的市场空间，并将构筑一张全球无缝、随遇接入的卫星互联网络，最终达到空天地海一体化发展的目标，真正得到用户和市场的青睐。

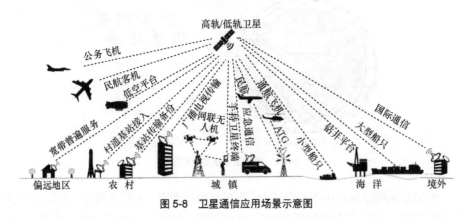

图 5-8　卫星通信应用场景示意图

5.2.3　有线接入网

有线接入相比无线接入，只是采用的接入方式不同，顾名思义，有线接入通过有线的方式接入各种需要运载的用户信息，收集后运载到相应的目的地。有线接入网位于网络末端，直接连接用户。

有线接入网分为传输媒质和传输系统两部分，其中传输媒质类似不同的道路，采用不同类型的线缆/光纤作为运载信息的道路；传输系统类似不同的运载工具。有线接入网也随着技术的发展而不断发展变化。

1. 数字经济 2.0 的有线接入网

（1）PSTN

最初的有线接入采用铜线方式，家里的电话线就是铜线传输的一种，铜线只能传递电信号，只能传输有限的距离和低速率信号，简称窄带接入。

窄带公用电话交换网（Public Switched Telephone Network，PSTN）主要实现固定电话接入，用户拨打电话号码，通过有线接入、中继链路传递信息到交换机，交换机将呼叫方和被呼叫方连接起来，实现语音通信。早期的 PSTN 传输速度不超过 56kbit/s，可以传递的信息量有限，初期仅用于电话通信。

（2）ISDN

随着需求和技术的发展，窄带综合业务数字网（Integrated Services Digital Network，ISDN）出现了，它是一种在 PSTN 数字电话网的基础上发展起来的通信网络。ISDN 能够支持多种业务，将电话、传真、数据、图像等多种业务综合在统一的网络中进行传输和处理，实现了对非电话业务的传输，速率提升了一倍以上。

（3）xDSL

在互联网大潮的推动下，高速连接互联网成为新的通信目标，但末端接入需要投入大量资金和建设，因此充分利用已经敷设的大量电话线成为技术发展的主要方向。x 数字用户线（x Digital Subscriber Line，xDSL）是各种类型数字用户线（DSL）的总称，包括不对称数字用户线（Asymmetric Digital Subscriber Line，ADSL）、速率自适应数字用户线（Rateadaptive Digital Subscriber Line，RADSL）、甚高比特率数字用户线（Very High-Bit-Rate Digital Subscriber Line，VDSL）、对称数字用户线（Symmetrical Digital Subscriber Line，SDSL）、因特网数字用户线（Internet Digital Subscriber Line，IDSL）和高比特率数字用户线（High-Bitrate Digital Subscriber Line，HDSL）等技术，实现了在已有电话网线路上 2Mbit/s（是窄带的 15 倍）及以上的传输带宽，大幅提升了信息传递能力。

（4）HFC

随着光纤在传输系统中的应用，混合光纤同轴电缆（Hybrid Fiber/ Coax，HFC）网络以光纤为骨干网络，以同轴电缆为分支网络，HFC 高带宽网络出现，有线接入的传输速率可达 20Mbit/s 以上。

2. 数字经济 3.0 的有线接入网

自 1976 年第一代 45Mbit/s 光纤通信系统建成以来，单根光纤的传输容量已经增长到原来的一百万倍，达到几十 Tbit/s。光纤是一种由玻璃或塑料制成的纤维，可作为光传导工具，传输原理是光的全反射，就像镜面反射一样将光信号约束在光纤中从一端传递到另外一端。光纤传输具有传输速率高（可以装载更多的信号）、抗干扰性高（电信号受外界电磁等信号影响，不够稳定，光信号不受电磁影响）和信号衰减小（消耗更小的能量，可以传输更远距离）的特征，成为目前通信中主要的传输介质。

光纤光缆技术的发展以及成本的不断下降，使得铜线接入网被无源光网络（Passive Optical Network，PON）取代，目前 PON 已经得到广泛应用。随着信息通信的不断发展，有线接入技术仍在不断演进，随着光纤接入千家万户，末端接入将不再成为瓶颈，VR、AR、远程控制等大容量、高带宽信息传递成为可能，为未来各种应用提供了很好的接入手段。

5.2.4　传送网

如果把网络比作交通干道，那么接入网只是国道省道，传送网（Transport

Network）才是骨干高速公路，其可实现不同接入网节点（如基站）之间用户信息的汇聚和传输，为任意两个接入网节点之间的信息透明传输提供通道，并通过一些具有调度管理功能的系统，确保各个方向的信息能被正确转发。传输系统在实现信息传递的同时还具有信息通道监控、管理和维护功能，通过多种保护机制，确保信息通道正常运行。

1. 数字经济 1.0 的传送网

（1）PDH

最早的数字传输系统是准同步数字系列（Plesiochronous Digital Hierarchy，PDH）系统，通过一级级复用将信号从各个用户侧汇总，通过相应的传输系统转发至各自的目的地。类似运载货物时，根据货物大小选用不同的箱子，再放置到更大一级的集装箱，PDH 系统也不断地把多种信息叠加到一个传输系统进行传输。由于这种复用叠加结构没有世界性的标准，在货物装运节点需要一级级拆开包装后再重新装配起来。这种复用方式结构复杂，缺乏灵活性，需多次封装和拆分，很难确保端到端信息的安全可靠性，为此引入了同步数字系列（Synchronous Digital Hierarchy，SDH）技术，传输网络进入了一个新阶段。

（2）SDH

SDH 首先标准化了帧结构（集装箱），将运载的某个用户信息固定在运载车厢的固定位置，然后在转接点直接进行转运或卸载（到达目的地），通过此方式实现了信息的快速运载和转发，同时在集装箱上标记沿途各种信息，确保端到端信息可管可维，同时提供了安全保护机制，确保信息传递的安全性。

（3）MSTP

随着互联网逐渐发展，货物信息变得多样化，曾经固定长度的数据信息变成可变长度的数据包，固定大小的集装箱无法适应可变长度的数据包。为了解决此问题，引入了多业务传送平台（Multi-Service Transport Platform，MSTP）技术，其在 SDH 基础上，制定了可变长度数据包适配帧结构的规范，使其可以装载在 SDH 中进行传输，适应了多业务接入和少量的数据传输需求。

2. 数字经济 2.0 的传送网

随着互联网的深度发展，特别是移动互联网的出现，IP 数据包爆发式增长，IP 数据包传输要求提高了，然而 MSTP 的传输方式仍是固定带宽（固定集装箱）方式，无法适应大量可变长度数据包的传递。为此，引入了新的分组传送技术。

新的分组传送技术打破了逐级汇聚到固定集装箱的架构，采用一个大集装箱统一装载各种大小的数据包方式进行传输和运载。由于数据包本身均携带目的地址（类似邮政编码），在传输和运载中将 SDH 以集装箱方式转换成以邮政编码方式进行转发和分配，每个货物的转运和分配均按照分组（邮政编码）进行，这样可以屏蔽数据包的大小（货物大小）而直接传输，这种方式同时兼容 SDH 的固定集装箱模式。

信息的指数级递增导致需要传输运载的数据量激增，长距离传输（如跨省、跨地市）的运载能力成为新的瓶颈。如何提高信息高速路的运载能力和传输能力成为传输网络的新挑战。随着光纤光缆的普及，波分复用（Wavelength Division Multiplexing，WDM）技术得到充分发展。

密集波分复用（Dense Wavelength Division Multiplexing，DWDM）能将不同波长的光信号组合起来用一根光纤进行传送，是利用合分波器将不同信号装载到光的不同频率进行传输的一种技术。合波技术将多种光频率合并成一束光信号，大大减少了对光纤的需求。同时，通过光放大器（类似高速路上的汽车加油站），将光信号无电中继传输 600～1000km 以上。

最初的 WDM 为 16x2.5G 系统（16 个独立的光信号，每个光信号速率为 2.5Gbit/s），目前的 80x100G 系统，单根光纤可同时传输的信息达到 8TB。

3. 数字经济 3.0 的传送网

随着 5G 的来临，物联网相比传统以人为主的通信发生了巨大变化，也带来了新的传输需求。

（1）大带宽：5G 网络带宽相对 4G 将有数十倍增长。

（2）低时延：3GPP 定义 URLLC 业务场景下空口时延低至 1ms，单向端到端时延仅为 2～5ms。

（3）灵活连接：5G 要求传送网能根据业务需求进行灵活调度，要求每个节点都具有根据数据包的目的地址自由选择路由、多方向调度的能力。

（4）网络切片：根据业务服务需求不同，提供不同的切片，如 VIP 通道、普通通道等，为用户提供差异化服务。

（5）超高精度时间同步：为 5G 基站提供超高精度时间同步的地面传递，端到端时间精度要求达到±200ns（4G 为±1.5μs），时间基准源要求达到±50ns（4G 为±200ns）。

（6）智能化管控：5G 的复杂网络、灵活配置、快速调度、端到端管控等特性，要求网络有个智慧大脑，实现对网络的智能化管控，确保满足业务需求。

为了解决以上问题，传送网在已有的分组传送技术之上又进行了技术拓展，引入了分组切片网（Slicing Packet Network，SPN）技术。该技术在以下几个方面进行了创新。

（1）将可变长度的数据包分割成等长 66/64 字节的小包，就是将货物切分成标准的小块，并将这些小块分装在划分好的专用通道中进行传输，目前一条 100Gbit/s 通道可以切分成 20 条 5Gbit/s 的不同通道，通道间采用隔离带进行分离，确保各个通道间的信息传递互不影响。同时在转发时，不受公用通道的红绿灯限制，确保信息传递时不需要等候，减少信息转发时延。

（2）分段路由（Segment Routing，SR）作为一种源路由技术，会在运输货物之前将路由规划好，在哪个地点向哪个方向转弯、走哪条通道，这样在中间转发点不需要识别包头（邮政编码）就可以直接转发，实现了业务与网络的解耦，大大提升了网络支持泛在连接的能力和未来演进扩展的能力。

（3）在智能化管控方面，SPN 技术通过将设备的转发面和控制面分离，类似无人驾驶车，转发面（类似车辆）只负责行驶，控制面（类似集中管控平台）将根据车辆反馈信息进行集中管控计算等信息分析后，对车辆行驶进行控制。

这种方式实现了网络的能力开放，通过上层集中编排和管控，可以和无线、核心网共同完成信息的处理、调度和适配，真正实现业务端到端的调度、管理和维护。这种集中管控和分散处理模式提高了传输通道的利用效率和运维效率，满足各种业务的差异化需求，为实现网络能力开放提供了可能。

5.2.5　承载网

什么叫承载网？

承载网这个概念有点烧脑，因为承载网不是一个实体网络。做个比喻的话，如果传送网相当于交通的主干道，那承载网好比干道上的交通规则、站点标识、运营规则；再举个例子，京沪高铁的铁轨道路好比传送网，京沪线这个名字和依托于这个名字上的车次、车辆调度、车辆运营规则、车站停靠规则所构成的逻辑则相当于承载网。

基于 TCP/IP 的互联网出现，使得通信网不仅要传输统一规格的语音，还要传送大小规格灵活的多媒体数据，因此承载网概念被提出，其旨在让不同类型的多媒体承载在这个"网"上。所以，承载网目前主要采用的是基于 TCP/IP 协议族的 IP 承载网络。业界把由 TCP/IP 协议族实现的网络都统称为 IP 网络。IP 网络作为承载基础，是为数据报文穿越分组网络时实现路由转发而设计的网络层协议，其把各个网元和业务系统关联在一起以实现网络层的互联互通，从而完成业务实现。

因此，在数字经济 2.0 时代，IP 承载网才真正被应用在通信网上。

1. 数字经济 2.0 的 IP 承载网

在数字经济 2.0 时代，已经形成了包括固定宽带互联网和以 3G/4G 为主的移动互联网，视频、数据集中管控、社交网络、定位导航、移动支付，以及核心网 IP 化承载、互联网+等需求日新月异，大流量应用需求逐渐释放。视频业务使得 IP 网络向更大带宽、低时延演进；核心网的 IP 化则对 IP 承载网的服务质量（Quality of Service，QoS）（时延、时延抖动、丢包率等）提出了更高的网络性能要求，比如语音业务要求 IP 网络内忙时包丢包率小于 0.1%，网管和信令流则要求忙时丢包率小于 0.001%。

在用户接入方面，固定用户接入以光纤宽带为主，运营商推进"光进铜退"计划，ADSL/VDSL 技术提供 10～200Mbit/s 的接入带宽；3G/4G 移动用户拥有了更高的传输速率，实现了移动宽带通信，一个拥有固定和移动、有线和无线、语音和数据的泛在连接能力的时代出现了。

在路由协议方面，多协议标签交换（Multi-Protocol Label Switching，MPLS）由因特网工程任务组（IETF）提出，利用标记（Label）进行数据转发。路由器通过在数据之间通告 MPLS 标签来创建标签到标签的映射关系，使得路由器可以通过查找标签来转发数据流量，而不是通过 IP 交换。IP 网络向多平面、扁平化演进，根据业务的流量流向特征和 QoS 的不同，可以针对业务建设独立的 IP 承载网络；也可以融合建设一张可以承载全业务的 IP 承载网络，通过 MPLS VPN 技术部署实现业务的隔离，根据业务的流量特征建设多个对称或非对称的平面；通过 QoS 技术以及 MPLS TE/FRR 实现质量保障，实现差异化服务。

互联网流量在视频业务的推动下在飞速增长，用户或者内容源聚集的区域成为流量中心。流量的迅速增长使得网络的聚合效应降低，为降低建设成本、提高流量转发效率，网络架构开始向扁平化演进，常用思路包括 IP 骨干网由三层架构改为包括核心、汇聚的两层架构；保留省网，大流量城域网双跨接入骨干网和省网；取消省网，城域网直接接入骨干网；通过互联网数据中心（Internet Data Center，IDC）、内容分发网络（Content Delivery Network，CDN）等内容源的建设将流量推向网络边缘。中国电信采用了取消省网的方式，中国移动则保留了省网，逐步推进大流量城域网的双跨。

2. 数字经济 3.0 的 IP 承载网

数字经济 3.0 时代是万物互联网时代，面向超高清视频、工业互联网、物联网、5G、企业上云、云网融合等业务。IP 承载网络向超宽带演进，网络性能遇到极致挑战，针对各种业务的要求，承载网应具备更加灵活、智能的业务部署能力。在接入方面，光纤宽带接入技术持续进步，可以提供超百兆（100～500Mbit/s）的接入能力，目前正跨入以 10Gbit/s PON 技术为代表的第五代千兆超宽带时代。5G 网络的速度为 4G 网络的 10 倍。IP 承载网的物理接口以 100Gbit/s 为主，并将逐步向400Gbit/s 演进。随着芯片技术、背板技术的发展，路由器单机容量大幅度提升，骨干网路由器单槽位能力以 800Gbit/s、1.6Tbit/s 为主。在路由协议方面，SDN/SRv6 成为数字经济 3.0 时代的主要技术，可以实现应用驱动的网络，满足海量连接扩展、业务任意接入、差异化服务、端到端的可靠性需求，实现传统网络向下一代网络平台的演进。

在数字经济 3.0 时代，IP 网络最大的特点就是向智能化演进。

以视频流为代表的带宽密集型业务不断增长。飞速发展的各种 OTT（Over The Top）业务使得 IP 网络流量流向和变化趋势呈现出不可预测性、波动性增强的特征，例如，淘宝的各种促销节日都会使得访问淘宝的流量暴增；OTT 业务对流量的牵引作用明显，内容成为中心。互联网的网络流量特征呈现区域汇聚特征，区域内的网络更加扁平化。

5G 多样化应用场景的承载需求主要体现在大带宽、高可靠、低时延、低成本。云网融合意在推进云与网络的融合使其构成一个统一整体，实现按需的资源分配；云网融合对网络提出的能力需求包括敏捷开通、灵活随选、安全可靠等。

在数字经济 3.0 时代的 IP 承载网络中部署 SDN/SRv6 技术，可以在网络和业务编排器的统一控制下实现流量调优、提高骨干网链路利用率，实现云网协同、自服务开通、差异化服务水平协议（Service Level Agreement，SLA）保障。IP 承载网络将以更加灵活智能的方式满足各类业务的承载需求，并且随着大数据和 AI 技术的发展，最终走向意图驱动的网络。

5.2.6　核心网

什么叫核心网？

核心网（Core Network）又名交换网（Switching Network），主要完成信息从发起方到接收方的自动交换功能。

这么解释不容易理解。我们用最原始的电话交换员来解释。如果你观看新中国成立前的战争片，往往能看到首长的电话是摇柄式电话机，首长不会直接跟目的方通话，电话会先连接到交换员，首长跟交换员说："给我接 A 师。"然后那个交换员面对一个很多插孔的机器，把电缆插到某个孔，那个孔就连接 A 师的电话终端。

只不过，技术的发展使得一种叫"信令"的方式取代了交换员，尽管交换员这个岗位消失了，但交换员所做的工作存到了机器里。

这个交换员的工作加上这个插孔的机器，就是我们说的交换网，也就是核心网。

核心网可为用户连接提供控制的"大脑"，并回答这些问题——和谁连？怎么连？什么类型？连接效果和代价如何？

1. 数字经济 1.0 时代的核心网

PSTN 将电话机通过传输系统连接至电话交换机，并通过传输系统将各个电话交换机按照一定规则连接起来，从而构成固定电话通信系统，如图 5-9 所示。大量电话交换机连接在一起组成网络，可以把它叫作固定电话的核心网。

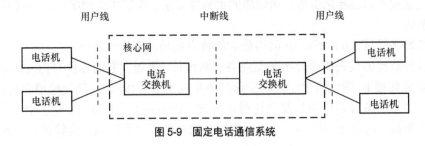

图 5-9　固定电话通信系统

移动电话网通常称为公共陆地移动网（Public Land Mobile Network，PLMN）。可将移动电话网看作对固定电话网的增强，将终端连接核心网的用户线替换为工作在微波频段的无线传输系统，对核心网进行一定的改造，以支持用户的漫游和信息加密。

在 1G 和 2G 时代，核心网中仅存在电路域，主要为用户提供语音业务和短信业务，并能够提供低速上网业务。为了提升数据业务传输速率，欧洲基于 GSM 引入了 GPRS/EDGE 技术、北美基于 CDMA 引入了 CDMA2000 1x 技术，核心网增加了分组域，提高了用户数据业务速率。这通常称为 2.5G。至此，数字经济 1.0 时代已经具备了固定电话、移动电话、短信和互联网的能力。

2. 数字经济 2.0 时代的核心网

在数字经济 2.0 时代，核心网发生了本质的升级：从电路域过渡到分组域。

数字经济 2.0 是由以 3G/4G 为主的移动通信技术引领的移动互联网时代。3G 核心网由电路域和分组域构成，随着标准迭代，功能逐步增强，先是在电路域引入了软交换技术，之后又在分组域外增加了 IP 多媒体子系统（IP Multimedia Subsystem，IMS）域。从用户的角度看，对于语音业务，电路域增加了对可视电话的支持；对于数据业务，提供了更高的传输速率，实现了移动宽带通信。

4G 核心网采用分组域 EPC，主要为用户提供高速的数据业务。而语音业务也需要承载在分组域上，但需要额外考虑语音业务的解决方案，就是利用 IMS 技术实现需要会话控制和全网路由控制的语音和多媒体业务。

3. 数字经济 3.0 时代的核心网

在数字经济 3.0 时代，核心网又发生了一个升级：从 One-Fit-All（一个核心网面对多样化业务）到云化结构的升级。

5G 第一个商用版本标准 R15 标准于 2018 年 6 月 13 日宣告冻结。5G R15 版本技术标准主要面向 5G eMBB 业务场景，提供大带宽的无线接入能力。R15 不仅可满足大带宽的需求，还可满足较低时延的要求，用户终端到 5G 基站单向时延小于或等于 4ms，因此 5G R15 网络可以满足端到端时延要求大于或等于 10ms 的垂直行业业务需求。

5G R15 版本的需求是满足大带宽的应用场景，为用户提供更高速率和更好的业务体验。对比 4G 网络，5G 可提供包括 360°视频、4K/8K 高清视频的直播娱乐节目和体育赛事，高速或中低速移动的交通工具上的信息服务，以及 VR/MR/AR 应用。其中 VR/MR/AR 的应用要求 5G 系统应支持 7～15ms 的光子时延，同时保持数据速率为 250Mbit/s 和动作-声音时延小于 20ms。为支持语音会话过程中的交互任务，5G 系统支持交互式会话服务的低时延语音编码（100ms，单向口对耳）。涉及场景包括密集城区、重要体育/娱乐场馆、会议中心等。5G eMBB 应用场景单用户体验速率需求见表 5-1。

表 5-1 5G eMBB 应用场景单用户体验速率需求

场景	体验速率（DL）/(Mbit·s⁻¹)	体验速率（UL）/(Mbit·s⁻¹)	全量用户密度	激活比
一般城区	50	25	10000/km²	20%
热点场馆	25	50	500000/km²	30%
密集城区	300	50	25000/km²	10%
高速公路	50	25	4000/km²	50%

5G R16 版本标准面向超可靠低时延通信需求的网络能力和架构进行增强，即 URLLC 场景，如智能交通、智能电网中的远程控制以及智慧医疗中的远程手术等对时延非常敏感的应用。URLLC 场景典型业务需求见表 5-2。

表 5-2 URLLC 场景典型业务需求

场景	端到端时延/ms	服务可靠性	用户体验速率/(Mbit·s⁻¹)
过程自动化远程控制	50	99.9999%	1～100
电力分配（中电压）	25	99.9%	10
智能交通基础设施	10	99.9999%	10

为了实现上述场景的网络能力，在技术架构上，5G 标准定义了 SA 组网和 NSA 组网两大类部署模式。NSA 利用 4G EPC 进行增强，以支持 5G 基站作为第二站点与 4G LTE 基站双连接接入核心网，提供 5G 基站覆盖下的大带宽网络能力。SA 核心网是采用 5G 核心网服务化架构（Service-Based Architecture，SBA）的全云化核心网，5G SA 核心网接入 5G 基站形成独立的 5G 网络，并支持与 4G 进行互操作和保持业务连续性，能够满足 5G 三大典型业务场景的需求，是 5G 的目标技术架构。5G 核心网架构需要足够灵活，而非 4G 核心网的 One-Fit-All 模式。5G 核心网通过引入 SBA、网络切片、CP/UP 分离、边缘计算、新型移动性管理和会话管理、新型 QoS 等关键技术，采用全云化架构，实现按需组网，灵活满足不同用户和多样化业务需求。由于 5G SA 核心网产业成熟度比 NSA 低，NSA 模式采用 4G EPC 增强的方式接入 4G 基站和 5G 基站，在 5G 建网初期具有先发技术优势，可以满足 5G eMBB 大带宽业务需求。因此，2019 年我国已启动部分重点城市的 NSA 商用建设工作，实现了 2019 年重点城市 5G 网络的商用。中国移动为推动 5G SA 技术架构成熟，已于 2019 年 9 月在 NSA 规模商用的基础上，建成 5G SA 预商用网络，实现 5G SA 的预商用，2020 年 6 月实现 5G SA 的规模商用。

5.2.7 未来连接技术发展趋势

1. 双千兆，双车道

在 2019 年中国国际信息通信展览会上，工信部与三大运营商正式公布包含千兆家庭宽带和 5G 双千兆（5G 移动网络千兆+光纤宽带网络千兆）的融合套餐，标志着双千兆时代正式来临。中国移动宣布全面实施"双千计划"，推动双千兆更好地服务数字化创新。

双千兆分别面向单用户个体和多用户组织。从业务特征来看，5G 网络的千兆体验更多针对单用户。与 4G 时代相似，消费者通过 5G 网络提供的高网速，在智能手机上可以享受到高清视频、VR 视频和云端手游等全新业务。此外，自动驾驶、车联网、远程医疗等业务可以基于移动网络实现。

同时对于家庭和办公场景，移动网络具有信号穿透墙壁时强度减弱或房屋结构导致的信号死角等问题，用户体验无法得到高质量保障。因此，千兆宽带成为家庭办公场景业务实现的主力。

双千兆并不仅仅实现网速快，还实现了传统家庭生活方式和办公工作方式的改变。智能家居、智能办公的物联网场景会伴随双千兆的技术实现而出现。

2. 6G：面向 2030 下一代网络泛在连接需求

随着 5G 加速迈入商业化进程，2018 年诺基亚、芬兰奥卢大学和芬兰国家技术研究中心合作开启"6Genesis"项目，并在 2019 年 9 月发布的白皮书中提到"6G Humanity"，展望了 6G 将助力教育创新、社会服务、城市化、工作生活转变、公平性和可持续发展等人类关切的领域。2019 年 2 月，美国联邦通信委员会基于对 6G 频谱、无线超大容量和频谱创新应用三大类关键技术的预测，开放了太赫兹频段用于 6G 实验。2019 年 11 月，我国科技部会同国家发展改革委、工信部、教育部、国家自然科学基金委员会和中科院成立国家 6G 技术研发推进工作组，正式启动和部署中国的 6G 研究工作。2020 年 2 月，ITU 启动了面向 2030 年及未来 6G 的研究工作，标志着 6G 正式纳入国际标准化组织研究计划。

根据 ITU 面向 2030 的网络能力和需求研究，以下需求将推动面向 2030 的下一代网络演进。

（1）工业和机器人自动化要求确定性时延网络

下一次工业革命即"工业 4.0"的核心能力是机器对机器（Machine to Machine，M2M）通信。这类通信的控制信令需要精确定时，不仅时延不能超过限定值，而且不能送达得太快，即时延需要在一定范围内是确定的，该网络能力需求推动确定性网络关键技术研究。

（2）全息通信和其他多媒体通信技术要求超高数据带宽和精确时延网络

全息图、触觉和其他感官数据将提供沉浸式和"真实"的用户体验，虚拟和真实的分界线越来越模糊。

（3）自动化和关键基础设施的极高可靠保障网络

网络提供的关键应用如自动驾驶、无人机、自动交通控制系统等不仅相互间要能通信，还需要与环境通信，该通信能力要求高可靠和故障恢复能力，并能应对意外事件的发生，具备快速倒换或恢复的能力。

（4）AI 驱动的应用要求多样性网络

新应用可能会爆炸式增长，其中许多可能依赖于大量数据反馈并由人工智能驱动，还涉及人、机器和 IT 系统间的相互通信组合。

（5）服务的可靠性和可审计性保障网络

严格的服务需求直接影响管理和维护成本。

（6）多等级的容错机制

应用应能在间歇性或部分数据丢失情况下正常工作，具有容错能力。

基于以上需求，未来 6G 技术的核心将是多模态、精确时间控制、多级保障、AI 驱动的超高速超可靠连接的网络技术，将泛在连接推向极致。6G 网络的技术标准将向更高速率、更广覆盖、更深智能等方向演进。

5.3 5G 三大业务场景对传统产业的加持和颠覆

国际电信联盟定义了 5G 的 3 种典型场景。

- eMBB：简单一个字"快"。大带宽能实现极致的通信体验，高清视频、大容量上传下载变得司空见惯，该场景主要满足消费互联网的需求。
- mMTC：简单一个字"多"。这个场景满足更多终端同时接入，让我们对万物实现实时的遥感、遥测、可监控可管理。该场景包括典型的物联网场景，如智能家居、智能城市、智能办公、智能制造。
- URLLC：简单一个字"好"。很多时延敏感的应用需要该场景，最典型的就是无人驾驶。实现 L5 级的全自动无人驾驶需要毫秒级的时延要求和 6σ 的可用性。

2020 年，在发布 5G 牌照 1 年后，有一些场景已经产生出星星点点的新业务，这些业务正逐渐连点成片，星火燎原。

5.3.1 eMBB

1. 5G 增强型移动带宽生动呈现超高清视频和虚拟现实

2023 年 3—4 月，"樱花树下·爱和希望"5G 大型直播活动陆续上线武汉、上海、南京、无锡、龙岩、扬州、西安等众多赏樱胜地，生动呈现出樱花次第绽放的赏花日历和赏花地图。活动依托咪咕 5G 超高清直播技术，在 VR、4K、无人机等科技的加持下带来身临其境的全景"云赏樱"沉浸式体验。无锡鼋头渚、上海辰山植物园等景点推出 5G+VR 全景直播，无人机航拍更是从"上帝视角"将繁樱盛开的花海收于眼下。无论是樱花盛开的特写近景，还是落樱纷飞的樱花雪全景，用户都可以自由切换视角，通过超高清低时延的 5G+VR 直播镜头打破时间和空间的限制，解锁 360°全景赏樱新看法。

超高清视频一直在挑战人类视觉的极限，实现 4K、8K 的超高清视频直播需要高速率与大流量，按照产业主流标准，4K、8K 视频传输速率一般为 50～200Mbit/s，4G 网络已无法完全满足。5G 网络的大带宽能力成为解决该场景需求的有效手段。当前 4K、8K 超高清视频与 5G 技术结合的场景不断涌现，广泛应用于文体娱等行业，成为市场前景广阔的基础应用。

超高清视频的另一个重要特点就 VR 与 AR 技术的使用。VR/AR 是近眼现实、感知交互、渲染处理、网络传输和内容制作等信息技术相互融合的产物。高质量 VR/AR 业务对带宽、时延要求不断提升，速率从 25Mbit/s 逐步提高到 1Gbit/s，时延从 30ms 降低到 5ms 以下。伴随海量数据和计算密集型任务转移到云端，未来"云+VR/AR"将成为 VR/AR 与 5G 融合创新的典型范例。5G 的大带宽、低时延能力，可有效解决 VR/AR 传输带宽不足、互动体验不强和终端移动性差等痛点，推动媒体行业转型升级。

2．5G 移动性与高带宽进一步提升视频监控特性

以往的视频监控更多依靠人来发挥监控、识别的作用，视频仅仅拓展了人类视觉的感知。但在 5G 时代下，5G 网络的移动性与高带宽将真正赋予视频"监控"的能力。在 5G 网络的帮助下，监控摄像头可以将采集的视频信息传送到视频监控云平台或边缘计算平台，在人工智能的赋能下，实现目标与环境的智能自主识别。

视频监控的传输方式分为有线传输和无线传输。目前占主导的有线传输视频监控领域产品和技术正在向高清化、智能化快速发展，高清和智能共同研发已经成为视频监控行业的发展共识。5G 的移动性、高带宽等特性使得基于固网宽带的网络化数字视频监控系统在无线环境下也能够得以广泛实现。这必然会彻底颠覆传统的视频监控产业。随着 5G 时代的到来，无线视频监控更易于部署，其更便利的优势将得到更大的发挥，无线视频监控也将得到更大的发展，甚至和有线传输监控平分天下。

5G 将为视频监控行业带来三方面的价值。

- 5G 实现了监控点的可移动性。借助无线网络传输，监控设备可以在移动的环境下进行视频监控。主要应用场景有治安巡逻车载监控、交警巡逻车载监控、城管执法车载监控、工商执法车载监控、公交等营运车辆车载监控及调度管理等车载监控类场景，以及城市应急管理、重大事故（事件）现场播报等应急处置类场景。

- 5G 实现了监控点的广覆盖性。借助移动网络的广覆盖特点，在不具备有线宽带接入的区域或采用有线宽带接入监控成本过高的地区，可方便部署监控点。主要应用场景有临时会场监控管理、大型活动监控管理等临时监控类场景，以及地理位置较分散、有线网络无法到达、有线铺设成本过高或铺设困难（如林业领域、河流管理）等场景。
- 5G 实现了监控人员的可移动性。借助移动客户终端，满足客户远程视频查看、应急指挥的要求。应用场景包括家庭看护、移动指挥等。

上述每一个场景的背后，都是价值百亿甚至千亿的商业模式。

未来，当 5G 网络更深入普及后，网络技术的发展将会带动安防行业的服务网络化，进一步拓展安全防范市场的发展空间，各种服务运营网络将如雨后春笋般涌现。在 5G 技术的推动下，网络、管理、业务都会发生质的变化，安防产业在充分利用这一技术的过程中将加快产业的创新与升级。

3．5G 提供高精度的室内定位网络系统

室外高精度定位在数字经济 2.0 时代就已经实现。室外定位精度可以在 1m 之内。但是，室内定位依然是个问题。现有的超宽带（Ultrawideband，UWB）和蓝牙等窄带技术的定位范围要么过小（小于 1m），要么过大（大于 3m）。在人流密集的超级建筑物（如博物馆、机场、大型商超、停车场）里，无论是找人还是找物，都有大量需求。

5G 的商用不仅对当前的室内定位技术进行了补充，还将对室内定位市场的发展起到极大的推动作用。通过 5G 技术可以获得手机和基站之间的信号传输时间以及手机相对基站的方位，也就是说 5G 可以支持飞行时间（Time of Flight，TOF）法定位和到达角（Angle of Arrival，AOA）法定位，以此即可实现单基站的三维立体定位。从精度方面来说，5G 的大带宽特性正好填补了 UWB 与蓝牙等现有窄带定位技术之间 1～3m 定位精度的空白。

同时，5G 的低时延特性和较为密集的室内站点部署有利于更多的传感器接入，支持大量传感器数据及位置信息数据的上传，并且基于 5G 的物联网传输层方案相对于当前的专用有线网络部署方案灵活性更高、复用性更好、综合成本更低。

以智慧博物馆为例，智慧博物馆对室内定位的需求主要集中在游客导览、展品讲解、展品管理、客流统计等方面。

（1）游客导览

游客导览提供人员的定位与导航服务，游客可以在手机端实时了解自己当前的位置，可以查询想去的地点（包括展品、文创商店、卫生间、楼梯等）的位置，可以按照手机导航指引直接前往目的地，游客体验获得提升，如图 5-10 所示。

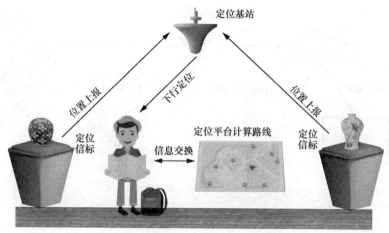

图 5-10　室内定位应用于游客导览示意图

（2）展品讲解

通过融合人员的定位信息与展品的讲解信息，游客可以在手机端自主选择要听的展品的讲解材料，形式不限于语音、视频、文字、图片，以及更加智慧化的 AR 讲解，游客可以享受到具有互动效果的讲解新体验，如图 5-11 所示。

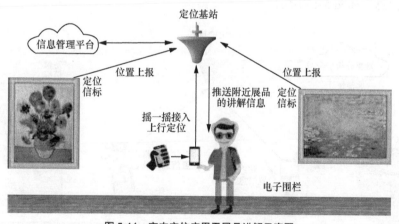

图 5-11　室内定位应用于展品讲解示意图

（3）展品管理

智慧博物馆可以为展品加装距离传感器和惯性传感器，判断展品是否受到了非法接近，再通过通信模块上报传感器信息和位置信息。在传感器信号强度超过阈值后，信息管理平台收到对应展品的异常信号，激活馆内警报或直接报警，并在定位平台上实时跟踪展品的位置动态，为展品的安全提供了强有力的保证，如图 5-12 所示。

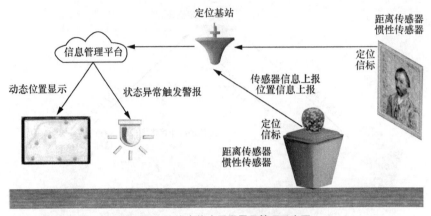

图 5-12　室内定位应用于展品管理示意图

（4）客流统计

用户购票后，信息管理平台会完成全天的客流统计，同时室内定位还可以通过通信模块检测接入用户设备的通信状态和 ID 信息来统计实时客流量。针对每个游客，系统可以结合用户的位置信息在数据分析平台生成游客的热点区域，从而分析游客的喜好，形成游客画像。游客数据库的建立可以帮助博物馆为游客提供更精准的服务信息，如图 5-13 所示。

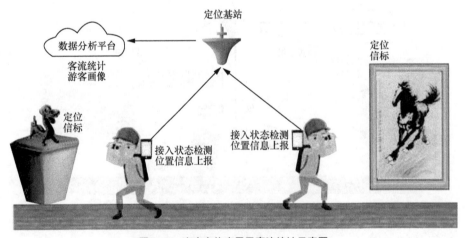

图 5-13　室内定位应用于客流统计示意图

室内定位场景的实现得益于室内定位平台的快速部署——室内定位平台可以作为独立的网络系统部署到生产环境中。同时，随着 5G 时代的到来，室内分布系统方案可以进一步融合室内定位网络系统，在为用户提供 5G 室内无线覆盖的同时，为用户提供高精度的室内定位。

室内定位平台基于各种通信技术为用户提供高精度的室内定位。该方案利用5G 有源室分在网络端接收移动终端发送的信号，并进行位置计算。其定位过程是多个通信基站同时检测移动终端发送的信号，将各接收信号携带的与移动终端位置有关的特征信息送到信息处理中心，信息处理中心计算出移动终端的位置。

5.3.2　mMTC

1．机器通信的现状：NB-IoT

早在 2008 年，物联网就已经在很多细分场景实现其应用，那时就已经有人预见到"万物互联"时代会很快到来。在"万物互联"时代，首先要解决"物"与"网"的连接问题，所以连接技术决定了物联网发展的走向。在物联网技术的发展中，NB-IoT 的出现让大规模的机器通信成为可能。

窄带物联网（Narrow Band Internet of Things，NB-IoT）技术是一种低功耗广域（Low-Power Wide-Area，LPWA）网络技术标准，其基于蜂窝技术，用于连接使用无线蜂窝网络的各种智能传感器和设备，聚焦 LPWA IoT 市场，是一种可在全球范围内广泛应用的新兴技术。NB-IoT 技术可被理解为 LTE 技术的"简化版"，NB-IoT 是基于现有 LTE 网络进行改造得来的。LTE 网络为"人"服务，为手机服务，为消费互联网服务；而 NB-IoT 为"物"服务，为物联网终端服务，为产业互联网（物联网）服务。

NB-IoT 有着低功耗、低成本、强连接、广覆盖四大特点。低功耗特性对于物联网应用十分重要。因为物联网的设备往往很小，而且往往不能经常更换电池或者变换所在位置，因此设备续航非常重要。而 NB-IoT 聚焦小数据量、小速率应用，因此 NB-IoT 设备功耗可以做到非常小，设备续航时间可以从过去的几个月大幅提升到几年。物联网能否在未来实现大面积覆盖，成本也是很重要的指标。而 NB-IoT 低成本的特性恰好满足了物联网的这一需求。低成本是因为 NB-IoT 基于 4G 技术，在 4G 网络的基础上进行改造，可以很快组网，很快扩大覆盖。在连接强度上，NB-IoT 可以提供的接入数是 2G/3G/4G 技术的 50～100 倍。一个扇区能够支持 10 万个连接，支持低时延敏感度、超低的设备成本、低设备功耗和优化的网络架构，真正实现一种超强连接。在覆盖范围上，NB-IoT 室内覆盖能力强，比 4G 提升 20dB 增益，相当于提升了 100 倍覆盖能力。NB-IoT 不仅可以满足农村这类广覆盖需求，对于厂区、地下车库、井盖这类对深度覆盖有要求的应用同样适用。

随着我国 5G 网络应用范围逐渐扩大，未来 5G 将进一步带动超宽带、低时延物联网的发展，助推行业数字化转型。无论是 3GPP 的报告，还是我国向国际电信联盟提交的 5G 候选技术方案将 NB-IoT 作为重点之一，种种迹象都表明未来NB-IoT 将会继续服务于 5G LPWA 用例。

2. 5G 海量连接赋能智慧停车

智慧城市是 5G 最重要的应用场景之一。通过 5G 赋能可以实现城市要素的海量连接。在智慧城市中，5G 智慧停车是一种非常典型的应用。5G 赋能智慧停车场景也可以被称为"无感停车"：

第一步，汽车在到达停车地点前开始智能巡检车位；

第二步，进入停车场时车牌号码被自动读取识别、停车时长由设备记录；

第三步，自动精准计算停车费用。

智慧停车方案主要分为 3 个层面：感知层、连接层、平台层。在感知层，利用摄像头、地磁车检器等智能传感设备识别车牌号码。在连接层，利用 NB-IoT 将获取到的车辆信息进行传递。平台层又分为 IoT 管理平台和业务管理平台，结合云计算、边缘计算等技术，对信息数据进行分析处理，最后将结果和指令传回终端，如图 5-14 所示。

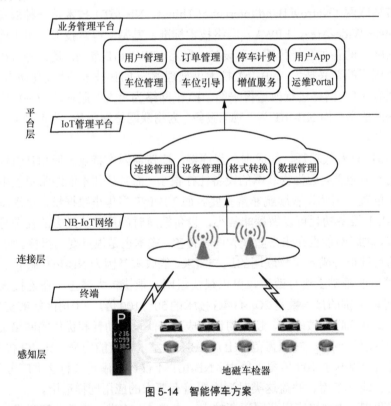

图 5-14　智能停车方案

5G 赋能停车场景主要提升了 3 个方面的价值。首先，有效地配置了车位资源。全方位整合停车信息并实时共享，可以提高公共资源的利用率，减少车主寻找车位的时间，解决了停车难问题，而且缓解了交通压力，还有利于降低城市的碳排放，符合绿色发展理念。

其次，提升了停车管理效率，为企业创收减负。目前我国停车管理水平落后，停车智能化管理水平低，缺少集中的停车管理平台。大多数停车场依然采用传统的"刷卡、取票"的出入口管理方式，缴费方式主要基于人工，人工方式带来成本高、偷漏票款等一系列问题。采用智能停车方案后，企业只需要部署具有 NB-IoT 能力的智能终端设备即可投入运营，减轻了投资负担和运营成本。同时，利用系统平台，对车位状态、停车信息、车位设备等进行监控，有效地提升了管理效率。

最后，虽然智慧停车仅仅是 5G 物联网应用中一个极为细分的落地应用，看上去微不足道，但停车仅仅是未来智能交通系统的一个环节，智能交通系统一旦大规模应用，停车子系统会更加智能化，一辆汽车安静地停在停车位上，自动车检传感器和自动修理机器人就能在这段时间为它体检、看病。

无人驾驶交通工具的"检"和"修"必将会在停车场发生。

3. 5G+NB-IoT 提供可靠稳定的智能抄表方案

基于 NB-IoT 的智能抄表系统已经被广泛应用在生活当中，但是依然存在以下"痛点"。

- 网络覆盖差。智能仪表通常被安装在封闭环境中，网络信号往往难以得到保障。如果使用网络信号放大的方案，又会带来信号干扰等新问题。
- 海量接入。目前，水、电、气、暖类仪表用量巨大，传统蜂窝网络单个基站连接数量有限，难以满足大量的智能仪表连接需求。
- 安全性差。目前市场普遍使用的智能抄表设备仍然面临诸多安全挑战，如 IC 卡的盗用和复制、公共网络传输的通信安全（如数据盗用、网络攻击、数据篡改等）、能源企业私有传输协议的通用适配性及安全防护等级低等问题。

随着 5G 的到来，这一切问题都将迎刃而解。借助 5G 高速度、泛在网、低功耗、低时延等优势，可解决智能抄表应用的痛点问题。

能源领域企业纷纷向智能抄表领域转型，例如国家电网已将实现水、电、气、暖四表数据集中自动采集的"四表合一"建设列为十大重点工作之一；中国移动已在天津市河西区换装应用基于 5G 网络的矩阵式 NB-IoT 智能水表。这将实现用水数据的云端监测、智慧抄表，同时只需指尖"轻触"，就可以通过手机 App 完成购买、保修等民生服务。

基于 5G+物联网可靠稳定的智能抄表方案，将为企业降本增效，为燃气、供水管网的安全运行保驾护航；同时，将物联网与大数据结合，将帮助企业实现精细化管理和运营，提升客户服务水平。

5G 技术还可布局于智慧水务与智慧燃气领域，实现能源运行现场实况直播、数据同步等功能，让能源管控企业及时做出智慧决策，提速智能抄表及智能能源管控领域的信息化水平，让人们真正体会到物联网技术带来的能源管控数字化、智能化服务。

4. 5G解决智慧烟感连接问题，实现智慧城市消防

随着我国城市发展过程中人口数量、城市规模不断扩大，传统与非传统的消防安全因素相互交织，防范火灾风险的成本和压力不断提高。尽管传统独立式感烟探测器得到一定程度的普及，但仍存在一定局促性：传统的独立式烟感功能单一，只能发出声光报警提示。电池欠电不能及时知晓，人不在场收不到报警信息，工作状态不能实时掌握，这些都提高了消防安全管理的难度和管理成本。而近几年推出的2G/3G/4G烟感也因信号覆盖及信号穿透的影响存在不适合规模化、批量化安装的情况。

智慧烟感解决方案以智慧感烟为基础，基于物联网、大数据存储和分析、云计算、移动互联网，结合火灾探测报警行业特征，提供系统化综合报警方案，创造面向未来的智慧烟感系统框架。当发生火情时，烟感终端启动本地声光报警，同时将告警信息上传到云平台，平台联动监控中心，还可通过语音、短信、App、微信公众号联动告警，及时通知业主、物业、安全员及管理人员。报警信息可以显示报警地址、建筑物名称、报警房间号、报警时间等，精准提醒火灾发生位置，快速采取有效灭火措施，如图5-15所示。

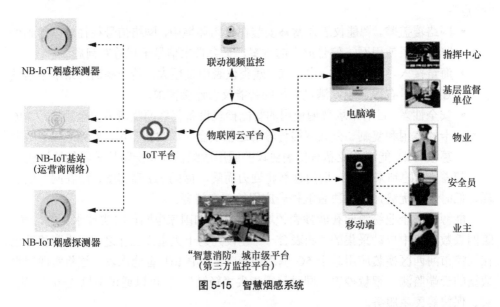

图 5-15 智慧烟感系统

智慧烟感系统由终端层、网络层、平台层及应用系统4个部分组成，通过物联网、云计算、大数据等技术将各个层面整合统一为有机的整体。

- 终端层：智慧烟感终端设备是物联网的基础载体，随着技术的发展，终端由原有的哑终端逐步向智能终端演进，增加各种传感器、通信模块，使得终端可控、可管、可互通，终端设备通过集成 NB-IoT 标准模组，与 NB-IoT 基站连接来实现通信能力，智能终端通过 NB-IoT 基站将信息上传给 IoT 平台。

- 网络层：通过 NB-IoT 承载智慧烟感业务，NB-IoT 具有大连接、低功耗、低成本、广覆盖的特点，符合智慧烟感通信的需求。在网络部署上，NB-IoT 仅占用 180kHz 带宽，可灵活采用带内（In-Band）部署、保护带（Guard-Band）部署、独立（Stand-Alone）部署方式，通过现有 LTE 网络简单升级即可实现全国覆盖。NB-IoT 具有建网成本低、部署速度快、覆盖范围广等优势。
- 平台层：IoT 平台支持多种灵活部署模式，提供连接管理、设备管理、数据分析、API 开放等基础功能，通过 IoT 平台，结合移动端 App、微信等方式，用户可获取烟感在线、离线、故障等相关信息，同时可以快速实现充值、查询等业务办理，与烟感企业进行实时互动。

智慧烟感综合利用了 NB-IoT、5G、大数据、云计算等最新技术，融合无线传感、云计算等，实现了大数据的处理分析和有效利用，是实现智慧城市消防信息服务的最基本元素，也是城市现代化、智能化发展的重要组成部分。它改变了消防系统的管理方式，有效解决了传统方式的很多管理难点，具有非常突出的优点。智慧消防的全面推进，全面升级了民生安全，能够更有效地防患于未然，充分保障消防安全。

5.3.3　URLLC

1. 5G 自动驾驶，提高道路安全和运行效率

2020 年 4 月，百度旗下自动驾驶出租车 Robotaxi 正式落地长沙。这是百度在国内首个面向公众开放的自动驾驶出租车。用户通过百度地图、百度 App 的"Dutaxi"小程序即可一键呼叫并免费试乘。百度在长沙首批投放了 45 辆自动驾驶出租车，主驾驶位置有安全员，但是行驶过程中安全员并不会驾驶车辆，而是作为额外的一道安全保障。

自动驾驶利用 5G 网络，通过车载摄像头、激光雷达、毫米波雷达、超声波雷达等车载传感设备，路侧摄像头、毫米波雷达等路侧传感设备，交通标志、交通信号灯等交通呈现设备，实现车辆和交通环境之间的感知、计算与决策，从而解放人类的双手，实现交通运输的智能化。

URLLC 的场景和技术目前尚未完善。自动驾驶汽车开发至今，也仅仅在小规模试点阶段。也许在很短的时间以后，我们的出行会发生天翻地覆的变化。

自动驾驶仅仅是智能交通系统的一个子集。未来，所有的交通会全部联网，并在一个系统中统一调度，堵车将成为偶发事件，私家车将不复存在。这不仅让运输企业降低运营成本、提高运输效率，汽车用户提高能源使用效率、降低汽车成本，更重要的是，人们的出行模式会发生本质变化，你会发现突然多出几个小时的时间。而这不仅仅意味着多出几小时的时间，还意味着更多生活方式会挤进这段时间中，这必然会改变出行的消费模式、金融模式乃至经济模式。

2．5G 智能制造，实现自动化控制提升生产效率

2019 年 4 月 10 日，湖北移动与中国信科在湖北武汉举行了一场别开生面的发布会——"5G 智慧工厂"项目发布会暨"5G 工业互联网"联合创新实验室成立仪式。"5G 智慧工厂"隶属于中国信科集团旗下的武汉虹信公司，是中国第一条 5G 智能制造生产线。这条生产线主要生产 5G 天线，共有隔离条自动焊接、振子自动上料等 6 道工序，全长 30m。目前，这条生产线上的 5G 技术已在虹信厂区实现了广泛应用。在车间现场，焊接机械臂在布满元器件的绿色隔离带上自动游走，精准完成各个工序。其与普通无人工厂的不同之处在于，在 5G 网络环境下，数据传输更加顺畅。

用 5G 产品装备的工厂制造 5G 产品，这个模式竟然有种科幻感。

改造之前，该工厂是华中地区规模最大、自动化程度最高的产品制造基地，年产能超过 50 万件，也是我国第一个 5G 大模天线全自动化生产基地。改造之后，通过引入基于 5G 工业互联网的"无线+5G 边缘计算+移动云平台"组网模式，虹信公司推出了一系列应用，如生产管理中心、高清视频、产品交付等，可实现设备点对点通信、设备数据上云、横向多工厂协同、纵向供应链互联，打造设备全生命周期在线管理、运营数据监控与决策、订单全程追溯的透明交付。基于 5G 的工业控制互操作在工厂智慧化管理中成为可能，生产效率较改造前提升 30%以上。

这个智慧工厂项目使用了中国信科提供的 5G 产品及服务，如 5G SA 核心网、移动边缘计算（Mobile Edge Computing，MEC）等。在 5G 无线网络方面，中国信科在该工厂建造 5G 基站，让 5G 网络覆盖了整个园区。此智慧工厂项目还引入了边缘计算。室内布设 5G 基站，可接入所有设备；机房部署移动边缘计算节点，可实现 5G 流量的本地卸载，降低网络时延。同时，边缘计算节点可作为工厂内外的统一管理节点，对内外网流量进行灵活分配，保证企业信息安全。

在技术上，智慧工厂项目利用 5G 网络，视频监控设备、AR 眼镜、视觉检测设备、工业传感器等数据采集设备，无人叉车、智能自动导引车（Automated Guided Vehicle，AGV）、智能巡检机器人和可编程逻辑控制器（Programmable Logic Controller，PLC）等工业设备，实现环境监控与巡检、物料供应管理、产品检测、生产监控与设备管理等应用，如图 5-16 所示。

在 5G 的赋能下，工厂有了以下几方面的提升。

（1）机器换人，实现降本增效。工厂以自动化的"装备+系统"代替人工。机器设备的采购只需要一次性的资金投入，而人力劳动需要按月支付高额工资。从长远来看，以机械设备代替人工操作，能够摊薄生产成本。

（2）以移代固，助力柔性生产。过去，工厂的各个设备之间多以有形的总线连接，控制器发出开机指令，基本上所有生产线只能按照已有的生产模式生产固定的某一种产品。而当前社会中，消费者的需求多样化，这就导致工业生产需要满足小批量、多样化的生产需求，这就是柔性生产。柔性生产相对于大规模生产而言，是

指依靠高度柔性的以计算机数控机床为主的制造设备来实现多品种、小批量生产的方式。这种方式需要用无线网络进行分批的定制化机械控制。以 5G 网络代替有形的工业总线，有利于实现柔性生产。

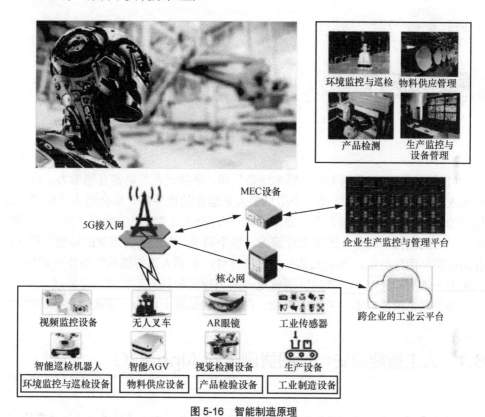

图 5-16　智能制造原理

（3）工厂借助 5G 实现工业自动化控制。这是制造工厂中十分基础的应用，核心是闭环控制系统。5G 可提供极低时延、高可靠和海量连接的网络，使得闭环控制应用通过无线网络连接成为可能。在智能工厂中关键工序通过网络切片技术保证事务处理的实时性，对时延要求很高，典型的闭环控制周期低至毫秒级，将用户数据功能模块部署在靠近终端用户的本地数据中心以尽可能地降低时延，从而保证对生产的实时控制和响应。

由此可见，5G 技术已经成为支撑智能制造转型的关键使能技术，能将分布广泛的物料、机器和设备全部连接起来，构建传统的工业互联网络。帮助制造企业摆脱以往无线网络技术较为混乱的应用状态，这对于推动工业互联网的实施以及智能制造的深化转型有着积极的意义。5G 具备更低的时延、更高的速率、更好的业务体验，具有感知泛在、连接泛在、智能泛在的特点，有望成为未来工业互联网的网络基石。

第 **6** 章

智能泛在

"智能泛在"，这个词会比"感知泛在"和"连接泛在"更富有想象力，也更令很多人担忧。"智能泛在"是一个用机器人来运作的世界吗？这会给人类带来无法想象的价值还是某种灾难？在之前提到过，从"弱人工智能"升级到"强人工智能"存在巨大的门槛，就是人的深度理解力，举个例子，对于《肖申克的救赎》和《富春山居图》两部电影，每个人都有自己的评价；但弱人工智能只能看出一堆图像，识别出一堆人和文字。二者的区别就是强人工智能和弱人工智能的分界线。

各位敬请放心，本书所讲的智能泛在，依然是基于弱人工智能的智能泛在。

6.1 人工智能简史：从图灵测试到 AlphaGO

"人工智能技术发展到极致程度时，我们将面临人类历史上最好或者最坏的事情。"

——斯蒂芬·威廉·霍金

2016 年 3 月，一场特殊的围棋大战引起了上亿人的关注。谷歌旗下 DeepMind 公司研发的 AlphaGo 围棋人工智能程序挑战韩国职业棋手李世石，并以 4:1 的压倒性优势获得了胜利。这一刻，即使是此前对人工智能一无所知的人，也开始认识到它的巨大潜力和广阔前景。AlphaGo 的胜利不仅是机器的胜利，更是人类的胜利，它标志着人类在机器智能方面达到了一个崭新的水平。这一里程碑式的创举也让人工智能技术从"幕后"走到了"台前"，成为政府、产业界、科研机构以及市场竞相追逐的对象。

近年来，各国政府都把人工智能当作未来的战略重点，从国家层面整体推进，纷纷出台战略发展规划，迎接即将到来的人工智能社会。科技巨头抢滩布局，相继成立人工智能实验室，投入越来越多的资源抢占人工智能市场。人工智能在视觉、语音、自然语言处理等应用领域的发展，加速了人工智能的产品化、服务化，自动驾驶、工业机器人、智能医疗、智能家居等人工智能产品层出不穷。人工智能通过赋能经济社会的各行各业，正以前所未有的方式改变着世界，新技术、新模式、新业态、新产业正在构筑经济社会发展的新动能。

6.1.1 人工智能概述

人工智能先驱人物约翰·麦卡锡将人工智能定义为研制智能机器，尤其是智能计算机程序的科学与工程。人工智能的研究目的是促使机器会听（语音识别、机器翻译等）、会看（图像识别、文字识别等）、会说（语音合成、人机对话等）、会思考（人机对弈、定理证明等）、会学习（机器学习、知识表示等）、会行动（机器人、自动驾驶汽车等），研究内容包括智能机器人、语音识别、计算机视觉、自然语言处理和专家系统等。随着技术跨越式突破，人工智能的内涵已被大大扩展，应用领域大幅延伸，涵盖了计算机科学、统计学、脑神经学、社会科学等诸多领域。未来，人工智能将逐渐变革为一种通用型赋能工具，带来科学研究范式的革命，帮助人类破译生物、天文、物理等领域的奥秘。

6.1.2 人工智能发展历程

半个多世纪以来，人工智能经历了"三起两落"的漫长探索，如图6-1所示。从西洋跳棋程序到AlphaGo，人工智能领域涌现出了众多影响深远的学者、技术和产品。

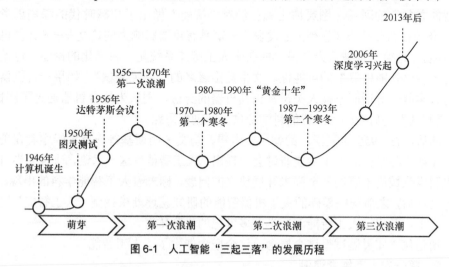

图 6-1 人工智能"三起三落"的发展历程

在这里，针对从萌芽到3次浪潮的4个阶段，这4种技术点开了人工智能的技能树：图灵测试、神经网络、专家系统、深度学习。

1. 人工智能萌芽

1000 多年前，中国人民发明了算盘作为日常数学计算的工具。算盘利用进位制计数完成加减乘除四则运算。它还有一套口诀，作为"打算盘"的指令序列，其理念非常类似于今天计算机的软件系统。

为了消除人工计算中可能出现的失误，提升计算效率，人们开始设想一种能自动完成计算的机器。17 世纪，法国人布莱士·帕斯卡设计出了世界上第一台机械式计算机，这台机器可以通过机械运动来完成简单的加法和减法运算。随着工业生产日益兴盛，交易记录、财务记账、科学实验等对计算的需求大幅增长，人们期待计算机能完成更加复杂的运算任务。1822 年，英国科学家查尔斯·巴贝奇完成了第一台差分计算机，1834 年他又提出了一项更大胆的新设计——分析机，不同于仅仅能够制表的差分机，分析机更是一种通用的数学计算机。按照查尔斯·巴贝奇的设计，分析机能够自动解算有 100 个变量的复杂算题，每个变量可达 25 位，速度可达 1 次/秒。虽然最终分析机没能被制造出来，但是差分机和分析机为现代计算机设计思想的发展奠定了重要的基础。在 1946 年 2 月 14 日，由美国定制的世界上第一台通用电子计算机 ENIAC 在美国宾夕法尼亚大学问世。通过在此设备的基础上进行改造和升级，著名数学家冯·诺依曼率领团队提出现代计算机的体系结构——冯·诺依曼结构，并设计制造了真正意义上的现代电子计算机设备"曼尼阿克"（MANIAC），成为后世计算机的母型，推动人类历史进入了信息时代。

在人类才刚迈入计算机时代不久，被称为"计算机科学之父"，同时也是"人工智能之父"的阿兰·图灵博士就已经对"智能"做出了超越时代的深刻思考。1950 年他在哲学杂志《思想》上发表了一篇具有重要影响力的论文——《计算机器与智能》，这篇文章被认为是最早的关于人工智能系统化、科学化的论述，讨论了创造一种"智能机器"的可能性。文中提出著名的"图灵测试"，如果一台机器能够与人类展开对话而不被人类辨别出其机器的身份，则认为这台机器通过了测试。"图灵测试"为后来的人工智能科学提供了开创性思路。

随后，在 1956 年夏天，约翰·麦卡锡、马文·明斯基等一批年轻学者在美国达特茅斯学院举行的人工智能研讨会上提出"人工智能"这一术语，研讨了当时计算机科学领域尚未解决甚至尚未开展研究的问题，标志着人工智能学科的出现。在这次会议后，之前一些零碎的关于机器智能的研究就逐渐聚拢到"人工智能"这面大旗之下，开启了人工智能随后半个多世纪的兴衰传奇。

请记住"图灵测试"这个概念，这个概念催生了"人工智能"。

2. 第一次人工智能浪潮

人工智能的概念被提出后，人工智能立刻获得了井喷式的发展，取得了一批令人瞩目的研究成果。1956 年，赫伯特·西蒙、艾伦·纽厄尔和约翰·肖开发了世界上最早的启发式定理证明程序——"逻辑理论家"（Logic Theorist，LT），成功证明了数学家罗素所著的《数学原理》第二章中的 38 个数学定理。1963 年，经改进的 LT 程序已经可以证明全部 52 个定理，甚至某些证明过程比罗素的原著更为新颖和精巧，被认为是用计算机探讨人类智力活动的第一个真正的成果。同样在 1956 年，奥利弗·萨尔夫瑞德研制出第一个字符识别程序，开辟了模式识别这一新领域。约翰·麦卡锡开发的表处理（List Processing，LISP）语言诞生，成为几十年来人工智能领域主要的编程语言。1957 年，弗兰克·罗森布拉特在一台 IBM-704 计算机上模拟实现了被称为"感知机"（Perceptron）的神经网络模型。亚瑟·塞缪尔研制的西洋跳棋程序在 1962 年赢得了康涅狄格州的西洋跳棋冠军，在当时引起轰动。

在那个计算机仅仅被作为数值计算器的时代，这些略微展现出智能的应用，掀起了人工智能发展的第一个高潮，大大提升了人们对人工智能的期望。但遗憾的是，经过十几年的研究，科学家发现人工智能陷入了瓶颈。在机器定理证明程序中，计算机推算了数十万步也无法证明两个连续函数之和仍是连续函数。西洋跳棋程序也只停留在州冠军的层次，无法进一步战胜全国冠军、世界冠军。最糟糕的是机器翻译领域，驴唇不对马嘴的翻译闹出不少笑话。而一度受人关注的神经网络领域也遭遇危机，马文·明斯基证明单层神经网络不能解决异或（XOR）问题，并指出当时的计算机缺乏足够的计算能力，无法满足大型神经网络长时间运行的需求。

作为人工智能领域的泰斗，马文·明斯基对感知机做出的悲观判断，直接导致了神经网络研究的式微，也让整整一代的研究者对神经网络望而却步。科学界开始反思人工智能的发展，认为当时的方法无法让计算机真正具备类似人的智能。从此，人工智能领域大量研究经费被削减，曾经火热的人工智能一下子从云端跌落，进入了寒冷的冬天。

第一次人工智能浪潮的推进技术是"神经网络"，起于斯，终于斯。

3. 第二次人工智能浪潮

美国科学家爱德华·费根鲍姆认为传统的人工智能之所以陷入僵局，是因为过于强调通用求解方法，忽略了具体知识的作用，这和人类依靠知识解决问题的方式背道而驰。因此，他开始尝试机器智能的另一条道路，即在人工智能中引入专家知识。1968 年，他和乔什瓦·李德伯格一起成功开发了第一个专家系统 DENDRAL，并以此进行物质的化学结构分析。简单来说，专家系统就是在推理机的基础上增加一个知识库，让计算机在专门的知识库系统中，通过推理找到一定的规律，从而模拟人类专家通过知识和经验解决特定领域问题的过程。DENDRAL 的成功不仅验证了费根鲍姆关于知识工程理论的正确性，还为专家系统软件的发展和应用开辟了道路。随后，专家系统在医疗、化学、地质等领域取得巨大成功，逐渐形成具有相当规模的市场，推动人工智能走入应用发展的新高潮。1980 年卡耐基梅隆大学给数字设备公司（DEC）研发的专家配置系统 XCON 正式投入使用，这成为一个新时代的里程碑。当客户向 DEC 订购计算机时，XCON 可以按照需求自动配置零部件，大大节约了人力成本。从

1980 年投入使用到 1986 年，XCON 一共处理了 8 万个订单，每年能节省数千万美元。

至此，知识作为智能的基础开始受到重视，费根鲍姆提出的"知识工程"开始引领浪潮，人工智能的研究出现了新的转折点，从基于算法的编程推理策略变成了运用专门知识的方法研究。从 1980 到 1990 年，专家系统经历了 10 年的黄金期，各国政府也努力赶上这波潮流，纷纷推出政府主导的宏伟的人工智能新计划。日本组织了富士通、日立、东芝等大企业配合新一代计算机技术研究所共同开发"第五代计算机"，总预算高达 1000 亿日元。

不幸的是，因最终没能突破关键性的技术难题，"第五代计算机"于 1992 年研发失败。而专家系统也因无法克服人工构建成本太高、应用领域狭窄、知识获取困难等弊端，逐渐没落。虽然长时间没有进展的神经网络领域彼时燃起了一星火苗，但是受限于算力，依旧没能实现大发展，人工智能不可避免地再一次进入低迷期。

第二次人工智能浪潮的推进技术是"专家系统"，流星划过天际。

4. 第三次人工智能浪潮

1997 年，IBM 研发的超级计算机"深蓝"（Deep Blue）战胜了国际象棋世界冠军卡斯帕罗夫，但它却只被称作超级计算机。19 年后，AlphaGO 在围棋上击败了李世石，这才被认为是当之无愧的"人工智能"的胜利。当年深蓝的计算能力为每秒 113.8 亿次浮点运算，已经远远超过了人脑计算的速度，在这种情况下，为什么人工智能花了十几年才能在围棋上有所突破？这是因为围棋号称"千古无同局"，粗略估算其变化可以达到 10^{767} 的数量级。如果计算机无法在更高层次上描述围棋问题，仅通过"暴力计算"，那么将永远无法在围棋上击败人类。从深蓝到 AlphaGO，在这 20 年间人工智能领域最大的突破就是深度学习。

得益于海量感知数据的积累和图形处理器等计算平台的发展，以及神经网络领域算法的巨大突破，杰夫·辛顿团队在 2006 年开辟了深度学习这个新领域，人类又一次看到了机器赶超人类的希望，再次推动人工智能技术的急速重生。2012 年，ImageNet 竞赛通过提供开放开源高质量的数据集，为图像识别领域吸引了大量学者和研究机构，又一次掀起人工智能的研究狂潮。2015 年，基于深度学习的人工智能算法在图像识别准确率方面第一次超越了人类肉眼，人工智能实现了飞跃性发展。2016 年，微软将英语语音识别词错率降低至 5.9%，可与人类相媲美。2017 年，AlphaGo Zero 横空出世，完全从零开始，仅通过自我对弈就能无师自通，以 100:0 的成绩完胜第一代 AlphaGo。

时至今日，人工智能经历了数次潮起潮落后，又一次站在了风口浪尖。与前几次不同的是，当今人工智能的学术研究和商业化应用同时推进，大幅跨越了科学与应用之间的"鸿沟"，使得人工智能由实验室走向了市场。这一轮人工智能发展的影响已经远远超出学术界，政府、企业、非营利机构都开始拥抱人工智能技术。2015 年和 2016 年诞生的人工智能企业数量，超过了过去 10 年之和，融资额也不断再创新高。小到手机里的 Siri、智能音箱，大到城市里的智慧安防、无人驾驶，今天的人们已经迎来了一场真正的智能革命。

"深度学习",是迄今为止人工智能最为重要的突破性技术。使用这一武器,能把人工智能推向"弱人工智能"的极限。

6.1.3 人工智能的 3 个层次

业界主流的观点是将人工智能的技术演进分为 3 个层次,即计算智能、感知智能、认知智能,三者层层递进共同构建人工智能体系,如图 6-2 所示。

图 6-2 人工智能的 3 个层次

1. 计算智能

计算智能,指的是"能存会算",让机器具备像人类一样的计算、记忆与存储能力。机器计算能力的进化主要依赖于两点。一是算法的不断优化,使得机器能够更高效、快速地处理海量数据。目前的典型算法有人工神经网络、遗传算法、局部搜索等。这些算法具有自学习、自组织、自适应的特征,在并行搜索、联想记忆、模式识别等方面得到了广泛的应用。二是硬件计算技术进步,大规模服务集群、存储芯片、AI 芯片的出现显著提高了硬件的数据处理速度。计算智能研究与应用的发展速度都很快,并且在优化计算、模式识别、自动控制、通信网络和生物医学等多个领域取得了成功的应用。从现阶段人工智能的发展来看,随着计算力的不断发展、存储手段的不断升级,在计算智能方面,机器已经远远超过人类,可以说已经实现了计算智能。

2. 感知智能

感知智能是指"能听会说、能看会认",使机器具备视觉、听觉等感知能力,主要依赖于各种传感器、智能芯片的数据获取技术,对人类的感知或直觉行为进行模拟。计算处理能力的提升以及互联网大数据的爆发,再加上以深度神经网络为基础的人工智能技术,推动了视觉、听觉等感知智能方面的巨大突破,人工智能系统在感知能力方面已经等同甚至超越了人类。人脸识别、语音识别等感知智能技术如今已运用在安防、教育、医疗等多个领域。

目前人工智能领域的成就主要处于感知智能阶段。由于算法层面主要采用有标签的监督学习，人工智能对高质量大数据和高能效比算力的需求几乎是无止境的。通过"数据暴力""计算暴力"和算法优化达到的数据智能，能够让机器做到"看/听得更清""翻译得更准确""模拟得更逼真"等，但其无法让机器真正具备"举一反三"的能力。以猫的识别为例，人工智能利用上亿张包含不同品种、不同颜色、不同姿态、不同角度、不同背景的猫的照片进行训练，来达到对猫的高识别率。而人类，就连几岁的小孩子在观看十几张猫的照片后，就能理解猫的内涵，并识别几乎所有的猫。再举一个例子，目前的图像技术已经能做到像素级别的图像分类，能从视频监控等图像中成功分割并识别汽车、行人、树等客体，如图 6-3 所示。但也仅限于此，机器感知到的只有分类类别，从某个角度讲只是标签符号，并不能理解图中汽车、行人、交通信号灯之间的空间、逻辑关系，也不能理解各种汽车、各个行人之间的共性和区别。

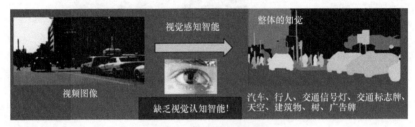

图 6-3　像素级图像分割

相对于人类的感知能力，这种数据驱动的感知智能方法缺乏对实例内涵与外延的抽象与延伸，缺乏对不同概念之间关系的理解，缺乏基于知识的推理及对记忆、常识、经验、技巧和知识的学习利用能力，缺乏高层规划、决策与组织能力，这也成为未来人工智能需要突破的方向。

3．认知智能

认知智能是指"能理解会思考"，使机器具备数据理解、知识表达、逻辑推理和自主学习等认知能力，是人工智能技术发展的高级阶段。认知智能从心理学、神经科学及人类社会历史中汲取灵感，结合知识图谱、因果推理、持续学习等技术，重点在认知、理解、记忆、逻辑思维、情感等方面进行研究突破。其最终目的是使机器能够拥有类似人类的智慧，甚至具备各个行业领域专家的能力。认知智能包含深度语言理解、计算机情感、计算机意识等核心技术体系。认知智能的出现将使 AI 系统能够主动了解事物背后的发展规律和因果关系，而不再只是简单地统计拟合。因此，认知智能将使得下一代 AI 系统开始具有自主意识。

从实现快速计算、记忆与存储的"计算智能"，到识别处理语音、图像、视频的"感知智能"，再到赋予机器常识和因果逻辑推理能力的"认知智能"，人工智能发展的终极目标是将人类的智慧赋予机器。随着国家科技创新 2030—重大项目和新基建的推进,以及 5G 的全面落地,人工智能将获得更大规模的市场应用,并推动新一代人工智能技术从"感知智能"向"认知智能"迈进。

6.2 智能泛在的技术体系

根据人工智能发展的要素,智能泛在的技术体系可以分为 3 个层次,自下而上分别是基础设施层、核心算法层和应用层,如图 6-4 所示。其主要包含 4 类内容。

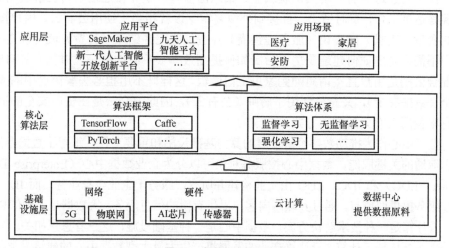

图 6-4 智能泛在技术体系

(1)实现智能泛在的基础设施,包含以 AI 芯片和传感器为代表的硬件设施、以 5G 和物联网为代表的通信和信息网络、提供数据原料的数据中心,以及快速按需提供计算服务的云计算技术。

(2)智能泛在的数据原料,海量数据是智能泛在的核心生产资料,也是实现智能泛在的重要基石。

(3)智能泛在的核心,以人工智能为代表的算法技术在近几十年不断演进,同时衍生出各类算法框架,从而将数据升华成智慧,为智能泛在提供核心动力。

(4)智能泛在的落地应用,要让智能真正"泛在",必须和应用结合。

6.2.1 智能泛在的基础

本节重点介绍云计算、数据中心以及 AI 芯片的内容,对 5G 网络、物联网、传感器相关内容感兴趣的读者可在本书相应章节阅读。

1. 云计算与数据中心

云计算采用按使用量付费的模式，这种模式按用户的需要提供包括网络、服务器、存储、应用软件、服务等在内的资源。用户只需要花费少量的精力，与服务提供商进行很少的交互，即可快捷地满足自己的需求。更形象地说，云计算就像在不同地区开设的自来水公司，用户所需的服务就像自来水，打开水龙头即开即用，并按照使用资源量付费。

云计算有 3 种部署模式：私有云、公有云、混合云。拿一日三餐做个类比，如果把用户需求比作吃饭的话，那么在家里自己做饭满足需求就属于自建私有云。用户不仅需要建造厨房，购买锅碗瓢盆、柴米油盐等，吃完饭还需要自己解决刷锅、洗碗等运维工作，费时费力。直接到外面餐馆吃饭就相当于使用公有云，用户按自己的食量（需求）向餐馆（服务提供商）点餐，吃完并结账（付费）就可以走人。用户不需要考虑如何建造厨房、后厨如何提高效率（负载均衡、虚拟化）等问题。而混合云则是用户直接请厨师到家里上门做饭，这样既不用担心去餐馆途中的人身安全（数据安全），又充分利用了厨师（公有云），因此混合云是在资产安全的情况下有限使用公有云的部署方式。

数据中心作为推动数字经济发展的算力基础设施和重要支撑，承担了数据存储、数据流通的关键职能。数据中心按服务对象可以分为企业数据中心（Enterprise Data Center，EDC）和 IDC。EDC 由企业构建并所有，服务于企业自身业务；而 IDC 由 IDC 服务提供商所有，通过互联网向客户提供有偿的信息服务。大数据是一种信息资产，云计算是一种技术解决方案，数据中心是一种基础设施，这三者息息相关。大数据处理主要依托云计算，云计算产业的发展将产生大量大型数据中心的建设需求，而数据中心的壮大又为云计算发展提供了坚实的基础。三者紧密结合，不仅为智能泛在提供了强大的计算能力和数据原料，也为智能泛在赋能千万应用提供了便捷途径。

2. AI 芯片

在人工智能领域，传统的芯片计算架构已无法满足深度学习等大规模并行计算的需求，这就需要新的底层硬件来加速计算过程。AI 芯片，即面向人工智能应用的芯片，是人工智能的重要组成部分。正所谓"无芯片不 AI"，以 AI 芯片为载体的算力是人工智能发展水平的重要衡量标准。

依据部署位置，AI 芯片可划分为云端芯片（如数据中心等服务器端）和终端芯片（应用场景涵盖手机、汽车及安防摄像头等电子终端产品）；依据承担的功能，AI 芯片可划分为训练芯片和推断芯片。训练端参数的形成涉及海量数据和大规模计算，对算法、精度、处理能力要求非常高，仅适合在云端部署。目前，通用型图形处理单元（Graphics Processing Unit，GPU）、半定制化现场可编程门阵列（Field Programmable Gate Array，FPGA）、全定制化专用集成电路（Application Specific Integrated Circuit，ASIC）成为 AI 芯片行业的主流技术路线。不同类型的芯片各具优势，在不同领域呈现多技术路径并行发展态势，如图 6-5 所示。

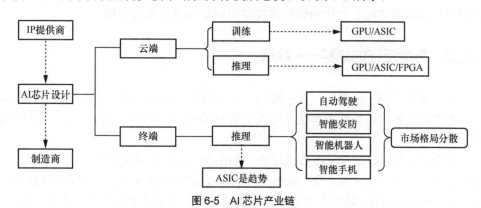

图 6-5　AI 芯片产业链

GPU 擅长大规模并行运算，可平行处理海量信息，其设计和生产均已成熟，占领 AI 芯片的主要市场份额。在全球范围内，英伟达和 AMD 形成双寡头垄断，尤其是英伟达占 GPU 市场份额的 70%~80%。

FPGA 芯片具有可硬件编程、配置高灵活性和低能耗等优点。FPGA 技术壁垒高，市场呈双寡头垄断的态势：赛灵思（Xilinx）和英特尔合计占市场份额近 90%。此外，国内百度、阿里巴巴、京微齐力也在积极部署 FPGA 领域。

ASIC 是面向特定用户需求设计的定制芯片，可满足多种终端运用。尽管需要大量的物理设计、时间、资金及验证，但在量产后，其性能、能耗、成本和可靠性都优于 GPU 和 FPGA。与 GPU 和 FPGA 形成确定产品不同，ASIC 仅是一种技术路线或方案，着力解决各应用领域突出问题及管理需求。目前，ASIC 芯片市场竞争格局稳定且分散。我国的技术与世界领先水平差距较小，部分领域处于世界前列。在海外，谷歌 TPU 是主导者；国内初创芯片企业（如寒武纪、比特大陆和地平线）、互联网巨头（如百度、华为和阿里巴巴）在细分领域也有所建树。

AI 芯片主要厂商分布如图 6-6 所示。

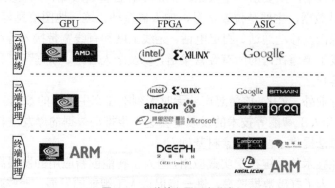

图 6-6　AI 芯片主要厂商分布

虽然 FPGA 和 ASIC 可满足部分应用场景所需，可是在长久的规划上，科学家将新一代架构的类脑芯片作为解决深度学习计算需求的底层架构。

6.2.2 智能泛在的原料——数据

李开复在《AI·未来》一书中提到"成功的人工智能算法需要 3 样东西：大数据、强大的计算机运算能力和优秀的人工智能工程师。但在实干的年代，最重要的还是数据"。

近年来，全球数据量呈指数式增长，据国际数据公司（IDC）统计，全球近 90% 的数据将在这几年内产生，预计每年生产的数据量将从 2016 年的 16.1ZB 复合增长至 2025 年的 163ZB。随着人工智能、物联网、互联网等技术向工业、政务、电信、交通、金融、医疗等领域逐步渗透，数据呈现出海量（Volume）、多样（Variety）、高速（Velocity）和价值（Value）四大特性。

在工业方面，数据的来源有三大类：

（1）生产经营相关数据，主要存储于企业信息系统内部，范围涵盖传统工业设计和制造、客户关系管理、供应链管理、产品生命周期管理等；

（2）设备物联数据，主要包括物联网运行模式下工业生产设备和目标产品的实时运行状态数据；

（3）外部相关数据，主要涵盖与工业主体生产活动相关的企业外部数据。

在通信行业方面，电信运营商拥有丰富的数据资源，数据类型除了传统经营模式下存在于业务运营支撑、客户关系管理等经营系统中的结构化数据，还包括移动互联网业务经营中形成的文本、图片、音/视频等非结构化数据。电信行业大数据按领域可分为 3 类：

（1）B 域数据，主要包括用户数据和业务数据，如用户的消费习惯、终端信息、资费分组、业务内容、业务受众人群等；

（2）O 域数据，主要指网络数据，如信令、告警、故障、网络资源等；

（3）M 域数据，主要是位置信息，如人群流动轨迹、地图信息等。

数据来源涉及移动通话、固定电话、无线上网和有线宽带接入等所有业务，涵盖包括线上线下渠道在内的所有经营渠道，以及个人客户、家庭客户和政企客户等所有类型的客户。

除以上行业外，文化、旅游等产业无时无刻不在产生着新的数据。在未来，5G、IoT、车联网和人工智能等技术的发展更会进一步推动数据的爆发增长，海量数据为人工智能算法提供了坚实的素材基础。

人工智能技术的关键在于实践应用，而人工智能创新应用的发展离不开数据的开放和共享。为了打破数据壁垒，进一步促进人工智能的发展，一些政府部门、学术机构或人工智能企业以公益的形式公开数据集，开发、开放和共享数据已经成为潮流。目前主流的公开数据集仍主要集中在图像处理、自然语言处理和语音处理三大成熟领域。例如，在计算机视觉方面，MNIST 是最受欢迎的深度学习数据集之一，而 ImageNet 则是目前世界上最大的图像识别数据库；在自然语言处理方面，以 IMDB 电影评论数据集和 NLP 挑战竞赛数据集等为代表；在语音处理方面，有 VoxCeleb 以及著名的 AISHELL-1 语音数据库。

这些公开的数据集可以进一步降低机器学习算法的学习和训练门槛，加速各个行业同人工智能技术进行结合。大量公开的数据集不仅有助于提升算法改造和模型效果，还有利于形成人工智能体系的生态效应。基于公开数据集的人工智能竞赛也有利于进一步吸引、发掘、培养人工智能技术人才。

6.2.3　智能泛在的核心——算法框架

1. AI 算法框架概述

在过去，从环境安装部署到测试迭代再到性能调优等都需要人们耗费大量的时间与精力，而人工智能框架的出现为解决这些复杂问题提供了新的方式方法。人工智能框架作为 AI 开发过程中的基础平台和通用工具集合，可以让数据科学家、开发者、AI 专家从烦琐的基础工作中解脱出来，将更多精力放在自身领域的突破创新上。人工智能主流算法框架有 TensorFlow、Caffe、PyTorch、MXNet、CNTK、Theano 等，除此之外，百度 PaddlePaddle、华为 MindSpore 等中国的深度框架也在快速崛起。主流深度学习框架对比见表 6-1。

表 6-1　主流深度学习框架对比

深度学习框架	开发机构及时间	支持语言	使用现状
TensorFlow	谷歌（2015 年）	C++/Python/Go 等	工业应用领域主流框架
Caffe	BVLC（2014 年）	C++/Python	在计算机视觉领域应用广泛
PyTorch	脸书（2017 年）	C++/Python/Lua 等	学术研究领域主流框架
CNTK	微软（2016 年）	C++	在语音识别领域应用广泛
MXNet	亚马逊（2015 年）	C++/Python/R 等	亚马逊官方推荐的深度学习框架
Theano	Lisa Lab 团队（2008 年）	Python	日渐式微，2017 年已停止维护
PaddlePaddle	百度（2016 年）	C++/Python/C 等	国内领先的深度学习框架
MindSpore	华为（2019 年）	C++	起步阶段，云边端全场景快速部署

2. AI 算法体系概述

在人工智能技术中，AI 技术中所用到的算法统称为机器学习算法。根据学习任务的不同，通常将机器学习分为监督学习、无监督学习、强化学习 3 种类型，而每种类型有着诸多算法。目前，人工智能技术中应用广泛的深度学习算法和这 3 种均有交叉，这四者的关系如图 6-7 所示。

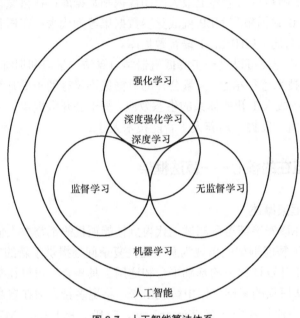

图 6-7 人工智能算法体系

（1）监督学习

借鉴国内著名人工智能学者周志华教授的经典"西瓜论"，将机器学习类比为一个挑西瓜的过程，监督学习就是让一个经验丰富的瓜农提前给每一个西瓜打上一个甜或不甜的标签，然后就可以让机器通过观察标签和西瓜特征之间的关系来学习瓜农的经验（如西瓜的大小、色泽、产地、敲击声音等特征与甜和不甜标签之间的关系），从而让机器也具有挑选西瓜的能力。监督学习通过带有标签信息的训练样本来训练机器，让机器得到一个模型，从而让机器能凭借这个模型对未见过的情况进行预测。监督学习的主要算法包括神经网络、支持向量机、朴素贝叶斯、决策树等，主要涉及的应用包括分类问题和回归问题。

（2）无监督学习

现在撕掉西瓜上贴的标签，让机器重新观察这些西瓜，并尝试按照西瓜间的相似性将西瓜分成不同的堆，这就是一个无监督学习。无监督学习就是要在没有训练标签的情况下，让机器根据数据特征进行聚类，从而得到数据间的关系。比起监督学习，无监督学习更像让机器自学，在没有其他提示的情况下，让机器自己学会做事情。无监督学习中最常见的任务是聚类、降维和密度估计，一些常用算法包括

k 均值聚类、主成分分析和自动编码器等。

（3）强化学习

假如我们第一次选了一个大的西瓜，发现很好吃，第二次选了小的西瓜，发现没熟，那么第三次我们自然倾向选大一些的西瓜。强化学习的思想和不断挑选西瓜的过程是类似的。最初机器对挑西瓜一无所知，但机器也可以像人一样，在不断的"试错"过程中学习——当做出正确的选择时，环境会反馈一个正向的信号；当做出错误的选择时，环境会反馈一个负向的信号。经过不断地尝试，机器做出正确选择的可能性就会提高。强化学习与其他方法最大的不同在于强化学习并没有直接告诉机器什么是好的、什么是坏的，而是让机器自行探索。由于外部环境提供的信息很少，机器在进行强化学习时必须靠自身经历进行学习。通过这种方式，机器得以在行动–评价的环境中获得知识，改进行动方案以适应环境，从而做出更好的选择。

（4）深度学习算法

深度学习是机器学习领域中一个新的研究方向，其算法和监督学习、无监督学习、强化学习三者相互交叉融合，最终目标是让机器能够像人一样具有分析和学习能力，能够识别理解文字、图像和音频等数据，成为真正的人工智能。深度学习算法非常复杂，但其在语音和图像识别方面取得的效果远远超过先前的算法，因此其是目前和人工智能最为接近的算法。深度学习就具体研究内容而言，主要涉及 3 类方法：

- 基于卷积运算的神经网络系统，即卷积神经网络（Convolutional Neural Network，CNN）；
- 基于多层神经元的自编码神经网络，包括自编码（Auto Encoder）以及近年来受到广泛关注的稀疏编码（Sparse Coding）两类；
- 以多层自编码神经网络的方式进行预训练，进而结合鉴别信息进一步优化神经网络权值的深度置信网络（Deep Belief Network，DBN）。

大家之所以对深度学习如此钟情，是因为结合 3 种学习的深度学习能完成识别、判断、决策、行动 4 步。这十分类似人类的认知信息加工过程。这意味着人类大量的日常问题，如搜索、数据挖掘、翻译、语言处理、多媒体学习、个性化推荐等都可以借助深度学习解决。

拥有深度学习的机器将赋予人类更强大的能力。

3. 基于深度学习的现代 AI 技术

我们以计算机视觉、语音识别和自然语言处理为例，看看基于深度学习的人工智能是如何突破的。

（1）计算机视觉

人类大脑皮层约 70%的活动是在处理视觉相关信息，视觉就相当于人脑认知的大门。人工智能也是如此，如果不能处理视觉信息，整个人工智能系统将是个空架子，只能完成类似下棋、定理证明等符号推理任务，没法真正进入现实世界。而计算机视觉正是要帮助人工智能打开视觉这扇认知的大门，帮助机器走向现实世界。目前计算机视觉的研究方向主要分为 3 类：图像处理、图像识别检测和图像理解。

图像处理以大量的训练数据为基础（这些数据可以包含噪声，也就是一些干扰数据），通过深度神经网络算法训练出一个端到端的解决方案。图像处理有几种典型应用，包括去噪声、去模糊、超分辨率处理、滤镜处理等，主要用于视频处理。这些应用目前已经相对成熟，在各类修图软件、视频处理软件中随处可见。

图像识别检测主要包括图像预处理、图像分割、特征提取和判断匹配等过程，也是基于深度学习的端到端方案，可以用来处理分类问题（如识别图片的内容是不是猫）、定位问题（如识别图片中的猫在哪里）、检测问题（如识别图片中有哪些动物、分别在哪里）、分割问题（如图片中哪些区域是猫）等，如图 6-8 所示。

图 6-8 图像识别检测相关问题

图像理解本质上是图像与文本间的交互，可用来执行基于文本的图像搜索、图像描述生成、图像问答（给定图像和问题，输出答案）等任务。如图 6-9 所示，给计算机输入一幅图像，图像识别技术会识别这幅图并将其分到"马"这个类别中；图像检测技术会告诉我们哪部分是马，哪部分是人；而图像理解技术会告诉我们"一个人骑在一匹马上，他的狗坐在马旁边"，甚至可以告诉我们"在一个阳光明媚的下午，一个穿着牛仔衣服的年轻小伙坐在一匹健壮的马上，他的爱犬坐在马的旁边，他们相互对望着，看起来非常开心"。目前，图像理解技术还没有取得非常成熟的结果，商业化场景也正在探索之中。

目前计算机视觉领域的经典算法有 AlexNet、VGG、GoogLeNet、ResNet、ShuffleNet 等。计算机视觉的应用几乎可以说是无所不在的，不仅有广为人知的无人驾驶、无人安防、人脸识别、VR/AR、3D 重构，还有已经展现出广阔前景的医学图像分析领域。

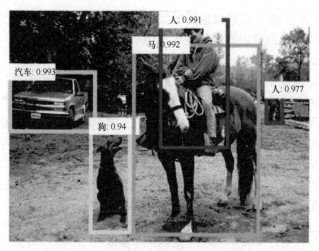

图 6-9 图像检测任务

（2）语音识别

语音识别是以语音为研究对象，通过信号处理和识别技术让机器自动识别和理解人类口述的语言后，将语音信号转换为相应的文本或命令的一门技术。语音识别、语音合成、自然语言理解、语义网络等技术相结合的语音交互正逐步成为当前多通道、多媒体、智能化人机交互的主要方式。

你也许听说过一个有意思的现象："鸡尾酒会效应"，在嘈杂的环境中，例如鸡尾酒会，包含特定信息的声音（如来自他人的对话）会和背景噪声融合在一起，完全无法依靠物理性质区分，但人依旧可以成功从融合的声音中提取特定信息的现象。这其实是人类听觉系统的"语音识别"系统，它包含特征提取、模型自适应、声学模型、语言模型、动态解码等多个过程。目前，机器还不具有人类这般感知信息的能力。但是，研究人员已经提出了一些解决方案。随着未来更多训练数据的积累、训练过程的打磨，语音识别将逐渐取得突破，最终解决"鸡尾酒会效应"问题。

语音合成包括文本分析、语言学分析、音长估算、发音参数估计等几个步骤。目前，基于现有技术合成的语音在清晰度和可懂性上已经达到了较好的水平，但机器口音还是比较明显。现阶段语音合成的重点研究方向包括如何使合成语音听起来更自然、如何使合成语音的表现力更丰富、如何实现自然流畅的多语言混合合成等。只有在这些方向上有所突破，语音合成才能使机器的语音真正与人类声音无异。

语音识别不仅带来一种全新的、变革式的人机交互方式，更重要的是，语音作为人类富含情感的交流方式也会把这种情感投射到人机关系上。我们对人工智能的狂热和追逐不仅仅在于它可以把我们从某些工作中解放出来，还有对认知计算、情感智能的敬畏，对于语音识别来说同样如此。由于语音识别的独特交互模式，智能家居与智能车载成为目前语音识别技术最受青睐的应用领域。

（3）自然语言处理

自然语言处理是指文本处理，其和针对语音、图像的模式识别技术有着本质区别。语言作为知识的载体，承载了巨大的信息量，具有高度的抽象性，对语言的理解属于认知层面的问题，不能仅靠模式匹配的方式解决。自然语言处理包括知识的获取与表达、自然语言理解、自然语言生成等环节，因此相应出现了知识图谱、对话管理、机器翻译等研究方向。

知识图谱是基于语义层面对知识进行组织后得到的结构化结果。知识图谱的构建过程其实就是获取知识、表示知识、应用知识的过程。举例来说，针对一个文本"刘华携妻子朱丽出席了电影节"，我们可以从中提取出"刘华""妻子""朱丽"这几个关键词，然后得到"刘华–妻子–朱丽"这样的三元表示，这个三元表示就是一个知识。同样地，我们也可以从其他文本中得到"刘华–身高–174cm"这样的三元表示。知识图谱就是将不同领域、包含不同实体的三元表示组织在一起，从而形成一个巨大的知识网络来解决问题。目前，知识图谱可以用来回答简单的事实类问题，如语言知识图谱（解决词义上下位、同义词等问题）、常识知识图谱（如"鸟会飞但兔子不会飞"）、实体关系图谱（如"刘华的妻子是朱丽"）。

按照涉及知识的通用性，对话管理可以分为闲聊、问答、任务驱动型对话 3 种情景。闲聊是开放性、存在情感联系和聊天个性的对话（如"今天天气真不错""是呀，要不要出去走走？"）。闲聊情景的难点在于如何通过巧妙的回答激发用户兴趣或降低用户不满，从而延长对话时间、提高用户黏性。问答是基于问答模型和信息检索的对话，一般以单轮问答的形式出现（如"刘华的老婆是谁？""刘华的妻子是朱丽，1986 年 3 月 12 日出生于中国北京……"）。问答情景不仅要求系统拥有较为完善的知识图谱，还需要系统能在没有直接答案的情况下运用推理得到答案。任务驱动型对话涉及槽位填充、智能决策，一般以多轮问答的形式出现（如"我想听中文歌""为您推荐《好一朵美丽的茉莉花》""这首歌的演唱者是谁""是宋祖英"）。简单任务驱动型对话已经比较成熟，未来的攻克方向是建立通用领域的对话管理。

基于深度学习的机器翻译依靠大量的训练数据，通过端到端的学习方式，直接建立源语言与目标语言之间的映射关系。在这种思想的指导下，人们不断对早在 20 世纪 90 年代就提出的"编码器–解码器"神经机器翻译结构进行完善，并在结构中引入了注意力机制（Attention Mechanism），使系统性能得到显著提高。谷歌团队研发的机器翻译系统 GNMT（Google's Neural Machine Translation）在多个主要语言对的翻译中将翻译误差降低了 55%～85%。未来，神经机器翻译在出境游、商务会议、跨国交流等场景的应用前景十分可观。

6.2.4 智能泛在的接口——AI 应用平台

随着人工智能技术的发展，金融、医疗美容、制造业、零售、交通、安防、教育等行业均已使用人工智能技术，不知不觉中，人工智能应用已经无处不在！为了更方便地构建人工智能应用，人工智能平台应运而生。人工智能平台结合了智能、决策类算法和数据，使开发者可通过平台创建自己的商业解决方案。一些人工智能平台提供预设的算法和简易的框架，具备平台即服务（Platform as a Service，PaaS）的功能，可提供基础的应用开发服务。人工智能平台提供了智能泛在的接口，共享AI 技术进步所带来的红利，同时连接各行业内的上下游机构，避免重复工作，大幅提升整个产业的生产效率。

1. 国家新一代人工智能开放创新平台

为推动我国人工智能技术创新和产业发展，促进人工智能与实体经济的深度融合，科技部制定了《国家新一代人工智能开放创新平台建设工作指引》，先后宣布了一批国家新一代人工智能开放创新平台名单，涉及交通、医疗、教育、零售、安全等多个领域，包含百度、阿里巴巴、腾讯、科大讯飞、华为等 15 家企业，如图 6-10 所示。

图 6-10　国家新一代人工智能开放创新平台名单

首批 4 个人工智能开放创新平台如下。

（1）百度：自动驾驶国家新一代人工智能开放创新平台

自动驾驶国家开放平台主要基于百度 Apollo 平台，是一个以百度技术为依托，对外提供开放、完整、安全的软件、硬件和服务的平台，帮助开发者搭建完整的自动驾驶系统。2019 年 8 月，百度 Apollo 无人车通过长沙测试，完成了全国首例 L3、L4 级别的高速场景自动驾驶车路协同演示，百度 L4 级别自动驾驶城市道路测试里程已经正式突破 200 万千米。

（2）阿里云：城市大脑国家新一代人工智能开放创新平台

依托阿里云建设的城市大脑国家人工智能开放创新平台，以城市大脑系统为蓝本，为城市安防治理、城市公共服务及其他行业的智能应用构建起开放、多元的生态体系，为新一代人工智能技术在智能社会各个领域中的创新应用提供支撑服务。借助该平台，全时全域交通自动巡逻报警系统可以实现对城市里面的交通事件、事故进行全方位的实时感知，识别准确率达到95%以上；车流人流预测系统可以通过区域内的历史和实时视频数据，实时准确地预测全区域内的车流、人流情况。

（3）腾讯：医疗影像国家新一代人工智能开放创新平台

医疗影像开放创新平台——腾讯"觅影"AI影像目前已实现了从单一病种到多病种的应用扩张，从早期食管癌筛查拓展至肺癌、糖尿病视网膜病变、乳腺癌、结直肠癌、宫颈癌等多种疾病的筛查。AI辅诊平台能够辅助医生诊断，预测700多种疾病，涵盖了医院门诊90%的高频诊断疾病。

（4）科大讯飞：智能语音国家新一代人工智能开放创新平台

国家智能语音人工智能开放创新平台主要基于科大讯飞公司的语音平台技术建立，该平台上已经形成了涵盖技术研发、基础平台、物联网、智能硬件等环节的完整人工智能产业链。目前，该平台主导和参与的6项智能语音国家标准正式发布，这促进了智能语音技术与应用领域的自主知识产权和标准体系的形成，推动了可持续的产学研系统创新机制的发展。

国家新一代人工智能开放创新平台聚焦人工智能重点细分领域，充分发挥行业领军企业、研究机构的引领示范作用，有效整合行业技术、数据及用户需求等方面的资源，以普惠应用的方式细化产业链层级，助力人工智能产业生态的构建。

2. 中国移动的人工智能开放平台

作为全球网络规模最大、客户数量最多的基础电信运营企业，中国移动积极践行国家创新驱动发展战略，充分发挥企业创新主体作用，在人工智能平台领域进行了大量探索实践。通过开放平台向"产学研用"全生态圈提供智慧网络技术和应用研发所需的模拟网络环境、计算平台、数据平台和核心能力共享平台，构建新型网络创新生态，从而带动群体产业的全面发展，保持国家在5G和AI方面的持续领先，推动网络强国、数字中国、智慧社会的战略落地。

（1）中国移动九天人工智能平台

2019世界人工智能大会上，中国移动正式发布了"九天人工智能平台"，该平台是中国移动积极响应国家科技和网络强国战略自主研发的人工智能领域重要创新成果，也是中国移动"5G+AICDE"计划的成果。

九天人工智能平台由深度学习平台（如图6-11所示）和AI能力平台组成，提供从基础设施到核心能力的开放人工智能即服务（AIaaS），致力于让人工智能技术成为通信网络的原生能力，解决AI规模化应用的产业难题。目前，九天人工智能平台已达成了多个领域的规模化应用，能够满足网络、服务、市场、安全和管理等各场景的智能化应用需求。未来，中国移动希望面向各行业的智能化应用场景，建设一个公共开放的、云网和 AI 深度融合协同的智能化基础设施平台，为产业链上下游各参与方提供 5G+AI 试验田服务，帮助 AI 企业、垂直行业应用服务商等破解 AI 与 5G 协同发展的难题。同时，中国移动也希望借此进一步孕育、挖掘和形成更多更丰富的行业应用需求场景和解决方案，实现通信网络与行业应用的深度融合，发挥行业协同的新价值，带动 AI 在相关产业中的规模化应用，通过开放、共享、合作与全行业共同实现人工智能在产业应用的核心价值，为国家提供打造网络强国、构建数字经济社会的新的支持手段。

CPU

NVIDIA V100/P40/P4
组成超强算力GPU集群

FRAME

搭载TensorFlow/
Keras/Caffe等多款
主流深度学习框架

SERVICE

提供平台管理员/
租户管理员/普通
用户三级用户管理模式

SAFETY

租户之间数据资源
隔离，安全可靠

图 6-11　九天深度学习平台

（2）中国移动设计院 SmartNET.AI 引擎

中国移动设计院自 2017 年起，自主研发了智能网络数据分析引擎（SmartNET.AI），如图 6-12 所示。该引擎专注网络数据分析领域，为网络智能化应用提供一键式 AI 赋能，降低应用研发门槛与周期。仓颉引擎提供适用于网络领域的深度学习及机器学习算法自动生成功能，具有网络隐患识别、故障预测、图像识别、根因定位、异常检测等智能网络数据分析能力，并提供一键式网络大数据核查、预处理、特征工程、模型评估、模型调用服务。智能网络数据分析引擎 SmartNET.AI 及多项网络智能化应用，将推动中国移动不断创新网络运营模式，助力中国移动持续提升网络运营效率和质量，降低网络运维和优化成本，持续赋能智能网络运营。

图 6-12　智能网络数据分析引擎（SmartNET.AI）

6.3　AI 赋能，智能泛在

两年前，接到各种客服电话还能很容易判断这是真人还是人工智能，稍微一听就能感受到人工智能的语音没有声调，缺乏节奏；但现在再接到推销电话，你会感觉越来越难区分，人工智能的声音中甚至加入了人的喘息声。

这仅仅是人工智能应用于生活的一个侧面。若我们在生活中多观察体会一下，就会发现，人工智能已经如影随形般附着在生活的方方面面，如金融、商业、驾驶、医疗、法务、客服、会议、安防……

6.3.1　智能数据分析

智能数据分析指的是运用统计学、模式识别、机器学习、数据抽象等数据分析方法从数据中发现知识的分析过程。如今，人工智能结合海量数据，正在创造出新的智能分析技术，赋予数据新的价值。

1. AI 赋能金融，风险控制服务

金融作为一个传统产业，风险控制是其最基本也是最传统的领域。近年来，国

内外金融机构和金融科技企业正不断尝试将人工智能应用到风险防范、反欺诈等风险控制的细分领域中。例如，花旗银行、美国银行、汇丰银行等机构广泛应用逻辑回归、神经网络等技术以提升欺诈识别能力；京东金融与 ZestFinance 的合资公司以数据挖掘建模为核心竞争力，在反欺诈领域深入应用机器学习技术，挖掘大数据价值。

在新形势下，欺诈演化出更多的表现形式和作案手法，金融机构亟须对传统风险防控手段进行智能化升级改造。例如，基于大数据挖掘方法，综合应用社交网络智能分析和机器学习算法进行风险量化预测，从客户基础维度和社交维度对借款人进行欺诈量化评分和信用量化评分，从而更加准确地刻画借贷人的违约风险，构成"会思考"的风控模型。基于 AI 的风控模型能够进一步区分欺诈特征，提升信用卡申请欺诈侦测能力，在银行风险防范和反欺诈领域具有巨大的商业价值。与传统的风控方法和流程相比，基于 AI 的技术手段不仅能大大优化业务流程，让用户获得更好的体验，同时还能大幅度降低逾期率和不良率，提升资产质量。

2. AI 赋能商业，零售中的智能化推荐

在零售行业，个性化、定制化的推荐服务能很好地提升顾客体验。随着消费的不断升级，品质消费、个性化消费也开始日渐崛起，越来越多的零售企业开始推出私人定制服务。

基于人工智能的智能化推荐技术能从海量数据中深入挖掘用户行为及业务特征，从而能针对不同场景为用户提供实时、精准的推荐服务。例如，亚马逊基于用户购买历史和浏览行为在主页非常显眼的位置上放置了个性化推荐模块，在搜索结果页会给用户提示与搜索相关的推荐，在购物车页面会给用户推荐其他可以加入购物车的商品，在用户订单页的尾部，加入了"更多推荐"这一模块，从而给用户提供一些后续购买的建议。这样，亚马逊就实现了千人千面的商店。

网上寄售商店 ThredUp 发布的 Goody Boxes 中有许多根据每个顾客的风格量身定做的二手服饰。顾客留下了他们喜欢的商品，并退回他们不喜欢的商品。人工智能算法会记住每个客户的偏好，以便将来可以推荐更适合消费者喜好风格的服饰，极大地提升了客户体验。通过这种以消费者为核心的"零售革命"，人工智能将彻底改变传统的零售体验，有效推动了零售行业的升级。

6.3.2　计算机视觉

作为目前应用最为广泛的 AI 技术，不管是公司的门禁闸机、超市的刷脸支付，还是生活自拍，都随处可见计算机视觉的身影。一个小小的摄像头，在赋予了机器视觉的同时，让我们看到了更美好的未来世界。

1．AI 赋能自动驾驶，打造未来出行生态

2020 年 4 月，百度在长沙上线了自动驾驶出租车服务，高德在上海推出自动驾驶出租车项目。同年 6 月，高德携手 WeRide 在广州推出了自动驾驶出租车运营服务，滴滴在上海的自动驾驶网约车服务上线，百度在成都高新区推出自动驾驶出租车服务……自动驾驶正逐渐从未来"驶向"当下。

在自动驾驶技术中，感知是最基础的部分。实现自动驾驶，汽车要满足 4 个看：看得见、看得清、看得远和看得懂。在"感知泛在"部分，我们已经提到，自动驾驶车辆中装有车载摄像头、激光雷达等数十个传感器感知车内环境、周边环境。而传感器本身仅仅实现了"感"，传感器仅仅能看到外部世界，达到"看得见、看得清、看得远"，要满足"看得懂"，就要实现"知"：实时进行多个物体的识别和检测，对于动态物体，还需要对其轨迹进行追踪，基于追踪的结果预测其下一步的位置，计算出安全的行车空间，这就得借助计算机视觉这个人工智能武器了。

计算机视觉为车辆对环境的感知提供了解决方案，被广泛应用在自动驾驶的物体识别、物体检测以及物体追踪等场景中，承担了交通标志牌、交通信号灯的识别，车道线识别与偏航的计算，障碍物检测与定位等重要工作。从计算机视觉的角度来说，自动驾驶是一次难得的发展机遇。自动驾驶产业爆发带来的大量资源与真实世界中的行驶数据给计算机视觉的发展带来了"大数据"和"大计算"的红利。数据的极大丰富将与算法的迭代更新相辅相成，进一步推动计算机视觉研究向前发展。自动驾驶中的物体识别及追踪如图 6-13 所示。

图 6-13　自动驾驶中的物体识别及追踪

2．AI 赋能防疫，智能测温构建安全屏障

在新冠疫情期间，全民体温检测成为常态，快速对流动人员进行体温筛查则成

为十分迫切的需求。

在这种环境下，热成像测温则是一种十分良好的解决方案。热成像测温以非接触的方式检测人体温度，可以快速、安全、准确地判断人员是否存在体温异常情况。而如果将 AI 技术中的人脸检测与热成像测温相结合，就可以进一步实现无接触式地自动快速测温，并且支持测量点、线、区域内的最高温、最低温、平均温以及温差。防疫人员可以利用这种智能测温系统，根据实际需求设置体温检测阈值，从而实现自动报警、快速响应的高效防疫机制。同时，智能测温系统的数据还可以统一上传至平台管理，实现检验信息共享，便于紧急情况下快速决策。智能红外测温系统页面如图 6-14 所示。

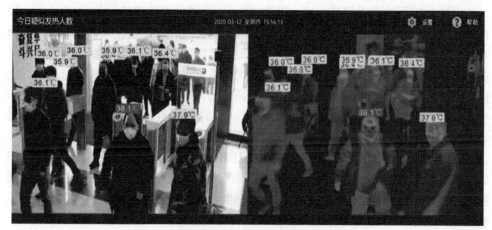

图 6-14　智能红外测温系统页面

3. AI 赋能安防，点线面全维度布防

当前，中国过半监控设备已完成高清摄像头的升级部署，警务电子化与信息化已逐步完成，这为人工智能技术的部署提供了基础条件。

点状布防的安防应用场景主要应用于人口流动密集且需要身份认证的关键场景，例如，车站、机场、酒店、门禁、银行等对身份认证具有功能需求的场景。从识别技术来说，单点布防的场景主要以静态识别为核心技术，系统可以通过人脸图像、身份证、局端数据三者对比来完成身份验证。目前，多家中国企业已完成人脸识别技术研发和迭代，实现了高于 99.999% 的识别准确率，接近虹膜识别准确率，达到金融安防级别。

图像识别技术不仅可以实现静态识别，也可以完成动态识别。通过对视频的动态分析，信息分析平台可以监测出可视范围内的人员数量，并且可以捕捉每个人员的行为动作，形成重点场所及区域的面状布防。智能安防系统页面如图 6-15 所示。

图 6-15　智能安防系统页面

4．AI 赋能医疗，糖尿病视网膜病变检测系统

据国际糖尿病联盟统计，截止到 2019 年，全球糖尿病患者已达 4.63 亿人，预计 2045 年达 7 亿。糖尿病视网膜病变（Diabetic Retinopathy，DR）是最常见、影响最大的并发症，目前我国 DR 患病率高达 24.7%～37.5%。如果能对糖尿病患者进行 DR 早期筛查、诊断、干预及随访，就能显著降低 DR 患者严重视力损伤的比例，所以早期诊断对延缓病情进展具有重要作用。目前，传统筛查糖尿病视网膜病变方式需要眼科专家对散瞳眼底图像进行诊断，这意味着该方式需要大量的专业医学经验和较高的人员成本，难以有效对大量糖尿病患者进行大规模筛查诊断。

现代医疗结合 AI 技术可以对糖尿病视网膜病变实现快速、准确、低成本地识别。人工智能通过采集大量病例数据，利用深度卷积神经网络算法，就能实现对糖尿病视网膜图像的分类，从而实现有效地辨别、诊断，解决大规模人口的筛查和诊断问题。糖尿病视网膜病变检测系统如图 6-16 所示。

图 6-16　糖尿病视网膜病变检测系统

6.3.3　语音识别

语音识别构筑了人与机器智能交互的桥梁，让我们在人机智能交互的过程中感

受到科技的便利。

1. AI 赋能智慧法院，语音识别庭审笔录

随着社会法律意识的不断增强，法律案件数量不断攀升。2019 年上半年，各省（区市）法院新收案件 1488.9 万件（人），法官人均新收案件 118.4 件（人）。庭审作为案件办理的核心节点，因书记员录入速度有限，效率难以进一步提升，这使得法律工作者的工作强度逐年增大。

科大讯飞结合人民法院业务需求，基于语音识别算法打造了智慧法院整体解决方案，满足了审判业务多场景的需求，为提升审判质效、规范司法管理提供了有力支撑。智能庭审系统采用多语种多方言语音识别、语音合成等人工智能技术，运用专用法言法语模型，实现了庭审纪律自动播报、庭审笔录自动生成、庭审笔录音频即时回听以及快速检索等功能，解决庭审笔录记录速度慢、记录不全、记录不准等问题，可以有效提升法官的办案效率，大幅减轻书记员的工作强度和压力，从而提升审判质效，促进实现审判体系和审判能力现代化。语音识别赋能智慧法庭如图 6-17 所示。

图 6-17　语音识别赋能智慧法庭

2. AI 赋能语音客服，情绪识别自适应客服配置

世界上很多客户服务已经采用了自动化的语音提示与操作，如中国移动 10086 热线手机业务的自动化办理流程。然而，在问题无法解决或者用户表述不清的情况下，这种非人工服务则难以继续服务，从而引发用户的不满和投诉。

针对这一情况，日本 NTT 研究所研发出一款客服电话情感识别系统。这个系统能对用户的电话语音进行实时检测，如果未检测到用户的负面情绪，则继续当前的自动语音服务；如果检测到用户的负面情绪，则将自动转接人工服务进行业务处理。目前，这一项系统已经投入使用，有效地提升了用户体验，降低了用户投诉率，提高了用户满意度。

6.3.4 自然语言处理

据统计，目前世界各地共有 7000 多种语言。语言不同，信息就无法传递，我们又如何与他国友人分享精彩和美好呢？随着人工智能技术的发展，沟通无界将成为可能。

1．AI 赋能语音助手服务——Siri 语音助手

随着自然语言识别的升级与迭代，人工智能语音助手开始变得越来越聪明。语音助手不仅让我们的生活更加便利，还提升了我们工作的效率。

简单来说，语音助手就是让机器明白你在说什么，这是人们长期以来梦寐以求的场景。相信很多 iPhone 用户都曾体验过"嘿，Siri，为我放一首歌"的情景。Siri 诞生于 2007 年，2010 年被苹果以 2 亿美元收购。Siri 最初以文字聊天服务为主，随后通过与语音识别厂商 Nuance 合作，实现了语音交互功能，并支持自然语言输入，从而实现语音调用系统自带的天气预报、日程安排、搜索资料等应用的功能。同时，Siri 还能够不断学习新的声音和语调，提供对话式的应答。

2．AI 赋能商务会议——智慧翻译

2020 年 6 月 2 日晚，"财新国际圆桌"进行在线直播，世界银行前行长金墉对话复旦大学附属华山医院感染科主任张文宏，以"抗疫政策分析与公共卫生体系建设"为主题进行深入探讨。同时，会议邀请了海内外知名企业家、公共卫生专家、经济领域政策制定者、学者担任互动嘉宾，提供更多角度和更深度的探讨。腾讯同传作为此次会议的独家同传服务平台，提供了同传翻译服务，保障了会议上的无国界交流。来自不同国家的嘉宾在分享各自观点的同时，屏幕前的观众就能获得实时翻译，如图 6-18 所示。并且，观众还可以在线互动提问，通过腾讯同传精准及时的中英文对话翻译与专家进行交流。

图 6-18 腾讯同传助力国际交流

阿里巴巴作为中国的互联网巨头之一，其 AI 开放平台的机器翻译已经支持包含 21 个语种、共计 48 种语言的翻译，平台日均使用量已达到约 7.5 亿次。除了支持离线翻译以及文字翻译，平台还提供实时语音、图片及视频翻译等功能。

6.3.5 中国移动智能化实践

随着移动通信逐步迈入 5G 时代，5G 和 AI 已成为引领新一轮科技革命和产业变革的战略性技术，两者互融互促、共赢共生，共同推动数字要素的充分流通和高效运用，加速经济社会数字化转型进程。将人工智能技术与电信网络结合已是当前全球 ICT 产业界研究的热点方向，标准化组织、电信运营商、电信设备厂商、软件开源社区等都在积极探索通过人工智能推动产业升级。

党的十八大以来，习近平总书记多次阐述"抓住信息革命历史机遇，实现中华民族伟大复兴"的治国理念。建设网络强国、抢抓信息革命历史机遇，对实现"两个一百年"奋斗目标和中华民族伟大复兴中国梦具有重要意义。面对新基建时代赋予的历史使命和建设重担，中国移动积极响应国家人工智能战略，顺应信息通信技术和产业发展趋势，发挥自身在网络、用户规模和数据方面的优势，大力推动 AI 规模化应用和价值创新。从 2014 年开始研发智能客服系统到 2019 年 8 月在世界人工智能大会上正式发布九天人工智能平台，人工智能已成为中国移动"5G+AICDE"融合创新的重要组成部分。依托自研人工智能平台，中国移动充分发挥算力、数据、场景优势，打造连接与智能融合服务能力。

对内，中国移动结合自身业务发展需求，在网络、市场、服务、安全、管理等领域打造多种规模化 AI 应用，实现注智赋能，如图 6-19 所示。目前已累计孵化应用过百项、服务用户超 9 亿、创造价值近 10 亿元，有效提升网络运营效率以及用户服务效率，为客户提供更优质的服务。例如，在网络领域，打造网络自服务机器人，投诉处理效率提升 90%；在市场领域，咪咕视频实现了体育比赛智能剪辑，在 2018 年世界杯期间获得用户的大量好评。此外，"魔百和"机顶盒为用户实现智能影视内容推荐，观看率提升 42.2%，新增增值收入提升 11.7%；在服务领域，智能客服系统已服务 31 个省区市 228 个渠道共计 9.5 亿用户，月交互量超过 2.1 亿次；在管理领域，智慧稽核系统已接入全网实名开卡稽核数据，提升稽核效率 15 倍，累计为中国移动节约人力成本超 4 亿元；在安全领域，防骚扰电话机器人已现网应用，并登陆央视《机智过人》节目。

对外，中国移动始终将规模化的商业价值、技术价值、社会价值作为 AI 发展的战略目标，积极推进人工智能和云计算融合创新，打造开放的人工智能平台，面向垂直行业提供 AI 解决方案，全面推进各行业智能化转型和业务创新。目前工业质检、金融智能客服等优秀的 AI 解决方案已商用，同时全集团已有超过 300 个领域 AI 应用商用落地或在研。此外，中国移动大力推进网络智能化工作，主导发布了 5G 智慧网络白皮书，并在 3GPP、ITU、中国通信标准化协会（CCSA）等国际标准化组织中推动多项标准立项，构建了中国移动独特的技术、产业引领能力。

聚焦网络、安全、管理、服务和市场五大领域，做大应用规模

网络自服务机器人

客户投诉处理效率提升20倍
研究院、江苏公司

智能覆盖优化系统ACOS

Top N小区覆盖率提升6%
设计院

智能稽核

每年可节省上亿成本
IT公司、广东公司、研究院

管理

智能VoLTE语音质量评估

语音分析成本降低83%
网络部、研究院、浙江公司

网络

智能审计

合同、票据等24个审计点
IT公司、苏研、杭研

市场

五大领域
AI应用

智能家宽装维质检

所需人工降低95%
网络部、杭研

服务

安全

智能营销

ARPU环比增加7.5%
市场部、研究院

智能客户"移植"

月峰交互量超2.1亿次
在线公司、研究院

反欺诈系统

诈骗电话月拦截量超1400万次
信安中心

视频智能剪辑

剪辑效率提升130倍
咪咕视频

图 6-19 中国移动人工智能应用领域

另外，中国移动通过构建智慧中台，将业务、数据、算法、技术能力沉淀，实现企业级能力复用，如图 6-20 所示。通过中台提供的面向业务可扩展性和技术可扩展性的平台架构，加速业务流程，赋能数字营销，整合多角色、多渠道、多系统、多业务模式，满足企业在数字化转型期的需求。业务中台面向 BOM 三域，实现业务支撑能力的集中沉淀和全面共享，如融合订单服务、渠道管理、计费账务等服务；数据中台融合各领域数据，形成统一的数据治理体系，沉淀可复用的基础数据、数据资产及数据处理工具；技术中台融通汇聚公司内外部共性、优质、成熟的技术能力与研发环境工具，包括打造 AI 能力实现融智发展。"业务、数据、技术"三大中台可对内对外提供服务，实现从基础能力到商业能力的升级，打通企业线上线下产品、用户、渠道数据，对运营全流程实现注智，通过中台驱动业务协同与智慧运营。

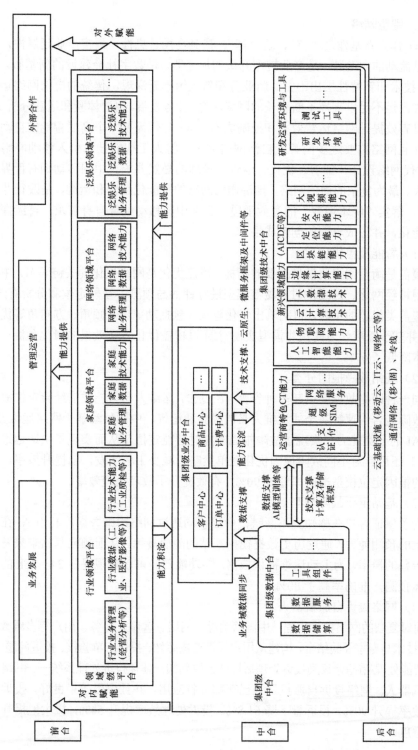

图 6-20 中国移动智慧中台

1. 智慧网络

5G 作为新基建之"首"、之"基"，最具全民普惠性，最富产业延展性，是社会信息流动的主动脉，是产业转型升级的加速器，是数字社会建设的新基石。随着 5G 新技术和新特性层出不穷、新业务和新应用不断涌现，传统的电信网络运行管理模式已经不足以支撑不断增长的网络演进、业务发展、用户体验和运营分析需求，也难以有效提升网络运营效率和控制成本。5G 时代需要一个高度智能的自动化网络，并且网络需要逐步向智能自治网络演进。将人工智能技术引入移动网络将是 5G 时代网络设计、部署、优化、运维、管理的必然要求。中国移动拥有世界上最为庞大、最为复杂的通信网络，推进通信网络的智能化运营和运维，是践行"以 IT 换人"、落实"降本增效"的有效手段。目前中国移动结合自身需求，持续探索网络智能化，并形成丰硕的创新成果。

（1）智能覆盖优化

覆盖是衡量网络质量最重要的指标，覆盖优化是网络优化的关键环节。中国移动利用神经网络、深度学习对覆盖模型进行评估与预测，智能定位和分析有过/弱/重叠覆盖类问题的小区，自动输出优化建议（包括功率、下倾角、方向角等优化方案），并基于深度学习的预测模型实现对弱/过覆盖优化方案效果的量化预测，将人工成本降低了 67%。

（2）基站故障根因分类

同一种网络故障会引起多种告警。在过去，运维人员只能凭借经验定位故障原因，故障能否快速解决全凭运维人员的经验和运气。中国移动基于网络运维数据，利用 AI 的分类能力，实现了故障根因的实时智能定位，从而实现了快速运维。同时，AI 还可针对不同故障原因优化派单策略，减少工单派发，以提升效率。中国移动的根因定位模型准确率超过 90%，有效提升了故障处理效率。

（3）基站重要故障预测

为了保证客户在感知上不断链，中国移动通过网络运维数据，利用 AI 在时间序列上的预测能力，通过历史数据挖掘基站的隐患规律，从而预测基站未来发生退服类告警的概率，为主动运维提供依据。该功能已经可以实现提前 24~48h 的退服类故障预测，准确率高于 80%。

（4）网络投诉自服机器人

面对复杂的网络投诉流程，中国移动综合网络、客服、业务、用户等多维数据，将 AI 技术与专家经验结合，构建从用户投诉意图感知、投诉工单验核、投诉问题定位、投诉智能处理/措施建议到投诉处理后评估的端到端一体化投诉处理系统——网络投诉自服机器人。网络投诉自服机器人已在部分省应用，并且应用效果良好，投诉定位定界效率提升 90%，投诉量下降 61.8%，投诉处理效率提升 54%，极大地提升了用户满意度。

（5）智能质检

智能质检基于装维人员装维过程中拍摄的图片，采用图像识别、光学字符识别（Optical Character Recognition，OCR，也可简单地称为文字识别）等 AI 算法，对家庭宽带安装质量进行跟踪监管，识别并判断安装过程是否规范、安装结果是否合格。目前智能质检项目已在全国 31 个省区市落地，截止到 2019 年年底，累计处理工单量达 6900 多万条，有效提升了质检效率，大幅降低了人工成本。

2. 智慧安全

（1）不良信息管控系统

在万物互联时代，不良信息的威胁程度与日俱增，网络安全不容乐观。不良信息主要以色情类、政治类信息为主。中国移动的不良信息管控系统通过 AI 技术，实现了文本、图片、音频、视频内容的智能检测，其中色情图片识别准确率达到了 95%，政治敏感图片识别准确率达到了 80%。目前，该系统服务于 16 家互联网公司，累计保障 40 余款应用，智能审核消息数超过 38.71 亿条，有效降低了 99%的人工审核量。

（2）智能网站安全防护

当前网络面临计算机病毒、网络攻击、网络侵入、网络安全事件等多种威胁，基于 AI 的网站安全防护工具可以对网络流量、终端行为等信息进行深度分析、学习，从而自主识别异常行为、恶意代码和风险操作，为网络安全保驾护航。目前，中国移动的智能网站安全防护系统已为 1555 个网站提供 Web 防护服务，为 61 个网站提供云防护服务，累计防御攻击次数超过 1.15 亿次；网页内容监测模块落地 8 省，为 21970 个网站提供内容监测服务，支撑多次重保任务，检测到 20 次以上的违规信息发布。

（3）恶意号码识别平台

随着社会信息化的高速发展，通过电信诈骗的金额和数量日益上升。如果运营商从源头上标记诈骗电话并及时做出处理，那潜在受害者就能避免财产损失甚至更恶劣的后果。为此，中国移动自主研发了恶意号码识别平台。目前，该平台已在福建等 4 省落地，日均输出 3000 条疑似诈骗号码，超过 30%的号码需下发各省处置，关停率超过 30%。

（4）"舆情通"舆情监控系统

社会舆情是社会治理的重要组成部分。为了助力社会舆情治理，中国移动自主研发了"舆情通"系统。"舆情通"利用情感分析、热点发现、相关性匹配、行业分类、文本溯源等算法，实现了粗粒度情感分析功能（包括新闻、微博两大类），为政府、教育、医院、银行、互联网等行业全面掌握群众思想动态、做出正确舆论引导提供了分析依据。目前，该系统已部署商用，在准确率、召回率方面达到业内标准水平，拥有 2000 多个商业用户，用户体验良好。

（5）诈骗网站分析识别

网络诈骗人均损失呈逐年增长趋势，诈骗网站严重威胁客户的信息和财产安全。然而，新型诈骗网站层出不穷，这就对运营商检测和处置诈骗网站的能力提出了较高的要求。中国移动的诈骗网站分析识别系统基于人工智能技术，能够快速、有效地发现网络中活跃的各类诈骗网站，同时也能通过主动拓展发现那些活跃程度不高、隐蔽性强的诈骗网站。该系统处于试用阶段，月均发现不良网站 1000 多个，对当前的不良网站监控系统起到较好的补充作用。

3. 智慧服务

（1）智能语音客服

智能语音客服实现了以语言为纽带的人机通信。在客服热线中，客户只需说出需求即可获得所需的信息与服务。智能语音客服可以代替人工完成大量简单、重复的工作，从而缩短客户等待时长。智能语音客服已在全国 26 个省区市的 10086 热线上线，2019 年月累计接通量超过 1 亿，客户满意度达到 88.8%。

（2）智能语音秘书

智能语音秘书采用最新的智能语音、智能语义和人机对话技术，通过电话智能接管、智能语义识别、来电意图分析，在用户遇忙等通信不可达的情况下，为用户提供智能电话代接服务，及时将来电方的来电意图和对话内容推送给用户，帮用户更加轻松地应对电话频繁、电话骚扰等问题，让用户不再为漏接重要电话而担心，从而提升用户的通话体验。目前，智能语音秘书已经面向 2 亿用户提供新型通信服务，覆盖包括房产、广告、快递、理财等骚扰电话和重要电话频发的 18 个场景。

（3）人证对比与支付交互

在机场、酒店、政企、金融等行业，人员与证件是高频出现的场景。过去，通过人工进行人证对比的方式不仅效率低下，而且准确率不高，这造成了一定的隐患。中国移动通过集成近场通信（Near Field Communication，NFC）读取身份证、摄像头抓拍人像、实时人像比对、屏幕交互展示等模块，研制了软/硬件相结合的一体式实名认证设备，可以支持客户自助完成身份证件读取、自动人像对比、实名认证等任务。目前，该设备身份证 OCR 准确率达 99%，人脸识别准确率达 99.9%，服务规模超过 1000 万人次，已覆盖全国近 80 万个营业网点的实名认证服务。

（4）"移智知了"智能问答机器人

"移智知了"智能问答机器人通过语义理解和自然语言处理技术，实现企业级的人机智能对话、个性化聊天，能够满足企业员工对公司信息实时获取的需求，有效降低了企业服务型部门（如财务部、人力部等）的人工成本，还能为企业产品的售前、售后工作提供有力的支撑。"移智知了"在特定场景下用户意图的识别准确率达到95%。

第 **7** 章

信任泛在

古代拜占庭帝国拥有许多军队，相互之间距离甚远，军队的众多将军需要通过信使传递消息，从而达成一致的军事决策。但是，这些将军中可能存在叛徒。叛徒将军会向其他将军发送干扰消息来阻止一致性决策的达成。在这种情况下，忠诚的将军怎样才能不受叛徒干扰而达成一致决定呢？这就是 1982 年马歇尔·皮斯、罗伯特·肖斯塔克和莱斯利·兰伯特三人在一篇论文中提出的著名的"拜占庭将军问题"（The Byzantine Generals Problem）。

拜占庭将军问题本质上是一个典型的分布式通信协议问题。在分布式通信系统中，不同计算机通过交换信息达成共识，并按照统一的策略协作运行。但有时，系统中某台计算机可能会因故障而发送了错误的信息，或者正确的信息在传递过程中出现损坏。这些情况都可能会使系统中其他计算机产生误判，从而破坏系统的一致性。这种信任共识问题不单单出现在通信领域，任何网络系统都会受其影响。互联网本身也是一个网络系统，同样会受这种信任共识问题的影响——任何人都无法预测网线那头的情况，因此也难以百分百地信任来自互联网的信息。所以，如何构建一个安全可信的网络，解决这种信任共识问题，就成了互联网未来发展不得不解决的问题。区块链技术以其多方参与、去中心化、公开透明、难以篡改、匿名安全等特点，为拜占庭将军问题提供了新的解决手段。未来，区块链将改变人类社会的信任模式和价值传递的技术方式，推动传统的中心化信任模式向去中心化、泛在化的"信任泛在"转变，催生信息互联网时代向价值互联网时代演进。

7.1　信任发展简史

自从人类开始大规模、灵活协作开始，信任就成为人类社会存在与发展不可缺失的重要机制。现代经济系统离不开信任，商业活动的开展基于双方的信任，信任牢固，大吉大利；信任缺乏，寸步难行。随着社会变迁、经济发展，信任在不同历史阶段的具体内涵和实现方式也发生了演化。人类先前经历了农业社会、工业社会和后工业社会，不同的社会类型分别孕育出了习俗型人际信任、契约型制度信任和合作型信任。社会进入当今的数字经济时代，信任也将从人–人信任开始转向物–物信任以及人–机–物的全方面信任。

7.1.1 农业社会：习俗型人际信任

在这里，可以用最常见的社会生活方式——工作，来解释不同社会人际信任的区别。

在一些中小型家族企业中会有明显的"自己人"和"外人"之分：老板的亲戚，即便业务能力不强也会身居要职；外部招聘的管理者，即使能力超强也很难待长。甚至不少家族企业都没有一套规范化的劳动合同。这背后反映的就是农业社会的信任模式——习俗型人际信任。

在农业社会，自给自足的小农经济占据主导地位，个体小生产模式导致人们生活范围相对集中、固定，社会相对封闭、稳定、流动性弱，靠着地缘和血缘聚集形成一种"熟人社会"——人们活动在基本不存在陌生人的熟人圈子中，人与人之间具有直接的联系。建立在这种人际关系上的信任不涉及理性考虑或利益诉求，而更源于人际社会的道德伦理或风俗习惯，因而，这种信任被命名为习俗型人际信任，也可被称为熟人信任。农业社会中信息的传播具有一定的选择倾向，人们只会对聚落内普遍感兴趣的信息进行传播，属于部分信息共享的社会。

在习俗型人际信任模式下，信任具有明确的界限——仅限于熟人之间，对陌生人则表现出强烈的不信任。习俗型人际信任存在一些特点：一是狭隘性，人们信任与自己具有血缘关系的亲人或具有地缘关系的乡邻，有过同时同地"在场"的交往经历的双方才能产生信任；二是经验性，由于人口流动少、信息传播相对凝滞，信任主要基于过去的经验习俗；三是依靠习俗与道德伦理的约束，传统社会具有封闭性和孤立性，相同的习俗是群体交往的基础，不遵守习俗和违背伦理道德会被群体所排斥。社会习俗和伦理道德所支撑的习俗型人际信任模式有效维护了传统社会中的社会秩序。

随着社会的发展、经济模式的转变，习俗型人际信任模式逐渐暴露出它的局限性，主要表现为以下几个方面。一是适用范围有限。这种信任模式的作用范围仅限于有血缘、地缘关系的"熟人社会"，高度依赖人的自律性，所以当进入"陌生人社会"时，这种信任模式因为缺乏有效的信任约束机制而不再适用。英国牛津大学进化人类学教授罗宾·邓巴研究发现，大脑的认知能力限制了物种个体社交网络的规模，人类拥有稳定社交网络的人数为 150 人左右，因此习俗型人际信任的有效作用范围也很难超过150 人。二是制约社会的进一步发展。一方面，习俗型人际信任模式将人际关系严格划分为熟人和陌生人的阵营。在人际交往时，盲目相信熟人，对陌生人怀有戒备心理，阻碍了正常的人际交往；在处理问题时，对阵营内外采取不同的标准——"宽以待己，严以待人"，不利于社会责任观念的形成。另一方面，习俗型人际信任过分强调人际关系，阻碍了社会制度的建设，法治社会对社会职责、社会分工进行了明确划分，而复杂的人际关系网本质上是"人治"，人情社会容易带来严重的腐败问题。

尽管随着社会经济的发展，习俗型人际信任模式越来越难以适合现代社会生产生活的需要，呈现出衰减的趋势。但是在东方文化广泛普及的东亚地区，习俗型信任模式依然有一定的生存空间。

7.1.2　工业社会：契约型制度信任

实际上，"工作"这个概念应该是工业社会的产物。员工跟企业签订劳动合同，按照合同约定的内容和要求履行岗位职责，作为交换，企业给予相应的报酬和福利，员工跟企业之间的信任模式就是契约型制度信任。

进入工业社会后，随着产业分工、城市化进程的推进，社会由封闭走向开放，人口流动性增大，人们的活动区域从"熟人圈子"进入"陌生人圈子"，传统社会中因血缘和地缘关系而建立的旧的社会群体逐渐瓦解，因工业化生产而联系在一起的新的社会群体开始建立。在新的群体中，陌生人之间没有信任基础，传统的习俗型人际信任不再具备有效的约束力，因此契约型制度信任应运而生，其通过规章、规则和法律等明文形式的契约提出要求和界线，影响人们的行为方式，对所有人等效适用，具有公平性、普适性和确定性的特点，促进了社会的广泛信任。

在契约型制度信任模式下，陌生人群体因"契约"联系起来成为"熟人"，而原本具有亲缘关系的熟人则因契约而成为某种意义上的"陌生人"，他们之间由于介入法律、利益等其他社会因素变得陌生——这种人与人之间通过某些中介而联系起来的社会被称为"间断式陌生人社会"，人际关系中熟人与陌生人身份发生根本性转变。大规模迁徙、快速流动使得人际交往通常发生在陌生人之间，随着联系的增加，陌生人变为"熟人"，但是由于某些原因又分开后，联系逐渐减少又变成新的"陌生人"，人际关系不是连续且持久的，而是呈现出一种临时和间断的状态。在这样的社会环境下，人与人之间有着明显的界线，人们在这样的陌生人社会中"公私分明"，不会对私人领域的信息加以传播，实质上也属于部分信息共享的社会。

契约型制度信任模型也存在局限：首先，忽视了人的主观意识和伦理观念，虽然能够快速、广泛地建立信任关系，但是只是浅层信任，信任的内容仅限于契约限定的内容和时间范围中，难以产生强烈、持续的信任关系；其次，需要契约和制度才能够及时有效地对违约方追责，若是没有完善的法制作为监督，失信的成本低于失信带来的收益，则会大大增加信任风险，助长投机行为；此外，习俗型人际信任源远流长、根深蒂固，在某些领域与契约型制度信任共存，但二者有时相互抵触——法律在实践中必须阻止因为人际关系而破坏契约制度的行为，如果没有找到"制度"与"人情"的平衡点，两种模式共存的复合型信任运行成本高昂，难以有效保障社会经济的发展。

7.1.3 后工业社会：合作型信任

工作的本质似乎是契约关系。但是，最近几年不少工作模式呈现无边界、自组织、扁平化的特点，这产生了一种新的工作模式：一个设计师加一个运营者加一个销售，3 个人合作谈成某个设计项目，收到钱后大家根据各自贡献分钱。这很像网游里的游戏公会：3 个不同角色的英雄共同打怪，打赢了根据英雄的贡献分装备。请注意，这 3 个人之前也不是"熟人"，他们也没有签订清晰的劳动合同，但是他们就可以把这个工作完成，拿到收入。很多人称之为"联盟"式工作。这背后的信任模式就是后工业社会的合作型信任。

在进入信息加速流通的后工业社会后，陌生人社会的性质发生改变，不再是工业社会中的"间断式陌生人"社会，而是"网络式陌生人"社会。陌生人之间的交际网络由主体间单向联系走向多向联系，这种网络关系是多种关系构成的复合型关系模式，与必要的制度安排相结合，可以降低获取信息的成本和交往风险，即便出现交往风险也能及时预警和补救。合作型信任模式的出发点与建设和谐社会的理念相契合，目标是互利共赢，信任关系不再局限于有地缘、血缘关系的人，也不再是仅考虑己方利益最大化的工具理性，而是建立人类命运共同体。

相比于习俗型人际信任和契约型制度信任，合作型信任的优势体现在 3 个方面。一是符合现代社会发展需求。在现代社会中，由于人口的流动性以及现代人们更加注重隐私和个人空间，人与人之间缺乏交流，难以建立信任基础，但是现代的生产生活方式都对信任产生了迫切的需求，合作型信任具有"预先承诺"的特性，可以消除人际间、权力机构与公众之间的心理隔阂，有助于构建和谐社会。二是降低社会治理的成本。社会治理会消耗大量人力、财力、物力，在部分信息流通的社会中，掌握信息的不对称性会滋生腐败、营造人与人之间相互猜忌防备的紧张氛围，从而造成办事效率降低、社会资源浪费，而积极主动的合作则可以降低人们的误解与疑虑，能够有效降低社会治理中的成本，推动良性的循环——作为一种社会资源，信任在多次成功的合作中不断成长，反过来推动合作的进行。三是培养人们互利互惠的意识。在契约型制度信任中，人们之间的合作都基于"个人利益最大化"，因此催化产生的投机主义又会对信任这种社会资源产生破坏，难以构建稳定的长期的合作，而合作型信任模式促进了人们"互惠互利，实现共赢"的观念形成，对于和谐社会的构建十分关键。

合作使得交往行为和交往关系的价值得以实现，信任决定了交往行为和交往关系的协调。工业社会时代的契约型制度信任属于工具理性，工具理性下的人们并不重视行为本身的价值、属性，而是更加注重行为是否最有效、是否最经济。后工业时代的合作型信任属于实质理性，实质理性下的人们看重行为本身的价值，而非手段和结果，因此合作型信任同时还满足了人的情感需求，是理性与情感的统一。

在"网络式陌生人"社会中，人们无法仅从地缘和血缘关系上获取信任，也无法通过具体的契约、制度形式获取信任，那怎么才能获取信任呢？

在最开始的案例里提到了"游戏公会"，公会的成员组成战队去打怪，他们之间的信任是怎么建立起来的？一个很重要的支持就是成员的游戏数据，包括角色的各种数值以及这些成员的过往胜率。这些数据的获取不通过习俗、不通过契约，而是通过这个游戏所建立的网络平台。

对应到真实的后工业社会中同样如此，人们对某人建立信任的基础是通过了解这个人的履历、成绩、公开观点等信息，从而在其"能力""人品""性格"等属性上"打标签"。这背后支撑的不是习俗，也不是契约，而是能发掘其各个属性的社交网络。因此，合作型信任也体现为网络信任。

而一个庞大的社交网络如何建立起来？这就需要借助现代化信息通信技术作为基础设施，加上分布式数据存储、共享、协作和隐私保护的软机制支持。区块链技术扮演了这一角色。

7.1.4 数字社会：从人–人信任到数据信任

数字技术驱动当今社会逐步向"数字社会"转型。社会的参与主体不再仅仅是人，各种智能终端、智能感知设备也将成为社会中的一员，并在社会信息流通中发挥重要作用。因此，在数字经济 3.0 下，经济社会运转所依赖的信任，就不仅是人与人之间的信任，还应该包括物体与物体、机器与机器之间的数据信任。

物联网技术推动了智能家居、医疗健康、工业与自动化控制等领域的广泛发展。但是，物联网也是一把"双刃剑"，在为人们的生产、生活提供方便的同时，也带来了诸多的安全隐患。例如，在 2014 年年初就发生了全球首例物联网恶意攻击事件，黑客操纵十几万台连接物联网的智能家电构成一个恶意僵尸网络，在两周时间内，向受害者发送了约 75 万封网络钓鱼邮件。因为物联网的被动传输和万物相联机制，物联网的信任风险甚至超过人际信任风险，例如，物联网采集了人们的健康数据后数据被泄露或混入脏数据，自动驾驶系统的数据中混入脏数据或被窃取，这种信任风险会带来连锁反应，后果难以估量。

1. 去中介分布式机器信任构建社会诚信体系

在农业社会、工业社会，人与人之间的信任体系都是中心化的信任。

张三向李四借 5000 元，李四如果跟张三不熟，就不信任张三。这时德高望重的村主任出面了，说凭我对张三的了解，他一定会还，张三写张借条，我也签个字，李四你就借给他吧。李四看在村主任的份上，就建立了与张三之间的信任。在这里，村主任就是个中介。慢慢到了工业社会，人与人之间的交往越来越多，涉及的信任也越来越多，因此中介这个角色就越来越可靠、越来越强大，典型中介包括政府机构所构建的社会平台，银行、保险公司、信托公司等金融平台，亚马逊、阿里巴巴、沃尔玛等商业平台，以及微信、脸书等社交网络。中心化平台都或多或少扮演了中介的角色。

但中心化平台有几个大家无法忽略的问题。一是效率。如果张三和李四真的特别信任的话，就不用村主任充当中介，他们的交易会更高效。二是成本。作为商业的一环，中介至少会产生管理成本，更何况中介还会让自己利益最大化。在2019 年中国保险中介发展高峰论坛上，原中国保监会副主席魏迎宁透露，保险公司的管理费率为 20%～40%，这就是中介的高成本。三是安全。中介能长期存在的原因就是他们的高信用高可靠，但中心化平台的最大风险是一旦遇到安全问题，影响巨大。

这些问题一直存在，但因为生产力不够强大不足以改变，也因为这些问题的风险尚未大到必须解决，所以中介化的信任平台依然是最优解。

但随着数字经济 3.0 的基础设施建设，以及物联网的广泛使用，中心化信任机制的问题具备了解决的前提。作为去中心化的信任体系，区块链技术由此浮出水面。

区块链技术通过将 P2P、非对称加密、共识机制、智能合约等多种现有技术巧妙组合，用算法、代码、机器形成了一套分布式信任机制，解决了人类社会的信任问题，区块链技术的出现使得去中心化信任机制成为可能。

首先，区块链采用 P2P 技术搭建分布式网络，采用哈希链结构存储数据，保证数据初始状态的一致可信。基于分布式网络，用户可以从不同的数据源获取区块链数据，同时，哈希链结构的存储方式保证了任意用户都可以验证数据的准确性。这两个特点使得交互双方能够在没有第三方参与的情况下对初始状态达成一致。

其次，区块链采用共识机制认定一份交易信息的有效性，保证信息的真实可靠。用户通过区块链系统进行的每一次交互操作都将由分布式节点协同处理，这使得双方的沟通过程公正透明。区块链中每一个操作都将由所有参与节点独立验证，并在共识机制的作用下通过协同验证达成数据一致性，杜绝了个别节点违规操作的可能性。同时，每一个操作内容都将包含发起者的数字签名，杜绝了伪造和抵赖的可能性。

最后，用户通过区块链系统进行的交互操作将永久记录在分布式账本中，任何参与节点都拥有完整的交易记录，可以追根溯源。区块链账本采用分布式冗余存储机制和基于散列函数的链式结构保证数据完整性，试图篡改数据的攻击者必须具备接近全网整体的算力能力，并且耗费账本建立过程的等价资源，这使得篡改攻击成为不理智、不可行的行为。

区块链技术采用多种机制使数据在初始状态、操作过程和记录阶段都保持透明可信，能够让互不信任的双方相信区块链账本具有可信特征，从而在此基础上开展各种实际业务,如图 7-1 所示。区块链账本由分布式节点自发维护,不依赖单一用户或者单一机构,因此实现了无须第三方中介的信任机制。

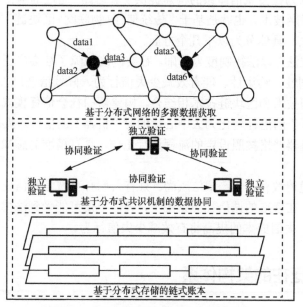

图 7-1 基于区块链技术的去中介信任机制

2．构建社会诚信体系

自古以来,便利和安全就是一对矛盾共生体。汽车提供了交通便利,也产生了交通事故,于是继续增加各种安全防护系统、法律法规;计算机提供了计算便利,也产生了计算机病毒,于是继续增加防病毒软件、法律法规。

到了数字经济 3.0 时代,特别当万物互联完成后,人和物都处在巨大的网络中,网络密度呈指数级增大,信息的衍生和传播也呈指数级增加。随之而来的,就是安全问题的指数级增加,安全的小纰漏可能会产生连锁反应,造成严重损失。因此需要建立全新的、立体的社会诚信体系。

区块链是互联网社会构建信任的技术基础设施,被称为"计算可信网"或"计算公证网"。区块链不是单一技术的创新,而是由分布式系统、数据结构、共识算法、密码学、P2P 等多种技术深度集成后实现的分布式账本技术,实现了不需要人为参与的分布式机器信任、代码信任、算法信任,提供了一种在不可信网络中进行信息与价值传递交换的可信通道,用巧妙的技术组合解决了人类社会信任模式跃迁的难题。然而,当前大家对区块链的认识有个误区:只要是区块链上的就一定是可信的。实际上,区块链上产生和记录的数据是真实且难以篡改的,区块链技术只能保证上链数据存放的可靠性,但并非记载在区块链上的数据就代表了真实世界,如果数据来源于现实世界，就必须与传统的信任结合起来，因此上链之前需要借助物联网等其他技术保障数据收集的真实性。

区块链技术为社会诚信体系的构建提供了新思路，通过继承传统信任模式的优点，再结合物联网技术，也就是基于"传统信任+物联网+区块链"构建一种新的现代社会诚信体系，具体分为以下几个方面。

（1）完善立法，以法律制度为基础。社会制度保障了社会广泛信任的建立，法律法规具有强制性、约束性，能有效减少失信行为、降低信任风险。

（2）物联网技术和区块链技术相结合，构建新的社会信任模式。区块链技术将中心化的对"人"的信任转化为去中心化的对"机器"的信任。人的主观性可能会产生失误，但机器严格按照设定的流程进行工作，具有精准的感知、控制能力和较高的容错性。

（3）加强道德教育，营造诚信风尚。只有人们心存诚信和信任，守信才能成为一种自觉行为。在营造的诚信社会氛围下，失信不仅可能受到法律的制裁，还会遭受公众的谴责，失信成本的提高将有效减少失信行为。

7.2 信任泛在的架构体系

2018 年，人工智能物联网（Artificial Intelligence & Internet of Things，AIoT）的概念开始兴起，其实就是 AI 和 IoT 的融合。在 AIoT 系统下，各类信息数据由各种传感器采集后，传送到终端设备、云计算、数据中心等，通过 AI 技术进行分析，从而在提高设备管理水平或资产使用效率等方面发挥作用。AIoT 技术发展迅猛，已经在智能家居、工业互联网和车联网等领域快速落地，市场空间巨大，据权威机构统计预测，2025 年我国物联网连接节点数量将接近 200 亿，大规模物联网设备的安全问题就成为 AIoT 产业发展的重大挑战。构建基于区块链和物联网的信任基础设施，实现信任泛在的架构体系，有助于实现万物互联、信任泛在的智能社会。因此，信任泛在将成为未来科技创新和产业发展的重要领域。

7.2.1 数据层信任：物联网设备的标识技术

若想实现物联网中的万物互联、信任泛在，那么物联网中的所有设备都应该像通信终端一样具有唯一的身份，这就需要用到物联网中的标识技术。在物联网中为了实现人与物、物与物的通信以及各类应用，需要用标识对人和物等对象、终端和设备等网络节点进行识别。物联网在一定范围内对物理实体、资源、服务等进行唯一标识，通过标识解析技术获取相应的关联信息，使网络、应用能够基于目标对象进行控制和管理。物联网一般通过以下物理设施实现物体间的互联，包括二维码、射频识别（Radio Frequency Identification，RFID）技术、GPS、信息物理系统（Cyber-Physical System，CPS）、移动终端、传感器等。

标识解析体系类似互联网领域的域名系统（Domain Name System，DNS），是全球工业物联网安全运行的核心基础设施之一。标识解析体系由两部分组成，一是标识编码，机器、物品的"身份证"是识别和区分机器、产品、零部件等物理资源以及算法、工艺、数据等虚拟资源的唯一编码；二是解析系统，利用标识对机器和物品进行唯一性的定位和信息查询，是实现全球供应链系统和企业生产系统的精准对接、产品的全生命周期管理和智能化服务的前提和基础。

标识解析体系将生产流程、产品信息转化为数字标签，将原材料标识、生产工序数据与产品标识关联，减少人工操作可能发生的错误，方便企业进行生产数据挖掘，实现工业全要素、各环节信息的互联互通。设备有了唯一标识后可以为多领域内的不同用户提供灵活服务。通过扫码、RFID 等技术，用户可以快速识别设备信息，维修人员可以快速定位故障部位，并向上游企业报告故障情况。随着工业互联网的快速发展，企业上下游协作将会越来越紧密，因此大范围采用公共标识实现信息自动关联获取将成为行业内的主流趋势。

7.2.2　基于区块链的信任机制

1. 白话区块链

区块链自 2008 年诞生以来，发展迅速，可谓是"人间一日，链圈一年"。虽然区块链在社会各界已经非常火热，但是"区块链"这个名词本身依然让人雾里看花、摸不着头脑，仅从名字看不出究竟是什么技术，也看不到生活中有什么具体应用。

区块链实际上就是一种"区块"+"链"的结构。为了形象地解释这个概念，方便理解其逻辑，我们首先设想一个场景：小明、小红、小白、小强、小花 5 个人漂流到了一座与世隔绝的荒岛。岛上资源丰富，他们都给自己建造好了房子，平时各自打猎种田，互相之间也开始有了一些交易。可是出现了一个问题：有统一的货币才方便交易，可是岛上没有银行，货币从哪里来呢？5 个人商量了一下，决定不用实体的货币，而是在发生交易时把交易信息记在自己的账本上，并且记录自己的资产余额，仅用账本上的数字代表各自的资产。

有一天，小明向小红买了一个苹果，支付给小红 5 元钱，并在自己的账本上记录"向小红买了 1 个苹果，支付给小红 5 元钱"，小红收到了 5 元钱，但却在自己的账本上写上了"卖给小明 1 个苹果，小明支付 10 元钱"。过了几天小明又要向小红买一个苹果，可这次小红向小明要 10 元钱，小明很疑惑，质问小红为何苹果一下贵了这么多。小红拿出自己的账本，给小明展示上次也卖 10 元钱。小明不服，拿出自己的账本和小红一起找其他 3 个人评理。大家商量了一下，发现当前的记账方式不合理，会有不诚实的人捣乱，于是决定在一个显眼的位置设立一个记账处，每一笔交易都记录在一本公开的账本上，所有的交易信息大家都能看到，中心式的记账模式如图 7-2 所示。

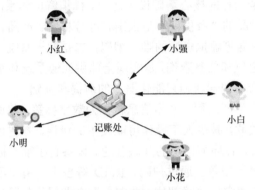

图 7-2　中心式的记账模式

可是只记在一个公开的账本上，万一有人趁天黑的时候偷偷过来篡改了交易信息怎么办？于是大家又决定，每个人都抄写一份账本带回自己家保存，这样想篡改交易信息就要篡改 3 个或 3 个以上的账本，而这个是比较困难的。对于每天新写的账本页，大家在抄到自己的账本上之前，先对照一下新一页上的所有交易是否和当前每个人的资产余额相冲突，如果支付了超过自己余额的钱，那么这个交易就是非法的，在这种情况下，就要把这个交易标记为非法交易。如果确认所有交易都合法，就把新的账本页抄下来，并且写上日期。

后来问题又出现了，谁在公开的账本上记账呢？小强自告奋勇，每天坐在记账处记录大家的交易信息。为了方便，只要进行了交易，交易双方就用广播播出交易信息，这个广播所有人都能听到，在记账处的小强听到了信息就把它记录在账本上。可是这样小强就没有时间自己赚钱了，于是大家商议，每在账本上记录一个交易，就支付一定的手续费给小强，并且小强每写一页账本就会获得一定的金钱奖励。久而久之，大家发现，账本中小强的余额越来越多，原来记账所带来的收入很多，于是大家开始争夺记账权。小明提议，大家每次掷 3 个骰子，谁的点数大谁就会获得当天的记账权。其他人觉得这个方式比较合理，于是大家达成共识，每天通过掷骰子的方式决定记账权。

小花和小白两家距离比较近，小白觉得自己在家劳作辛苦，每天还要跑到记账处去抄一份账本，而且实际上大家的账本都是一样的，于是小白决定向小花借账本抄一份。后来大家也觉得这种方法比较省事，于是都向离自己比较近的人借账本来抄，形成了分布式的互相借阅账本的记账模式，如图 7-3 所示。

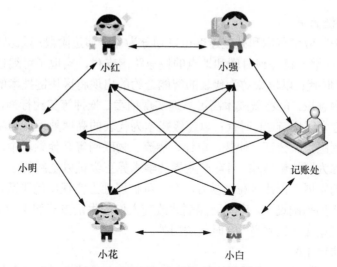

图 7-3 分布式的互相借阅账本记账模式

其实，区块链中的"区块"就是一页页的账本页，而将账本页按时间顺序连接起来的就是"链"，如图 7-4 所示。

图 7-4 账本结构

每一页账本页之间的时间间隔就是"出块时间"，这个值是可以调整的，可以是 1 天，也可以是 1min。上述例子中只有 5 个人，也就是 5 个节点，因为每个人都有一份相同的账本，节点越多，账本数据就越难被篡改。大家通过掷骰子决定记账人的方式就是一种简单的"共识机制"。而互相之间借阅账本来抄，其实就是一种点对点的信息传输，人数一旦增多，这种点对点的信息传输方式就会成为常态，大家不需要从某个特定的数据中心获取信息，也就是说区块链具有"去中心化"的特点。区块链本质上就是一个多方维护、去中心化、公开透明、难以篡改、可点对点传输的账本结构。

在这种点对点的信息传输过程中，如果有恶意节点传输错误信息，最终会不会导致大部分节点收到的信息是错误的？这其实就是前面例子中提到过的拜占庭将军问题，这个问题的结论是：如果恶意节点的数量少于节点总数的 1/3，就可以找到一种方法使全网节点最终对正确的信息达成共识。在上述例子中，只要 5 个人里有 3 个人是诚实的，就有办法保证账本中所有交易的真实性。

2. 区块链简史

区块链按照应用范围和处理速度可以划分为 4 个演进阶段：以比特币为代表的"加密货币"能够支持任何时间和地点的快速跨国支付，实现了可编程货币，可称为区块链 1.0 时代；以以太坊为代表的智能合约的出现将区块链技术的应用范围扩展到其他金融领域，能够低成本高可靠地实现拍卖、抵押等契约行为，实现了可编程金融，可称为区块链 2.0 时代；以超级账本为代表的高速处理能力将区块链技术进一步应用到医疗、公证、仲裁、审计、物流、物联网等其他领域中，实现了可编程社会，可称为区块链 3.0；目前产业界及学术界正尝试以全新的角度和理念推进区块链技术的发展，预计将在交易吞吐量、可扩展性上实现质的飞跃，从而进一步支撑区块链成为基础设施，广泛而深刻地改变人们的生活方式和工业生产方式，可以说我们已经站在了区块链 4.0 时代的门外。

（1）区块链 1.0

2008 年，中本聪发表了《比特币：一种点对点式的电子现金系统》一文，结合密码学、分布式系统、P2P 等知识创建了一个完全去中心化的"加密货币"系统。比特币的总量固定，一共是 2100 万枚，比特币网络平均每 10min 会有一个区块被挖出，矿工挖到新区块就可以获得一定的出块奖励，预计在 2140 年左右会达到总量上限。

2009 年 1 月 3 日，比特币网络诞生，第一版开源比特币客户端发布。1 月 4 日 2 时 15 分，中本聪在芬兰的赫尔辛基市挖出了比特币的第一个区块，即"创世区块"，并获得了 50 枚比特币的出块奖励（如图 7-5 所示），而后每隔 21 万个区块（大约 4 年）出块奖励减半。

Block 0 ⓘ	
Hash	000000000019d6689c085ae165831e934ff763ae46a2a6c172b3f1b60a8ce26f
Confirmations	634,173
Timestamp	2009-01-04 02:15
Height	0
Miner	Unknown
Number of Transactions	1
Difficulty	1.00
Merkle root	4a5e1e4baab89f3a32518a88c31bc87f618f76673e2cc77ab2127b7afdeda33b
Version	0×1
Bits	486,604,799
Weight	1,140 WU
Size	285 bytes
Nonce	2,083,236,893
Transaction Volume	0.00000000 BTC
Block Reward	50.00000000 BTC
Fee Reward	0.00000000 BTC

图 7-5　比特币创世区块

　　比特币是区块链在"加密货币"领域的首个应用，比特币系统的运行不依赖于某个特定的人或企业，而是依赖于完全透明的数学原理。十几年的运行发展验证了比特币的安全性、可靠性和稳定性，以及构建"信任网络"的可行性，被投资者称为"数字黄金"。比特币的不足之处在于其追求网络的简单性、鲁棒性，而牺牲了高效性，比特币处理交易的速度很慢，平均每 10min 产生一个新区块，一个区块大概包含 4000 多个交易，事务处理每秒（Transactions Per Second，TPS）仅为 7 笔。另一个缺陷是应用场景较少，只能实现简单的比特币转账交易。

　　（2）区块链 2.0

　　2013 年年末，以太坊（Ethereum）项目启动。自 2014 年 7 月 24 日起，以太坊进行了为期 42 天的以太币预售，为项目筹集资金。2015 年 7 月 30 日 23 时 26 分 28 秒，以太坊的创世区块（如图 7-6 所示）被挖出，里面包含了 8893 笔交易，项目组将以太币分发给了众筹者。2017 年 2 月 28 日，一批致力于将以太坊开发成企业级区块链的全球性企业正式推出了企业以太坊联盟（EEA），其成员包括英国石油公司、摩根大通银行、芝加哥商品交易所、西班牙国际银行、微软、埃森哲、BlockApps、BNYMellon、ConsenSys、英特尔和 Nuco 等，涵盖了金融、石油、天然气、软件等多个领域。以太坊是目前业界影响最大、生态最完整、社区开发者支持最多的区块链开源技术体系，以太坊主网络 ETH 的市值规模仅次于比特币。

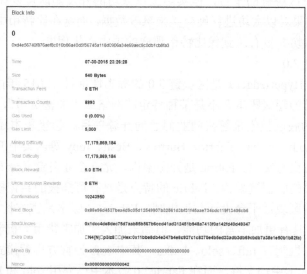

图 7-6　以太坊创世区块

　　以太坊是区块链 2.0 的典型代表，在比特币的基础上支持众多高级功能，包括用户发行"加密货币"、智能合约、去中心化的交易和设立去中心化自治组织或去中心化自治公司等。比特币中平均出块时间是 10min，以太坊将出块时间大幅度下降到 15s 左右，每挖出一个区块就有 5 个以太币的奖励，没有定期奖励减半的规定。另一个重要的改进就是增加了对智能合约的支持。以太坊提出并实现了智能合约，使用图灵完备的语言 EVM（Ethereum Virtual Machinecode），将代码嵌入区块链中，实现了去中心化的合约，使区块链不仅可以应用于"加密货币"，还可以成为满足多种业务需求的底层技术。

不过以太坊也存在一些问题。2016 年 6 月 17 日，发生了轰动一时的"The Dao"事件，攻击者利用智能合约中的漏洞，从"The Dao"的项目资金中提取了约价值 6000 万美元的以太币。由于这次事件范围广、影响大，打击了众多社区参与者的信心，以太坊的开发团队发布了一次投票，根据投票结果对以太坊进行了硬分叉，篡改了黑客盗取以太币事件的记录，最终导致以太坊分成了两条链，ETH 和 ETC。此事引起极大争议，有些人喜于找回了失去的以太币，而有些人则认为开发团队的举动似乎使以太坊又走回了中心化的老路。消除黑客攻击记录的 ETH 成为目前的主链，而 ETC 保留了黑客攻击事件，失去的代币也无法找回，但是出于对去中心化理念的追求，还是有一些人沿着 ETC 继续挖矿。

由此可见，难以篡改性对于智能合约来说是一把"双刃剑"，好处在于规则公开透明，所有人只能按照合约中的规则执行业务，没有人可以篡改规则，但是一旦出现了规则漏洞，要修复漏洞就会付出很大的代价。从这个事件也可以看出，虽然以太坊也是基于区块链的平台，但实际上以太坊的开发团队可以在进行社区投票后，根据投票结果对以太坊进行硬分叉来篡改数据，而这在比特币中几乎是无法完成的，因此以太坊并没有达到像比特币那样的去中心化程度。

（3）区块链 3.0

超级账本（Hyperledger）是区块链 3.0 的标志性项目，2015 年由 Linux 基金会主导成立。所谓的超级账本并不是某种特定的网络或"加密货币"，而是一个旨在推动区块链作为底层技术来解决商业问题的开源项目。超级账本还包括众多子项目，比如 Sawtooth、Iroha、Fabric、Burrow、Besu、Indy 等。其中 Fabric 最广为人知，是联盟链的优秀实现。Fabric 是开源架构，允许企业自定义分布式账本，也是企业中采用最多的联盟链架构。Fabric 的特点是具有可插拔的共识模块，企业可根据需求为自己的区块链平台设计共识机制。Fabric1.4 版本是官方长期支持的版本，最新的 2.0 版本具有更加丰富的功能，但尚未加入"加密货币"机制。Fabric 项目官方提供的共识机制有 raft、solo、kafka，其中 raft 为官方推荐模式，3 种共识算法在 Fabric1.4 版本中均支持，而在 Fabric2.0 版本中已弃用 solo 和 kafka。

（4）区块链 4.0

我国很多大企业都有自己的区块链平台，如百度的"度小满"、阿里巴巴的"蚂蚁区块链"、腾讯的"TrustSQL"、华为的"BCS"等，大多使用联盟链架构，可被广泛应用于电子政务、物流管理、智慧医疗、能源交易、供应链金融、商品溯源、电子发票、可信存证、公益慈善等领域。但目前区块链在方案落地的过程中仍然面临着业务桥接、实际取舍等诸多问题，最终的产品与最初设想要达到的效果仍然有很大差距。

区块链的应用落地面临的最主要问题是网络处理速度慢。例如，比特币网络每秒 7 笔的处理速度（TPS=7）根本无法满足支付需求，交易积压问题日益严重，扩容问题迫在眉睫。随着交易量的日益增长，以及智能合约的推广，以太坊网络中的资源已不足以应付如此庞大的压力，甚至出现过几次瘫痪的情况。为此，以太坊提出了很多扩容方案，包括侧链技术和分片技术，但扩容方案也还不成熟。区块链大范围推广还面临另一个重要问题，那就是众多的区块链项目独立开发和应用，各种区块链之间的互通性弱，这极大程度地限制了区块链发展。不论对于公有链、联盟链，还是私有链来讲，跨链技术就是实现价值互联网的关键，它是区块链从分散的孤岛状态向外拓展和互相连接的桥梁

区块链的发展仍在路上。或许在不久的将来，在交易吞吐量、可扩展性上可能实现质的飞跃，从而进一步支撑区块链成为基础设施，广泛而深刻地改变人们的生活方式和工业生产方式。

3. 区块链技术

前面讲过的五人荒岛记账的故事初步揭示了区块链的基本理念和技术逻辑，包括数据结构、运行机制、共识机制和组装方式等。

（1）区块链的数据结构

区块链采用块链式数据结构，一个数据块接着一个数据块按次序链接在一起。参照前面的五人荒岛记账故事，一个数据块对应着故事中的一页纸，一页纸接着一页纸按页码连接在一起，就构成一个完整账本。网络中所有的节点分布式地维护完全一致的账本，这个账本就是分布式账本。

那么，每一页纸里面记着什么东西呢？答案是"区块头"和"区块体"，如图 7-7 所示。区块体里完整地记录了从上一页的记账时刻开始到这一页的记账时刻为止的一段时间内整个网络中发生的所有交易。

区块头中的主要信息如下。

- 上一个区块即父区块的哈希值：通过哈希值可以追踪到上一个区块，可以理解为知道账本的上一页是第几页。
- 时间戳：用哈希算法生成的一个时间，可以理解为这一页纸是什么时候开始记账的。
- 难度值：用来调节生成一个区块的难度，比特币网络中随着算力调整难度值，从而保证每 10min 出一个区块，可以理解为调整一页新纸产生的间隔。
- 随机数 Nonce 值：用来抢占记账权（俗称"挖矿"），可以理解为猜骰子的点数，例如难度值设置为 4，然后要掷出小于 4 的概率就是 3/6，如果难度值设置为 2，要掷出小于 2 的概率就是变为 1/6，难度值和随机数 Nonce 值解

决谁有权记账、谁去记账的问题。

- 默克尔（Markel）根：默克尔根是整个区块体里所有交易生成的摘要。区块体中每个交易都做一个哈希运算，两个哈希值再做一个哈希运算，一直向上，最终生成一个根哈希值，就叫默克尔根，其被存在区块头中。哈希运算的特点是不可逆，不能根据哈希运算的结果去猜原内容，如果原内容稍微变动一下，比如加一个空格，哈希值就会完全不一样。

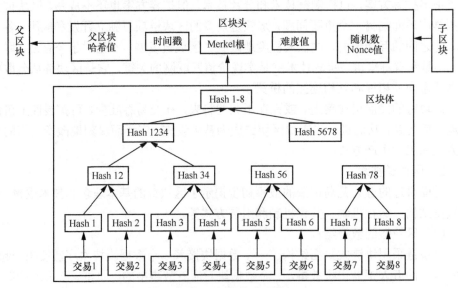

图 7-7　区块结构示意图

（2）区块链的运行机制

区块链的运行机制如图 7-8 所示，网络中任何节点产生一笔交易，例如节点 A 给 B 转一笔钱，节点 A 就会广播到全网所有节点。它的广播过程是这样的：比如邻近节点先收到了，就会验证一下这个交易是否有效，如果这个交易没问题，它就可以予以确认，并继续广播给其他节点，最后传播到整个网络所有节点。网络中每个节点不断收到各种交易信息，一旦收到新的交易就做验证，验证通过就会把交易放在一个暂存的池里面；与此同时，采用工作量证明（Proof of Work，PoW）共识的节点会不停尝试变更随机数 Nonce 值来抢占记账权，如果猜到了合适的随机数 Nonce 值使得新区块的哈希值小于目标难度值，即可获得记账权。获得记账权的节点就可以把自己的新区块广播出去，其他节点收到这个新区块之后先进行验证，验证通过就放到自己的账本上，作为新的一页纸，然后删除自己记录的这页新纸，准备做下一页纸的记录并去抢占下一页纸的记账权。网络中的所有节点都在记录自己的新的一页纸，谁抢到记账权谁先把自己这一页广播出去，让其他节点的账本把这页纸加上，因为每个节点都会验证这页纸的有效性，没问题就放到自己的账本上，所以每个节点都同步维护着一个相同的账本，全网每个节点的账本都是相同的。

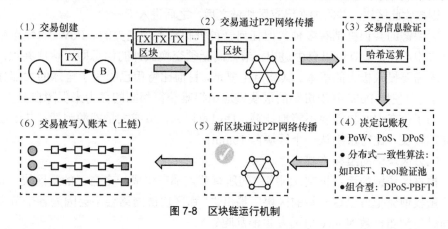

图 7-8 区块链运行机制

（3）区块链的共识机制

共识机制是保证区块链安全稳定运行的核心。区块链是一种去中心化分布式记账技术，在区块链系统中，没有一个像银行一样的中心化记账机构，在这种缺乏第三方监管机构的情况下，网络中的大部分人都拥有书写账本的权利。如何保持账本内容的一致性和内容不被恶意篡改是区块链必须要解决的关键问题。共识机制就是区块链中节点就区块信息达成全网一致共识的机制，保证最新的区块信息被准确添加至区块链、节点存储的区块链信息一致并能够抵御恶意攻击。

PoW 机制是比特币和以太坊使用的一种共识机制。由于比特币和以太坊在区块链网络中的巨大影响力，PoW 机制成为非常著名的共识机制。其核心思想是通过节点的计算能力，即"算力"来竞争建块权和奖励。算法的关键是在区块头中加入不同的随机值，计算区块头哈希值，直到此哈希值小于或等于目标值，解决此问题的过程俗称"挖矿"。挖矿分为两个步骤：第一步是获取当前的难度（Difficulty）目标值 T；第二步是变更随机数 Nonce 值，并计算区块的哈希值是否小于难度目标值。难度目标值 T 是一个 256 位的二进制数字，比特币中最初的目标值在创世区块中被设置为 0x1D00FFFF，之后每 2016 个区块后会重新计算难度目标值，新目标值 T_{new} 的计算与前 2016 个块花费的总时间 t_{sum} 和上一个目标值 T_{old} 有关。PoW 机制的具体步骤为：第一步，矿工节点对一段时间内全网待处理的交易进行验证并将通过验证的交易打包，然后计算这些交易的默克尔根，默克尔树是一种用来表达链上历史交易记录的数据结构，默克尔根会被放入区块头，如果将区块信息增删，或任意交易信息改变，默克尔根都会改变，从而让原来的工作量证明无效；第二步，计算当前难度目标值，将难度目标值 T 与默克尔根等其他字段组成区块头，并将 80 字节的区块头作为 PoW 算法的输入；第三步，不断变更块头中的随机数 Nonce 值，对变更后的区块头做双重

SHA256 哈希运算，与目标值做对比，如果小于或等于目标值，则 PoW 完成；第四步，矿工节点将上述区块向全网广播，其他节点将验证其是否符合规则，如果验证通过，则接收此区块，并附加在已有区块链之后，之后进入下一轮。

区块链的共识机制有多种，但任何一种机制都不是完美的。PoW 的优点包括完全去中心化，节点可以自由进出；节点间无须交换额外的信息即可达成共识；破坏系统需要投入极大的成本。其缺点主要是，目前比特币已吸引了全球的大部分算力，其他再使用 PoW 共识机制的区块链应用很难获得相同的算力来保障自身安全；节点为了争夺记账权需要不停地计算，耗电量巨大，造成大量能源浪费；共识达成的周期较长，比特币确认一个区块需 10min。

（4）区块链的组装方式

根据区块链的运行机制，网络中的所有节点都在生成一个自己的新区块，谁抢到记账权谁先把自己这一新的区块广播出去，那区块链网络会不会因为各个节点几乎同时猜到随机数 Nonce 值而发生混乱呢？

如图 7-9 所示，例如某个时刻，网络中所有节点都同步到了第 1237 个区块，位于俄罗斯的节点猜到随机数 Nonce 值，把自己的新区块作为第 1238 个区块广播出去，位于中国的节点可能由于距离近先收到这个区块，中国的这个节点验证没有问题后就会在此基础上开始挖掘第 1239 个区块；与此同时，位于巴西的节点也猜到随机数 Nonce 值，把自己的新区块作为第 1238'个区块广播出去，位于美国的节点由于距离近先收到这个区块，验证没有问题后就会在此基础上开始挖掘第 1239'个区块，那会不会产生两个不同的账本呢？解决办法就是比特币区块链中的最长链原则，看其他节点的接收情况，例如位于日本的节点如果先收到来自中国某节点的第 1239 个区块，该节点就会在此基础上开始挖掘第 1240 个区块，如果稍后收到来自美国的第 1239'个区块，位于日本的节点发现该区块编号已经收到，该区块链已经不是最长链，就会放弃 1239'这条链，而是继续挖掘第 1240 个区块。因此，区块链临时可能会有这种分叉，但是随着时间推移，大家都在最长链原则的指导下达成一致性，保持相同的账本。

4．区块链的技术特点

作为分布式共识算法、数字签名、P2P、智能合约等多种技术的有机组合，区块链具有去中心化、数据公开透明且难以篡改、支持智能合约等特点。

（1）去中心化

去中心化是区块链（尤其是公有链）最显著的特点，意味着不依赖中心化机构，实现了数据的分布式记录、存储、更新和验证。在公有链中，整个网络节点的权利与义务相同，某个节点发起交易并生成数据，所有节点通过 PoW、PoS 等共识算法对交易数据的正确性、合法性达成共识，最后所有节点同步记录数据到区块链中，整个过程由全网节点共同完成。由于数据由全网节点共同维护，恶意节点想篡改数据需付出极高的代价，因此其安全性会比中心化结构更强，代价则是数据存储成本变高。

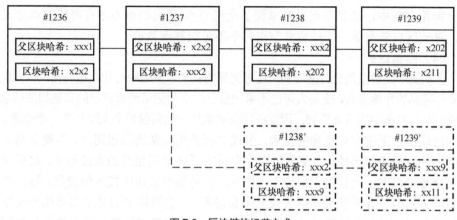

图 7-9　区块链的组装方式

比特币的去中心化程度很高，但也面临算力集中的问题，以太坊等公有链、Fabric 等联盟链都只实现了一定程度的去中心化。现实中高度集中化的系统或高度去中心化的系统都无法真正满足社会需求，区块链若想要很好地与现实世界进行交互，就要采用集中式与去中心化并存的体系结构。实现怎样程度的去中心化才能够让区块链真正地与某些特定场景、业务相契合是一个值得继续探索的问题。

（2）数据公开透明

区块链系统中记录的数据是全网公开透明的，数据的更新操作同样是公开透明的，这是区块链系统参与方间信任的基础。基于公开透明这一特点，区块链的数据记录和运行规则可以被全网节点审查、追溯，可被应用于审计、管理等场景。

在公有链（如比特币、以太坊）中，数据是存储在每一个区块中的，区块中的数据一般包括默克尔树、父区块的哈希值、时间戳以及交易信息等。默克尔树由区块内交易数据的哈希值生成，用于验证交易信息；保存的父区块的哈希值使区块之间形成链状结构；时间戳记录了生成区块的时刻；交易信息也被记录在区块中且能被每个区块链中的参与人员查询，因此数据是公开透明的。在联盟链或私有链的情况下，链上的节点都必须是授权节点，节点被授权后才能查询链上信息。区块链是链式结构，存储在链上的交易数据、流转记录都是可查询的，因此区块链有较好的可溯源性。

（3）难以篡改

只要某一个区块内的数据发生些许改动，这个区块的哈希值就会发生变化，由于哈希算法不可逆，因此无法从变动后的哈希值推算出区块内的数据具体发生了怎样的变化。当前区块存有前一个区块的哈希值，如果修改了一个区块内的数据，那么这个区块的哈希值就会发生变化，从而导致链状结构被破坏而形成分叉，如果想篡改某一个区块内的数据，则需要重新生成这个区块之后的所有区块，而区块链的共识机制使得实现这个过程需要付出极高的成本。比如在采用 PoW 作为共识机制的比特币网络中，恶意节点只有掌握了全网节点 51%的算力才有可能发动分叉攻击，篡改区块链数据，因此恶意节点几乎不可能篡改数据。

（4）隐私保护

区块链中的数据是公开透明的，这对交易的安全以及去中心化是很有帮助的。但是从安全隐私的角度来看，交易人可能不希望自己的交易记录或者自己的其他相关信息能被所有参与到链中的节点看到，因此在区块链系统中如何保护个人隐私是一个难题。

区块链中采用非对称加密技术，生成含有公钥与私钥的密钥对，早期交易人可以用公钥生成虚拟地址，在交易过程中交易方只能看到相互的虚拟地址，这样进行匿名交易可以在一定程度上保护个人隐私。但是随着区块链技术的发展，这种匿名交易的方式似乎并不能真正解决安全隐私问题，只要网络中的某个节点用虚拟地址进行交易，与现实世界有了交互，就存在将该节点与现实世界的某个真实身份联系起来的可能。因此，如何在区块链中既实现真正的隐私保护而又能保证交易数据的公开透明可追溯还有待进一步探索。目前在区块链的系统中可以采用部分明文、账本隔离、环签名、零知识证明等方法来保护隐私。

（5）支持智能合约

以太坊最早实现了智能合约与区块链的结合。比特币创造了去中心化的货币，以太坊则创造了去中心化的合约。传统合约的有效性需要通过司法手段进行维护。智能合约最初的设计目的是用技术手段代替司法手段，简化烦琐的司法程序。智能合约本质上是运行在区块链上的一段代码，代码的逻辑定义了合约的内容，当满足一定条件后合约就会自动执行。随着区块链技术的发展，智能合约技术得到了越来越广泛的应用，例如，在金融、医疗、物联网、能源交易等多种与区块链结合的场景下，很多业务都可以考虑用智能合约来实现。

（6）基于 P2P 通信

P2P 通信及其协议是实现区块链去中心化网络架构的基础，相比中心化的客户端-服务器架构，P2P 中的节点都是平等的，既可以是客户端也可以是服务器。所有节点都能提供带宽、资源，并且各自都有一定的存储空间和计算能力，分布式的P2P 基本不存在单点故障的问题，网络鲁棒性较强。

在区块链的 P2P 中，每个节点都存有邻近节点的地址表，节点之间相互连接以确保整个区块链网络的相互连通，任一节点产生的区块都会向邻近节点广播，最终所有节点都会接收到新的区块。区块链网络中的节点越多，链上数据就越安全。区块链系统要求所有节点都存储一份完全相同的链上数据备份，数据存储的成本较高，因此区块链上只存储关键的数据信息，一般的视频、图片等数据可以考虑经过哈希处理后再上链。

5. 区块链的架构体系

区块链应用多种多样，不同的应用或许采用了不同的机制，但其结构体系则是大同小异的。从系统设计的角度来看，区块链系统可以分为 4 个层面，分别是应用层、合约层、共识与激励机制层、数据组织与网络协议层，如图 7-10 所示。

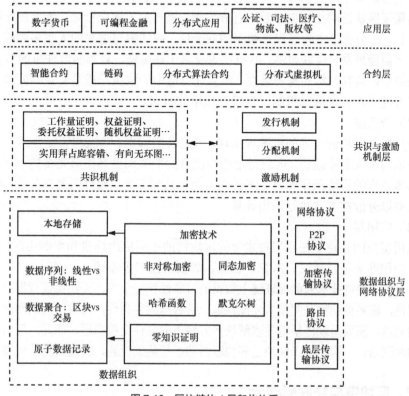

图 7-10　区块链的 4 层架构体系

（1）数据组织与网络协议层

数据组织层包括数据存储及加密技术。数据组织协议为形成区块链网络中各种独立并维持高安全性的节点提供了多种加密功能，协议同时还定义了节点为防止篡改而对账本信息进行本地存储时，在交易记录和账户余额等记录间建立关联性加密的方法。为了提高网络的处理效率、延展性和安全性，线性的数据结构在不同的应用和场景中被扩展为非线性形式，如树或图。

网络协议层的主要目标是在节点间引入随机拓扑结构，同时实现区块链更新信息的有效传播和本地同步，网络协议进行路由发现、维持和加密数据的传输/同步。区块链的通信网络采用 P2P，由于区块链网络中随时可能有新加入的节点，因此网络层在节点间引入了随机拓扑结构，同时实现了区块在网络中的传播和节点之间的连接。

（2）共识与激励机制层

共识层为维护区块链网络中数据的排序及其本身的一致性和原创性提供了核

心功能，共识层包括区块链系统使用的共识机制，也可以根据实际情况设计奖励机制。共识机制的作用在于保证网络中节点数据的一致性，新区块需要在共识机制被所有诚实节点验证通过后才会作为合法区块被纳入区块链中。

为保证区块链网络正向平稳运行和发展，需要加入激励措施，包括发行机制和分配机制。在公有链中为了保证数据的安全性，应使参与进来的人越多越好，因此才设置了激励机制。而联盟链、私有链本身属于许可链，只有通过许可的节点才会加入网络中，具有天然的高安全性，而且许可链中的成员一般是利益共同体，因此多数许可链中不设置激励机制，也没有代币的概念。

（3）合约层

合约层是区块链技术的可编程实现，通过各类脚本、算法和智能合约完成对区块链技术的个人独特改造。区块链上的智能合约能够调整其图灵完备的水平，从只支持脚本语言的比特币到图灵完备的以太坊和超级账本。通过图灵完备性，区块链网络能够以分散的方式执行通用计算。

（4）应用层

应用层指的是建立在底层技术上的区块链的不同应用场景和案例实现，目前已经成功应用在公证、司法、医疗、物流、版权、征信等领域。

单一的区块链技术只能保证链上数据的可靠性和安全性，无法保证数据上链过程的客观性，需要借助物联网技术才能保证上链数据的客观性；而传统物联网面临信任缺失的痛点，需要借助区块链技术解决多方参下的信任交接问题。因此，可以将区块链与物联网结合，构建基于区块链和物联网的信任基础设施，实现万物的可靠互联。

7.2.3 区块链与物联网结合

区块链能够解决链上数据的信任问题，要解决链上数据所代表的物理实体的可信问题，区块链就一定要与物理世界进行交互，而物联网是一个很好的媒介，可以尽可能排除人为干扰，保证区块链信任与线下信任的自动高效连接。物联网的特征是万物互联，人与物、物与物之间都有跨地域沟通的可能，由此看来，物联网具有天然的分布式特性，这一点与区块链的去中心化特征很契合。同时，区块链具有的共识机制可以解决多方之间的信任问题，智能合约也可以用来实现节点数据分析与管控，因此将区块链技术与物联网技术结合，有望在实现万物互联的智能社会的同时有效解决技术发展带来的安全问题。引入区块链技术可以解决物联网面临的安全痛点。

（1）节点授权

物联网的标识技术可以给每一个物联网设备赋予唯一的标识。物联网系统可以使用区块链技术进行网络设备的身份鉴定，鉴定后将设备信息上链并永久保存。整个鉴定过程可以通过设计相应的智能合约实现，不需要借助任何的第三方设备和技术，进一步提高了鉴定效率，也保证了数据的安全。

（2）P2P 传输

在传统的数据传输模式中，需要有一个数据中心作为节点间通信的媒介。若网络中某一时刻通信节点较多，网络带宽等因素就会成为网络传输的瓶颈，导致节点通信效率低下，并且若数据中心存在安全问题，网络节点间的通信也将变得不可靠。引入区块链技术，网络中的节点可依据 P2P 传输协议进行点对点通信，不必通过数据中心，这在减轻数据中心压力的同时提高了通信效率。

（3）数据安全

传统物联网中的数据由数据中心存储，设备之间的信任度较低。若中心数据库被攻破，就会对整个物联网系统造成极大的破坏。区块链作为一种分布式存储系统，数据在多个节点上都有备份，即使一个或一些节点被攻破，也不会对整个物联网系统的运行造成很大影响。

（4）数据处理

传统物联网数据都被存储在云平台等数据中心，区块链虽然可以保证数据的真实可信，但是区块链的数据存储成本高昂，且区块链与物联网的结合在灵活性与可扩展性上表现较弱，因此完全摒弃数据中心的想法并不可行。引入区块链技术后，可对现有云技术做一些调整，例如，考虑只选取部分节点与数据中心通信，其他大部分节点之间可进行高信任度通信；有能力的节点在本地进行数据处理，数据中心只做部分数据处理；将数据中心的数据取哈希值后放到区块链上，使数据中心的数据和区块链上的数据形成映射关系等。整体信任基础设施架构如图 7-11 所示。

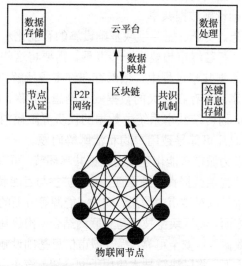

图 7-11　整体信任基础设施架构

7.3 "链"接未来，重塑世界

如果说互联网能够低成本地把信息从一个地址传输、复制到另一个地址，那么区块链则能够低成本地把价值从一个节点转移到另一个节点。区块链技术为解决数字资产确权和交易流通提供了方案，从而可以突破制约数字发展的数字资产确权和双花等问题，构建形成适应数字经济发展的新型生产关系。

7.3.1 区块链重构生产关系

在数字经济 3.0 时代，数据是最重要的生产要素之一，采用封闭模式利用数据会浪费数据大部分隐藏价值，只有广泛共享才能将数据效益最大化。但共享又带来安全风险，信任和冒险永远是一枚硬币的正反面。怎么才能做到既共享又安全？

区块链技术为数据共享提供了可能。区块链以其精巧的设计理念和运作思维，不仅能保证共享程度最大化，又能提高信任度、保护隐私，还能有效追溯数据来源，进而提高数据流转效率，最终推进经济社会相关领域规则体系重构，改变人与人、人与组织、组织与组织之间的协作关系以及权益分配机制。

1. 区块链提升数据共享程度

数据作为一种资产，在共享过程中会出现很多问题，如数据的确权问题以及数据的真实性问题。区块链技术因其去中心化、匿名化、难以篡改、可溯源等特性能够有效解决这些问题，重构传统生产关系。

（1）智慧城市基础设施数据共享

近几年城市中信息、交通、能源领域基础设施的智能化水平不断提升，所产生的数据也爆发式增长。智慧城市想要进一步发展，需要将这些数据共享，尽可能挖掘其潜在价值。但在数据共享过程中，依然存在许多亟待解决的关键问题：首先，传统的中心化数据共享系统存在较大的数据安全隐患；其次，城市基础设施数据的所有权属于不同主体，而传统共享系统中数据的权责界限模糊，共享过程中难以确认数据的真实性，同时还可能导致用户隐私泄露等问题。

使用区块链技术助力城市智能化建设的数据共享环节，可有效解决上述问题，为参与区块链网络的用户提供数据真实性保证，并保护参与者隐私不被泄露，同时确定数据权责。区块链技术可以对城市中信息、交通、能源等方面的基础设施进行赋能改进：在城市信息设施方面，将区块链技术与物联网结合，构建基于区块链技术的分布式物联网系统，保证数据传输安全可靠，提升城市信息基础设施的可信水平与传输效率；在城市交通设施方面，将区块链技术应用于网联智能汽车，将智能汽车的行驶数据上传到区块链上并以此构建智能汽车数据平台，加速交通领域智能化进程，同时最大程度保证行驶数据的安全准确以及用户的隐私安全；在城市能源设施方面，应用区块链技术搭建电网平台，将电网公司、用户、供电商等主体通过平台连接起来，实现集交易和数据共享于一体的可靠能源网络，为此国家电网专门成立了区块链公司。

基于区块链的"智慧城市"数据共享模型如图 7-12 所示。在智慧城市这个信任生态中，智能基础设施产生原始数据，经所属部门汇总整理得到便于使用的数据集，然后将数据的关键信息签名后发到区块链上。数据需求方通过对区块链上的信息进行检索，确定目标数据所属主体，并发送数据共享请求给数据供应方。数据供应方根据收到的回复确定是否进行数据共享，若可以共享，则该过程需要根据实际情况采取不同的共享策略，使用不同的智能合约。共享完成后需要将整个共享流程中的所有信息打包记录在区块链上，其中包括请求、回复以及能够验证数据内容的哈希值等。在该模式中，通过区块链平台能够有效保证数据的安全性，未授权主体无法获取相关数据。对于数据需求者而言，数据所有权明确，共享流程清楚，对数据真实性有所怀疑时，溯源成本较低。且因数据泄露风险低，更多数据可以被安全共享，为城市基础设施的管理提供了更多决策依据。

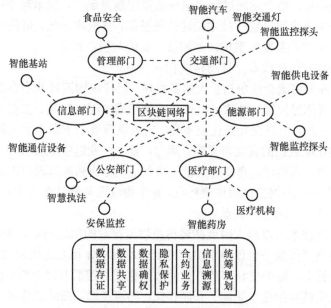

图 7-12　基于区块链的"智慧城市"数据共享模型

（2）税务数据可信共享

传统税务管理系统主要存在下列几方面的问题：第一，传统税收机构结构复杂，各部门独立运行，工作流程相互割裂，缺乏信息交流及整体建设规划，这就导致税务系统中数据共享困难，综合利用率低，从而影响税收工作效率；第二，税务管理信息不对称，税源数据多存储在地方小型数据库中，数据流通不及时、不充分；第三，税务机构与纳税人缺少信息交流，政策服务往往无法满足纳税人的真正需求，同时由于数据追踪溯源困难，税务机构内部缺少有效监管手段。

区块链技术可以为数据可信共享提供坚实的基础，有效解决税务系统中存在的问题。基于区块链的税务平台有以下三点优势。首先，以区块链技术为基础搭建的税务数据共享平台可将税收机构、纳税人以及监管机构连接起来，纳税人与税务机构可以及时进行线上交流，税务机构也可以将相关政策精准地推送给有需要的纳税人。其次，纳税人的纳税申报等业务均可以在线上办理，税务机构也在线上进行账务调查和收纳税金等操作，所有业务流程以及提交资料全部记录于难以篡改的区块链上，供相关部门查验。最后，税收机构与各监管部门通过区块链网络连接后，监管部门可以通过读取链上数据进行监管调查，保证信息的真实可溯源，提升监管效率。同时，各部门之间可以通过该网络加密传输数据资料，实现共同治理，有效提升地区政务管理效率。

2. 区块链提升信任度，降低信任成本

信任发展至今，整个发展过程中信任的范围越来越广，成本越来越低。正在发展的网络信任主要应用区块链技术构建信任基础，其成本极低，信任方式的改变会使许多行业的生产关系发生重构，如物流、保险与投资行业。

（1）降低物流信任成本，推动传统物流转型

近年来，各大物流企业争相扩大服务规模，但传统物流行业中存在信息流转速度慢、数据不对称等问题，导致物流行业中信任成本越来越高。主要有下面几个问题：第一，企业之间信息交互信任成本高，物流供应链上下游企业之间数据共享过程烦琐且很难保证数据的真实可靠性；第二，整个行业链中成员较多，无法保证商品信息的及时性、真实性，商品的质量无法保证，防伪溯源问题也不能得到有效解决；第三，缺少统一的物流信用评级标准，整个物流服务链从个人用户到物流企业，很难构建一个高信任的生产关系。

借助区块链技术可以最大限度减轻传统物流行业的信任问题，降低信任成本。基于区块链的物流供应平台使整个供应链上的所有主体相互连接起来，并将参与者的信息记录在链上，每个交易环节产生的数据也在加密后及时上链。例如，传统的采购和销售供应链包括生产采购、仓库存储、物流运输、商品销售等环节。每个环节都将参与者信息上链，产生的数据要加密存储以保证安全，应用智能合约和链码控制数据访问权限，实现数据的安全共享以及信息的准确溯源。

物流行业需要资金流和信息流的支持，而这些"流"代表的都是所有权的转移，资产所有权转移一定会产生信任摩擦问题。区块链分布式账本保证共享数据真实可靠，打破信息孤岛，加速实物流与信息流的相互映射，提高信息流的可信度，促进

资金流与物流的融合，显著提升融资效率，缩短业务结算周期。

（2）智能车险——智能合约重构保险赔付流程

区块链技术在车险领域有很大的应用前景，主要体现在智能合约方面。利用区块链中的智能合约技术，可以提前设定赔偿条件，事故发生后投保人只需调用合约进行理赔，合约会自动检测是否满足理赔条件，条件不足则驳回申请，条件满足则会自动开始理赔，在规定的时间内将相应的赔款付给用户。这节约了大量的人力物力以及时间，让理赔变得更加简单高效，也能吸引更多用户积极投保。

试想这样的情景：用户购买车险，不需要签阅冗长的合同，只需要与保险公司提前约定好保险内容，并用编写代码的形式写成区块链智能合约，编写好的智能合约将自动存储于区块链上，同时将投保车辆的信息上传到区块链上。若用户车辆发生事故，将事故各项数据上传到区块链数据库中，合约就会根据条件自动完成理赔。

由此可见，区块链技术能够改变保险理赔方式，重构保险行业的生产关系，提高工作效率，形成一个开放共享的数据链，降低投保难度，提升用户体验，推动保险行业更好发展。

（3）区块链加速融资进程

传统融资模式存在许多问题，如传统融资机构运营审核环节烦琐、操作透明度低、成本高效率低、资金供给不足等，这些问题导致小中型企业融资成本越来越高，难度越来越大。

为了解决传统融资模式中小型企业融资难、风险高、政府难以监管等问题，可以使用区块链技术搭建金融机构与核心企业之间的融资联盟链，利用区块链安全可靠、透明度高、难以篡改的特性降低投资风险，提升融资效率，加强合作双方的信任基础，重构传统融资合作模式，促进社会资本融合。系统搭建可以利用区块链服务网络技术，将整个交易流程中的所有数据上链存证，保证数据的真实性及难以篡改性，提高透明度，数据相关方进行签名确定数据权责。同时，为了保证隐私数据不被泄露，使用非对称加密技术进行加密存储。

系统的服务流程主要分为以下 5 步：一是金融机构与融资企业签订智能合约，并将智能合约上链；二是融资企业将合同中的履约信息发布到区块链上；三是投资企业根据链上信息选择投资，并与融资企业达成共识；四是投资人按照要求进行放款投资；五是账期结束后，融资企业将资金付还投资企业。该系统实现了对全流程信息的有序整合，形成了电子化、透明化、平台化的融资新模式，有效缓解了融资难的问题。基于区块链的供应链金融融资平台架构如图 7-13 所示。

3. 区块链提升隐私保护能力

数据等数字生产要素的利用需要开放、共享的环境，但网络开放程度越大隐私保护就越困难，而区块链技术可以打破这一矛盾，在开放的网络环境中保证隐私安全。区块链技术的分布式特点使得数据难以被篡改，保证数据安全，同时使用非对称加密机制进行数据加密，保证隐私不被泄露。这样的机制使很多隐私容易泄露的领域开始发生变革，其内部生产关系也在不断重构。

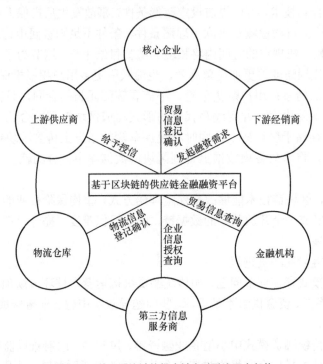

图 7-13　基于区块链的供应链金融融资平台架构

医疗健康是涉及隐私最多的行业之一，医疗数据相比其他数据更加敏感。当前医疗领域的问题主要集中在以下几点。

（1）医疗数据共享不全面，无法有效跨院就医。患者的医疗数据属于个人隐私，应当严格保密，因此许多医疗机构不能轻易将治疗信息共享，而是经过多重确认后才将信息传递给相关单位。这就造成了医疗信息流通阻塞，各医疗机构形成数据孤岛，影响医疗效率。

（2）医患之间缺乏信任，容易产生矛盾。医疗服务信息不对称性、医疗资源稀缺性导致医疗信息不透明性加重。同时，网络上存在很多虚假医疗信息，患者难以辨别信息真伪；无良医生为了利益欺诈患者的现象也时有发生。

（3）患者隐私数据泄露。由于医疗机构独自掌控患者的医疗数据，某些不规范的机构可能为了经济利益将隐私数据用于其他用途。

利用区块链技术构建电子医疗数据共享系统，使医疗机构、患者以及监管机构均能通过该系统进行敏感信息交流共享，有效解决上述问题，其中主要包括以下几个方面。

（1）电子医疗单据安全流转。整个医疗过程中的单据信息和流转情况全部通过智能合约自动写入区块，防止篡改。同时，使用智能合约约束业务逻辑，保证流程简单合理。

（2）保证患者隐私安全。通过非对称加密技术保证由用户自行管理的隐私数据的安全，按用户需求进行安全数据传输，打破医疗信息孤岛。

（3）利用区块链分布式特点保证数据难以被篡改，打破数据割裂现状，杜绝医护人员为私利更改患者医疗数据。

（4）完整记录用户病史数据，为医疗机构的精准治疗提供帮助。

区块链技术通过改进医疗隐私环境，增强医患信任基础，重构医疗领域生产关系，极大地提高了医疗效率，营造了和谐医疗环境。基于区块链的医疗隐私保护系统工作流程如图7-14所示。

图7-14 基于区块链的医疗隐私保护系统工作流程

4．区块链增强数据可追溯性

在社会生产生活的很多领域存在工作流程复杂、信息记录不及时、涉及人员过多等各类问题，导致发生事故后无法确定责任方，使得很多行业内欺诈、违法行为无法被有效遏制，其中应急物流、商品溯源等领域较为突出。例如，在商品溯源领域，一件商品的交易不仅涉及买家和卖家，还涉及采购、加工、运输、销售等一整条供应链中的众多参与主体，所以存在难以全程把控、各环节责任归属模糊、信息透明度不足等问题，导致商品市场上假冒伪劣产品层出不穷，却难以有效追责。

为保护消费者与商家权益，可以利用区块链技术赋能商品溯源，提高商品供应链信任。

（1）全流程信息跟踪上链。区块链中的信息记录方式是将数据打包成块，加上时间戳后按顺序连接成链，这样流程就可以和商品供应链完美结合。将每件商品的整个流程所有环节产生的信息按照时间顺序记录到区块链上，形成一物一码全程品质保证。

（2）区块链保证数据安全难以被篡改。采用区块链技术记录商品信息可以保证数据的真实性，提高溯源准确度。同时，区块链上的信息由各主体共同保管，每个参与者都有数据副本，以此建立可靠的信任基础。

（3）权责更明确，实现精准溯源。区块链上的信息是实时记录且难以篡改的，当商品出现问题时，通过溯源数据能够准确锁定问题环节，找出责任人。并且可以利用智能合约构建信用档案系统，对用户进行信用评级，对评级较低的用户进行警告。

（4）降低成本，区块链上的数据作为统一认可的凭证，将商品供应链各个环节相互连接起来，优化整体结构，减少验证成本，提高运行效率。

基于区块链的商品信息溯源系统可以杜绝传统中心化溯源体系中数据控制中心随意篡改数据的可能。同时，区块链技术可将监管机构等权威第三方加入系统，构建一个新型去中心化信任体系，让消费者更加信任溯源信息。

5. 区块链引领信息互联网

互联网极大地丰富了我们的生活，但也有其不足之处，如虚假信息泛滥、隐私泄露、无法证明真实身份、无法确定资产归属等问题。这是因为信息造假成本极低且不容易溯源追责，再加上中心化的信息存储机构很容易导致信息泄露。

区块链技术不仅能保证信息的真实性、唯一性和难以篡改性，还能进行规范的交易与共享，保证交易过程公开透明。对于使用区块链技术构建的系统，信息造假成本极高，且很容易被溯源追责。同时，区块链网络能有效解决双花问题，并为数字资产确权和交易流通提供了解决方案。因此，区块链技术将推动互联网向价值互联网迈进。所谓价值互联网，就是可以在网络中实现资金、数字化资产等价值互联互通的网络。在这个网络中，每个人都是一个独立的数字经济体，网络上的所有数据都有明确的权属，资源拥有者可以利用这些数据获取相应的价值回报。人们能够像在互联网中传递信息一样方便快捷、低成本地传递价值，实现价值的快速转移，加速资源流动，推动社会发展。

在区块链技术诞生之前价值互联网就已经出现了，谷歌、脸书、百度等大型互联网公司利用其用户产生的数据获得了巨大的经济效益（而这部分经济效益并未回馈给提供数据的用户），这也属于价值互联网的范畴。区块链技术为互联网领域提供了一种更为安全公平的交易模型，有望打破这种数据价值垄断的现状，实现数据所有权的重新分配，让数据生产者真正拥有数据的所有权，以此保护隐私并获得相应收益。

构建价值互联网的前提是确定数字资产所有人，即确权。区块链采用非对称加密技术，每个用户生成独一无二的公/私钥对，用户使用私钥对资产签名以表明对此资产的所有权，其他用户可以使用公钥验证签名来进行确认。这一过程无法被篡改，因为私钥只有该用户自己知道，其他人无法使用。这样，在理论和算法上保证了拥有者对数字资产的唯一所有权。区块链采用分布式共识机制实现其他用户对数据所有权声明的认可，并确定网络中数字资产所有权的唯一归属。同时，应用加密哈希值及分布式账本记录资产信息，保证所有权长期存在且难以被篡改。

确定了所有权后就要设计安全可靠的交易机制。首先，交易双方协商后编写智能合约，保证交易只有在双方条件均得到满足的情况下才能成功，否则认定为交易失败；其次，交易过程也要用到加密机制保证数字资产所有权的准确转移；再次，通过网络共识机制确定交易顺序，防止出现双花问题；最后，将所有交易信息打包记录于区块链上，以供后续查验。

有了确权和安全交易，价值就可以实现，区块链正是因为解决了这两个问题，才成为价值互联网的重要推动力。价值互联网将会给人类的生活提供更多的便利，更有力地推动社会发展。

7.3.2　中国移动的探索实践：区块链服务网络

为破解当前我国区块链应用技术门槛高、成链成本大、运营成本高、底层平台异构、运维监管难等瓶颈，区块链行业需要构建各方认可的区块链底层公用基础设施，打通区块链底层技术平台，实现不同框架间跨链数据交换，盘活闲置云计算资源，推动区块链应用跨公网、跨地域、跨机构灵活接入服务。中国移动参与发起的区块链服务网络（Blockchain-based Service Network，BSN）联盟就是一个很好的探索实践。

BSN 是由国家信息中心顶层设计，并联合中国移动、中国银联、北京红枣科技等公司发起的一个跨云服务、跨门户、跨底层框架，用于部署和运行各类区块链应用的全球性基础设施网络。BSN 致力于改变目前区块链应用开发和部署的高成本问题，秉持互联网理念，通过建立一套区块链运行环境协议将所有数据中心连接到一起，为开发者提供公共区块链资源环境，可以极大降低区块链应用的开发、部署、运维、互通和监管成本，从而加速区块链技术的快速发展和普及。

BSN 的直接参与方有 3 类：一是云服务商，通过安装免费的 BSN 公共城市节点软件，将其云服务资源（CPU、存储和带宽）接入 BSN 并进行销售；二是区块链底层框架商（特指联盟链），根据 BSN 底层框架适配标准将框架进行适配后，可以部署到 BSN，供开发者选择使用；三是门户商，可以在已有的云服务门户或开发者门户内，通过 BSN 快速并低成本地建立区块链即服务（Blockchain as a Service，BaaS）平台，并向自己的客户提供基于 BSN 的区块链应用开发、部署和运行服务。

BSN 是一个开放性网络，任何云服务商、区块链底层框架商和门户商在符合 BSN 协议标准的前提下，均可以自由选择加入或退出。

在 BSN 上，区块链应用发布者和参与者均不需要再购买物理服务器或者云服务来搭建自己的区块链运行环境，而是使用 BSN 提供统一的公共服务，并按需租用共享资源，从而大大降低发布者和参与者的成本。

从传统区块链的孤立封闭架构发展到 BSN 的资源共享架构，完全遵循了互联网从早期的众多封闭孤立局域网逐步扩展成全球性互联互通设施的发展历程，BSN 可以被视为区块链互联网。BSN 核心架构主要由五大部分组成，如图 7-15 所示。

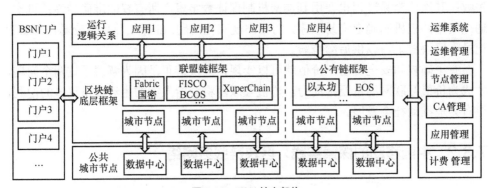

图 7-15　BSN 核心架构

（1）公共城市节点

公共城市节点是 BSN 的基础运行单元，其主要功能是为区块链应用运行提供访问控制、交易处理、数据存储和计算力等系统资源。每个城市节点的所有方为云资源或数据中心的提供者。所有方在云资源内安装公共城市节点软件并完成入网流程后，即可建成 BSN 上的一个城市节点。节点建成后，应用发布者即可在 BSN 的各门户内检索到该节点，并购买其资源作为应用部署的公共城市节点之一。当一个公共城市节点内的资源使用趋于饱和时，所有方可以随时增加系统资源来提高城市节点的负载能力。

根据已运行的应用数量和并发需求，每个城市节点均动态部署一定数量的公共记账节点（统称记账节点），并通过负载均衡机制为高并发应用动态分配独享的高性能记账节点，而让多个低并发应用共享一个记账节点。这样的机制可以使公共城市节点的资源得到充分有效的利用，降低 BSN 整体运行成本。

BSN 是一个多链多账本的区块链系统。部署在若干公共城市节点上的每个应用通过专用通道进行交易处理、数据通信和存储。通道与通道之间完全隔离，但如果两个应用相互授权，通道之间则可以进行数据的相互调用，既保证了每个应用的绝对隐私权，同时又有足够的灵活性进行链与链之间的业务处理。

公共城市节点内部署的智能网关和预制链码机制使 BSN 的复杂性对外部业务系统隐藏，并能够使传统业务系统开发者在完全没有区块链开发经验和完全不了解区块链编程语言的情况下，仅使用自己熟悉的编程语言和运行环境即可接入 BSN，进行区块链数据处理，使传统业务系统轻松拥有区块链功能。

（2）区块链底层框架

区块链底层框架可以被视为区块链应用的操作系统。BSN 支持主流的联盟链框架和公有链框架。对于公有链框架来说，开发者可以在任何 BSN 的门户内购买相应资源，选择某公有链框架，建立公有链节点与该公有链的主网连接；也可以根据所选择框架的灵活性，在 BSN 上建立自己的公有链网络，并在 BSN 之内或之外持续建立更多节点。

当前是联盟链底层框架多元化的时期，仅中国就有多个底层框架，每个框架都有自己的共识算法、传输机制和开发者工具等。BSN 设计初衷之一就是希望为底层框架建立更完善的生态空间，将开发者、门户和云资源与底层框架集成到一起，使底层框架公司可以借助 BSN 建立更好的商业模式和盈利机制，从而具备长期运营和持续推动区块链技术发展的基础。目前，BSN 已经支持 Hyperledger Fabric，正在适配的联盟链底层框架有 Fabric 国密、FISCO BCOS、CITA、XuperChain、梧桐链和 Brochain 等。针对公有链框架，目前支持以太坊和 EOS 等。

（3）BSN 门户

开发者在互联网上购买云资源和发布应用时，可以在任何云服务门户内进行操作。BSN 采取多门户策略，加入 BSN 的云服务商、区块链底层框架商、科技媒体等拥有开发者资源的企业均可以申请建立 BSN 门户（BSN Portal），门户可以是单独的 BaaS 网站，也可以是在现有云服务门户或开发者社区门户的基础上增加 BaaS 功能的平台。门户有非常高的自主权和独立性，在门户内，开发者可以购买 BSN 资源、发布应用和管理应用等。BSN 虽然同时支持公有链和联盟链，但每个门户商都需要根据所在国家的法律法规以及政策规定，对底层框架、公共城市节点物理位置、可发布应用等进行筛选和管理，例如，在中国的各 BSN 门户和公共城市节点内，不允许部署和运营公有链节点。

（4）运维系统

BSN 由专门的技术团队进行运维管理。云服务商将云资源加入 BSN 后，只需管理硬件和网络，公共城市节点的运维由 BSN 统一管理。BSN 的各门户仅需负责自己门户的日常运维，对于通过其门户部署到 BSN 上的应用，也由 BSN 统一安排日常维护。各方均需与 BSN 的运维团队建立协调机制，以便及时处理各种突发情况。

（5）运行逻辑关系

区块链 BSN 上的所有公共城市节点和共识排序集群服务都通过互联网进行连接。应用发布者根据业务需求选择若干城市节点，以及每个节点上所需的 TPS、存储和带宽来发布应用，并根据权限配置规则把应用灵活设定为私有链或联盟链。在整个过程中，应用的发布者和参与者可以集中精力进行创新和业务执行，而不需要再花费任何额外成本去建设和维护自己的区块链运行环境。

在 BSN 中，区块链应用既可以在单一公共城市节点内的多个区块链节点上部署，也可以在不同城市节点间的多个区块链节点上部署。应用的不同参与方的链下业务系统可以接入应用部署节点所在城市节点的网关系统与区块链链上环境进行业务交易处理。

第三部分
数字经济新应用

第 **8** 章

智慧的一天

这一章，我们从情景入手，描述一家人在数字经济 3.0 时代的一天如何度过。这里的描述并非畅想未来，这样的场景会很快出现在我们的生活中。

人物介绍如下。

绍辉，36 岁，钢铁工厂负责人。

丽萍，绍辉爱人，35 岁，金融从业人员。

建国，绍辉父亲，72 岁，退休人员。

红梅，绍辉母亲，73 岁，退休人员。

子轩，绍辉和丽萍的儿子，9 岁，小学三年级学生。

背景介绍：今天是建国和红梅的金婚日子，但是由于是工作日，全家人都有相应的工作或事情要做，所以约定晚上 7:00 为他们庆祝这个大喜日子。

8.1 昭辉智慧的一天

早上 8:00，吃过早餐后，丽萍在家收拾家务，邵辉和子轩一起下楼。此时智慧校车已停在小区门口，绍辉送儿子上校车后开车去上班。

绍辉上车后，对汽车音箱说："去金冠制造公司。"汽车音箱为绍辉规划好路线，并提醒"生产路附近道路拥挤，预计通行时间 10 分钟"。绍辉告诉汽车音箱"按车路拥挤程度规划最佳路线"。汽车规划好路线后，绍辉开车上路。

由于昨天绍辉睡觉过晚，他在开车时有点心不在焉。绍辉未仔细观察后方车辆就想变更车线超车，汽车音箱立即发出"后方有车辆靠近，请不要变更车道"的提醒。绍辉自言自语道："吓死我了。"音箱亲切地回答道："有我在主人可以放心，但是主人开车还是要专心哦！"

融合了 5G 技术的交通车辆，通过提升车载视频传输质量和车载移动布控水平实现了车辆运输过程中全程录像和对驾驶员超速、疲劳驾驶、夜间开车等行为的监测，及时发出预警，有效实现了 5G 在车载安防的应用。5G 车载安防（第 11 章 智慧安防）如图 8-1 所示。因此，融合 5G 的交通系统已经能实现 L3～L4 级别的自动驾驶。

图 8-1　5G 车载安防（第 11 章 智慧安防）

同时，道路两旁安装的无线固定视频监控（如图 8-2 所示）通过边缘节点、边缘域、云中心 3 个层次构建了云边融合的完整产业生态圈，所有的车辆构成"车辆网"。交通部门和公安部门可以实时掌握道路的车流情况，实现道路车辆协调，对突发事件迅速反应，对重点人员、嫌疑人员精准布控，实现精准指挥调度。

图 8-2 无线固定视频监控（第 11 章 智慧安防）

工厂已在生产、安防等方面实现了自动化，利用 5G 网络、人工智能、云计算等技术，实现生产、运营等的智慧化。到达工厂后，汽车自动驾驶至停车位，绍辉走向办公室。上午 9:00，刚到办公室的绍辉收到智能语音盒子的提醒：上午 9:30—11:30 与铁矿石原料负责人及运输负责人有视频会议，下午的任务是对工厂进行巡检。

上午会议前，绍辉对会议的材料进行简单的浏览。此次会议内容主要是对原料供应商和原料运输商的目前状况进行了解，以确保原材料能及时供应，避免耽误工厂生产。绍辉简单了解后，打开办公室里的高清视频连接两位负责人，准备进行高清视频会议。

首先，铁矿石原料负责人对矿山的矿产原料采掘状况进行汇报。矿产原料采掘负责人表示，通过远程控制无人采掘机，矿山已实现了最优自动作业，节约 40% 的人力成本，提升承包商 50% 的工程收益。目前已经完成了 1/3 所需的矿产原料，并预计能够提前 3 天完成所需矿产原料的采掘。露天矿无人开采（第 10 章　智慧矿业）如图 8-3 所示。

图 8-3　露天矿无人开采（第 10 章　智慧矿业）

其次，铁矿石运输负责人介绍了港口的目前状况，通过在龙门吊上安装摄像头和 PLC，港口实现了对龙门吊的远程控制，提高了集装箱从船到岸装卸场桥的垂直运输效率，智慧龙门吊（第 10 章　智慧港口）如图 8-4 所示；同时，无人集卡的运用保证了货物从码头到堆场间的水平高效移动。两者结合极大提高了作业的安全性和效率，同时能够保证及时完成材料的运输和供应。原料供应商、原料运输商和绍辉的钢铁工厂都是行业的联盟链成员，本次会议的数据、合约全都上链，有效改善了多个环节对接的流程，提高了铁矿石原料在物流过程中的透明度，大大提升了货运、物流和财务部分的效率。绍辉对原料供应商和原料运输商的运作情况表示确认后，结束了上午的会议。

图 8-4　智慧龙门吊（第 10 章　智慧港口）

下午 2:00，绍辉来到企业工厂生产车间进行生产线巡查工作。车间相关负责人表示，利用最新的机器视觉技术、先进图像处理技术、模式识别技术、机器学习技术等高科技手段，我们厂实时地对钢铁质量进行 100% 检测，大大提高了质量检测的效率和准确率，保证出厂的钢铁材料全部达到合格质量标准。5G 机器视觉质量检测（第10章 智慧钢铁）如图8-5所示。

图8-5　5G机器视觉质量检测（第10章 智慧钢铁）

随后，绍辉巡查了公司的安防工作。绍辉强调："超高清安防平台是保证智慧工厂安全、正常运行的坚实后盾，利用其可以及时纠正处理生产环节的各个隐患，是企业走向现代化的必经之路。我代表工厂对大家做出的努力表示感谢，希望大家再接再厉。"

在5G时代，超高清安防平台通过运用大数据、云计算、物联网等技术实现了人员安全着装规范检测、违规行为识别、危险源检测等功能，有利于对工厂的规范化管理，减少了不必要的损失。

下午2:30，绍辉巡查完安防工作后，临时决定和下属进行室外考察。在室外考察时，绍辉接到儿子子轩的电话，提醒他今天下午3:30不要忘记观看自己的足球比赛。

下午3:30，无法到场的绍辉通过VR/AR眼镜观看儿子的足球比赛。5G高速率、低时延等特点，解决了画面卡顿等问题，并且使得画面更加清晰。VR/AR全景直播（如图8-6所示）让绍辉多角度、全视野地观看比赛，犹如身临其境。子轩的精彩表现让绍辉激动地禁不住大呼："儿子太棒啦！"子轩比赛结束后，绍辉处理了一些日常的工作。下午5:30，绍辉下班后便踏上了回家的路。

图8-6　AR/VR全景直播

在这一天中，绍辉使用了多种智能应用，见表8-1。

表8-1 绍辉使用的智能应用

涉及应用	感知泛在	连接泛在	智能泛在	信任泛在
无人驾驶	车载摄像头等传感器、道路视频监控	5G URLLC 5G mMTC	计算机视觉 语音识别	物联网标识 区块链高信任度通信
线上会议	摄像头、声音传感器	5G eMBB	语音识别 机器翻译	
智慧工厂	MEMC 传感器、高清摄像头、电子鼻、微尘传感器等各种工业传感器	5G mMTC Wi-Fi	工业云 工业大数据 计算机视觉	物联网标识 区块链高信任度通信
行业链管理平台		5G eMBB Wi-Fi	AI 算法 语义理解	联盟链
全景直播	VR/AR、高清视频采集	5G eMBB	AI视觉算法	

8.2 子轩智慧的一天

　　子轩乘智慧校车到达校门口，通过人脸识别进入校园。5G 平安校园（如图 8-7 所示）通过云计算、大数据、人工智能等信息技术实现进出校门人员查验登记，实现对校园重点时段和重点部位的监控，对外部非法入侵及时预警，为在校师生提供安全保障。

图 8-7 5G 平安校园（第 9 章 智慧教育）

　　上午 10:00，老师带领子轩和其他学生学习太阳系知识。老师引领学生戴上 AR 眼镜，利用 VR 技术虚拟出真实的太阳系，引导学生感知太阳系及其运行规律。VR/AR 课堂教学（如图 8-8 所示）将抽象的学习内容具体化、可视化，给予学生身临其境的真实感受，能够激发学生的学习兴趣，引导学生发挥想象力，提升学生的创新思维。同时，课堂通过 5G 远程互动教学系统同步到不发达地区。远程互动教学（如图 8-9 所示）借助 5G 高速率、低时延、广连接的通信支撑，利用 4K/8K 超高清视频、虚拟现实技术、人工智能等技术，实现跨地域教学，有效缓解了教育资源稀缺以及教育资源分配不均等问题。

图 8-8　VR/AR 课堂教学（第 9 章 智慧教育）

图 8-9　远程互动教学（第 9 章 智慧教育）

　　下午 3:30，子轩要参加学校的足球比赛。赛前，子轩通过电话提醒爸爸记得观看自己的比赛。比赛通过 VR/AR 全景直播，如图 8-10 所示。赛后，子轩有说有笑地和同学走回教室。还未到教室，子轩突然感到身体不适，蹲了下来。身旁的同学急忙搀扶，并询问："子轩，你怎么了？"与此同时，全景摄像头拍摄到这一画面，校医院医生收到预警后立刻赶赴现场。全景摄像头可以及时全面地对校园进行监控，通过人脸识别定位目标，对突发状况及时反应，智能识别所需人员，并通过各个系统通知相关人员及时处理。校医院医生赶到现场后对子轩进行了初步诊断。医生安抚子轩道："同学，你只是刚才比赛用力过猛，并无大碍，不要担心，我带你去校医院休息一下吧。"同时，医生也提醒其他学生不要担心，并让同班同学告知班主任子轩的情况。随后，子轩被搀扶到校医院休息。期间，班主任来校医院看望了子轩，并安慰子轩："子轩，好好休息就好，不要担心功课哦。"5G 平安校园（第 9 章 智慧教育）如图 8-11 所示。

图 8-10　VR/AR 全景直播

图 8-11　5G 平安校园（第 9 章 智慧教育）

　　下午 5:00，子轩感觉好了很多。子轩走出校医院，走向校车，乘坐校车回家。今天，子轩使用了多种智能应用，见表 8-2。

表 8-2　子轩使用的智能应用

涉及应用	感知泛在	连接泛在	智能泛在	信任泛在
平安校园	高清摄像头、红外传感器等智能监控传感器	5G eMBB	人脸识别 语音识别	
VR/AR 课堂	VR/AR、高清视频		AI 算法	
在线教学	高清摄像头、VR/AR	5G eMBB Wi-Fi 6 低轨宽带卫星通信	云计算 边缘计算 图像识别 自然语言处理	

8.3　丽萍智慧的一天

最近几天，丽萍恰巧在家休年假。

儿子和老公出门后，丽萍开始收拾家务。丽萍对语音助手说："放首音乐听听。"语音助手立即播放了丽萍喜欢的歌曲。伴随着音乐，丽萍开启了家务生活。丽萍首先将早饭用过的盘子放进洗碗机，然后拿出智能扫地机器人，对扫地机器人说："Go。"

上午 9:30，刚收拾完家务的丽萍坐在沙发上。此时，丽萍想起了最近一部电影刚刚上映。不想去电影院的丽萍查询了电影最近放映的场次，打算在家付费观看高清视频直播电影。电影在 9:50 开始，丽萍为了营造电影院的氛围，对语音助手说："把窗帘拉上。"随后，丽萍开始享受沉浸式电影体验。高清视频直播如图 8-12 所示。

图 8-12　高清视频直播

上午 11:40，刚刚看完电影想要去做午饭，这时收到了电力公司通过远程抄表（如图 8-13 所示）推送的本月用电量及扣费情况。根据推送的扣费情况，丽萍发现目前家里电费只剩下 0.52 元，于是及时续交了费用。在数字经济 3.0 时代，5G 技术、网络切片技术、人工智能技术等相互融合，将满足电网在各个环节的需求，进一步提高电力企业对自身业务的控制能力，以更好地服务大众。远程抄表作为用电环节的重要应用，降低了电力公司的成本，提高了运营效率，有效提高了能源利用率和管理水平。电表通过电线连到采集器，采集器通过网络上传读数到远抄服务器，就可以实现远程抄表。

图 8-13　远程抄表（第 11 章 智慧电力）

下午 2:00，在家无聊的丽萍开始浏览行业热点。丽萍打开手机 App，手机立即为她智能推荐了最新的金融热点。丽萍了解到，5G 网络正在助力偏远地区银行进行线上服务智能化升级，用户可以突破时空限制，无须到达银行，就可以办理各种业务，获得极致服务体验。1h 后，丽萍感觉眼睛有些许疲乏，于是她开启了手机文字朗读功能。手机 App 开始为丽萍朗读行业热点。在数字经济 3.0 时代，银行将创造全新客户体验，创新普惠金融，满足小微企业、个人客户的金融服务需求。供应链金融作为普惠金融的直接体现，有利于为中小企业融资提供解决方案，有助于提升金融服务的覆盖率。但是由于信任问题，中小企业"融资难、融资贵"现象仍非常突出。区块链技术与供应链金融的融合打破了数据孤岛，建立起信任机制，同时区块链的智能合约技术约束供应链各方行为，降低了履约风险。因此，供应链金融+区块链（如图 8-14 所示）可以有效解决供应链场景下的中小企业信用和融资问题。

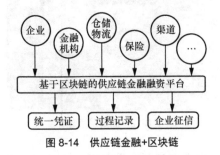

图 8-14　供应链金融+区块链

下午 5:15，丽萍到小区门口接放学的子轩回家。这时，安防机器人正在小区进行巡查，如图 8-15 所示。丽萍和儿子感慨道："现在小区的治安工作做得太到位啦。"到家门口后，丽萍通过人脸识别自动开启了家门。进门后，丽萍通过语音开启了家中灯光，打开了音乐，和儿子等待丈夫回家后一起前往父母家中。

图 8-15 安防机器人（第 11 章 智慧安防）

在这一天中，丽萍使用了多种智能应用，见表 8-3。

表 8-3　丽萍使用的智能应用

涉及应用	感知泛在	连接泛在	智能泛在	信任泛在
高清视频直播	VR/AR	5G eMBB Wi-Fi 6	语音识别 语义识别	
远程抄表	智能电表	5G mMTC 网络切片		
智能终端		5G eMBB	图像识别 情绪识别 语音识别	区块链
智慧安防	摄像头、无人机等 采集终端	5G mMTC 5G eMBB Wi-Fi	人脸识别 边缘计算	

8.4　建国夫妇智慧的一天

已经从公司退休的建国，拒绝了与儿子住在一起，与老伴红梅过着独居的快乐生活。但是为了相互照应方便，建国和儿子绍辉住在相邻的小区。

上午 7:30，建国和老伴红梅从公园遛弯回家。刚坐在沙发上，家里的智能家庭机器人提醒建国和老伴红梅今天是他们定期会诊的日子。早在一周前，建国通过远程会诊软件预约，和身在新加坡的医生取得联系。

上午 9:00，建国和老伴乘坐无人驾驶公交来到医院。建国和老伴通过医院服务机器人扫描他们的面部信息进行现场报到，但是他们不知道应该先去做什么检查。此时，建国对智能手机问道："目前哪个检查窗口不用排队？"手机立刻回答："验血窗口目前人员较少，您可以先去做抽血检查哦，抽血中心在二楼 B 区，如果您不知道具体位置，可以使用室内导航功能哦。"建国和老伴在智能手机的提示下先去抽血中心做了检查。随后，在手机的指引下，建国和老伴来到超声影像室。在影像室内，助手医师指引建国躺在仪器上，医生操纵机械臂，远程完成身体检查和拍片。借助 5G 的高速率和低时延，医生可以远程对千里之外很多基层医院的诊疗进行有效的指导。机械臂能够非常灵活自如地对患者身体上的部位进行有效的扫描和诊断。将机械臂搭载到 5G 诊疗系统中，医生在千里之外就可以操控这样的机械臂，对患者病情进行诊断。远程超声检查（第 9 章 智慧医疗）如图 8-16 所示。同时，借助区块链医疗隐私保护系统，建国和老伴的历年病历、医疗检测数据都变得安全而透明，在用户的授权下，电子单据和数据可以安全在各个医院流转，同时，医疗机构也无法改变其中任何数据。

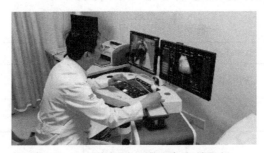

图 8-16　远程超声检查（第 9 章 智慧医疗）

由于上午检查并未完成，中午，建国用手机搜索了医院附近的餐厅，在导航的提示下前往餐厅享受美食。下午，建国和老伴做完了剩余的身体检查。拿到检查报告后，建国和当地医生取得联系，通过远程会诊（如图 8-17 所示）联系了自己预定的医生。医生仔细查看了建国和红梅的身体状况，告诉他："您二位目前身体状况很好，生活中应保持愉快心情，可以适当定期体检。"两人听后非常高兴，谢过医生后，返回家中。

图 8-17　远程会诊（第 9 章 智慧医疗）

随着数字经济 3.0 时代的到来，智慧医疗还将创新远程急救、远程手术等应用。远程医疗大大提高了医疗资源的分配效率，让不发达地区的人们也能享受优质的医疗资源，有效缓解"看病难、看病贵"等问题，提高了医疗资源的利用率。

检查完身体的老两口乘坐出租车回到家中，发现儿子、儿媳和孙子已经在家中等待。小儿子邵华通过手机 App 为父母预定了精美的蛋糕，大儿子绍辉和儿媳在智能家庭机器人的指导下做好一大桌子的营养美食，老两口乐呵呵地走向餐桌。大家纷纷向老两口送上金婚祝福，在欢声笑语中结束了一天的智慧生活。

在这一天中，建国和红梅使用了多种智能应用，见表 8-4。

表 8-4　建国和红梅使用的智能应用

涉及应用	感知泛在	连接泛在	智能泛在	信任泛在
远程会诊	高清摄像头 超声影像 VR	5G eMBB	医疗大数据 云计算 图像识别	医疗
医疗数据共享		4G/5G Wi-Fi	医疗大数据	医疗数据区块链
智慧交通	5G URLLC 5G mMTC	计算机视觉、语音识别	物联网标识 区块链高信任度通信	车载摄像头等传感器、道路视频监控

第 **9** 章

智慧化生活

9.1 智慧教育

2020 年上半年，新冠疫情影响了大部分行业，但有一个行业出现了业务爆发，这是什么行业呢？就是在线教育行业。

在新冠疫情防控期间，中小学生不能到校上学，老师无法跟学生面对面交流，但是从政府到家庭到学生个体都高度重视青少年的教育工作。于是，在线教育一下子吸引了家庭、学校甚至教育机关的眼球。学生们从去学校上一天学一下子变成在家上一天网课。网课系统甚至跟线下教学差不多，点名、教学、互动、作业、考试，教育的各个模块一应俱全。经过几个月的网课洗礼，同学们的学习也并没有落下。

在线教育作为智慧教育的"先锋官"，在新冠疫情期间算是打了一个大胜仗。

百年大计，教育为本。新中国成立以来，党和政府一贯高度重视教育事业。近几年发布的教育政策一直在利好智慧教育。近几年发布的部分教育政策见表 9-1。

表 9-1　近几年发布的部分教育政策

时间	政策	主要内容
2017 年 1 月	《国家教育事业发展"十三五"规划》	教育信息化实现新突破，形成信息技术与教育融合创新发展的新局面，学习的便捷性和灵活性明显增强
2018 年 4 月	《教育信息化 2.0 行动计划》	到 2022 年基本实现"三全两高一大"的发展目标，即教学应用覆盖全体教师、学习应用覆盖全体适龄学生、数字校园建设覆盖全体学校，信息化应用水平和师生信息素养普遍提高，建成"互联网+教育"大平台

续表

时间	政策	主要内容
2020年2月	《关于疫情防控期间以信息化支持教育教学工作的通知》	各地各校在学校延期开学期间通过网络平台、数字电视、移动终端等方式，自主选择在线直播课堂、网络点播教学、大规模在线开放课程（MOOC）、小规模视频公开课（SPOC）、学生自主学习、集中辅导答疑等形式，开展线上教学

借助 5G、人工智能等新一代信息技术，在全面关注"人、物、教、育"的基础上，智慧教育将打造智能化、感知化、泛在化的教育新模式，通过提供个性化、精细化、沉浸式教学场景，改善教师教学效果，增强学生学习兴趣，提高教育质量。智慧教育基于感知泛在、连接泛在、智能泛在和信任泛在的数字基础设施，实现了互动课堂、远程教学、虚拟教学等多种多样的应用场景，如图 9-1 所示。

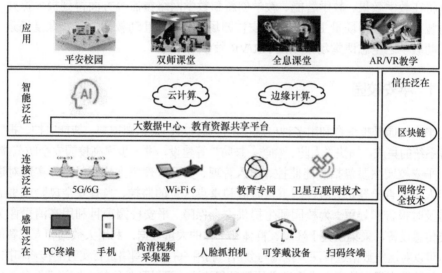

图 9-1 智慧教育行业体系

（1）感知泛在：实现持续、全面、快速的信息获取。感知层主要负责信息的发出和接收，既是信息采集的工具，也是信息应用所依附的载体，通过传感设备、可穿戴设备、感应设备等终端实现信息的采集和展示。智慧教育行业的感知终端主要包括 AR/VR 眼镜、高清视频采集器、人脸抓拍机等。

（2）连接泛在：实现实时、可靠、安全的信息传输。连接层是信息的传输媒介，是充分体现通信技术先进性的环节，通过分配于不同应用场景的独立或共享网络，高速率、高可靠、低时延地完成通信主体间的信息传输。连接层主要以新一代移动通信网络为基础，以卫星互联网技术为辅助，建设教育专网。

（3）智能泛在：实现智能、准确、高效的信息处理。智慧教育的部分应用场景对实时性、可靠性与安全性等有严格要求，但是现有的、以云计算为核心的集中式数据处理模式难以为诸多新业务提供极致的用户体验。未来，智能层会提供数据转发、网络功能连接能力，以及网络虚拟化支持，主要应用于回传带宽受限、低时延需求的业务场景，可提供平台开放能力，在服务平台上集成或者部署第三方应用，同时为第三方应用提供无线网络信息、位置信息、业务及资源控制功能。

（4）信任泛在：通过区块链、专网等信任技术，智慧教育的网络空间安全得以改善。例如，教育部门利用区块链技术实现分布式信息记录，可以确保这些记录可以追踪、不可删除、不可更改、不会外泄等，保障教育信息安全。

信息通信技术在教育行业的普及应用，推动传统教育向智慧教育变革，促使教育向现代化、均衡化的方向加速发展。借助 5G 网络超高宽带、超低时延、超高可靠性、海量连接的特性，受益于 4K/8K 高清视频、AR/VR、AI 等新技术的引入，教育将在教学效果、教学智能、教学创新和教学网络覆盖等方面得到极大提升。典型的智慧教育应用场景主要包括平安校园场景、远程互动教学之双师课堂场景、远程互动教学之全息课堂场景以及 AR/VR 教学场景等。

9.1.1　平安校园

平安校园是指综合利用多种信息技术，通过对门禁识别控制、智能监控、报警联动等系统的集成，加快"人防、物防、技防"等建设，进一步提高校园安全防范能力。

平安校园主要包括智能监控、出入管理、安保管理三大应用场景，实现对进出校门人员的查验登记、对校园重点时段和重点区位的监控，当有安全风险或事故危险时及时报告和处置，为校园师生提供安全保障。平安校园项目利用高清摄像头和各类传感设备，采集了关于环境、群体和个体的大量数据，利用大数据和人工智能等技术可以对这些数据进行深度挖掘与分析，利用 5G 通信网络进行实时的传输和控制，并将从数据中得出的富有决策意义的信息和结论，投射到具体的学校管理服务工作当中，使学校的管理和服务更加精细化、高效化和个性化。通过不断地学习和迭代，校园智慧化运营管理的算法和集成平台都会不断优化和改进，从而更好地提供智能服务。

1．痛点问题

（1）校园安全管理处于初级阶段

近年来，校园暴力事件频发，校外无关人员进入校园滋事和干扰校园秩序时有发生。2019 年 5 月 17 日公安部、教育部召开的全国校园安全工作经验交流现场会上发布了一组数字：全国尚有 20%的校园未配齐保安员，40%的校园安全防范系统建设未达到国家标准要求。如何提升校区安全保卫工作水平，降低突发性、群体性事件的发生概率，减少校园暴力，对学校进行更高效的安全防护，成为社会、家长和老师等关注的重点。因此，平安校园建设迫在眉睫。

（2）校园智能管理缺乏高质量的网络

平安校园需要能够提供超大连接量、高可靠性与低时延性，甚至低功耗、深度覆盖的网络连接。除此之外，还要增强跨网络、跨平台、跨应用之间的协同能力。5G 网络高可靠性、低时延、可伸缩性、安全性和移动性的技术特点，可有效解决物联网校园智能管理面临的网络问题。通过 5G 技术与物联网设备的连接甚至一体化，设备将会成为网络的一部分，不再是一个简单的边缘化的终端。未来应让校园智能管理平台更加接近机器设备，能够实现物联网网络的扁平化、垂直化管理。

2．解决方案

（1）智能监控

智能监控通过人防、技防、物防相结合的防控体系，对区域入侵、区域徘徊、物品丢失等各种安全事件进行自动分析判断报警，有效提高校园安全系数，预防校园治安案件发生。如图 9-2 所示，智能监控包括全场景监控、周界防范、报警管理3 项功能。

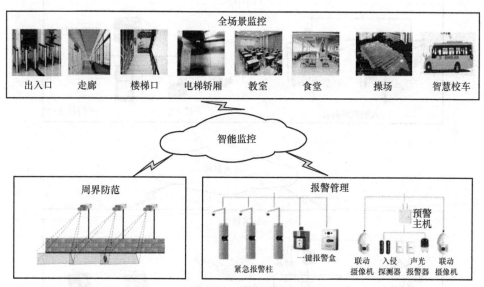

图 9-2 智能监控场景

① 全场景监控

全场景监控依托学校网络条件，在教学楼、宿舍、图书馆、食堂、操场等全部区域部署高清摄像头，实现校园无盲点监控。例如，在食堂里配置高清摄像头，打造"透明厨房"，实现食品加工全流程监管。再如，智慧校车基于人、车、路线 3 个要素，利用远程通信技术、计算机信息系统、卫星定位、电子地图、智能视频监控等技术手段，实现对校车的全程跟踪、监控、预警和提醒。

② 周界防范

周界防范基于传统的红外、电子围栏等手段，通过周界监控枪机、制高点球机、智能分析系统，实现校园周边环境监护，对外部非法入侵及时预警，为校师生提供安全保障。

③ 报警管理

报警管理基于安装在学校各个区域的紧急报警柱、一键报警盒、入侵探测器、声光报警器等报警设备，为在校师生提供紧急情况报警与咨询求助功能。

（2）出入管理

出入管理通过门禁和访客管理，可有效控制人员出入，实现人员出入、访问全数据智能化记录，解决传统人工查验手续烦琐、信息易漏等问题，提高对校园流动人员的监管能力，增强校园安全防范。如图 9-3 所示，出入管理包括门禁管理和访客管理两项功能。

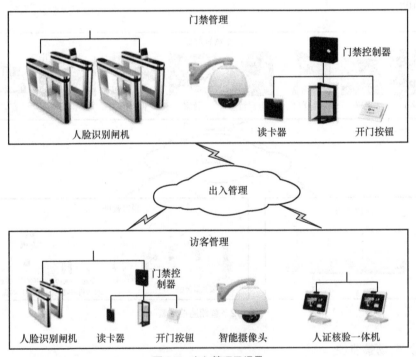

图 9-3　出入管理子场景

① 门禁管理

门禁管理是利用现代电子与信息技术，在建筑物内外的出入口安装自动识别系统，通过读卡器、生物识别仪、人脸识别闸机等设备，对人或物的进出实施放行、拒绝、记录等操作的智能化管理系统。

② 访客管理

访客管理基于人脸识别闸机、智能摄像头、人证核验一体机等设备，实现对访客的信息登记、操作记录与权限管理。访客来访时，需要对访客信息做登记处理，为访客指定接待人员、授予访客门禁点/电梯/出入口的通行权限、对访客在来访期间所做的操作进行记录，并提供访客预约、访客自助服务等功能。

（3）安保管理

如图 9-4 所示，安保管理包含巡检管理、交接班管理及安保维修等功能。巡检管理实现校园巡检信息快捷录入；交接班管理实现自动统计和输出各类交接班报表，方便查询或追溯；安保维修自动生成各类工单报表并进行数据分析，实现流程规范化，从而提升安保服务质量，加强校园的安保建设。

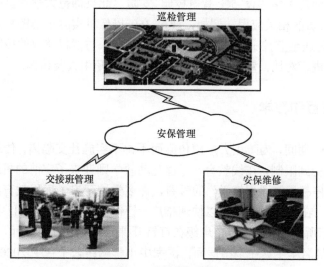

图 9-4　安保管理场景

① 巡检管理

巡检管理利用读卡器、工卡、智能摄像头等设备，实现校内安保人员刷卡、人脸识别登录，将巡检情况实时快捷地录入巡检机，巡检信息可实时同步上传云端，生成常规报表，并将数据记录推送给校内相关管理人员。

② 交接班管理

交接班管理通过应用管理信息系统实现校园岗亭人员换班的信息化、智能化，提高值班人员换班的时效性及准确率。

③ 安保维修

安保维修应用管理信息系统实现校园设备线上申报维修，师生可以随时随地发布维修工单信息，系统自动推送给学校后勤部门及相关人员，以便快速做出响应。

3. 应用实例

目前，中国移动、中国联通、中国电信等多家单位积极展开 5G 平安校园组网工程。平安校园建设已在全国多地展开，覆盖小学、中学、大学等。

（1）广东实验中学打造 5G 智慧校园。智能校园管理系统建设是平安校园的重要保障。智能校园管理系统利用感知技术与智能装备对校园的方方面面进行感知识别，通过 5G 网络的传输互联，对校园出入人员、宿舍出入人员、校园内部情况和校车轨迹进行实时监控。校园出入的人脸识别、访客管理，宿舍的人脸识别、作息管理、访客管理、紧急门禁一键开启，校园防控的集中监控、分布部署、预警智能联动、行为轨迹分析，校车安全管理（含司机行为分析）等信息全部通过 5G 网络传输实时分析记录。

（2）北京师范大学建设 5G 智慧校园 安防。北京师范大学在昌平校区采用了5G 智慧校园安防的相关应用，例如，通过 360°摄像机实时采集图片及视频数据，通过 5G 网络传送至监控平台，利用人脸识别分析，与授权获取的校园数据库中的师生身份信息进行对比，精确区分人员身份，辨别陌生人及访客。

9.1.2　远程互动教学

在新冠疫情期间，为防止大规模传染而不得不实施社交隔离，传统的集中式面对面课堂模式受到限制，在线教育、远程互动教学则迎来了空前的机遇。为响应教育部"停课不停教、停课不停学"的号召，许多学校开启了远程教育模式，学生由线下涌至线上，在线授课模式得以快速推广。钉钉于 2020 年 3 月 11 日公布教育数据，全国 14 万所学校、290 万个班级在钉钉开课，共计 350 万教师，覆盖 30 多个省区市的 1.2 亿名学生。在全国层面，国家中小学网络云平台于 2020 年 2 月 17 日正式开通后，一直运行平稳顺畅，截至 5 月 11 日，平台浏览次数达 20.73 亿；中国教育电视台空中课堂收视率大幅跃升，在全国卫视关注度排名进入前十。在高校方面，截至 2020 年 5 月 8 日，全国 1454 所高校开展在线教学，103 万教师在线开设了 107 万门课程，覆盖本科理、工、农、医、经、管、法、文、史、哲、艺、教全部 12 个学科门类。

通过 VR 和 AR 技术或以全息投影的方式，远程互动教学将名校名师的真人影像及课件内容呈现在远端听课学生面前，实现自然式交互远程教学，可用于教育参观培训、国际文化展示、学生上课体验、实操技能训练等，能够有效缓解我国教育资源分配不均问题，是实现智能学习体系建设的重要组成部分。

1. 痛点问题

（1）我国各地区教育发展不平衡

均衡优质资源，促进教育公平，是教育事业发展的重要目标。我国地区发展不平衡，城乡差距显著，经济欠发达地区、农村地区、偏远地区的教育条件落后、教育资源匮乏。近年来，随着网络技术的进步，教育资源的跨学校、跨区域共享，有效地改善了落后地区的教育资源配置。然而，优质教育资源供给不足、地区之间以及同一地区校际之间资源分配不均衡的状况，并未得到根本解决。而优质教育资源通过互联网实现共享是缓解这一状况的有效途径。

（2）传统在线教育难以实现互动针对性教学

在传统在线教育中，教学实施主要依靠屏幕和摄像头进行，由于存在掉线、延迟、卡顿等网络传输问题，教师无法得到及时的反馈，也很难组织有效的互动。在大部分情况下，教学过程仍是一种单向的输出（俗称"填鸭式教育"），教师只能通过事后询问和考试核查来了解学生对课程的反应，无法在事中及时获知学生的思考过程和理解程度，难以针对学习情况对症下药进行过程干预，教学效果大打折扣。远程课堂实时互动能够有效应对这些"痛点"。

2. 解决方案

远程互动教学可以实现双师课堂、全息课堂等功能。

（1）双师课堂

双师课堂由远程授课教师通过大屏幕对线下教室里的学生实现直播授课，同时线下实地配有辅导教师负责维护课堂秩序、答疑和布置批改作业等工作。因为由两名教师共同配合完成教学任务，所以称之为"双师课堂"。双师课堂是远程教学的常见场景，主要解决乡村教育师资不足、课程开设不齐等现实问题，促进城乡教育均衡发展。

双师课堂如果采用有线网络来承载和传输，则面临着建设工期长、成本高昂、灵活性差等问题；如果采用 Wi-Fi 网络来承载和传输，则容易出现延迟和卡顿等问题。5G 通信网络的高带宽、低时延可以有效解决以上问题，实现可移动的灵活开课，即需即用，如图 9-5 所示。5G 可以支撑 4K 高清视频传输以及低时延互动的沉浸式情景课堂，并保障网络服务质量的稳定性，有效解决传统双师的交互体验问题，为双师课堂的长远发展提供持久动力。通过 5G 网络切片技术提供双师专网服务，真正将远端听课打造为名师在侧的近端体验。

（2）全息课堂

全息课堂是互动课堂的升级，在互动教学中引入全景视频，将全景摄像头架设在主讲教室，教师的三维投影人像清晰可见，如同站在本地讲台授课，既科幻又真实，极大地增强了学生上课的兴趣和亲切感。

全息课堂通过建设"全息讲台"和"全息直播教学区"实现远程全息授课，主要应用于教育参观培训、国际文化展示、学生上课体验、实操技能训练等典型教育场景。全息讲台部署在听课教室，通过全息屏幕将传输过来的影像数据以裸眼3D 的投影效果来呈现，通过部署高清摄像机及传声器，拍摄课堂中的学生情况，并实时传送到授课教师端，实现互动教学。全息直播教学区用来采集名校名师授课的音/视频数据，与标准绿幕摄影棚类似，无须增加特殊装备，教师在直播区内通过高清显示器实时了解远端学生的听课状态，并实时互动。全息直播教学区如图 9-6 所示。

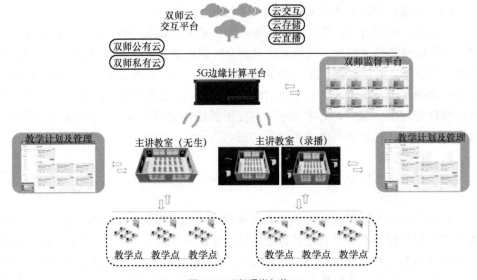

图 9-5　双师课堂架构

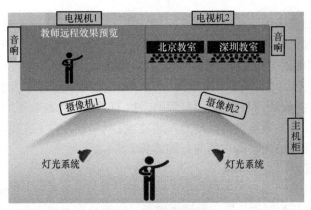

图 9-6　全息直播教学区

在 5G 网络环境下，流媒体、AR 应用等需以极低时延传输超大内容，能够支持远程课堂无延迟的师生沟通，面对面的全息 AR 课堂更是将沉浸体验和创新交互引入远程教育。5G+全息投影技术可以解决目前中心学校与教学点资源不均、校校连接难以全面打通的局面。以全息技术为基础的智慧教学场景，通过一对一远程教学，可以以一对多、多对一及多对多的直播互动模式，实现多地区共享优质资源。同时，全息课堂实现了不改变师生交互习惯的远程教学，教学适应性强。

3. 应用实例

（1）山东师范大学附属中学远程教学系统建设。山东师范大学附属中学（以下简称山师附中）在"全面建设、系统推进、整体提升"的思想指导下，以主题教研、层级培训、浸润科研的方式，努力探索包括教学研究、教育科研、教师培训在内的"教科研训"一体化的有效路径，助推教育教学改革，推进实施远程互动教学。山师附中互动教学系统覆盖山师附中总校、山师附中分校（幸福柳校区），总校建设录播教室和阶梯教室，分校建设录播教室、多功能厅等。山师附中总校网络机房部署互动教学平台，总校在已建两间录播教室的基础上，系统升级并增加互动终端，分校新建两间互动录播教室，对阶梯教室和多功能厅系统进行改造并升级。本系统建设完成后可实现四机位的精品录播、常态化远程互动教学、常态化远程教学教研、教育会议等功能。一套系统实现多个功能，有效节省了资金投入。

（2）北京邮电大学全息投影远程直播授课。北京邮电大学采用 5G 网络与全息直播技术，实现两校区同上一门课。在远端教室，授课教师的三维全息投影人像清晰呈现，如同站在本教室讲台上为大家实时授课。教室里还配备了 AI 助学机器人，在现场针对课程内容进行提问互动。

9.1.3 AR/VR 教学

如何在缺乏实验器材的情况下借助在线教育远程教学生做实验？

如何借助在线教育上一节体育课？

在讲历史课时如何给学生提供一个在家参观博物馆的体验？

如何让学生感觉到老师走进他们中间？

上述在线教育场景，通过传统的远程屏幕教学几乎无法实现，必须通过 AR/VR 技术方能实现。

AR 是一种将虚拟信息巧妙地"叠加"到真实世界的技术，广泛运用了多媒体、三维建模、实时跟踪及注册、智能交互、传感等多种技术手段，将计算机生成的文字、图像、三维模型、音乐、视频等虚拟信息模拟仿真后应用到真实世界中，两种信息互为补充，从而实现对真实世界的"增强"。VR 是借助计算机及传感器技术创造的一种崭新的人机交互手段，可向用户提供关于视觉、听觉和触觉等感官的模拟，构建完全虚拟的三维空间，如同身临其境一般。目前，AR/VR 技术日益成熟，软/硬件设备层出不穷，内容不断丰富，已被应用于教育领域，为教育者带来全新的教学展现方式，为学生带去生动有趣的立体课堂体验。5G 通信技术有利于 AR/VR 课件的云化应用，实现虚拟仿真的教学体验，将抽象的概念、知识和理论直观化、形象化、可视化、交互化，让学习者可以在仿真的虚拟空间动手操作，通过感性直觉，深化认知层次，提高学习效率。

1. 痛点问题

（1）传统在线教育屏幕呈现单调不灵活

传统在线教育模式下，教学互动主要通过屏幕进行，学生注意力难以长时间集中，教师难以对学生的课堂行为进行监督和激励。如果将 AR/VR 技术应用于在线教学，则有利于调动学生兴趣，有利于引导学生注意力，有利于控制课堂节奏和流程。

（2）对于实验、实习和实践类课程，传统在线无法实施

学生参加实验、实习和实践环节，对现场条件和设备设施的要求较多。由于预算、资源等因素，许多学校缺乏能力组织相关的教育环节。利用 AR/VR 技术可以进行仿真模拟，从而以更低的成本满足教学条件。

（3）AR/VR 技术硬件发展相对缓慢

硬件设施是 AR/VR 产业发展的"瓶颈"，例如，AR/VR 眼镜的价格居高不下，穿戴和携带多有不便，用户体验不太稳定。

（4）将 AR/VR 技术运用于教学领域仍处于初步探索阶段。

落实项目很少，应用场景有限，技术支持薄弱，应用模式还比较简单。

2. 解决方案

AR/VR 教学采用云管端协同的端到端技术架构，如图 9-7 所示。将 AR/VR 教学内容上传云端，利用云端的计算能力实现 AR/VR 的运行、渲染、展现和控制，并将 AR/VR 画面和声音高效地编码成音/视频流；基于 5G 网络，通过转发、存储、计算、智能化数据分析等进行分发分端管控，降低响应时延、减轻云端压力、降低带宽成本，并提供全网调度、算力分发等云服务。AR/VR 教学主要包括 AR/VR+课堂教学、AR/VR+科学实验、AR/VR+虚拟校园等。

（1）AR/VR+课堂教学

通过自然的交互方式，AR/VR 技术可将抽象的知识变得可视化、形象化，为学生提供传统教材无法实现的沉浸式学习体验，提升学生获取知识的主动性，实现更高的知识吸收度。根据不同的学科，AR/VR 发挥着不同的作用，主要有立体物体的展示、立体空间的展示、展品的介绍、虚拟空间营造与构建、虚拟场景构造等方面的应用。例如，在线讲述立体几何，就能通过 AR/VR 技术展示棱锥、球体等立体形状；在线讲述地理课，可以通过 AR/VR 技术展示一个生机勃勃的地球，地球的结构、地貌、植被、城市全能历历在目。

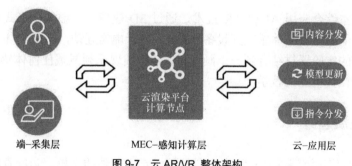

端-采集层　　　　　MEC-感知计算层　　　　　云-应用层

图 9-7　云 AR/VR 整体架构

（2）AR/VR+科学实验

很多科学试验需要极高的安全保障，一般学校在现有条件下很难实现，比如核反应或其他涉及放射性、有毒物质的实验。AR/VR 实验室的优点之一是高安全性，因为都是数字化模拟的，不会因为操作失误而造成人身财产损害。还有许多实验由于设备材料的成本高昂，所以很难在教学中普及使用。利用 AR/VR 技术，在多媒体计算机上建立虚拟仿真实验室，学习者可以身临其境般地操作虚拟仪器，观察和感受实验结果，获取实时反馈信息，通过探索和试错来学习。这种模拟实验既不需要昂贵的设备，又不消耗材料元件，也不受场地环境等限制，可重复操作，可远程实施，从而可以有效解决实验条件与实验效果之间的矛盾。通过计算机仿真和模拟的方式，可以在虚拟世界中大量、系统、准确、便捷地产生近似于现实世界的数据，还能避免现实观测过程中的巨大成本，从而极大地提高了科学研究的效率，吸引更多的人投身于科学研究的集体事业。

（3）AR/VR+虚拟校园

教育部在一系列相关文件中，多次提及虚拟校园。虚拟校园是 AR/VR 技术在教育领域的早期应用之一，目前已有的具体应用场景包括简单的校园导览，可实现具有相对完整的校园生活功能的虚拟校园，以学生为中心可实现具有定制化、个性化功能的虚拟校园。

3. 应用实例

（1）苏州工业园区星洲小学通过 5G+AR/VR 进行智慧教学

苏州工业园区星洲小学通过 5G 网络环境下的课堂交互式体验教学项目，为中小学课堂教学带来新活力。该项目采用了 5G+AR/VR 智能沙箱，学生可以佩戴头显设备，将沙箱中的沙子塑造成各种地理形状，自由创作交互内容，在虚拟的地理地貌中漫步，获得沉浸式体验。

（2）广东省深圳市南山区第二外国语学校建设 AR 仿真实验室

学校通过建设 AR 仿真实验室，助力创新教育实践，推进学生自主探索、思维碰撞，为教师、学生打造优质的、创新的、前沿的教学环境，推进学校教育现代化发展。实验室综合应用 AI 和 AR 技术，通过 3D 建模，以虚拟化形式再现真实的实验场景，借助先进的体感交互设备 Kinect 进行虚实互动，将现实环境中的教师与虚拟仿真的实验器材结合到一个画面里，教师实现无须佩戴任何体感设备，纯手势就可以进行实验互动教学。

9.1.4 发展趋势

在 5G 时代，沉浸式教育将走出科技馆，走入普通的学校，走向真实的课堂，服务于广大师生。借助沉浸式科技，学生将拥有看待世界的全新视角，将所学变为所见、所感、所做，促使学生走向深度学习。借助于 5G 网络的支撑，学生之间、师生之间、教师之间的交流都将变得更为方便和快捷，问题可以得到及时沟通。在 5G 时代，不同地区、不同收入家庭的孩子有可能共享优质教育资源。在 5G 的加持下，智慧教育的演进路径如图 9-8 所示。

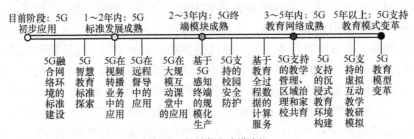

图 9-8 智慧教育演进路径

（1）5G 初步应用阶段：当前 5G 技术仍处于技术开发、网络调试和初步应用阶段，这一阶段需要探索 5G 网络和传统网络的融合方式，初步建立 5G 教育应用的标准规范。

（2）5G 标准发展成熟阶段：未来 1~2 年内，5G 将成为一种成熟技术，依托其特性促进教育领域基础业务的发展，如提升高清视频的传输速率，通过远程视频监控改变督导模式，大带宽使得海量数据传输更加便利，远程交互在课堂中的应用将更为频繁和复杂。

（3）5G 终端模块成熟阶段：随着 5G 标准的进一步成熟，厂商针对 5G 网络传输和感知的终端模块也将加快研发和产品化，如物理环境传感器、人体特性传感器等，从而支持不同场景下的智能感知、识别和数据采集，这些终端模块将在教育教学场景下产生大量创新应用。

（4）5G 教育网络成熟阶段：随着 5G 网络和终端逐步成熟，在教育领域的强需求拉动之下，以教学、教研、教育管理等场景为基础的教育服务网络将迅速成长。5G 时代的教育网络具备强大的情境感知、数据处理和分析功能，可以为不同用户提供针对性、适应性的服务。

（5）5G 支持教育模式变革阶段：5G 对教育的最终影响将反映在教育模式变革上。建立在 5G 网络基础之上的教育教学模式不同于传统模式，不仅会改变优质教学资源的"生产函数"，大规模提升教学效率，而且在大数据挖掘、个性化定制、沉浸式虚拟场景、全息交互方式等技术的作用下，将有利于更加深入和全面地理解和掌握人类学习认知规律，孕育意义非凡的教育革命。

9.2 智慧医疗

中国的智慧医疗经历了医疗信息化、远程医疗、互联网医疗 3 个阶段。

1999 年，中国开始倡导医疗信息化建设。那时的医疗信息化旨在建立完善医疗机构的信息管理体系，提升医疗服务的效率和效益。

2009 年，中央政策明确提出"积极发展面向农村及边远地区的远程医疗"。远程医疗是医疗信息化技术的重要应用，旨在实现医疗资源下沉的改革目标。但是值得注意的是，远程医疗主要在公立医院体系之内展开，成效并不显著。

2014 年被称为"中国互联网医疗元年"。这一年，门口来了"野蛮人"，以互联网巨头和初创企业为主的大批医院体系之外的市场主体开始进入医疗市场以"颠覆医疗"，它们在预约挂号、电子支付、在线问诊、网上售药、医疗科普、职业再教育等领域均有涉猎。然而好景不长，2017 年前后，第一轮互联网医疗泡沫宣告破灭。

由此，"颠覆医疗"悄然转化为"拥抱医疗"，"互联网医疗"也逐步演进为"智慧医疗"。

从政策角度，2016 年推出的一系列政策推动了智慧医院和智慧医疗的研发和建设，希望通过医疗手段信息化、医疗技术智能化和医疗数据价值化缓解当前医疗领域的突出问题。近几年发布的部分医疗政策见表 9-2。

表 9-2　近几年发布的部分医疗政策

时间	政策	主要内容
2016年6月	《关于促进和规范健康医疗大数据应用发展的指导意见》	健康医疗大数据是国家重要的基础性战略资源，需要规范和推动健康医疗大数据融合共享、开放应用
2018年7月	《关于深入开展"互联网+医疗健康"便民惠民活动的通知》	要求在全行业开展"互联网+医疗健康"便民惠民活动，并明确鼓励有条件的医疗机构推进"智慧药房"建设，实现处方系统与药房配方系统无缝对接。随后，广东、山东、天津等地陆续出台相关举措，加快推动"互联网+医疗健康"落地见效
2020年3月	《关于组织实施 2020 年新型基础设施建设工程（宽带网络和 5G 领域）的通知》	将建设面向重大公共卫生突发事件的 5G 智慧医疗系统纳入其中

智慧医疗依托通信信息技术，充分挖掘利用医疗资源能力，增强医疗技术优势，在疾病诊断、监护和治疗等方面提供信息化、智能化、移动化和远程化的医疗服务。伴随着 5G 等新一代通信技术的推广普及，智慧医疗将在远程高清会诊、远程手术、远程急救、移动查房等应用上逐渐成熟，有助于节省医院运营成本，促进医疗资源下沉共享，普遍提升诊治水平，有效改善治疗效果，缓解"看病难"问题，推动扶贫减困，促进地区均衡发展。

如图 9-9 所示，以"四个泛在"（感知泛在、连接泛在、智能泛在、信任泛在）为代表的新技术条件，为智慧医疗创新行业应用提供了巨大潜力。智慧医院、远程检查检验、远程高清会诊等新型应用不断涌现和深入发展。医生诊断病情，除了依靠经验知识，主要依据先进仪器设备产生的辅助信息。智能手机、可穿戴设备、无线手持终端、远程控制设备、医疗机器人等普遍使用的终端设备可以持续、全面、实时地获取和收集生物体征信息，实现"感知泛在"。获取信息后，实时、可靠、安全的信息传输需要高质量的通信网络。以 5G 为代表的新一代通信技术将高可靠、低时延地实现通信主体间的信息传输，实现"连接泛在"。大数据、云计算、边缘计算、人工智能等新技术，将散乱无序的医疗数据进行组织、存储、计算、分析、挖掘、学习，为相关应用提供富有决策价值的信息，实现"智能泛在"。区块链和网络安全技术构建了"信任泛在"的基础，为智慧医疗的可持续发展提供了保障。

图 9-9 智慧医疗行业应用体系

9.2.1 远程高清会诊

2018 年 4 月，国务院发布了《关于促进"互联网+医疗健康"的发展意见》，鼓励医疗联合体积极开展远程医疗，提供远程会诊、远程心电诊断、影像诊断等服务，促进医疗机构之间检查检验结果实时查阅、互认共享。

2020 年，受新冠疫情影响，"互联网+医疗"的社会需求出现激增。1 月 31 日，武汉火神山医院首个"远程会诊平台"调试成功。2 月，上海市徐汇区中心医院贯众互联网医院挂牌成功，成为上海市首家获得互联网医院牌照的公立医院。

远程高清会诊是通过在基层医院内安装移动视讯通话设备，并在大型医院指导医师的移动终端内安装移动远程会诊软件，通过 5G 基站覆盖和云计算技术，实现可移动化高清视频、语音互通，进一步确定治疗方案的诊断方式。远程高清会诊大大减少了患者等待就诊和长途转诊的时间，降低了患者的就医成本，赢得了宝贵的治疗时间。更重要的是，远程高清会诊使专家突破地域、时间限制，有助于医院间实现上下级联动，提升基层医疗服务能力和效率。

1. 痛点问题

（1）我国各地区医疗发展不平衡

我国医疗资源配置不均衡，发达地区医疗资源相对充足，中西部地区和偏远农村地区医疗资源相对紧缺，省市县乡各级医疗条件及服务质量相差悬殊，尤其是条件艰苦的地方，群众"看病难、看病贵"的问题更加突出。

远程高清会诊为改善医疗资源配置提供了一种可行的解决方案。

（2）传统远程会诊无法满足高清和移动性要求

采用有线连接方式进行视频通信，建设和维护成本高、移动性差，采取 4G 网络进行传输，卡顿仍然比较严重，难以满足远程高清会诊的需求。这些局限在 5G 通信技术条件下可以得到突破。

5G 网络能够支持 4K/8K 的远程高清会诊和医学影像数据的高速传输与共享，并让专家能随时随地开展会诊，提升诊断准确率和指导效率，使得远程高清会诊成为可能。

2. 解决方案

为推动医疗领域信息化、缓解医疗资源配置不均衡状况，特别是针对基层医院仪器设备能力低下等问题，中国移动基于 5G 边缘云技术提供了一系列远程医疗方案。移动 5G 医疗边缘云技术为远程诊断提供了高速、标准的部署方案，降低分级诊疗实施成本。如图 9-10 所示，下级医院在对患者进行初步诊断后，通过远程医疗云平台向医联体牵头医院发送患者信息并发起远程高清会诊申请。医联体牵头医院的专家医生，通过平台可以及时处理下级医院的会诊请求，利用高清视频进行远程会诊。随后专家编写诊断报告，并将诊断建议及时回传。

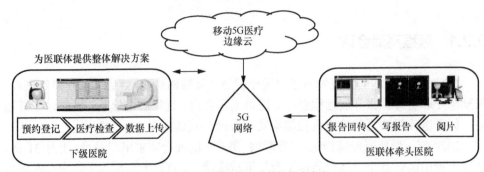

图 9-10　远程高清会诊整体解决方案

通过 5G 网络实现远程高清会诊，网络架构如图 9-11 所示。除医院内部网络建设外，基层医院和中心医院之间需要院外组网，实现跨区域的医院网络连接，实施远程高清会诊等业务。

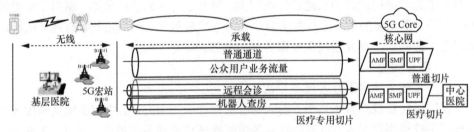

图 9-11　远程高清会诊 5G 网络架构

3．应用实例

2019 年 10 月 29 日下午，在首都医科大学附属北京朝阳医院，一场超声远程高清会诊正在进行。大屏幕左侧显示着来自朝阳区八里庄第二社区卫生服务中心超声科的画面，一名医生正在给老年患者做 B 超检查，屏幕右侧显示出老人甲状腺的实时超声画面。与此同时，北京朝阳医院超声科主任郭瑞君通过视频与该中心实时连线，进行远程高清会诊。郭瑞君随时通过话筒与患者和医生交流，得知该患者患有糖尿病。随后，社区卫生服务中心的超声科医生根据郭瑞君的指示，对患者的甲状腺、颈部淋巴结进行检查，数个甲状腺结节以及淋巴结先后清晰地出现在屏幕上，医生对其进行定位、测量。远程高清会诊画面清晰流畅。

医联体的好处一目了然：

（1）患者角度，患者就近就医也能享受优质医疗资源和服务；

（2）医院角度，基层医院可以通过远程高清会诊的形式，得到中心医院高级别专家的指导，医疗资源的均衡化发展得以实现；

（3）医生角度，远程高清会诊就是某种程度的远程教学，距离不再成为医生间学习的阻碍。

9.2.2　移动查房

移动查房是指以无线网络为依托,将医生和护士工作站的业务通过移动终端延伸至患者的床边。医生仅需手持平板计算机,即可完成整个查房工作。移动查房实现了电子病历和医疗数据的移动化,降低了医护人员的工作强度。医护人员可以便捷地实时获取和检索大量医疗数据,包括患者基本信息、病历、检验检查影像、体温和血糖等体征观察记录、护理记录、医嘱记录、费用发生情况等。医生可以根据患者信息做出进一步治疗安排,例如针对病患开立新医嘱或者停用医嘱等。

1. 痛点问题

目前,部分医院通过 4G、Wi-Fi 等形式建设护理查房平台,平台存在设备耗电快、网络不稳定、网络安全性差等问题。由于网络质量较差,加上移动查房终端显示屏较小,不方便输入大量数据,医生在读取和录入患者病史病例等数据信息时工作效率受到影响。除网络质量外,无线网络与有线网络之间的安全隔离、业务的无缝漫游以及可靠的用户接入认证等都是移动查房系统亟须解决的技术问题。

2. 解决方案

针对客户网络互联的特点及组网规模,采用虚拟专用网络(Virtual Private Network,VPN)接入本地局域网的方式为客户提供医护信息管理平台的接入服务。手持终端通过 5G 移动网络来上传、下载和浏览平台上的信息。网络接入示意图如图 9-12 所示。

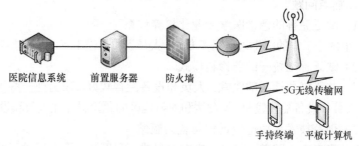

医院信息系统　　前置服务器　　防火墙　　　　　　5G无线传输网

手持终端　平板计算机

图 9-12　网络接入示意图

平板计算机或手持终端通过内置 5G 移动数据卡登录 5G 无线传输网,经过认证鉴权后通过专有接入点名称(Access Point Name,APN)接入移动数据网,移动数据网与医院内部数据服务器之间通过本地专线互联,所有医护信息通过专有通道进行传输,无公网出口,避免了数据在公网上泄露的可能,为客户终端提供高达 100Mbit/s 的超高速网络接入。通过归属位置寄存器(Home Location Register,HLR)认证与终端内的 SIM 卡绑定,再通过 GPRS 网关支持节点(Gateway GPRS Support Node,GGSN)与客户端建立点对点私有传输通道,保障了传输时的信息安全。

3．应用效果

5G 移动查房解决了原有无线网络卡顿、安全性差的问题，提高了查房和护理服务的质量和效率。同时，对于放射科病房、传染病等特殊病房，5G 移动查房有效避免了直接接触带来的感染风险。专家不必进入隔离病区，就可通过计算机、平板计算机或手机登录平台，清晰地查看患者状态、询问症状，并指导现场值班医生实施诊疗。在病房里，患者也可以通过查房车上配置的计算机屏幕看到自己和会诊室内医生的高清影像，方便地进行交流。如此一来，原本需要多人共同完成的查房，现在只需 1 人到现场即可，节省了防护资源，有效避免了感染风险。

9.2.3 远程急救

急救医学是一门处理和研究各种急性病变和急性创伤的多专业的综合科学。它不仅需要在短时间内对威胁人类生命安全的意外伤害和疾病采取紧急救护措施，还需要研究和设计现场抢救、运输、通信等方面的问题。

5G 远程急救是指以 5G 急救车为基础，配合人工智能、AR、VR 和无人机等应用，将医院内控制中心和急救室与医院外的 5G 急救车形成一个无缝配合的整体，通过远程医疗模式，将随车医疗数据回传到院内，实现患者"上车即入院"。5G 远程急救可以实现医院内外无缝联动，快速制定抢救方案，提前进行术前准备，大大缩短抢救响应时间，为病人争取更多生机，有助于打造全方位医疗急救体系。

1．痛点问题

（1）缺乏完善的急诊医学专业化培养体系

从事急诊工作的医生来自很多专业，人员素质参差不齐，许多急诊操作不够规范。

（2）缺乏标准统一的急诊科模式

在一些重视急诊科的医院，人员和设备配置较好；在另外一些不重视急诊科的医院，人员和设备配置较差，欠发达和农村地区的急诊科往往人员和设备都严重不足。

（3）现有技术手段造成远程急救的瓶颈

急救患者在入院前，若现场没有专科或全科医生，那么通过无线网络将患者生命体征和危急报警信息传输至远端专家侧，并获得专家远程指导，将给救治患者赢得宝贵的机会和时间。同时，远程监护能使医院在第一时间掌握患者情况，提前制定救治方案并准备相应的资源。因此，院前急救与院内救治的信息共享和无缝对接，对于提高急救医疗水平至关重要。然而，如果卡顿、延迟等网络技术问题不能彻底解决，那么院前院内信息实时共享就会受到影响，远程急救水平就面临"瓶颈"。

2．解决方案

5G 远程急救方案基于 5G 网络，依托医疗云平台，通过医用摄像头、超声仪、心电图机、生命监护仪、除颤监护仪和 AR 智能眼镜等设备，实现救护车内或现场的高清图像监控和远程救治指导，实时连接急救调度中心，协调交管部门为救护车辆提供必要的交通引导和疏导，提升急救工作效率和服务水平，为抢救患者赢得时间。

5G 远程急救方案架构如图 9-13 所示，急救时，通过医用摄像机、超声仪、心电图机、生命监护仪、除颤监护仪等设备及时获取病人的信息，通过 5G 网络将病人信息实时上传到医疗资源共享云平台、急救中心运营平台和交通管理云平台。急救中心运营平台主要负责对远程急救过程进行协调调度、后台运维、质控管理等；医疗资源共享云平台根据患者基础信息和实时病情初步诊断后匹配系统专家，并将信息汇总给匹配专家。专家在人工智能辅助决策系统的支持下，通过远程急救指挥平台进行远程指导；交通管理云平台负责车辆实时调度和交通疏导，对救护车辆进行远程交通引导。

图 9-13　5G 远程急救方案架构

3. 应用实例

2019 年 4 月 8 日，浙江大学医学院第二附属医院（以下简称浙大二院）开展了一场模拟急救，全国首条多维度 5G 智慧急救绿色通道的远程生命数据传递的强大能力呈现在人们眼前。

一位摔伤的患者躺在杭州市滨江区西兴社区卫生服务中心，在几千米外的浙大二院滨江院区 5G 远程急救指挥中心里，医生通过远程 B 超为他进行腹部超声检查，发现必须紧急转院抢救。

几分钟后，一辆 5G 救护车赶往浙大二院滨江院区。车内，医生和护士给病人做 B 超、心电图、心率等检查，出来的数据在同一时间通过 5G 网络回传到了浙大二院滨江院区的 5G 远程急救指挥中心的服务器，并在大屏幕上同步显示。

通过患者提供的基础信息或人脸识别技术，医院迅速连接医疗数据库，确定患者身份，调用相关档案。同时，医院的电子大屏幕上实时显示着救护车实时位置、患者的基本信息和实时生命体征，包括血压、心率、血氧、体温等数据，在患者入院前就做出初步诊断和急救，着手准备手术或安排救治，为抢救赢得了宝贵的时间。

5G 远程急救解决了 4G 网络连接速度慢、连接数少等问题。急救网络接入院外 5G 网络，网络识别专用的急救业务标签，将其分配到高优先级 VPN 进行传输，接入急救中心运营平台，实现全链路的高安全、高保障、高优先、高可靠传输。将病人的生理信息、既往病史、图像、音/视频信息第一时间同步给医院医生，身处医院甚至外地的专家可以身临其境，疾病的诊断和处理效率大幅提升。

9.2.4　远程手术

远程手术最早出现于 20 世纪的科幻电影，地球上的医生在紧急情况下给空间站中的宇航员进行手术。远程手术是指远端专家利用医疗设备和高清音/视频交互系统对病人进行远程救治。远程手术应用包括远程指导手术和远程控制手术等。远程指导手术是指通过远程指导手术系统，远端专家对现场实施手术的医生进行远程实时指导，引导和协助手术顺利完成。远程控制手术是指在病患处安排摄像装置和手术机器人，摄像装置将病人的高清影像通过网络传输给远程专家，专家远程操纵手术机器人实施手术。

1. 痛点问题

由于我国医疗资源发展配置不均衡，中小城市或相对落后地区的病人经常前往大城市、大医院就医，特别是患有重大疾病需要手术者更是向优质医院集中。通过远程指导手术和远程控制手术，可以促进优质医疗资源的跨地区动态均衡化配置，对于降低患者就医成本、发展基层医疗资源具有重要意义。

远程手术需要系列设备，更需要强有力的网络支持。远程手术需要 AR 智能眼镜、手术机器人等先进设备。医疗机器人产业方兴未艾，特别是国产手术机器人还刚刚起步。除了先进的自动化、智能化设备，远程手术需要低时延（10ms）、高质量（清晰度为 4K～8K）的网络。目前医疗网络普遍不满足远程手术需要，迫切需要 5G 网络建设。

2. 解决方案

5G 远程手术解决方案依托边缘云、AR、VR 等技术，构建复杂医学影像应用系统。医生通过专业眼镜或头显，查看病灶的 AR 或 VR 影像，从而完成病情诊断、术前规划、术中定位。

如图 9-14 所示，使用医用摄像机、AR 智能眼镜、内窥镜头等实时采集病人信息，并通过 5G 医疗 VPN 实时传递到医疗资源共享云平台。专家利用相关信息，通过远程交互和远程控制，实现远程指导手术和远程控制手术等应用。

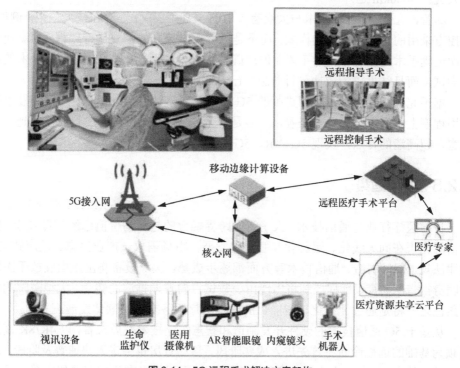

图 9-14　5G 远程手术解决方案架构

5G 网络能够简化手术室内复杂的有线和无线网络环境，降低网络的接入难度和建设成本。利用 5G 网络切片技术，可快速建立医院之间的专属通信通道，有效保障远程手术的稳定性、实时性和安全性，让专家即时了解病人情况，控制手术进程，有助于降低病人就医成本、缓解医疗资源不均。

3. 应用实例

2019 年 3 月 16 日，中国人民解放军总医院与中国移动、华为公司合作，成功完成全球首例基于 5G 的远程人体手术——帕金森病"脑起搏器"植入手术。在手术过程中，海南的神经外科专家凌教授发出指令，通过 3000km 的信号传输，用计算机直接操控北京手术室内的机器，将微电极以 0.5mm 的间隔逐步向患者脑内推进，微电极记录的脑内电生理信号通过屏幕实时反馈并呈现在海南办公室的屏幕上。随后，凌教授在计算机上发出微刺激指令，对北京手术室里的病人进行电刺激，并观察患者症状改善情况以及副作用。此步骤完成后，远程操作结束，转由现场专家完成脉冲发生器植入。

凌教授回忆手术过程时说道，几乎没有延迟、卡顿的现象，我们可以与病人在手术室面对面地对话，声音交流就像我站在病人边上进行手术一样，甚至感觉不到病人远在 3000km 之外。

尽管，这台 5G 远程手术与大众想象中的 5G 远程手术还存在较大差距，例如，主控方采用的是视频会议的模式，而不是远程实时控制的模式进行远程手术，使得这次远程手术更像远程指导手术。但这确实是我国基于 5G 技术进行远程手术的首次尝试，而且结果较为成功，目前患者已经健康出院。

据不完全统计，现在我国进行的 5G 手术已经多达几十起，只是在 5G 技术的应用程度上略有不同，综合来看，大多是基于 5G 网络现在比较成熟的低时延、高带宽、超高清的特点，实现 5G+VR、5G+MR、5G+机器人的远程手术。

9.2.5　发展趋势

目前医疗行业与通信技术、人工智能跨界融合的趋势与价值已经有目共睹，医疗信息化正在向无线化、远程化和智能化发展。市场需求、产业生态、政府政策、法律法规、硬件制造、通信技术等方面都逐步成熟。医疗设备将出现由安放于医院向随身携带的转变，远程控制将出现由少数试点向普遍推广的转变。大型医院的重要角色之一将是通过无线化、智能化的远程医疗服务支持医联体发展。

从基于 5G 通信技术的硬件开发制造和智慧医疗技术发展来看，以 4K/8K 高清视频为基础的远程诊断将首先进入成熟阶段，移动查房也会进入快速普及阶段，远程急救可能在 2～3 年之内进入市场启动阶段，远程手术有望加速迭代完善，远程医疗将成为未来医疗卫生工作的主要模式之一。

除医疗服务外，智慧医院管理也将逐步落地。利用 5G 大连接特性，医院将构建医疗物联网，将医院的海量医疗设备和非医疗设备连接，实现医院资产管理、病人信息管理、医务人员管理、院内门禁管理、全景监控、智能导航等，提高医院的管理效率。

第**10**章

智慧化产业

10.1 智慧港口

在全球贸易中，约有 90%的货物运输需要通过海运完成。2018 年，中国沿海港口达到 150 个，万吨级以上泊位 2444 个，居世界第一。港口作为多式联运的交通枢纽，在促进国际贸易和地区发展中具有举足轻重的地位。随着全球价值链的重构，现代港口已经成为区域经济发展与产业结构升级的重要支撑。

从之前"跑码头"到现在只要坐在计算机前轻击鼠标，从集装箱堆积在码头上等待出海到现在信息化的生产调配，缩短了货物堆存时间。在港口转型升级的大潮中，智慧港口已然成为港口未来的发展方向。

根据业务特点和作业环境，提高自动化率，实现港口数字化、智能化，是港口降本增效、跨越式发展的关键。在 5G 时代，利用"5G+"能力，打造港区"空中光纤"，实现"最后一千米"无线接入，再结合大数据、物联网、人工智能等新技术，可以推动港口业务全流程的高效化、智能化乃至无人化，营造大港口的产业生态链。世界港口发展历程及特点如图 10-1 所示。

港口装卸的主要流程涉及四大系统：船舶进出港系统、垂直运输系统、水平运输系统和安全管理系统。

（1）船舶进出港系统

船舶进出港时需要先到距离港口 20～40km 的锚地停留，等待调度和引航后才能进港靠泊，进出港流程一般分为：港口调度，主要制定船舶靠泊计划；拖轮调度，负责对拖轮进行调度；引航调度，接收船舶进出港动态，根据生产计划合理安排引航员进行引航任务。

（2）垂直运输系统

垂直运输系统主要实现集装箱从船到岸、装卸场桥的过程。装卸作业区中的主要业务单元是桥吊，桥吊高度为 60～70m，电气房高度为 50m。码头堆场最重要的设备为集装箱龙门吊，分为轮胎吊和轨道吊。轨道吊在堆场内轨道上移动；轮胎吊装有轮胎，机动灵活，能够转场作业。

（3）水平运输系统

水平运输系统负责货物在码头和堆场间的水平移动，主要设备包括外集卡（集卡即集装箱卡车）、内集卡和自动导引车（AGV）。外集卡实现集装箱进出港的运输，内集卡和 AGV 实现集装箱在岸桥和堆场之间的运输。

（4）安全管理系统

安全管理系统主要负责港区内外整体环境、设施、生产环节的安防监控，AI 识别与预警监测，以及港口网络安全管理等工作。

发展阶段	时间	主要功能	发展特点	港口定位
第一代：传统港口	18世纪前	装卸、转运	传统装卸	区域间商品流通
第二代：临港贸易中心	18世纪初期至20世纪中期	仓储、装卸、搬运	工商业落户，临港产业具备雏形	生产贸易场所、货物增值服务中心
第三代：国际商贸中心	20世纪五六十年代	(1) 仓储、装卸、搬运 (2) 运输贸易的信息服务与货物配送	适应国际贸易、全球化物流	部分港口发展为物流、贸易、工业、金融中心
第四代：综合服务中心	20世纪末至今	(1) 仓储、装卸、搬运 (2) 运输贸易的信息服务与货物配送 (3) 港口之间的互动、差异化服务 (4) 与供应链各环节无缝衔接	以城市为主体，以自由贸易为依托	国际贸易调度站、产业集聚地、综合服务平台、国际航运中心、港口群结构
下一代：智慧港口	未来	(1) 上述所有功能 (2) 数据服务及其他创新业务模式	集物联网、自动化、人工智能于一体	系统化的大港口生态圈

图 10-1　世界港口发展历程及特点

面向感知泛在、连接泛在、智能泛在和信任泛在 4 个层面的技术发展与融合趋势，港口在船舶进出港、垂直运输、水平运输和安全管理等主要作业场景都衍生出具体的应用方案。船舶进出港环节中的主要应用包括智能船舶调度、智能交管等；垂直运输环节中的主要应用包括龙门吊远程控制、桥吊控制、智能理货等；水平运输环节中的主要应用包括 AGV/集卡/跨运车控制等；安全管理环节的主要应用包括 AI 识别与预警监测及智能巡检等。智慧港口行业体系如图 10-2 所示。

（1）感知泛在层面：通过通信设备、视频监控、岸桥、场桥、AGV、无人机等智慧终端的传感器应用完成对智慧港口中各场景作业的数据收集，从视觉、听觉、触觉、嗅觉等全方位对港口环境与设备状态进行感知。

（2）连接泛在层面：利用 5G 网络、MEC、切片技术等通信网络连接技术实现高清视频与传感器信息的回传反馈，同时将控制指令下达到机器设备，实现远程控制。

（3）智能泛在层面：通过利用机器视觉、深度学习、大数据分析、云计算、3D仿真等人工智能技术，在无人驾驶、自主识别、智能船舶配载、智能调度与设备故障诊断等场景实现智能化应用。

（4）信任泛在层面：通过专网、区块链等信任技术，实现智慧港口的网络安全与数据保护。

图 10-2　智慧港口行业体系

10.1.1　船舶进出港

随着世界航运业的快速发展，港口通航密度增大，船舶进出港更加频繁。船舶每次进出港口，特别是比较复杂的港口，首先要按照常规要求仔细研究港口的锚地、航道、泊位等情况，认真研究气象情况，特别是对船舶操纵影响较大的风流情况，制定行之有效的进出港计划。

1. 痛点问题

随着航运业的发展，船舶交通密度增大，海上交通日趋拥挤。我国船型尺寸杂乱，船舶调度面临诸多困难，缺乏高效的调度工具，造成近年来航道拥堵事件日益增多，逐渐成为限制港口发展的瓶颈和威胁航运安全的主要因素。为了促进航运可持续发展、加强航运安全保障、提高船舶进出港效率，许多港口着手利用连接泛在、感知泛在、智能泛在、信任泛在的新技术条件，优化调度环节，提高通行效率。

2. 解决方案

（1）智能船舶调度

智能船舶调度实现了船舶到港的智能预测。

荷兰鹿特丹港务局在从鹿特丹市到北海之间的港口、道路、海洋安装传感器，收集有关风向、泊位、水位、温度等有效数据。再通过物联网和人工智能在地理信息系统（Geographic Information System，GIS）上进行分析，从而辅助鹿特丹港做出调度决策。例如，通过水位预测最适宜船舶到港或离港的时间，可以减少船舶在港等候时间，提高货物装卸载效率。

（2）智能交管

自动轮胎式集装箱起重机调度系统是智能交管的一个典型案例。

自动轮胎式集装箱起重机调度系统以分布式的视角，借助人工智能技术，调度轮胎式集装箱起重机。首先，系统可以将起重机的搬运计划实时更新在船舶、闸口等单位的日程表上，与码头操作系统（Terminal Operating System，TOS）配合，提高整个港口的运营效率。并且通过算法优化起重机的行驶路径，提高行驶效率，避免相互发生碰撞。此外，调度相邻的起重机互相协作，避免工作量分配不均。人工智能赋能于此系统，也可以调整计划与现实情况的偏差，如具体的运载时间节点、运载顺序等，并可以调整港口中发生系统故障的起重机。

系统中的车辆智能调度平台借力于人工智能、自动配对算法、物联网技术及数据分析技术，可以在港口场景中对车队进行信息化的有效管理，从而提高整个港口的运输周转效率，并降低物流成本。系统统一对车辆进行智能配对，减小了车辆的空驶率。实时定位并监控车辆，让客户实时了解车辆及货物的情况。以监控车辆为例，人工智能赋能于新一代监控技术中的信息感知、传输、处理等多个环节，从而完成港口中相关作业车辆的精准定位、位置追踪、轨迹回放等功能。

3. 应用实例

大连港集团生产调度指挥中心有一个超大显示系统。它占据了大会议室的一面墙。它可以实时将卫星云图、海图、水文气象、天气、海浪、潮汐等图像信息和港口生产运行计划信息进行综合显示；同时通过大屏幕投影显示系统显示到港船舶实时动态信息、港口泊位调配信息、船舶作业状态，以及航道交通状况和视频监控信息，从而实现对整个港口运作状况的全面了解。这样就可以充分反映系统内部各有关部门的情况，且具备精确地显示所有重要细节的能力，以便调度工作人员及时做出判断和处理，实现实时监控和集中控制调度指挥的目的。

为了实现这种综合复杂的需求，这个显示系统采用 3 行 12 列拼接的共 36 套 67 英寸数字光处理（Digital Light Processing，DLP）投影单元、1 套 Digicom Ark3300 多屏处理器系统、VWAS 控制管理软件等附属子系统。并将国际最卓越的 DLP 高清晰度数码显示技术、投影墙无缝拼接技术、多屏图像处理技术、多路信号切换技术、网络技术、集中控制技术等应用综合于一体，形成一个具拥有高亮度、高清晰度、高智能化控制、操作方法先进的大屏幕投影显示平台，具有超大信息显示容量、灵活调配信息同时集中显示等特点。

荷兰 PortX 公司和加拿大的 Helm Operations 公司签署战略合作协议，将 PortX 基于人工智能的前沿港口调度系统 OptiPort 与领先的港口调度和运营软件 Helm CONNECT 结合起来。OptiPort 已经在全球多个港口使用，使用人工智能技术极大地提高了港口拖航作业的调度效率。通过人工智能将船员工作时间、水流、潮汐、船舶特性、燃油消耗和可用性优化船舶调度，OptiPort 还能够将港口调度计划每隔 3min 动态优化一次，从而为港口或船队提供最优化的调度计划。使用 OptiPort 进行的试验结果表明，通过减少燃料消耗和船员加班，同时优化船舶调度以减少第三方拖轮的租赁，每个港口每年可节省 100 多万美元。这些因素加在一起，每年每艘拖轮可节省多达 20 万美元。

10.1.2 垂直运输

垂直运输系统主要实现集装箱从船到岸、装卸场桥的过程。集装箱码头堆场最重要的设备是用于内场搬运的集装箱龙门吊，能够实现集装箱在岸边的装卸和理货流程。理货流程是指在货物装卸中，按货运票据对货物进行点数、计量、清理残缺、分票、分标志和现场签证、办理交接手续等工作的总称。

1. 痛点问题

集装箱码头港区内作业流程主要是通过集卡拖挂车将集装箱运至堆场或岸边，由集装箱场桥或者岸桥吊起集装箱进行堆箱或装船作业。在场桥、岸桥的垂直运输环节，主要采用桥吊、轨道吊、轮胎吊等机械设备，需要工人长时间高空作业，安全隐患和装卸效率是亟待解决的关键问题。

（1）人工作业易疲劳，司机需求高

当前 90% 以上龙门吊为人工现场高空作业，有远程控制需求。传统龙门吊司机是特殊工种，在 30m 高的司机室操作，作业条件艰苦，现场操作容易疲劳，有较大安全隐患。港口为保证 24h 作业，每台龙门吊配备 3 名司机轮换，一个码头通常需要上百名龙门吊司机，对司机人力需求高。

（2）有线部署成本高，场景不灵活

部分新建港口支持光纤远程操控，单台龙门吊远程控制一般需要回传 5~16 路监控视频，1080P 分辨率下对带宽的需求约为 30Mbit/s，同时中控室与龙门吊的 PLC 之间的通信对网络时延要求在 30ms 以内。当前龙门吊远程操控通信方式以光纤、Wi-Fi 为主，部署成本高、覆盖盲区大，光纤转场需插拔且易损耗，带宽和性能受限。并且吊头是移动的，部署有线摄像头成本高，采用光缆+电缆的解决方案，每个桥吊需要 200 万元以上，且线缆每两年就需要更换。

（3）4G 网络性能欠佳，无法保障时延要求

无线通信技术是限制传统自动化码头改造的瓶颈。少数信息化港口采用 4G 网络，但带宽低，可靠性、时延、速率等性能欠佳。港口现有网络普遍存在一些挑战和问题，特别是在远程操作时对视频的时延要求都是毫秒级（30ms），Wi-Fi 和 4G 基本无法保障。

（4）智能理货数据采集难度较高

集装箱种类繁多、尺寸多样，仅现行的国际标准化集装箱就多达 13 种规格，印刷字体多样、图案复杂、箱号排列方式各异；箱号并非在平面，而是在曲面上，字符区域附近复杂的纹理与噪点箱体油漆脱落情况常见；光照条件及恶劣天气条件场景复杂，摄像机内会出现多个集装箱入镜的现象。

2. 解决方案

（1）龙门吊远程控制

智慧港口对通信连接有低时延、高带宽、高可靠性的严苛要求，自动化码头的大型特种作业设备的通信系统要满足控制信息、多路视频信息等高效、可靠传输。目前港口自动化采用的光纤与 Wi-Fi 等通信方式存在建设和运维成本高、稳定性与可靠性差等问题，5G 技术的低时延、高带宽、高可靠、大容量等特性结合基于 5G 虚拟园区网的港口专网方案、端到端应用组件，为港口解决自动化设备的通信问题提供了全新方案，为"智慧港口"建设注入新动力。

远程控制改造后，龙门吊上安装了摄像头和 PLC，司机在中控室观看多路实时视频进行操作，完成龙门吊所有动作，如吊车吊具精准移动、抓举集装箱等。龙门吊实现远程控制，可大幅度降低人力成本，1 名远程控制人员可操作 3～6 台龙门吊，同时可以改善工作环境，降低对司机的要求，提升作业安全性。传统龙门吊操控与龙门吊远程控制对比如图 10-3 所示。

图 10-3　传统龙门吊操控与龙门吊远程控制对比

（2）桥吊远程控制

装卸作业区中的主要业务单元是桥吊，桥吊高度为 60～70m，电气房高度为 50m，需要无线网络实现作业区域网络覆盖。桥吊的通信需求分为远程控制和监控

两类，远程控制场景下单台桥吊同时回传摄像头数量及因此产生的上行带宽需求是龙门吊的数倍。同时，桥吊的部署相对密集，通常 1km 长的港口海岸线会部署 8～12 台桥吊。此外，桥吊由于垂直、水平移动速度都高于轮胎吊，远程控制对时延要求更高。集装箱码头通常采用顺岸式，泊位除足够的水深和岸线长度外，还设有系缆桩和碰垫。无线网络设备除了要满足桥吊、TOS 终端的生产和监控需求，有些情况下可能还需要对停泊船只进行网络覆盖。

采用网络切片技术在桥吊部署高清摄像头并利用 5G 回传到中控室，实现远程操控。带宽可达 30～100Mbit/s 每港机，可传输 18 路 1080P 视频，控制信令时延小于 18ms，可靠性达到 99.999%。桥吊远程控制原理如图 10-4 所示。

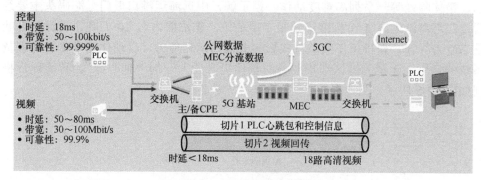

图 10-4　桥吊远程控制原理

（3）智能理货

集装箱是国际贸易物流的标准单元。无论是理货还是码头生产作业，都需要快速、公正、全面地采集集装箱数据，这也是智慧港口的重要功能之一。智能识别在理货环节的主要应用节点包括闸口、场桥、岸桥，覆盖集装箱流转的各个环节，从装卸船、堆放、理货、验残，到提箱、出关。识别内容包括集装箱的箱号、箱型、装卸提箱状态、铅封有无、箱体残损程度等。

智能理货系统将人工理货方式中核对箱号、输入箱号、查验箱体残损度、确认贝位的过程，交由智能化的采集模块、信号转换模块、验残模块实现，实现了对集装箱装卸实况的可追溯性。在运行的过程中，智能理货系统通过摄像头拍摄理货作业过程，再由智能识别主机进行分析，通过无线网络将数据传输至智能理货信息中心。系统将识别出的数据信息直接与舱单船图信息进行核对，若信息完全一致，就完成了一次完整的理货作业；如有异常，系统会自动报警提示，由理货员进行人工干预确认。在 5G 技术的支撑下，可以实现 5G 网络环境下远程在岸桥识别集装箱关键信息。网络性能满足单台岸桥上传带宽 10Mbit/s，进一步提高了智能理货效率。

3. 应用实例

2019 年，厦门远海码头与厦门移动签署了合作协议，开启了全国首个智慧港口 5G 应用建设新篇章。目前港区已实现 5G 网络的全覆盖，并完成边缘计算生产专网的部署。2019 年 12 月，厦门港的"集装箱船舶智能装卸平台"上线试运行，通过激光定位、图片文字识别等数据采集技术，以及大数据、智能算法、实时智能交互，岸边现场工作人员可减少 50%，且未来岸边作业效率将有望提升 10% 以上。集装箱箱号是多少、哪里有损坏，通过 5G 信号高带宽传输，都能以高清视频方式进行实时采集、核对，既节约了人力物力，又能让码头理货更加实时高效。结合人工智能识别技术，基于 5G 的智能系统能够自动完成箱号等信息数据的识别、箱体验残等一系列高难度动作。据了解，中远海运港口厦门远海码头主要经营厦门港海沧港区 4 个标准集装箱专用泊位，靠泊能力达 20 万吨，设计年吞吐量 260 万标箱，理货操作效率直接影响着港口运作能力，自动化精准化智能理货系统的启用，无疑为港区理货业务的整体提升注入一剂"强心针"。智能理货机制如图 10-5 所示。

图 10-5 智能理货机制

同时，远海码头也在进行龙门吊远程控制试点，这项技术会很快应用于码头集装箱进行堆箱或装船作业。远海码头龙门吊远程控制原理如图 10-6 所示。在不久的将来，厦门港及国内大多数港口都会实现龙门吊远程控制。龙门吊远程控制示意图如图 10-7 所示。

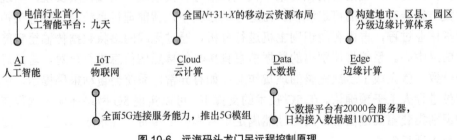

图 10-6 远海码头龙门吊远程控制原理

图 10-7　龙门吊远程控制示意图

10.1.3　水平运输

水平运输系统负责货物在码头与堆场间的水平移动。目前，码头的水平运输系统主要依靠集卡、跨运车或 AGV 实现。其中欧美码头多采用跨运车，而中国九成以上的码头采用人工驾驶内集卡的水平运输方式。

目前，全球约有 4000 台跨运车运营，欧洲市场占据一半，澳大利亚的市场约占全球 10%的份额，其他分布在美洲和亚洲等国家的码头。

各地区的港口运营商均根据各自实际需求选择水平运输方式。国际主流的 AGV 和跨运车采用的技术都是磁钉导引或基站导引，外设装置的成本很高，而作业效率相对较低，影响了其推广部署。

1．痛点问题

过去几年，码头内集卡司机已出现招工难问题。新冠疫情使原本就紧张的运力更加捉襟见肘，不仅是内集卡司机，外集卡司机因隔离要求，难以进入码头提取集装箱。一些突发状况导致司机无法跟上运力需求，而无人跨运车、无人集卡顺利上岗，或可解燃眉之急。对港区水平运输进行智能化、无人化升级，一是直接帮助降低人力成本，二是有助于提高港区生产效率，三是提高港区作业安全系数。

跨运车可一机完成多种作业，其运输机动性强，省去了堆场的场桥设备费用，并且支持更多的集装箱空间，沿着交换区长度方向可布置 4 个标准箱（TEU），但是也存在缺点。

（1）堆箱能力较低，集装箱最多堆放 3～4 层。欧美的集装箱堆场面积较大，而亚洲的集装箱码头堆场密集。

（2）跨运车对地基要求较高，尤其是亚洲一些建造在回填陆域的码头，需要对整个运营厂区进行专门的地基加固。

（3）跨运车车体高，对司机、维修人员的技术要求都较高，且造价昂贵，初期投资大。

2. 解决方案

水平运输人工智能解决方案将机器学习算法与芯片等硬件结合，构成无人车的"大脑"。"眼睛"则是摄像头、毫米波雷达、激光雷达等传感器。解决方案共包含4个层级，如图 10-8 所示。

（1）基础层：建立项目平台数据共享模块，包含系统运行过程中所有的集卡任务、调度、路径的数据集合，为后台数据、系统全局数据、地图及系统工作日志等内部逻辑各模块提供数据共享的支持。

（2）技术层：建设软硬件一体的人工智能全栈式技术研发平台。采用类脑人工智能学习算法、多传感器融合智能算法，自主研发多目标优化算法，采用同时定位与地图构建和惯性测量单元（IMU）相结合的定位方法，提升码头环境中的语义分割和景物识别的准确率和效率，进一步提升系统路径规划的效率。

（3）应用层：以无人驾驶为核心的技术解决方案，主要适用于无人集卡、无人跨运车，还可以扩展到其他商用场景，如物流园区、海关监管区、矿场等多区域封闭低速场景。

（4）产品层：主要分为无人集卡单车系统和无人集卡车队调度系统。无人集卡单车系统实现集卡自主导航，不会过多变更码头的原有作业流程，利用基于人工智能的多传感器融合定位技术，将定位精度提高到厘米级；无人集卡车队调度系统属于"一纵"运营管理系统中分布式的子系统，可在第一时间了解到各码头车辆的运行状态及各任务完成进度，采用推荐系统与先进的多目标优化算法相结合的方式，提高集装箱运输效率。

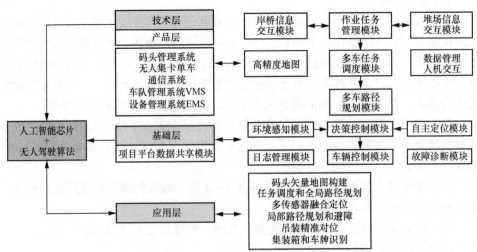

图 10-8　水平运输人工智能解决方案

随着港口自动化的发展，AGV 集卡向智能导引车（Intelligent Guided Vehicle，IGV）集卡的演进也是一个明显趋势。未来自动驾驶集卡上也将具有远程控制能力，若自动驾驶集卡在作业场中出现故障，操作人员可通过摄像头查看周边环境、进行故障判断，并可远程操作自动集卡退出故障区。

AGV/IGV 远程控制至少需要 4 路摄像头，对上行带宽的需求将达到 1020Mbit/s 每台，5G 有望为这类应用提供更好的网络支持。例如，当 AGV/IGV 在操作现场出现故障时，远程操作员需要根据收集的信息对周围环境进行学习，识别故障，并远程操控 AGV/IGV，使其走出目标区域。目前上海洋山四期码头的 AGV 集卡已开始加装监控摄像头，对行车故障进行判断并协调远程操作。

3. 应用实例

2019 年，厦门远海码头与厦门移动签署了合作协议，开启了全国首个智慧港口 5G 应用建设新篇章。目前 AGV 主要采用 5.8G Wi-Fi 网络进行车辆控制，具备向 5G 演进的迫切需求。因此，厦门远海码头与厦门移动开展基于 5G 的 AGV 研究。此次远海码头的 AGV 通过用户处所设备（Customer Premise Equipment，CPE）与 AGV 控制服务器互 ping 时延为 15～30ms，稳定性超过 Wi-Fi，网络链路可满足 AGV 自动控制要求。厦门港所有港口的 AGV 也会向此方向演进。5G 演进的 AGV 机理如图 10-9 所示。

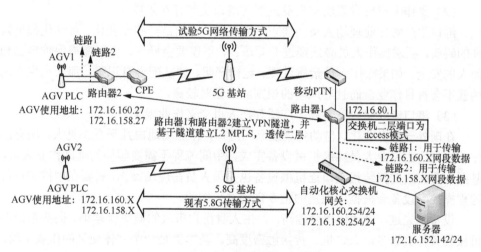

图 10-9 5G 演进的 AGV 机理

河北唐山港项目依托 5G 技术，实现无人集卡的远程自动化操控。每辆集卡配备一台 CPE，并与卡车自动化操控系统连接。通信终端通过 5G 网络，上传高清视频数据和车辆状态数据，下载实时操控指令数据。远程操控平台集中部署客户数据中心。人均操控 3 辆车辆，生产效率提升 3 倍。

10.1.4 安全管理

港口生产是一种动态、立体、交叉形式的特色生产过程。它受限于人、机械设备、货物、环境等多种因素，各个环节紧密衔接、相互制约。若有一个环节出现问题，将导致生产无法正常开展，更严重地，将造成机损、货损事故甚至伤亡事故。

经过几十年的建设和发展，我国港口企业的安全生产能力和安全管理水平都有了长足进步。港口重特大事故、主要港口的年千人死亡率及百万吨货物吞吐量安全生产事故死亡率都在逐年下降，但是与中等发达国家相比，安全生产、安全管理的形势依然严峻。

1．痛点问题

（1）港口的生产设备存在一定的不安全因素

码头生产离不开设备，现代化码头装卸作业基本上是由机械设备完成的。现代化的生产模式使效率得到了极大的提升，但同时机损事故和重大人身伤亡事故也屡见不鲜。机械设备的各个结构环环相扣，如果不能及时发现和排除局部问题，将导致严重的整体事故。

（2）操作人员自身素质与日益发展的港口生产存在矛盾

港口生产对作业现场人员的要求越来越高，特别是一些专业化、自动化程度较高的码头，要求操作人员必须经过专业培训，不仅要会操作，更要懂得保护自己和他人的安全。如果操作人员素质过硬、纪律严明、团队配合意识强，那么在生产现场就不会盲目作业，而且对风险的识别能力相对较高。

（3）港口专业化程度不高，广泛存在人机交叉作业现象

在国外一些专业化、自动化程度高的港口，作业场地内几乎看不见人，所有的作业过程均由专业人员操纵机械设备完成，中间流程不需要额外的辅助作业人员，甚至一些先进的集装箱港口连机械设备也无须人员在现场操作，只要在中控室进行远程操控，设备会根据中控室的指令自动进行作业。

设备越先进、自动化程度越高，发生人身伤亡事故的概率就越小。码头前沿的机械设备种类繁多，人、机、货接触密度高，基本上是一个立体交叉的作业空间，势必会出现互相干扰的现象，这就给生产现场带来了安全隐患，稍有不慎就会造成安全事故。

（4）安全管理人员与港口发展不匹配

安全管理工作是一项技术性很强的工作，安全管理人员在安全管理体系中占有主导地位。如果安全管理人员本身素质不高，对安全管理工作的重要性理解不够，或者根本就不懂安全管理，那将会造成严重的后果。

2. 解决方案

（1）AI识别与预警监测

视频监控在港口的应用场景包括：吊车摄像头对集装箱编码ID的AI识别、自动理货；安全防护，对司机面部表情、驾驶状态进行智能分析，对疲劳、瞌睡等异常现象进行预警；运营管理，如车牌号识别、人脸识别、货物识别管理。AI识别与预警监测如图10-10所示。

图10-10 AI识别与预警监测

（2）智能巡检

港机体积巨大，传统港机巡检需要人员攀爬上去进行各个部位的检测，不仅过程复杂，耗费大量的人力物力，而且高空作业危险性高，人工识别的错误率也高。每次人工巡检时，港口的设备都需要停止工作，成本很高。智能巡检集成无人机、航线自动规划、智能图像识别及云计算技术，对港机钢结构表面病害进行全光谱的快速摄像和故障监测。同时，用无人机控制数据链，把可远传的可见红外热像仪的信号传送到监视屏幕进行分析，发现可疑区段可停止飞行任务或者来回飞行细查。实时监视和录像可同时进行，便于无人机返航后进行图片对比分析。机器人与无人机巡检如图10-11所示。

图10-11 机器人与无人机巡检

3. 应用实例

在厦门远海码头与厦门移动合作的"智慧码头"项目中，安全管理是重要内容之一。例如，AI 识别与预警监测通过 5G+CPE，将港区内集卡上安装的多路车载高清摄像头拍摄的影像实时传送到后端云平台，实现运输车辆司机行为智能分析、记录及预警，大大提升码头运输的效率和安全性。通过 5G 的高带宽能力，利用部署在港区的 360°高清摄像头将港区内场景传送到后台，员工可通过 VR 眼镜 360°观看港区的全景。远海码头安全管理如图 10-12 所示。

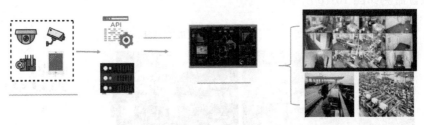

图 10-12　远海码头安全管理

利用 5G 大带宽特性，实现全天候、全方位、全气候条件下的可视化，从而为平安、智慧港口的建设提供基础保障。

基于 5G+边缘侧部署的 AI 算法服务实现智能安防预警，并能够进行低成本的算法升级。

在智慧港口应用场景中，5G 技术高速率、大带宽、便于灵活组网、高效覆盖、稳定传输的综合性优势凸显，特别是在海量数据同步快速传输方面极大地提升了效能，突破了原先 4G 传输技术的瓶颈。在南京港、江阴港、淮安新港等智慧港口的建设过程中，通过 5G 基站部署，实现了港口网络覆盖和高清视频回传，港口数据传输中断频率降低了 90%，降低了光缆维护和更换费用，也避免了网络中断造成的业务损失。

10.1.5　发展趋势

展望未来，港口建设和管理的智能化是港口发展的主流趋势。港口运营将继续朝着设备操作自动化、资源调度智能化、信息数据可视化的方向发展。可以预见，5G 将掀起港口码头技术改造的新高潮，新技术被创造性地广泛应用，生产安全和生产效率将得到全面的提升。智慧港口建设将呈现出五大趋势。

（1）趋势一：码头运营更加智能化

码头运营智能化是智慧港口建设的最重要部分。基于人工智能视觉识别技术的集装箱全流程智能识别，将大大提高箱号识别效率和准确率。应用 5G、人工智能算法的无人驾驶集卡及其路线协同方案，将提升智能驾驶安全水平，降低自动化码头改造成本。5G 技术将支撑高密度物联网终端接入，更多智能终端设备将用于码头作业，无人机安全监测、机器人安防巡检、无人驾驶货物运输、高精度岸桥远程操控等应用将逐步部署。借助海量数据积累和人工智能算法操作管理系统能更加理性、准确、快速地辅助决策，改变传统 TOS 运营模式，提升科学运营水平。

（2）趋势二：港口物流更加高效

港口作为物流节点和枢纽，是物流链上下游高效协同的关键环节。未来智慧港口以基于数据驱动的物联网信息平台为工具，整合物流链、价值链信息资源，打破目前存在的"信息孤岛""信息不对称"等问题，实现基于信息平台的智能化港口管理和决策，降低物流和交易成本，提高物流效率。通过搭建信息平台，实现信息数据互联共享，形成铁水、公水、水水等运输方式高效衔接，促进企业与政府的合作，使产业链上各种资源与利益方无缝对接与协调联动，提升物流贸易便利水平和业务效率。

（3）趋势三：业务创新更加开放

智慧港口建设将不断实现理念创新、应用创新、管理创新，更快地将新技术和港口产业高度融合，创新拓展港航金融、数据服务等业务领域。在贸易、物流交易场景构建线上支付体系，利用数据构建信用征信体系，在资本高效利用的同时保证风险可控，提供融资租赁服务、在线集中购汇、保险、资产交易等金融服务产品。同时，港口积累了包括码头泊位、船期安排、拖车排班、进出口货物种类及流量流向等大量有价值的数据，挖掘数据背后的隐性贸易、物流特征，借助企业内外部创新能力开展行业应用设计，促进数据商业化应用，创造更大的商业和社会价值。

（4）趋势四：客户服务更加便捷

对于未来的智慧港口，竞争优势将不再局限于码头运营水平。智慧港口将以客户服务为中心，借鉴利用互联网扁平化、交互式、快捷性等特点，实现更精准、更高效、定制化的客户服务，提供可视化物流跟踪服务、集卡共享、大宗商品信用服务、拼箱服务、跨境电商、电子支付，以及线上通关、退税、外汇结算等服务，提升客户服务体验和服务要求。

（5）趋势五：港口网络更加协同

智慧港口发展将促进港口间协调发展，促进港口间科学分工协作，以互联互通扩大港口规模经济，降低营运成本，提高港口利润率，使区域资源优化配置和布局结构合理完善。在未来区域或全球港口网络中，通过信息通信技术和基于数据的人工智能技术，可实现港口间协同调度安排，优化港口资源、多种运输方式、运力资源及产业链相关方各种资源的科学配置，实现从生产工厂到客户的无缝衔接，促使产业链价值提升。

10.2　智慧矿业

"我现在身体好多了，晚上再也不会做噩梦了。老婆不担心我挖矿遇到危险，女儿脸上的笑容也多了很多"。

　　挖掘机司机王朝磊曾经每天都要面对尘土飞扬的污染和滚石砸落、塌方的致命危险，现在他坐在安静而又安全的室内远程遥控指挥几百千米外的挖掘机作业。这样幸福而安宁的生活，他之前从未想过。

　　这就是智慧矿业所带来的一个温馨场景。

　　我国是一个矿业大国，已探明的矿产资源主要分布在内蒙古、河南、青海、山西、山东、新疆和云南等地。以最常见的煤炭和有色金属为例，通常分为露天矿和井工矿两大类。为了转变生产方式、提升生产效率、加强安全生产保障，矿产采掘企业积极推动信息化、自动化和智能化的改革再造。据世界经济论坛和埃森哲公司最近发布的一项研究显示，到 2025 年，数字化将为采矿业及其客户，以及社会与环境带来 4250 亿美元的价值。

　　智慧矿业建设已经成为采矿行业发展的趋势和方向。

　　在国家政策方面，《能源技术革命创新行动计划（2016—2030 年）》《全国矿产资源规划（2016—2020 年）》《煤炭工业发展"十三五"规划》《安全生产"十三五"规划》等众多纲领性文件相继出台，为矿业企业的绿色智能发展指明了方向。

　　智慧矿业是指在自动化、信息化、数字化的基础上，推动 5G、大数据、物联网、云计算、人工智能在矿业领域的全面应用。下面将分别就露天矿和井工矿提出相应的智慧矿业解决方案，构建行业应用体系，如图 10-13 所示。

图 10-13　智慧矿业体系架构

　　（1）感知泛在层面：利用物联网技术，结合采矿使用的智能传感器和智能感知终端，全面感知人、机、环境等的位置、状态，并对设备进行控制。

（2）连接泛在层面：利用有线或无线通信网络，对采矿生产涉及的各系统，按照实际需要进行融合组网或单独组网，实现稳定、高效的数据传输。

（3）智能泛在层面：通过人工智能、云计算、边缘计算等技术，通过智慧调度中心、北斗高精定位系统、无人机探测平台等矿山物联网平台，实现数据的存储、计算、分析和决策，为智慧矿业应用提供支持。

（4）信任泛在层面：通过区块链、网络安全技术等，保证数据的产生、传递、存储、计算等各环节难以泄露、安全可靠。智慧矿业建设通过对各子系统进行纵向贯通、横向关联、融合创新，助力采矿企业自动化、信息化、智能化转型。

10.2.1 露天矿

露天矿开采是指把覆盖在矿体上部及其周围的浮土和围岩剥去，把废石运到排土场，从敞露的矿体上直接采掘矿石。如图 10-14 所示，露天矿开采流程一般包括穿孔、爆破、铲装、运输、破碎/排岩、选矿等环节。

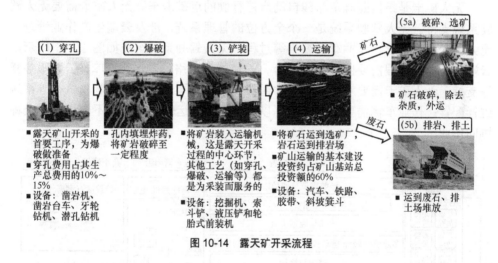

图 10-14　露天矿开采流程

1. 痛点问题

与井工矿相比，露天开采具有四大优势，即开采规模大、开采效率高、回采率高、安全性好。但目前我国露天矿成熟度远低于井工矿，在标准规范制定和修订方面明显滞后，在生产经营过程中也存在如下问题。

（1）露天矿整体开采条件差，技术水平落后，开采效率低。我国重点露天矿山大多进入深度开采期，周边环境差、运输距离远、运输成本高。中小型露天矿大多采矿设备陈旧、可靠性差、稳定性低、自动化和智能化水平低下。

（2）私采滥伐对生态环境造成极大破坏。不少露天矿，特别是小型露天矿，普遍存在不规范开采，不仅破坏了原始地貌和生态环境，而且随着采场的延深，边坡暴露面积越来越大，易出现岩体滑坡，造成安全隐患，影响开采的长期总体经济效益。

2. 解决方案

为了提高露天矿开采的自动化和智能化水平，提出基于无人矿卡作业的解决方案。为实现无人矿卡作业，矿区需配置高质量网络、无人驾驶系统及矿区实时检测系统等。

（1）高质量网络

网络的高质量包括 3 个要素：带宽、时延、可靠性。就目前应用而言，上行以视频信息采集传输为主，对带宽需求大（最高可达 200Mbit/s），下行以控制为主，对时延要求高（10～20ms），部分应用（远程驾驶、远程操控）对可靠性要求极高（99.999%）。面对这样的网络要求，5G NSA 组网在带宽和时延方面难以满足需求，而 5G SA+MEC 组网方式可以满足需求。

（2）无人驾驶系统

无人矿卡是指按照既定路线自动启停行驶的运矿卡车。无人矿卡需要无人驾驶系统支持。无人驾驶系统是一个全方位的管理系统，涉及云端生产作业管理、无人矿卡系统配置、作业车辆编组等过程。无人驾驶系统组成如图 10-15 所示，云端生产作业管理需要监控调度平台、V2N 通信网络、云端数据库、云端服务器等支持；无人矿卡需要对导航定位与通信、感知与规划决策、控制与执行等系统进行配置；作业车辆需要进行编组，以实现剥离、运输和装卸等不同场景的全程协同作业。

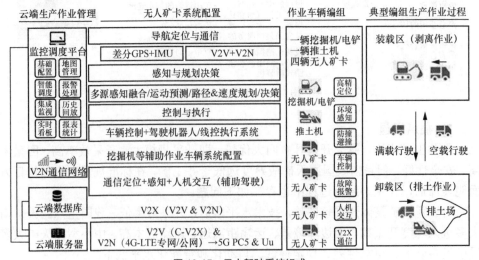

图 10-15　无人驾驶系统组成

（3）矿区实时检测系统

为保障矿区安全运营，每天工作前需要对矿区路况进行监测。路况安全监测分系统主要由高精度差分北斗设备、双目摄像头、毫米波雷达和激光雷达等组成，如图 10-16 所示。路况安全监测分系统可以在矿区每天开工前，巡视一遍矿区路况，利用算法进行路沿识别（如图 10-17 所示）、地形复现（如图 10-18 所示）、障碍识别（如图 10-19 所示）等，确认道路位置、道路前方是否有障碍物、道路颠簸程度，从而确认路况是否满足安全生产开工需求。

图 10-16　路况安全监测分系统

图 10-17　双目视频路沿识别

图 10-18　配准测量地形对比高精度地图的地形显示

图 10-19　算法对凹坑图像识别效果

露天采矿作业经常涉及矿坑爆破、规划采矿区域等任务，生产区域可视化管理、地质稳定性检测对于这些任务至关重要。无人机监控测绘作为智慧矿业的应用系统之一，可以实现矿区生产环境可视化、边坡监测、堆场面积土方量算等，在地理信息系统（GIS）平台软件的辅助之下，可执行场景操作、图层管理、空间测量分析等功能，能够全面解决矿区需求。同时，无人机采集的数据对接矿卡上的相关设备，对无人矿卡安全运行起到了保障促进作用。无人机雷达监测扫描软件呈现如图 10-20 所示。

图 10-20　无人机雷达监测扫描软件呈现

3. 应用实例

2019 年 5 月，内蒙古移动与包钢集团共同发布了智慧矿区无人驾驶应用，这是全国基于 5G 网络条件下首个无人驾驶矿车应用。位于内蒙古包头市、隶属于包钢集团的白云鄂博矿，是全世界最大的稀土矿，储量约为 1 亿吨。矿区普遍存在矿卡司机招工难、效率低、工作环境差、成本高等问题。为解决此类问题，内蒙古移动同包钢集团合作研发了重型矿卡无人驾驶系统，推动 5G+无人驾驶技术在采矿业投入实际使用。截至 2019 年 12 月，已实现 4 辆无人矿卡和 2 辆电铲作业编组的无人驾驶作业。

在 5G 无人驾驶矿车的基础上，构建无人驾驶作业集群，实现车辆远程操控、交叉定位、精准停靠、自主避障等功能，有效提高特殊环境下矿车作业效率，最大限度减少工程现场作业人员数量，确保人员安全。在远程智能调度监控平台及车车–车网–车地通信系统的配合之下，矿区生产运营自动化水平显著提高，企业的人工费用和能源成本大幅降低。

10.2.2 井工矿

与露天矿相对，井工矿是在地面以下开采的矿产采掘方式。我国煤炭开采以井下开采为主。2018 年，我国井工煤矿煤炭产量占全国煤炭总产量的比例约为 84%。

井工矿开采在地面以下开掘一系列井巷，生产过程是地下作业。如图 10-21 所示，井工矿生产有采掘、运输、选矿等环节，安全性要求更高。首先，利用综合采煤机、连采设备等对矿山进行爆破开采，将矿石剥落；其次，利用刮板机、胶带机、轨道矿车、井下运输车等将矿石运输到地面；最后，将运输到地面的矿石进一步破碎，经过磁选、浮选、重力等工艺选出符合标准的精矿。

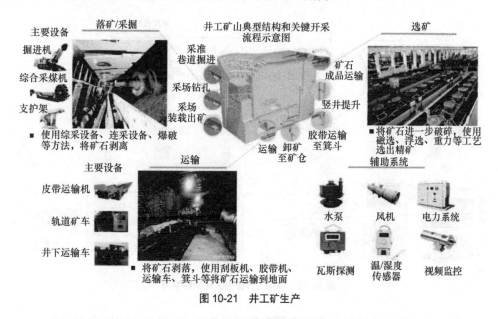

图 10-21 井工矿生产

1. 痛点问题

井下作业最大的问题就是安全问题。据不完全统计，2020 年上半年，全国煤矿企业共发生事故 48 起，死亡 74 人。随着浅部资源的逐渐枯竭，开采深度日益增加，地下环境愈发复杂，生产安全保障更加困难。

由于工作环境恶劣、劳动强度大、安全性差，许多人不愿意从事井下作业。下井矿工招工难现象普遍存在。

2. 解决方案

井下无人化采掘、井下融合组网，可以提升井工矿作业的自动化、智能化水平，降低安全事故风险，改善矿工工作条件。

（1）井下无人化采掘

如图 10-22 所示，在综采工作面单机设备自动化基础上，建立一套以监控中心为核心，工作面视频、音频、远控为基础的无人化采掘解决方案。除了在工作面、设备列车、皮带机头、泵站、电铲、运输车辆环境布置基站，还在顺槽皮带、供电线路、供液管路关键节点选择性地布置基站，以此完成现场 5G 信号覆盖。在 5G 网络的支持下，采用无线传感器、无线摄像机，节省部分信号线缆，实现传感数据、机载高清视频信息的高速传输。同时，5G 无线网络作为有线传输网络的备用冗余通道，可以有效保证数据正常传输。借助机器视觉技术，将人的视觉、听觉延伸到工作面，将工人从危险的工作面采场解放到相对安全的顺槽监控中心，实现在顺槽监控中心对综采设备进行远程监控。

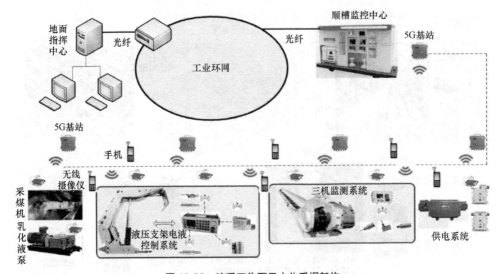

图 10-22　综采工作面无人化采掘架构

无人化采掘的监控平台大多布置在顺槽监控中心。采矿企业以自有的基础平台和机器视觉平台为基础，实现综采面、掘进面等井下环境及掘进机、采煤机、液压支架等工程机械设备的全面感知和统一管理，通过完善远程智能监控，为井下无人化采掘准备条件。

为实现井下无人化采掘，具体部署方案如下。

① 机器视觉平台

为加大矿区生产作业现场的监控管理力度，及时发现各生产环节的安全隐患，实时分析和处理隐患，采矿企业可以建设安全生产机器视觉平台。机器视觉平台架构如图 10-23 所示，通过井下危险区域或者作业区域已有或补装的摄像头进行图像采集，对影响生产安全的违规着装、危险行为、危险区域入侵、危险源进行智能识别检测，及时进行预警。

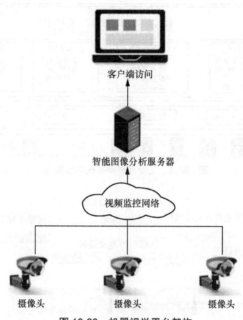

图 10-23　机器视觉平台架构

② 工业互联网基础平台

集成 CT、IT、管理控制、运营分析、应用使能层开放等能力，通过终端等边缘层接口，完成数据的感知、采集、分析、管理、控制等能力层开放，形成工业互联网行业业务的基础支撑能力，为客户提供数字化运维服务、智能化监控服务、基础连接服务、通用支撑服务。工业互联网基础平台架构如图 10-24 所示。

（2）井下融合组网

将 5G 与工业环网、4G、LoRa 技术（一种长距离、低功耗的无线通信技术）等通信网络进行有机结合，能够有效解决远程实时控制、大数据回传等在传统技术条件下的难题，满足井下复杂的物联网需求，推动矿区矿业智能化升级。井下融合组网架构如图 10-25 所示。

井下融合组网基于移动 4G 与 5G 物联网专线数据链路，把移动 4G 与 5G 基站引入井下，在局域场景融合 LoRa、ZigBee 等无线通信技术，实现井下巷道各个区域的无线覆盖，针对实际需求做深入优化，实现点对点数据传输，保证端到端安全、可靠、稳定。

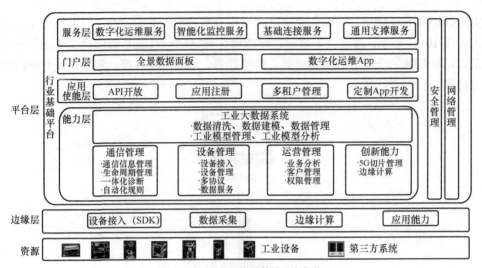

图 10-24　工业互联网基础平台架构

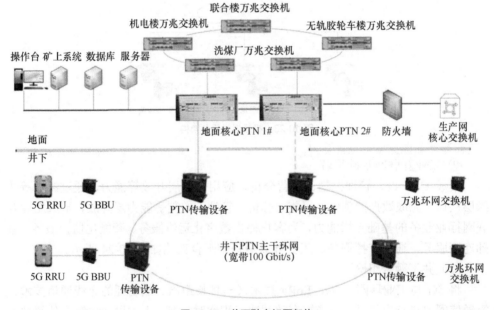

图 10-25　井下融合组网架构

井下融合组网终端硬件包括网络设备终端、业务终端、个人终端 3 类，网络通信设备包括井下 PTN 主干及 4G、5G 等多种无线通信设备，云端平台为智能融合通信管控平台。

3. 应用实例

2019 年 11 月，在山西阳煤集团新元煤矿调度中心，一块硕大的电子屏幕实时显示井下瓦斯浓度、温/湿度和采煤场景。身穿白衬衣的矿工在计算机前轻点鼠标，井下设备就能有序运转，数据实时上传。井下矿工可以和地面人员进行 5G 视频通话。

这个全新的场景就基于全国首批井下煤矿 5G 网络实现。该 5G 网络也是全球地下最深的 5G 网络，深度达 534m。

该 5G 网络由山西移动、阳煤集团和华为公司合作，在山西新元煤炭有限责任公司成功部署全国首批井下煤矿 5G 基站并进行组网应用，实现了矿井主巷道及运输巷道的 5G 覆盖、井下无人化采掘等业务的应用探索。井下设备隔爆认证、矿用天线研发、井下网络架构验证、井下终端类产品研发都有了明显的进展和突破。经初步优化，现场测试数据表明，单个井下 5G 基站可有效覆盖 400m 长度以上矿井，下行速率稳定保持在 800Mbit/s 以上，上行速率稳定保持在 70Mbit/s 以上，端到端时延小于 20ms，满足实际需求速率，优于控制参数需求，可充分满足远程超低时延操控、超高清视频同传及工业控制类场景对网络的需求。

这是国内首次实现 5G 在煤矿井下作业场景的部署及应用，标志着 5G 使能智慧矿井迈出关键的一步。

如图 10-26 所示，与有线网络相比，随着 5G 网络的接入，井下井上可随时随地交换信息，无线设备布置更加灵活。同时，相比 4G 无线网络，5G 网络大带宽、低时延等特点使物联网设备连接更加便利。5G 与 AICDE 技术（AI、IoT、云计算（Cloud Computing）、数据技术（Data Technology）、边缘计算（Edge Computing））进一步融合，将智能掘进机、智能综采面、无人驾驶矿卡等智能应用逐步引入采矿业，推动采掘业全面数字化、自动化、智能化。

随着井下 5G 应用场景的增多，今后有望实现采掘面无人操作、运输车辆无人驾驶、设备维修远程协同等，煤矿安全生产和效益将同步提升。

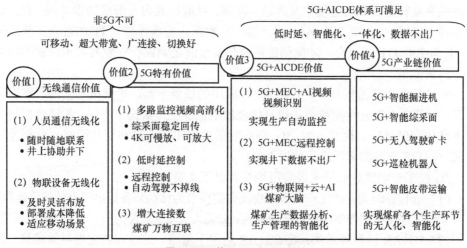

图 10-26　井下 5G 应用必要性

10.2.3 发展趋势

矿产采掘业产业规模巨大，年产值超过 6 万亿元，占国内生产总值超过 7%。自动化、智能化、无人化作业是产业发展趋势。以煤矿为例，2019 年全国共有 5700 余处煤矿，信息化投资规划额高达到数千亿元。

现有的矿区网络存在小灵通、Wi-Fi、3G、4G 等多种技术专网，随着物联网终端的迅速增加及新一代通信技术的发展，矿区数字化、智能化的技术改造必将全面加速。按照 2020 年 3 月出台的《关于加快煤矿智能化发展的指导意见》，煤矿智能化发展的关键技术基础是 5G 通信技术和 AI 应用。

5G 网络在低时延、高可靠性和组网方面的优势，有利于实现网络在矿区全面覆盖，减少感知盲区；还有利于将分散、独立的数据库、平台、系统进行连接，形成统一平台，发挥协同作用，大幅提升效率。

10.3 智慧钢铁

钢铁行业是国民经济的重要基础行业。全国共 5000 余家钢铁企业，包括有炼铁、炼钢能力的企业约 650 家和独立轧钢企业 4350 余家。

钢铁行业面对制造业数字化、智能化的趋势，改造、转型的压力相当迫切。"5G+智慧钢铁"正是当前行业发展的重要方向。"5G+智慧钢铁"将通信企业与钢铁企业的技术优势和资源优势进行整合，匹配钢铁行业应用场景需求，使 5G 技术在助力钢铁企业转型发展的过程中发挥最大潜能。目前行业内已形成初步共识：首先依靠多种 IT 的融合，即 5G、AI、云计算、大数据、边缘计算等 IT 的融合；其次依靠 IT 与工业 OT 的融合，才能创造性地开发出满足钢铁行业发展需求的智能制造综合解决方案。

钢铁行业工艺流程复杂，可结合 5G 应用的场景丰富，对网络连接的可靠性要求高。行业内大部分企业希望在信息化进程中保证生产数据不出厂，关键数据倾向于本地化存储处理。因此，对 5G 网络的需求集中在专网和切片网络，希望通过 MEC 和 UPF 下沉部署以满足数据不出厂。

5G 技术在钢铁行业的主要应用场景有以下 4 类。

（1）远程控制类：在生产制造、物流仓储环节为移动装备提供可靠的网络连接，提升集约化程度和柔性生产流程的灵活性，如无人天车、无人机车、一键炼钢等场景。

（2）5G+AR 远程辅助类：将 5G+AR 运用于运维、巡检和装配指导等场景，提升一线工作效率，降低人员要求和培训成本。

（3）机器视觉质量检测类：用智能分析代替人工实现产品表面质量检测，可以提升效率、降低总成本。

（4）设备数采和高清视频监控类：如无线承载工业环境数据采集、设备预测性维护、电子围栏、机器人/无人机巡检等。

智慧钢铁网络方案示意图如图 10-27 所示。

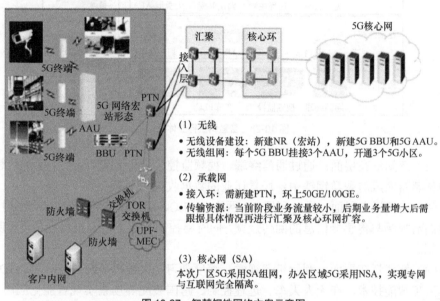

图 10-27　智慧钢铁网络方案示意图

综合考虑国家政策和企业成本，根据示范省示范项目的经验分析，现阶段对5G 应用需求强烈的钢铁企业一般选择无线和控制面共享的企业内 5G 网络架构。下沉在 MEC 的 UPF 检测无线上行应用，基于工厂应用终端发起业务时所填报的目的 IP 地址等方式，把工厂应用分流到钢铁企业本地，实现"业务应用数据不出工厂"，用 5G 代替客户原有 Wi-Fi 网络，通过按需定制的网络切片，确保企业生产的核心业务所需 5G 网络资源不被厂区内 2C 业务所挤占。

智慧钢铁 5G 专网服务能力，通过 5G+MEC 技术构建全连接的无线网络，对重点监控地区实现全面感知，从而进行高精度定位、资产管理、机器视觉、设备辅助等主要应用。MEC 平台部署在靠近监控区域的边缘位置，除了提供可保障的低时延，还能够部署视频监控自动化分析、车辆自动化调度、安全防护等远程智能驾驶控制应用内容，显著提高用户体验和数据安全性。

面对感知泛在、连接泛在、智能泛在和信任泛在 4 个层面的技术发展与融合，安防、天车远程控制、无人天车驾驶、机械臂远程控制、机器检修、数据采集等主要场景分别衍生出具体应用方案。各个环节中主要应用 5G+视频、5G+天车 PLC、5G+AR、5G+AI、5G+大数据等 ICT 进行全业务、全流程的数字化升级，打造钢铁行业的智能化工业互联网平台。智慧钢铁行业体系如图 10-28 所示。

图 10-28　智慧钢铁行业体系

（1）感知泛在层面：通过通信终端、视频监控、天车 PLC、AR 眼镜等智慧终端的传感器完成对智慧钢铁中各场景作业的数据收集。

（2）连接泛在层面：通过利用 5G 网络、MEC、切片技术等通信网络连接技术实现高清视频与传感器信息的回传反馈，同时将控制指令下达到机器设备，实现远程控制。

（3）智能泛在层面：利用机器视觉、深度学习、大数据分析、云计算、3D 仿真等人工智能技术，在无人天车、远程控制、跨国装配等场景实现智能化应用。

（4）信任泛在层面：通过网络安全、区块链等技术，实现智慧钢铁的网络安全与数据保护。

10.3.1　5G+超高清视频安防应用

保障安全是企业生产的重点工作。为了提升企业安全防范和应急处理能力，基于机器视觉的高清视频安防应用，实现高清视频监控、人员安全着装规范检测、违规行为识别、危险源检测和电子围栏等功能。

1．痛点问题

生产现场的监控管理力度不够，造成工作区域内的不规范行为及危险源没有被及时识别、预警，监管人员不能及时纠正处理各生产环节的安全隐患。

2．解决方案

智能图像分析服务器通过视频监控网络获取视频信息，经过分析后将结果输入平台，客户通过平台获取识别结果。超高清视频安防应用方案如图 10-29 所示。

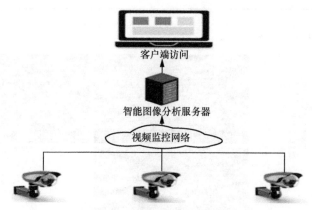

图 10-29　超高清视频安防应用方案

本方案使用一套安防系统软件与配套硬件进行现场部署，主要包含以下三大子系统。

- 前端采集系统：通过高清摄像机等前端采集设备，实时对工业生产环境进行不间断监控，并抓取现场图片，获取现场信息。摄像机需满足视频数据采集和回传需要，支持移动或固定场景的安装使用。系统可对摄像头进行单独分析和管理，由于生产车间工况复杂，摄像机终端具有一定安防等级要求，视具体工况而定。
- 安全识别管理系统：通过 AI 算法模块进行主动识别，进行智能化分析判断并得出识别结果，将结果自动保存于后台管理系统。
- 辅助报警系统：对违规行为进行报警，并上传至平台，通过短信或者邮件通知相关管理人员。

本方案系统软件可根据客户需求，部署在移动云提供的主机环境（运营商侧部署），企业直接租用服务器、存储、网络等资源，降低 IT 投资成本；也可部署在企业自有的数据中心（客户侧部署）。需现场部署的设备主要涉及高清摄像机、工控机、服务器及显示器、报警灯等。由于视频信息接入需要，需与厂商发生交互时，需要客户参与协调各方关系，配合接入工作。

本方案为企业建立一整套基于高清视频的安全生产智能管控系统，实现实时监控、电子围栏、违规行为与危险环境识别等，并具备预警管理、视频回放、统计分析、系统及设备管理等功能，加大生产现场的监控管理力度，辅助监管人员及时纠正处理各生产环节的安全隐患。

（1）实时监控

实时监控通过视频监控网络实现对生产现场各区域安全全天候无盲区实时监管，通过大屏幕展示视频监控信息，具备预览、报警、视频回放调阅等功能。通过实时预览功能，可以方便地对监视目标进行直观、清晰的监视，全天随时可观察到前端现场的状况。支持一、四、九画面多种规格画面的组合显示方式。实时监控界面如图 10-30 所示。

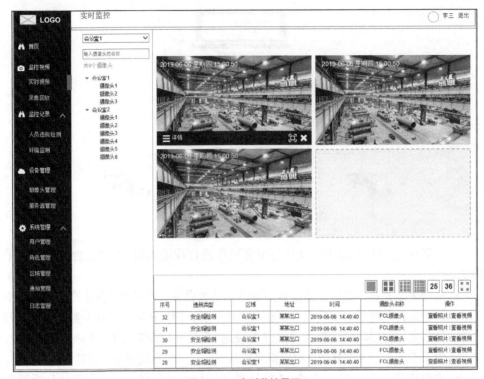

图 10-30　实时监控界面

（2）电子围栏

通过电子围栏系统，可以设定一定范围的区域作为工作区域或者危险区域，对进出该区域的人员进行监控。以设定危险区域为例，当有人进入被划定的危险区域时，会被实时监测到，并触发违规报警。电子围栏场景如图 10-31 所示。

图 10-31　电子围栏场景

（3）违规行为与危险环境识别

通过计算机视觉智能分析算法，实现对生产现场所有区域全天候、全方位的安全智能监控和分析，从而实现对工作区域内不规范行为及危险源进行识别、预警等。一旦发现违规行为或紧急情况，立即报警，并可立即推送消息至相关管理人员的手机上，便于管理，弥补了单一监控报警系统的不足。

① 着装规范监控

检测员工着装是否符合安全防护标准，包括安全帽、拖鞋、短袖等穿戴着装检测。

② 明火检测

对监控区域内是否有明火、烟雾等进行实时监控预警。

③ 抽烟、违规使用手机等行为检测

可全时段大范围实时检测厂区人员违规行为，对抽烟、违规使用手机等行为实现远程监控，对违规行为进行及时报告。

3. 应用实例

鞍钢集团在炼焦总长皮带通廊处部署摄像监控系统，覆盖皮带头/尾部、皮带通廊出入口、皮带作业重点区域，通过 5G 网络将监控视频与云端视频分析平台对接，同时与皮带机自动控制系统结合，根据分析结果实现皮带急停、联锁等处理，可渗透车间的人员安全监控报警、产品自动检测、人员面部识别、人员体态行为识别等方面，实现皮带机系统远程自动监控及处理，保障皮带机运行期间的安全、稳定、高效，推动机器视觉技术在工业互联网应用的广泛应用。

广西钢铁集团、防城港移动与华为公司共同探索 5G、云计算、人工智能等技术与工业领域的深度融合，建设移动 5G 智能网络工程、5G 远程装载机和 5G 高清视频回传的具体应用。

10.3.2 无人天车

5G 无人天车方案针对钢成品出入库、废钢处理等环节，基于 5G 网络、自动控制、视频/图像识别等技术，通过在天车多角度加装高清摄像头等设备，进行传统天车的 5G 改造，构建天车远程控制及无人化运行的服务平台，实现工作人员在操作间对天车的远程操控，最终实现天车的无人化运行、多天车的协作式运行，实现物料、成品的高精度智能搬运，提升企业运行效率。

1. 痛点问题

现有的天车操控系统设施搭建及软件、服务器部署还不够完善，网络的流量承载力、带宽、时延、可靠性等方面还未达到很高的标准，不便于企业信息化系统的集中管理。

2．解决方案

该应用方案需对现有的天车现场操控系统进行改造，改造工作主要包括 5G 网络基础设施搭建、天车无人化服务平台的软件部署及服务器部署、现有天车 PLC 的接口适配等。

网络基础设施需综合考虑现场情况（如遮挡物、金属结构屏蔽）、无线网络信号覆盖要求、并发接入量及访问速度、数据安全、后期扩展、建设成本等因素，进行具体规划设计。

天车无人化服务平台的软件可根据客户需求，部署在移动云提供的主机环境（运营商侧部署），企业直接租用运营商的服务器、存储、网络等资源，降低 IT 投资成本；也可以部署在企业自有的数据中心（客户侧部署，需自行准备服务器资源），可以选择部署在天车所在地的机房，完成天车日常运行的常规计算和管理（类似边缘计算概念），只将重要数据回传至企业的集中数据中心，进行长期备份和存档；或者选择部署在异地的天车集中控制室，该方式对网络的流量承载力、带宽、时延、可靠性等方面有较高要求，但便于企业信息化系统的集中管理。

天车无人化服务平台支持主流天车 PLC 的接口适配，支持控制指令的识别和下发。若目标天车为传统继电器电控方式，需要改造为 PLC 方式。平台支持主流摄像头的数据采集和回传及 5G 终端的接入。

天车无人化服务平台通过 5G 网络实现工控数据的采集与控制，实现对现场各集散式控制系统（DCS）及制造执行系统（MES）的互联互通。通过信息的高度融合，实现管控一体化的网络通信能力，打通现场作业计划与天车控制执行的信息通路，实现天车吊装、搬运、调度等作业的自动化、智能化。平台的主要功能包括以下几种。

（1）远程控制：对天车 PLC 信号进行识别和收发，对空间位置进行感知和定位，对被搬运对象的距离进行测算。

（2）计划管理：对 MES 下达的作业计划进行统一管理。

（3）仓储管理：对当前库区、库位进行管理和集中调度。

（4）作业计划排程：根据当前库位、天车/堆垛机、过跨小车等设备实时状态对作业计划进行优化排程。

（5）作业管理：对当前计划、各个设备作业进行管理。

（6）实时状态监控：对库区各设备状态实时监控，其中对整个作业全过程闭环监控。

（7）数据存储：要求系统对整个系统的数据进行存储。

（8）视频监控：采集和回传天车周边的视频图像，自动识别安全风险。

（9）安全防护：为确保作业安全，在作业过程中调度控制系统需对设备建立安全防护机制及信息安全机制。

天车无人化应用系统架构如图 10-32 所示。

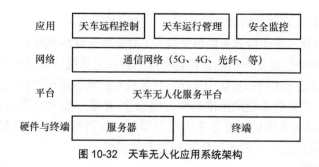

图 10-32　天车无人化应用系统架构

3. 应用实例

华菱湘钢联合湖南移动、华为公司打造了基于 5G 的天车远程控制解决方案。整个系统由远程操控系统（含视频监控、控制摇杆等）、5G 网络、天车（含 5G CPE、PLC、高清摄像头等）3 个部分组成。通过在天车端进行机电技术升级改造、部署 5G CPE 等设备，华菱湘钢利用 5G 网络打通了天车和远程操控系统之间的通信链路，让操作人员在舒适的办公室内就能完成对天车的各项操控，实现从"蓝领"工人到"白领"工人的转变。而天车上配备的多个高清摄像头为操作员提供了全方位视角，保障了远程操控的精准性和实时性。

10.3.3　5G 机器视觉质量检测

通过在生产线上下两侧分别安装工业相机台，利用工业相机拍摄高清图像，每秒拍摄图片可达到 120 张，生成完整图片超过 40 张，合成后的高清图像通过 5G 网络上传到云平台，满足生产线 10m/s 高速运转，在云平台侧采用图像处理软件、图像拼接合成软件、缺陷检出及识别分类算法，利用数据共享及机器学习，共享缺陷识别库，优化缺陷类别判定。通过部署带钢表面质量缺陷检测系统，常规缺陷检出率可达 95% 以上，常规缺陷识别率可达 95%，设备稳定运行率可达 99% 以上。

1. 痛点问题

（1）受环境、光照、生产工艺和噪声等多重因素影响，检测系统的信噪比一般较低，微弱信号难以检出或不能与噪声有效区分。如何构建稳定、可靠、鲁棒的检测系统，以适应光照变化、噪声及其他外界不良环境因素的干扰，是要解决的问题之一。

（2）由于检测对象多样、表面缺陷种类繁多、形态多样、背景复杂，众多缺陷类型产生的机理及其外在表现形式之间的关系尚不明确，致使对缺陷的描述不充分，缺陷的特征提取有效性不高，缺陷目标分割困难；同时，很难找到"标准"图像作为参照，这给缺陷的检测和分类带来困难，造成识别率有待提高。

（3）机器视觉表面缺陷检测，特别是在线检测，特点是数据量庞大、冗余信息多、特征空间维度高，同时考虑实时机器视觉面对的对象和问题的多样性，从海量数据中提取有限缺陷信息的算法能力不足，实时性不高。

（4）与机器视觉表面检测密切相关的人工智能理论虽然得到了很大的发展，但如何模拟人类大脑的信息处理功能去构建智能机器视觉系统还需要理论上的进一步完善，如何更好地基于生物视觉认识来指导机器视觉检测也是理论和实践的难点之一。

（5）从机器视觉表面检测的准确性方面来看，尽管一系列优秀的算法不断出现，但实际应用中的准确率仍然难以完全满足需要，如何解决准确识别与模糊特征之间、实时性与准确性之间的矛盾仍然是目前的难点。

2. 解决方案

整体解决方案分为云平台层、网络层、终端层、应用层 4 个部分，如图 10-33 所示。

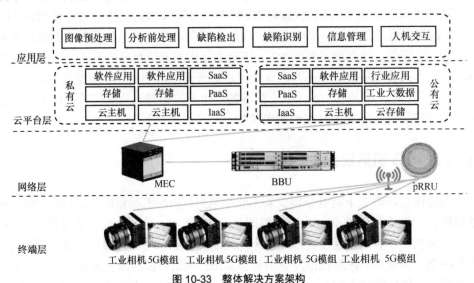

图 10-33　整体解决方案架构

- 终端层：使用工业相机+5G 模组，实现高清图像的拍摄与回传。
- 网络层：由 5G 基站和 MEC 组成，5G 基站网络覆盖生产线，将回传的数据流通过 pRRU、BBU 进行编码传输，在 MEC 处进行信令解析，完成本地分流，将数据流解析后传输给云平台层。
- 云平台层：提供 IaaS、PaaS、SaaS，可采用公有云、私有云和混合云模式部署，为工业企业提供一站式上云服务。
- 应用层：包含图像预处理、缺陷检出、缺陷识别、信息管理等模块。

（1）软件部署方案

软件系统由接收站软件、分析站软件、操作站软件、工程师站软件组成。接收站软件从带钢图像采集系统接收数据，包括相机 1～相机 6 的图像数据和 PLC 的带钢跟踪数据，云平台将从现场采集得到数据进行带钢表面图像质量分析。软件系统组成如图 10-34 所示。

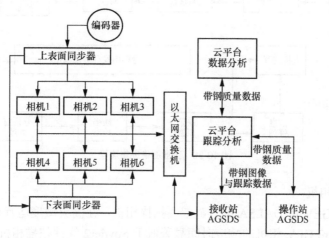

图 10-34　软件系统组成

（2）5G 网络连接方案

厂区 5G 基站的网络建设使用新型室分。使用光纤进行传输，通过光缆连接到基站侧的 BBU 设备，每个 pRRU 提供 4×250MW 的发射功率，可以覆盖 30m 半径，适合在生产车间内部进行部署。主要优点是造价低、布置灵活、施工容易，且不影响原有网络结构及现场正常生产。组网示意图如图 10-35 所示。

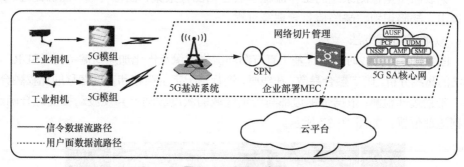

图 10-35　组网示意图

5G 机器视觉质量检测的关键功能包括控制信令下发和高清图像传输，因此网络通信要求为上行带宽≥100Mbit/s、下行带宽≥20Mbit/s、传输时延≤20ms、可靠性≥99.9%。

（3）硬件部署方案

采用 5G 工业相机进行工业图像采集。在工业相机中内嵌 5G 模组，实现 5G

网络互联。工业图像采集流程如图 10-36 所示。

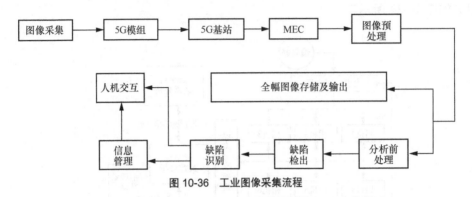

图 10-36　工业图像采集流程

① 工业相机

Spyder3 GEV 是 DALSA 的一款双线扫描相机。在高灵敏度运行模式时（双线扫描），Spyder3 GEV 相机的响应时间显著低于 Spyder2 线性扫描相机。Gige Vision 接口不需要帧捕获器，节约了成本。

② 网络设备

新建一套 MEC 软件系统，新建一套 5G 分布式 pRRU，共涉及 5G BBU 一套、P-Bridge 一套、pRRU 4 套、5G 软件系统一套、5G 模组 4 套。

③ 云主机资源

采用 2 台云主机承载机器视觉表面检测应用，配置 10TB 存储。

钢表面质量检测系统的工作流程一般包括图像采集、图像传输、图像处理、缺陷检出、缺陷识别、缺陷信息管理等过程。

① 图像处理方法

图像拼接：离线时，进行基于直方图均衡化图像及优化加速稳健特征（SURF）算法的离线分析，确定融合参数；在线时，进行基于定位横移和灰度偏移的加权融合。

带钢边部检测：依据带钢边部与带钢区域的灰度波动差异及波动程度综合确定带钢边部位置，如图 10-37 所示。

图 10-37　带钢边部检测

降噪：主要采用灰阶边缘 Gauss 过滤，有效降低图像噪声的干扰，并抑制伪缺陷的产生。

轮廓增强：主要采用灰度直方图偏移方法，强化缺陷轮廓处的灰度对比度。

② 缺陷检出方法

缺陷检出是表面质量检测系统的基本功能，也是最主要的功能，缺陷检出率越高，说明系统对缺陷的判别能力越灵敏。通常情况下我们要最大化系统的检出率，最小化系统的检错率。系统缺陷检出流程如图 10-38 所示。

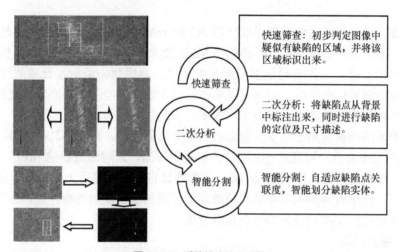

图 10-38　系统缺陷检出流程

③ 缺陷识别方法

缺陷识别方法采用基于特征描述、结论输出的类决策树分类模型。类决策树分类模型如图 10-39 所示。

图 10-39　类决策树分类模型

二次分类：采用 CNN 深度学习网络，利用离线统计的各类缺陷经典域及扩展域，通过在线模型训练，持续丰富运行模型，在线智能判定缺陷类别归属。

3. 应用实例

鞍钢集团信息产业公司、中兴通讯、辽宁移动共同发布了全球首个"5G+智慧钢铁企业"商业产品方案。该方案包括设备生命周期管理系统、缺陷检测系统、机器视觉安全管理系统、设备远程操控系统等案例。目前这些方案已在鞍钢集团全面应用。

10.3.4 基于 5G 的设备数采应用（设备全生命周期电机管理系统）

设备全生命周期电机管理系统使用 5G 的 mMTC 特性，采集鞍钢热轧厂的电机振动、温度等传感器数据，并传输给 MEC 边缘云平台，通过大数据分析，将原来的电机运行维护工作变得更加精准且可预测。利用状态监测和设备故障诊断技术，减少计划外停机次数，增强对设备的远程在线监测能力，提高设备使用寿命，增强全生命周期管理能力，提升生产效率，节约生产成本。

此套系统已被应用于钢铁企业电机的生命周期管理，鞍钢热轧厂 1780 生产线现有电机 400 余台，可通过 5G 网络传输采集数据，同时通过新建 MEC，实现数据分流，将采集数据上传至工程师站。工程师站将数据处理后上传至云平台，通过分析数据，给出设备的状况评估和故障预测，增加设备使用寿命，提高生产效率。此套系统可推广至其他设备的生命周期管理。

1. 痛点问题

鞍钢厂内对电机状态监测的手段不多，只有电压和电流等常规监测，对电机的日常管理仍停留在"五感点检"和准备充足备品、以备随时更换的状态，对电机的全寿命跟踪更是无从谈起。尤其对一些重要电机，依旧采用定期出厂检查的方式进行预防性维护，缺乏科学理论依据，无法做到预知和预判，严重制约现场的生产，迫切需要通过智能手段提前发现电机的劣化趋势并进行科学预防。电机状态智能监测的潜在数据来源丰富，潜在效益巨大。例如，振动、温度和磁场强度等参数都可以用于判别电机状况，通过多参数智能监测可以使低压电机的故障停机时间降低 70%，使用寿命延长 30%，能耗减少 10%。

2. 解决方案

（1）硬件部署方案

操作系统：Microsoft Windows Server 2012 R2。

MySQL 数据库：版本号为 5.7。

应用服务器：双颗 20 核 40 线程，主频为 2.2GHz，内存为 64GB，硬盘容量为 2TB。

数据库服务器：双颗 20 核 40 线程，主频为 2.2GHz，内存为 64GB，硬盘容量为 2TB。

（2）软件部署方案

客户端应用软件环境：本系统采用 Client/Server 结构，客户端计算机通过浏览器即可使用本系统。

电机全生命周期管理系统架构如图 10-40 所示。

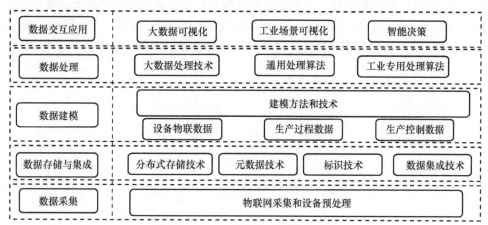

图 10-40 电机全生命周期管理系统架构

电机数据采集：根据生产流程，形成数字化生产模型，对电机设备进行设备机理分析、设备监测设计，利用自主设计的物联网设备实现运行数据的采集。

电机数据传输方案：生产线部署电机传感器（内置 5G 模组）+MEC 服务器，MEC 服务器将用户面数据流分流至私有云平台，信令流通过 MEC 连接 SA 核心网。

电机数据建模：多元数据存储并根据参数建模清洗。在数据建模层结合知识库、故障库、模型库进行深度学习，实现智能分析，实时发现异常状态。

电机全生命周期告警及处理：通过设备机理模型和典型故障数据库，建立大数据征兆库和规则库，实时对比物联终端采集数据，及时发现异常并形成相应等级的告警信息和处理意见，供设备点检人员进行现场处理。

3. 应用实例

鞍钢集团将电机全生命周期管理系统应用于热轧厂 1780 生产线 400 台辊道电机管理。电机 24h 不间断工作。系统采集辊道电机电流、振动、温度等运行时的状态参数，通过无线网络传送到云平台，采用人工智能和大数据技术，利用高速信号采集、分布式建模和专家诊断能力优势，提供基于数据建模、多元统计等过程监测方式，实现电机全生命周期管理。系统上线后生产线有效避免紧急停机，故障维修次数下降 20%，通过管控系统提升机组作业率 5%，该生产线每年节约维修费用约 10 万元。

10.3.5　发展趋势

目前"5G+钢铁行业"的应用还在积极试点探索中，随着 5G SA 网络的正式商用，5G 应用场景不断拓展，泛在潜能不断挖掘，从而将物联网传感器部署在钢铁制造场景中，以 5G 网络为载体，利用远程控制、AR/VR 技术、无人驾驶、AI 等5G+技术，实现智能化生产操作，把人员从相对恶劣的工作环境中解放出来。

第11章
智慧化治理

11.1 智慧电力

如图 11-1 所示，电力流程主要包括发电、输电、变电、配电、用电 5 个环节，在我国，要实现电力的生产、运输直至用户使用，发电集团和电力传输公司扮演着重要角色。目前，我国已形成五大发电集团（华能集团、华电集团、国家电投、国家能源集团、大唐集团）、两大电网公司（国家电网、南方电网），以及庞大的配套设备产业供应链，为社会生产活动提供基础保障。

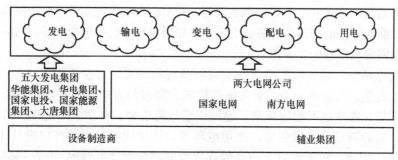

图 11-1 电力流程

（1）发电：利用发电动力装置将水能、化石燃料、核能、风能、地热能及潮汐能等转换为电能的生产过程，具体活动发生在发电厂。

（2）输电：即电力的传送，主要包含杆塔、导线、附属配套设备等，把相距遥远的发电厂和负荷设备相连接（如国家干线、省市干线等），使电能的开发和利用超越地域限制。

（3）变电：通过变压器，在发电侧升压，向用户侧输电，可节省电能损耗；在用户侧降压，满足用户用电的需求。

（4）配电：即电能分配网络，通常在二次降压变压器侧直接向用户供电，它是电力系统中直接与用户相连的环节。

（5）用电：即通过电器消耗电能的过程，是电力环节的最后节点。

随着科技革命的迅猛发展，产业结构不断优化升级，泛在电力物联网与 5G 通信技术将给电力领域带来深刻的变革，推动传统电网朝着自动、高效、安全的智能电网迈进。智能电网即电网的智能化，是在集成的、高速双向通信网络的基础上，运用先进的传感和测量技术、先进的设备技术、先进的控制方法及先进的决策支持系统技术，形成的新一代电力网络系统。智能电网具有高度信息化、自动化、互动化等特征，可以更好地实现电网的可靠、安全、经济、高效和环境友好。

在数字经济 3.0 时代，具有高速率、低时延、海量连接特征的 5G 通信技术，充分融合网络切片、边缘计算、机器学习等技术，将满足智能电网各个环节在安全性、可靠性和灵活性方面的通信需求，进一步提升电网公司及发电企业对自身业务的自主可控能力，促进未来智能电网取得更大的技术突破。新基建的发展将促进感知泛在、连接泛在、智能泛在和信任泛在 4 个层面的技术在智能电网领域的应用，在发电、输电、变电、配电、用电等主要作业场景衍生出多种详细的应用方案。

电网"发输变配用"全流程具有丰富的业务类型，5G 通信网络具有独特的网络切片技术。网络切片就是在现有网络的硬件条件下，对网络进行"切割"，分出不同的功能网络，应用于不同的场景，并且这些切出来的功能网络彼此独立，这也就意味着当某一个切片产生错误或故障时，并不会影响其他切片。这些不同功能的网络可以面向不同的需求和服务进行定制，如用电环节的智能电表等。网络切片可以实现电网应用场景的全覆盖。

在发电环节，通过高清摄像头实时回传现场情况，可全流程监控生产环节，减少事故发生；在输电环节，无人机巡检成为发展的方向，可有效应对长途多变的输送环境；在变电及配电环节，通过快速故障告警、自动故障处理，可减少应激时间，有效降低事故发生率；在用电环节，切片网络为专属客户提升 QoS 和制定 SLA。同时，每千米百万级别的连接数亦将推动"互联网+电表+家居电器"业务快速发展。

智能电网行业体系如图 11-2 所示。

（1）感知泛在层面：通过 5G 通信设备、视频监控设备、无人机等智慧终端的传感器应用完成对全流程作业场景的数据收集。

（2）连接泛在层面：通过 5G 无线网络，实现电力设备、互联网、电力网管的深度交互。

图 11-2　智能电网行业体系

（3）智能泛在层面：利用大数据分析、边缘计算、机器视觉等人工智能技术，实现智能监控、应急通信抢险、无人机巡检、智能配网、实时用电计量及分年度用电需求预测等功能。

（4）信任泛在层面：通过网络切片、软/硬件隔离、边缘计算及大数据联网身份识别等多种技术，实现分区、分层、分用户、分 QoS 服务，保障个人用户、企业用户、电力集团的信息安全。

电力通信网分为骨干通信网和终端接入网，其中骨干通信网是指发电、输电和变电网络，终端接入网包括配电和用电网络。目前，我国电力行业骨干通信网 100% 采用光纤通信，配电与用电则存在多种接入方式，这也将成为 5G 赋能智慧电力的重点。

11.1.1　分布式配网差动保护

差动保护是监控配电系统运行状态、判别系统故障的常用技术手段。传统方案节点选取电厂、换流站、变电站等主网关键设备，节点间采用光纤进行信号传输和数据通信（具体流程如图 11-3 所示），但敷设光纤成本较高、实施难度较大。新型智能分布式配网自动化技术能够显著降本增效，但对通信网络的时延、可用性和可靠性具有较高的要求。5G 不仅能解决敷设光纤的高成本、难实施问题，而且通过向运营商定制独立的端到端网络切片和独立的虚拟化核心网，还能有效保证配电环节的安全性。

图 11-3　传统差动保护信息传送流程

配电网属于电力传输流程的配电环节，可以实现从输电网或地区发电厂接收电能，通过配电设施就地分配或按电压将电能逐级分配给各类用户。配电网由变电站、架空线路、电缆、杆塔、配电变压器、隔离开关、无功补偿器及一些附属设施等组成，在电力网中起重要的分配电能作用。

配电自动化（Distribution Automation，DA）是一项集计算机技术、数据传输、控制技术、现代化设备管理于一体的综合信息管理系统，主要实现对配电网的保护控制。通过继电保护自动装置检测配电网线路或设备状态信息，实现智能判断、分析、故障定位、故障隔离及非故障区域供电恢复等操作，从而快速实现配网线路区段或配网设备的故障判断及准确定位，快速隔离配网线路故障区段或故障设备，最大可能地减少故障停电时间和缩小范围，使配网故障处理时间从分钟级提高到毫秒级。

配网自动化（Distribution Network Automation，DNA）即配电网自动化，是指运用现代电子技术、通信技术、计算机及网络技术，将配电网实时信息、离线信息、用户信息、电网结构参数、地理参数进行集成，对配电网进行离线与在线的智能化监控管理，使配电网始终处于安全、可靠、优质、经济、高效的最优运行状态，包括实时的配电自动化和配电管理系统。

实时监控配电系统的运行状态，保障电能的稳定，一般采用差动保护方式进行故障判别，即使用配电终端单元（Distribution Terminal Unit，DTU）比较两端或多端同时刻电流值（矢量），当电流差值超过门槛值时，判定为故障发生，断开其中的断路器或开关，执行差动保护。电流差动保护是一种建立在基尔霍夫电流定律基础上的保护方式，在进行故障判别时只需要线路两端的电流值，与引入电压无关，因此不会受到电力系统振荡和系统非全相运行等因素的影响和制约。电流差动保护原理简单，计算量小，能很好地满足继电保护的快速性、灵敏性和可靠性等要求。

1. 痛点问题

配电环节是提升供电可靠性的核心环节，要求自动检测配电网线路或设备状态信息，对通信要求高。传统方案通常使用光纤通信，但是光纤复用存在时延无法把握、成本高、施工困难的问题，虽然无线网络更加经济便捷，但是 4G 网络的时延、抖动等性能无法满足差动保护的要求，通信问题成为配电环节的痛点问题。

（1）光纤覆盖建设成本高

要实现配网差动功能，通常采用光纤复用的形式。但是光纤通道通常按照自动化要求布置，在环网站间相互串联形成回路，难以实现点对点的直连，可能带来无法把握的时延。如果完全采用专用光纤通信方式，不仅成本高、施工困难，甚至有些区域根本无法施工。如在市内道路开挖异常困难，配网光纤敷设难、成本高，目前核心城区（A、A+）光纤覆盖率仅达到 55%，难以满足规划的需求。受制于敷设光纤的资金投入、维修周期、后期运维等一系列问题，配网线路一般没有差动保护手段，仅在变电站内使用光纤通信来保障业务。配网保护多采用简单的过流、过压逻辑，不依赖通信，当故障发生时，需手动隔离故障线路并启用备用线路，无法实现快速分段隔离，停电时间为小时级。

（2）低时延通信需求

配送网是电力系统供应链的关键环节，智能分布式配网自动化技术可有效改善配电环节的维护及监控方式。目前，以风能和太阳能为代表的分布式能源主要采用大规模集中式并网发展模式。然而，随着智能电网建设工作的逐步推进，这些分布式能源将会由集中式大电网接入模式，逐步向分散式配电网接入模式发展。为了有效减小和缩短城市电网的停电范围和停电时间，提高供电可靠性，城市配电网采用闭环运行方式，并辅以有效的差动保护技术，可以有效解决分布式电源的并网问题。

2．解决方案

智能分布式配网自动化技术对通信网络的时延、可用性和可靠性具有较高的要求。这是因为要实现差动保护业务场景下的快速分段隔离，对电流差值的判断需基于同一时刻的电流值，这就要求相互关联的 2 个 DTU 必须保证时间同步，其时间同步精度小于 10μs。为了实现故障的快速检测和隔离，交互信息的传输时延（点对点的最大时延）最大不超过 15ms。

对于智能分布式配网自动化业务，5G 网络具备低时延传输特性，端到端时延可控制在 15ms 以内；5G 网络具备高精度授时功能，授时精度可达到 10μs，能够满足配电网保护与控制的严苛要求。

通过引入 5G 网络，智能分布式配网自动化技术可从硬件设备和软件配置两方面对配电网业务效果进行改进。在 5G 网络条件下，硬件设备端在两个节点间实现对 DTU 的同一时刻采样，并经 SPN 传输至核心网、电力网管平台，实现对配电环节的实时管控；利用 5G 网络切片的低时延、高精度授时等特性，软件配置端为配网分布式差动保护的应用提供高可靠的承载能力，可快速实现配网线路区段或配网设备的故障判断及准确定位，隔离配网线路故障区段或故障设备，停电时间由小时级缩短至秒级。差动保护业务场景如图 11-4 所示。

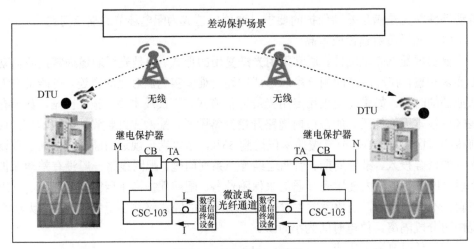

图 11-4　差动保护业务场景

3．应用实例

2019 年 1 月 25 日，南方电网联合中国移动、华为公司在深圳坂田完成了国内首例基于 5G NSA 网络的智能分布式配网差动保护业务外场测试。测试主要实现了对配电网的保护控制，即通过继电保护自动装置检测配电网线路或设备状态信息，快速实现配网线路区段或配网设备的故障判断及准确定位，快速隔离配网线路故障区段或故障设备。这次测试是 5G 智能电网应用的第一阶段外场测试，通过搭建真实复杂的实际网络环境，成功验证了单基站场景下 DTU 之间平均端到端时延在 10ms 以内，5G 网络空口授时精度达到 300ns 以内，可满足智能分布式配网差动保护等电网控制类业务的毫秒级低时延通信、微秒级高精度授时等需求。

目前智慧电力建设面临的问题包括配电自动化程度低、配电保护与控制覆盖点多面广、配电设备数量庞大、信息双向交互频繁、现有光纤建设成本高等。5G 通信网络和网络切片技术将实现"低时延下的远程控制"，通过配网差动保护快速实现配网线路区段或配网设备的故障判断和准确定位，并隔离配网线路故障区段或故障设备。随着智能分布式配网自动化技术的逐渐成熟，差动保护未来将采用分布控制型部署，配网终端可就地执行跳闸操作，网络及故障信息也可就地传输给运维中心或主站。

11.1.2　输变电设备在线监控

随着我国超高压、特高压输电线路的不断建立，输电网络正朝着全面覆盖的方向发展，而输电网络发生线路故障将给人们的正常生产和生活带来巨大损失，因此保证供电的稳定性和安全性至关重要。对输变电设备进行监控和检测，则可以提高电网设备运行的可靠性与安全性，提前预防避免发生设备事故。随着 5G 通信网络和切片技术的逐渐成熟，输变电设备的在线监控则可以通过高清视频监控、机器人巡检及无人机巡检等技术手段实现。

电力系统中使用的设备按照功能具体可划分为一次设备和二次设备两大类。一次设备是指在电网中直接承担电力输送及电压转换的输电设备，主要涵盖发电机、变压器、输电线路、母线、互感器等；二次设备是为了保证输变配电一次设备正常运转及电网监控调度的各种保护、监测及自动控制设备，具体包括继电保护装置、自动化控制系统、监测装置及通信系统等。

输变电属于电力传送系统的输电环节，涉及沿线变电站、高压线缆等。对输变电设备进行监控和检测，可以提高电网设备运行的可靠性与安全性，提前预防避免发生设备事故，延长设备使用的期限。

电网常见输变电设备在线监测技术包括输电线路在线监测技术、交联聚乙烯电缆在线监测技术、GIS 设备和断路器在线监测技术、金属氧化物避雷器在线监测技术、电容型设备在线监测技术、变压器在线监测技术。

目前，对变电站设备进行监测的方式主要是在变压器、GIS 设备、开断频繁的开关、开关柜等处安装在线监测装置，在不影响设备运行的条件下，对设备状态量连续或定时进行监测、采集、处理。根据统计，我国在线监测设备在华东和华北电网中应用最多，在西北电网应用较少。在综合监测设备、GIS 设备、开关类设备、氧化物避雷器、电容型设备、变压器本体 6 类在线监测装置中，应用最多的是金属氧化物避雷器，其次是变压器本体与电容型设备。监控终端主要以网线或光纤等有线方式连接至主控室内监控子站，监控子站经由综合数据网将监测数据上传至监控主站。

1. 痛点问题

（1）光纤部署难

监控终端将监控数据通过网线或光纤等有线方式进行传输，然而光纤专网在监控站内的部署并不容易，施工时间长、施工难度大。

（2）检测灵活性低

光纤专网无移动性，当传输线路出现故障时，无法沿路检测，故障定点精度较差。

（3）云端数据计算负荷难以支撑

智能电网建设对输变电设备监控具有较高的并发和压缩要求，且云端数据的计算负荷大，4G 网络的带宽、时延及业务终端接入密度都难以满足智能电网的业务发展需求。

（4）4G 通信网络缺乏多媒体综合数据分析的能力

回传视频等多媒体数据难以实现。

2. 解决方案

新一代通信技术的应用能够很好地应对和解决多类型数据、重计算负荷、高接入密度等输变电设备在线监控的挑战。5G 技术的 eMBB、URLLC、mMTC 将满足站内业务终端的高密度接入。作为 5G 网络的关键技术，5G 网络切片通过采用网络虚拟化技术，将一张 5G 通信物理网络在逻辑上划分为多张虚拟的端到端网络，可以根据安全隔离要求和业务需求的差异采用灵活的切片方式，实现按需定制的个性化切片网络。每张虚拟网络的无线网、传输网、核心网之间相互隔离，逻辑独立，任何一张虚拟网络发生故障都不会影响其他虚拟网络，将满足智能电网的安全性需求。同时，5G 网络传输可以提供丰富的多媒体感知数据，支撑立体感知分析，引入 5G 边缘计算，减轻云端计算负荷。边缘计算引入后，与云计算协同作用，可减轻云端计算负荷。输变电设备在线监控实现路径如图 11-5 所示。

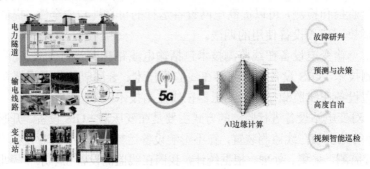

图 11-5　输变电设备在线监控实现路径

通过 5G 网络切片针对业务特点实现定制化网络，满足智能电网各种特色业务要求。而输变电设备的在线监控则可以通过高清视频监控、机器人巡检及无人机巡检等技术手段实现。

（1）高清视频监控

在输变电设备端，通过部署 4K/8K 高清摄像头，以及红外摄像机、红外测温摄像机等综合监视装备，将采集到的视频通过 5G-CPE 接入 5G 网络，对输电线路进行视频和图像回传。在云端，采用先进的 AI 技术，可以对图片、视频进行识别，提取其运行状态数据等信息，避免了人工巡检的烦琐工作。视频监控系统如图 11-6 所示。

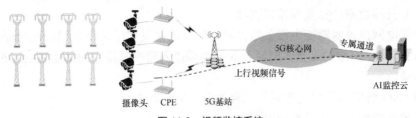

图 11-6　视频监控系统

（2）机器人巡检

智能电网业务对通信网络的需求主要体现在大带宽视频（Mbit/s 级别）回传方

面，目前巡检机器人主要使用 Wi-Fi 接入，所巡视的视频信息大多保留在站内本地，并未能实时地回传至远程监控中心，未来变电站巡检机器人主要搭载多路高清摄像头或环境监控传感器，回传相关检测数据，要求数据具备实时回传至远程监控中心的能力。巡检机器人业务如图 11-7 所示。

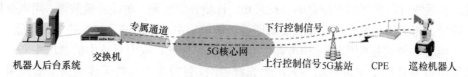

图 11-7 巡检机器人业务

（3）无人机巡检

无人机巡检主要是针对网架之间输电线路物理特性的检查，如弯曲形变、物理损坏等特征，一般在高压输电的野外空旷场景，杆塔之间相距较远。一般两个杆塔之间的线路长度为 200～500m，巡检范围包括若干个杆塔，延绵数千米长。典型应用包括通道林木检测、覆冰监控、山火监控、外力破坏预警检测等。

目前无人机巡检一般采用录像的方式，返回后对视频进行分析。这一方法无法做到在线实时分析，无法保证故障处理的时效性，且对线路"平均采样"，无法对复杂场景进行详细探查。与进行巡检的无人机进行通信时，控制台与无人机之间主要采用 2.4GHz 公共频段的 Wi-Fi 或厂商私有协议通信，有效控制半径一般小于 2km。

如果无人机巡检采用 5G 通信，则可以将线路的高清视频和图像实时传递至监控中心，控制人员还可以重点核查部分问题线路，及时采取相应措施。未来随着无人机续航能力的增强及 5G 通信模组的成熟，结合 MEC 的应用，5G 综合承载无人机飞控、图像、视频等信息将成为可能。无人机与控制台均与就近的 5G 基站连接，在 5G 基站侧部署边缘计算服务，实现视频、图片、控制信息的本地卸载，直接回传至控制台，保障通信时延在毫秒级，通信带宽在 Mbit/s 级别。同时，还可利用 5G 高速移动切换的特性，使无人机在相邻基站快速切换时保障业务的连续性，从而扩大巡线范围到数千米以外，极大提升巡线效率。无人机巡检业务如图 11-8 所示。

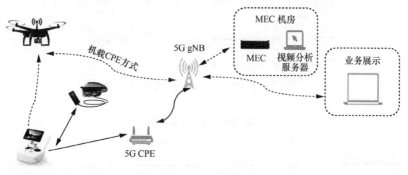

图 11-8 无人机巡检业务

11.1.3 配网计量

低压用电信息采集业务是对电力用户的用电信息进行采集、处理和实时监控的系统，该系统可以实现用电信息的自动采集、计量异常监测、电能质量监测、用电分析和管理、相关信息发布、分布式能源监控、智能用电设备的信息交互等多种功能。

电力系统对控制实时性和可靠性要求极高，因此，电力系统中的调度中心、大型发电设备及输变电设施均接入电力光纤专网。目前电力系统无线通信主要应用于3 种场景：一是发电侧通过安全接入区的数据传输，如光伏电站将实时量测数据传输到远端的管理中心；二是配电网中不具备电力光纤接入条件或电力光纤接入成本过高的末梢终端；三是以分布式发电为代表的位置分散、规模小的小型发电项目。这些应用中的数据经过加密隔离等措施处理后，可以通过无线网络传输。

计量自动化是指用电领域用户或工业电表的自动计量及其与自动化主站的数据通信，即"远程抄表"。与配电网类似，计量自动化系统难以做到"光纤入户"，因此通常采用无线通信的方式进行远程数据交互，包括终端上传主站的状态量采集类业务及主站下发终端（下行方向）的常规总召命令，呈现出上行流量大、下行流量小的特点。

配网计量原理如图 11-9 所示。目前集中抄表方式多以配变电表为基本单元进行集中抄表，集中器下挂多个智能电表，一般以天、小时为频次采集上报用户基本用电数据至集中器，再由集中器通过运营商无线公网回传至电力计量主站系统。用电信息采集业务以上行为主，频次较低，单集中器带宽为 10kbit/s 级，月流量为 3～5MB。

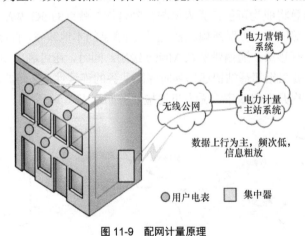

图 11-9 配网计量原理

1. 痛点问题

在传统的电网中，计量自动化仅用于中长期电费的统计结算。在居民及企业用电端，传统低压用电信息采集业务通过集中抄表的方式实现，对用户用电数据的采集频次低，不能获取实时用电数据，也就无法有效支撑用户行为分析。

传统用电信息采集业务以上行为主，数据内容单一，传输速率也有限，电网侧和用户侧的双向互动比较少。另外，电表只可看不可控，安全及时延无法支撑精准负荷目标的实现。

2. 解决方案

电表计量属于用电环节，数据的准确性直接关系到电力公司的营收。在传统电网中，计量自动化仅用于中长期电费的统计结算，用电数据的实时传输和反馈存在短板。新一代通信系统与电力系统深度融合，将赋能计量自动化，即"远程抄表"，利用 5G（NB-IoT）智能电表实现电表集抄、在线监控、大数据分析、电力信息化等功能。

在智能电网中，智能电表应用广泛。2018 年第一季度，我国安装智能电表超过 4.96 亿台，占全球总量的 68.4%。根据国家电网规划，物联网终端设备目前已超过 5 亿台，其中包含 4.5 亿台电表，还有各类保护、采集、控制设备几千万台，2030 年的物联网终端数量将达到 20 亿台的规模。

5G 远程抄表在很大程度上解决了电网计量的重要应用。电表通过电线连到采集器，采集器通过网络上传读数到远抄服务器，就可以实现远程抄表。传统的电表用户需要持 IC 卡到供电部门交款购电，供电部门用售电管理机将购电量写入 IC 卡中，用户持 IC 卡在感应区刷非接触式 IC 卡，也就是我们常说的刷卡，就可以实现合闸供电，正常供电后即可将卡拿走。

不同于传统的机械式电表，现在的智能电表多为电子式或感应式，电表内集成的表头采集器、采集板、采集模块可以采集计量数据，然后通过 RS485 接口线、电力载波或微功率信号传输到一个集中器。计量数据通过以上 3 种方式或者通用分组无线业务（General Packet Radio Service, GPRS）、CDMA、网线等传送到预付费远程抄表系统。电力远程抄表示意图如图 11-10 所示。

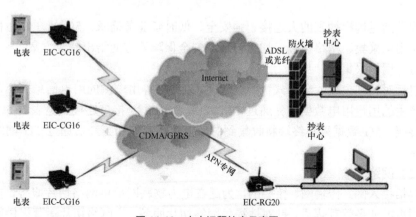

图 11-10　电力远程抄表示意图

远程抄表系统主要完成电度计量或信息采集、信息远传、后台软件处理和分析三部分任务。前后两部分技术已经成熟，抄表系统的技术关键是解决信息远传的通信问题。目前，国家电网和南方电网主要采用"PLC+集中器"的组网方式，其中集中器主要采用 2G 或 4G 通信，5G（NB-IoT）智能电表尚处于试点阶段。

在 5G 的三大业务场景中，mMTC 可达到每平方千米百万级别的连接数，可适用于 IoT 及"互联网+"要求。在硬件端，通过 5G 集中器通信模块（如图 11-11 所示）接入 5G 基站，电表信息经 SPN 传输至核心网，最后到达电力网管平台，实现计费、管理、异常检测等工作；在软件侧，通过边缘计算，实时统计整体配电用电情况，通过网络切片与大网隔离，形成电力系统信息传送的专网，保障电力信息安全。

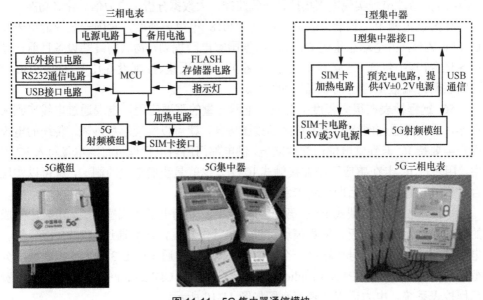

图 11-11　5G 集中器通信模块

为了满足远程抄表的大连接、强安全、低时延业务需求，5G 泛在电力物联网可以从用电采集、网络传输、切片管理和安全保障等方面给出解决方案。

（1）用电采集

包括对智能电表、分布式电源、5G 无线终端等用电侧的用电信息采集，智能电表产生的用户用电数据首先通过 RS232 或者 RS485 接口连接到电表的 5G 数据采集终端，5G 数据采集终端将收集到的数据进行存储和封装后通过 5G 网络传输给主站。

（2）网络传输

包括接入网、传输网、核心网，为泛在电力物联网提供网络切片服务，按照电网对用电的业务管理需求，针对性提供网络切片服务，为网络切片运营提供网络基础能力。

（3）切片管理

5G 网络提供三大类切片以满足智能电网不同类型的业务需求：eMBB 网络切片满足大带宽业务需求，URLLC 网络切片满足低时延高可靠业务需求，mMTC 网络切片满足大连接业务需求。每个切片可按照智能电网业务需求构建多个不同的网络切片实例，电力企业可根据切片网络的运行状态为内部单位和外部客户提供差异化和个性化的电力业务网络切片服务。

不同切片之间的资源需要严格隔离，借助 NFV、SDN 等技术，可以在统一的计算平台上实现 5G 网元的资源隔离，不同切片之间资源独享且不可互相访问。对安全性要求高的电力切片，可以通过资源编排将电力切片中的网元部署在独立的物理资源上，在物理资源上实现隔离。利用 5G 核心网的控制面密钥推衍能力，可以为电力切片生成独立的切片控制面密钥，以实现资源隔离之上的切片信令隔离，进一步增强切片安全。

（4）安全保障

切片管理接口是电力管理系统和运营商切片管理器的交互接口，用于交互需求信息、切片运行信息等。该管理面接口如果被攻击，将极大地影响电力切片的安全运行。为此，提出了调用切片管理服务的用户认证、切片管理服务集中式发现和授权、服务消息传输层加密完整性保护等一整套安全机制来保证该接口上消息传输的真实性、机密性、完整性和防护性。

从电网公司日常运营角度来看，5G 实时远程抄表技术实现实时远程抄表功能以后，电力公司的电表计价系统通过用户用电功耗分析，就能够自动识别出商业用电或者居民用电的性质，对有问题的用户用电情况进行自动告警，电力公司根据告警信息进一步分析住户用电性质，以解决商业用电仍然采用家用电价计价的问题。

3．应用效果

远程抄表系统主要包括前端采集系统、通信系统和中心处理系统。通信系统的作用是将前端采集数据传送到中心处理子系统，考虑通信传输介质的不同，通信传输系统主要采用有线光纤传输、无线传输和载波传输等，各类传输系统因其不同的传输方式，各具优势。

GPRS 电力远程抄表系统示意图如图 11-12 所示。GPRS 电力远程抄表系统由位于用电管理部门的配电中心和位于居民小区的电表数据采集点组成，电表数据可利用现有的 GPRS/GSM 网络进行传输。居民小区的所有电表首先连接到电表集中器，居民用户的用电数据由电表通过 GPRS 传到电表集中器，电表集中器通过 SPI 与 GPRS 透明数据传输终端连接，电表数据经过协议封装后发送到 GPRS 数据网络，通过 GPRS 数据网络将数据传送至配电数据中心，实现电表数据和数据中心系统的无线连接。

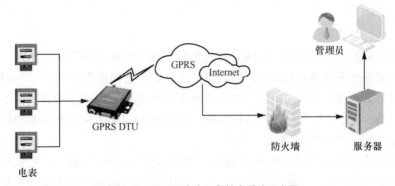

图 11-12　GPRS 电力远程抄表系统示意图

　　GPRS 无线通信网络的传输频带较宽，通信容量较大，通信距离较远，可以高效、可靠、便捷地进行数据传输，但是利用 GPRS 进行通信需要申请频点使用权，如果频点使用不合理，会导致相邻信道干扰，数据传输效果也会大打折扣。

　　NB-IoT 技术作为一种新型无线网络，继承了 GPRS 远程抄表功能，同时还拥有海量容量和电力功耗低等优点，具有较广泛的应用前景。

　　基于蜂窝的 NB-IoT 是在 3GPP Release13 中立项的应用于低功耗广域网市场的蜂窝网络技术，只消耗约 180kHz 带宽，直接部署于 GPRS 网络、通用移动通信业务（UMTS）网络或 LTE 网络，可降低部署成本，实现平滑升级。按照覆盖面积计算，一个基站可以提供 10 倍的面积覆盖。

　　基于 NB-IoT 技术的远程智能抄表系统总体网络拓扑结构如图 11-13 所示。该系统主要由终端采集节点、带 NB-IoT 通信模块的水电气表、NB-IoT 通信基站、NB-IoT 核心网、NB-IoT 管理云平台、客户端网络管理系统、集抄管理系统等构成。终端采集节点通过 NB-IoT 通信模块搜寻附近的 NB-IoT 通信基站，将采集到的水电气表的用量信息和状态信息上传至 NB-IoT 核心网和 NB-IoT 管理云平台，同时，终端采集节点也可以接收来自 NB-IoT 管理云平台的控制数据信息。客户端网络管理系统从 NB-IoT 管理云平台获取实时抄收到的居民用水/电/气数据，监控各居民的实时使用情况，水电气公司通过监测到的数据，可对用户用水/电/气进行实时阶梯调价控制，向居民推送每月的使用量情况和扣费情况等。

　　基于 NB-IoT 技术的远程智能抄表系统在部署成本和难度、使用环境和网络质量方面都有很好的应用效果。

　　（1）部署方便，成本低

　　采用 NB-IoT 技术部署远程抄表系统，只需将含有 NB-IoT 的模块安装在智能表中，即可与运营商基站实现通信，无须部署相应的汇聚网关，再通过运营商网络将采集节点采集的数据传送至集抄管理系统，可实现两级通信组网架构，降低了网络部署工作量，后续扩容亦无须考虑网络兼容性问题。

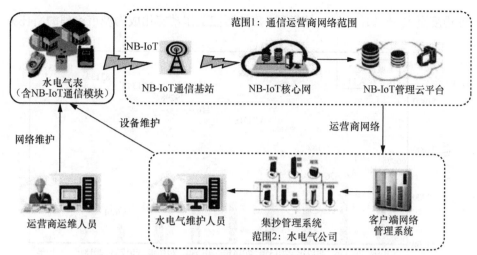

图 11-13　基于 NB-IoT 技术的远程智能抄表系统总体网络拓扑结构

（2）使用环境安全

NB-IoT 使用运营商频段，加密性好，使用环境更加安全，而且通信运营商可实时获悉每一户居民的用水/电/气情况，通过 NB-IoT 管理云平台实现运营商对水电气公司的网络质量管理和增值业务管理，保证了其 QoS，同时大大降低了网络的维护难度和成本。

（3）网络质量管理优化

运营商对网络进行优化和管理，降低企业成本，提供运营商级别的网络保障。运营商可基于已有网络快速搭建一张具有连续深度覆盖、低成本、低功耗、可漫游、质量有保障等特点的专用 NB-IoT，拓展新兴业务领域。

总体来看，通过 NB-IoT 搭建稳定、安全、高可靠的双向通信网络后，水电气公司可实现实时抄表、在线监控、实时控制、实时报警、实时分析等功能，减少人力投入，提高运营效率，提供更具有针对性和科学性的动态管理，有效提高能源利用和管理水平。

11.2　智慧安防

如图 11-14 所示，在 2010—2019 年的 10 年间我国农村人口从 6.7 亿人减少到 5.5 亿人，城镇人口则从 6.7 亿人增加到 8.5 亿人，增加了近 2 亿人。城市化进程加速，城市人口激增，在基础设施、资源和安全方面，城市发展面临巨大压力。自然灾害、事故灾难、公共卫生事件和社会安全事件频发，给人民群众的生命财产安全造成巨大威胁。社会治理问题日渐凸显，特别是城市中人口密度较高的区域，治理难度更大。例如，新冠疫情期间，疫情防控工作常态化成为城市治理的新任务。

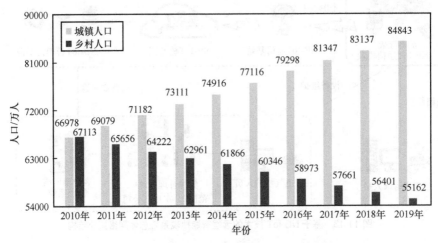

图 11-14   2010—2019 年中国城乡人口变化情况

满足人民日益增长的美好生活需要，要求社会及时对各种公共安全事件进行监测、预警、防范和应急处理，从而提供安全保障。从"科技强警战略"及城市报警与监控系统建设（即"3111"工程），到"平安城市""天网工程"和"雪亮工程"，政府不断出台相关政策，加强社会安防和综合治理，推进立体化社会安全防控体系建设。

在积极的政策引导下，我国安防产业持续保持高增长态势。根据前瞻产业研究院发布的《2018—2013 年中国安防行业市场前瞻与投资战略规划分析报告》，截至 2017 年年底，我国安防行业总收入突破 6000 亿元，年均增长率高达 14.4%。

作为维护社会稳定、预防和打击暴力恐怖犯罪的重要手段，公共安全视频监控为有效开展安全防范和打击犯罪提供了技术保障。为进一步发挥视频监控在社会治理中的积极作用，明确视频监控的发展方向，2015 年国家发展改革委等联合发布了《关于加强公共安全视频监控建设联网的应用工作的若干意见》，推动公共安全视频监控建设集约化、联网规范化、应用智能化，要求到 2020 年，基本实现"全域覆盖、全网共享、全时可用、全程可控"的公众安全视频监控建设联网应用，在加强安全防控、优化交通出行、服务城市管理、创新社会治理等方面取得显著成效。

随着大数据、人工智能等前沿技术的成熟，视频监控技术持续演进，视频监控系统开始进入"高清化"和"智能化"阶段，智慧安防正在形成。

5G 技术的大带宽可以满足超高清视频传输需要，低时延有利于无人机或机器人等移动巡检设备的远程操控及事故的应急布控、指挥和处理。5G 的广连接特点支持摄像头的更广泛、更密集部署，以及固定摄像头以外的无人机、布控球、移动终端、可移动式监控设备等更多维度的数据采集和监测,安防监控范围进一步扩大,将获得更为丰富的数据,以覆盖整个城市的立体安防监控系统。人工智能、边缘计算等技术的融合,可以实现高效处理海量数据,依据关键信息和预定规则进行预判和报警,推动智慧安防从"看得到""看得清"到"看得懂"。

11.2.1　无线固定视频监控

视频监控是智慧安防体系的重要构成部分,我国的视频监控系统自 20 世纪 80 年代开始,便不断地在技术上被优化和迭代,大概经历了模拟监控、数字化监控、网络高清监控和智能监控 4 个阶段,未来将继续朝着智能化方向发展,如图 11-15 所示。

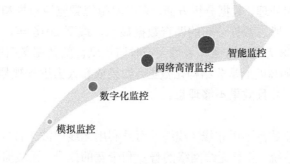

图 11-15　我国视频监控发展阶段

20 世纪 80 年代的第一代模拟监控系统(磁带录像机),采用模拟方式实现视频监控功能,录制的视频主要在同轴光缆中进行信号传输,之后在控制主机的监视器实现模拟信号的显示。第二代数字化监控系统(数字录像设备)始于 20 世纪 90 年代,随着网络的发展,视频监控实现了远距离视频联网,但还没有完全实现数字化,视频仍需要以模拟的方式经同轴电缆进行信号传输,在多媒体控制主机和硬盘刻录主机中进行数据传输和存储。第三代网络高清监控系统始于 2006 年,随着数字技术和网络技术的进一步发展,视频监控进入高清化和网络化阶段,具体表现为前端高清化、传输网络化、处理数字化和系统集成化。2016 年后,随着网络传输、深度学习算法和芯片的性能提升,安防行业开始步入"看得懂"的智能化时代。人工智能赋能安防,各类基于人工智能技术的垂直应用不断涌现。视频监控系统的前端"智能化"、后端"云化",并逐渐发展出边缘节点、边缘域、云中心 3 个层次,云边融合成为安防系统发展的新趋势。

大范围布设视频监控摄像头,针对重点区域进行 24h 监控,为社会安防案件调查提供重要线索和取证信息，这是我国现行的基于联网视频监控的社会安防模式。据统计，仅"中国天网"一个工程，安装视频监控摄像头的数量就超过 2000 万个。然而，尽管终端监控设备部署规模巨大，但是受限于覆盖率、网络传输、图像识别和分析、数据处理等能力瓶颈，利用联网监控进行社会安防管理仍面临不少挑战。

1. 痛点问题

在布设方式方面，监控摄像头一般采用光纤回传的方式进行通信和传输，摄像头也主要布设在基础设施和建筑等固定位置。在许多情况下，用户往往受到地理环境和工作内容的限制，如山地、港口和开阔地等特殊地理环境，采用有线方式，施工周期可能较长，甚至无法实现。光纤回传的部署方式存在埋纤成本高、部署周期长、检测维护困难等问题。摄像头部署在相对固定的位置会导致监控密度有限，做不到真正意义上的"无死角"监控，同时也由于灵活度低，不能有效防范突发性、不确定性的安防事件。

在图像识别和处理、数据分析方面，存在海量视频监控数据和有限的人工分析能力之间的矛盾。博思数据公布的调查数据显示，截至 2016 年，我国前端摄像头出货量已达到 4338 万台，这意味着每天视频监控录像的数据量高达上千 PB，且海量视频监控数据 99%以上是非结构化数据。如果依靠人力进行视频检索和分析，需要消耗大量人力，并且效果不够理想。

2. 解决方案

无线视频监控是指不用布线（线缆）而是利用无线电波来传输视频、声音、数据等信号的监控系统。随着无线网络的普及和带宽的提升，无线监控未来将很有可能取代有线监控。

我国的通信网络已经进入了 5G 时代，与 4G 网络相比，5G 网络数据流量密度提升 1000 倍，设备连接数目提升 10～100 倍，用户体验速率提升 10～100 倍，端到端时延大幅降低，可以为无线网络用户提供 1～20Gbit/s 的极速速率、毫秒级的端到端时延，以及每平方千米一百万的连接数密度和数十 Tbit/s 的流量密度。5G 定义了三大典型应用场景，即 eMBB、URLLC、mMTC，具有大带宽、低时延、海量连接、低功耗的特点。

视频数据量猛增、传输海量视频数据要求增大网络带宽，而针对突发的应急事件，视频数据传输的时效性也格外重要。5G 技术带来网络能力的全面提升，为视频监控提供了连接和数据传输保障。一方面，高速率、低时延特性可以满足 4K 甚至 8K 超高清视频监控数据的远程回传和实时共享等传输需求；另一方面，大连接特性可以支持摄像头的更广泛、更密集部署，以及固定摄像头以外的无人机、布控球、移动终端、可移动式监控设备等更多维度的数据采集和监测，以满足突发性、不确定性安防案件和事件的监控需求。

边缘计算、人工智能的应用将从监控终端效率和响应速度及数据存储机制两方面解决视频监控的海量数据与有限人工处理能力之间的矛盾。

未引入边缘计算时，智慧安防系统只是利用前端摄像头采集数据，然后将采集到的数据传送到后端服务器、云端或网络数字录像设备中，再利用云计算对这些数据进行智能分析，进行数据处理和分析时经常需要人的参与。

引入边缘计算，可以提高监控终端的效率和响应速度。人工智能、边缘计算与传统摄像头结合，出现了智能摄像头，赋予了摄像头实时处理视频图像的能力，视频监控将变被动监控为主动分析，无须再依靠人工完成海量监控数据的分析工作，不仅提高了数据处理效率，而且降低了人工成本。另外，边缘计算通过对视频图像进行预处理，去除冗余信息，将视频分析转移到边缘端，从而降低了对云端计算能力、存储能力及网络带宽的要求，使视频分析速度大幅度提升。此外，使用边缘计算对视频图像进行预处理还可以采用软件优化、硬件加速等方法，切实提高视频图像分析的效率。

借助边缘计算，视频监控系统实现了预处理，可以优化数据存储机制。工作人员可以对视频中行为主体的行为特征进行实时提取与分析，并利用基于行为特征的决策功能对视频数据进行调整，减少无效视频存储，增加"事中"证据类视频的存储，提高证据的可信度及视频存储空间的利用率。

3．应用实例

和有线传输相比，无线视频监控不需要布线，也不用挖坑埋管，施工难度较低，施工速度加快。对于同样的传输效果，无线视频监控需要的人力物力资源更少，综合成本更低，性能更加稳定。在有线电缆传输中，增加新用户需要重新布设线缆、铺设网络和增加设备，过程烦琐且成本较高。无线视频监控组网更灵活，可拓展性好，前端设备即插即用，管理人员可以迅速地将新的无线监控点添加到现有网络中，很容易实现远程监控。5G 网络的低时延、大带宽、广连接特性保障了无线视频监控的快速连接、安全传输，也能满足突发性、不确定性安防事件的监控需求。

南昌市秋水广场已建成 5G 平安综治示范项目。广场面积约为 8.6 万平方米。该项目采用宏站覆盖公安 4K 摄像头、无人机、车载执法终端、智能手机等。中心端针对回传视频做结构化分析，回传视频清晰度建议在 4K 及以上，以保证后端分析的准确度和精确度。通过无人机搭载 5G 通信模组、高清 4K 相机，进行360°高清视频拍摄并进行视频回传，或者通过临时布控摄像机、执法记录仪搭载5G 通信模块，采集图像并回传至中心，综治办公室、公安部门根据实时情况给出无人机、执法记录仪的操控指令，实时动态掌握现场情况。5G 平安综治业务流程如图 11-16 所示。

在 4G 网络环境下，公安系统和市民使用同一无线网络，无法优先保障公安业务的网络需求。而开通的 5G 基站支持网络切片，在带宽、时延、连接数方面可以为公安划出一个逻辑隔离的端到端网络，与市民使用的网络在性能上有所区别，且互不干扰，即便在公众网络拥塞的情况下，公安业务使用的网络依然可以畅通无阻。公安部门可以准确预警广场及周边的人流、车流情况，实现对重点人员、嫌疑人员的布控，有效掌握现场实时情况，实现精准指挥调度。

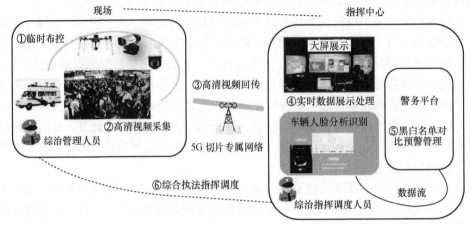

图 11-16　5G 平安综治业务流程

相对于传统安防部署方案，南昌市秋水广场还增加了 5G 网联无人机、5G 无线摄像头、5G 车载视频终端和 5G 智能手机，从地面到空中，从人员到车辆，通过 5G 网络连接，构建了一张立体安防指挥调度网络，为警力部署、出警处置等方面提供了更加先进科学的手段。

从本质上来看，边缘计算与视频监控技术的融合就是构建一种基于边缘计算的视频图像预处理技术。在智能终端实现视频图像的预处理，去除冗余信息，提高图像数据的价值密度，一方面降低对云计算中心的计算能力、存储能力的要求，另一方面提升视频分析效率。在视频监控系统中应用边缘计算，视频监控摄像头最具代表性。例如，2018 年推出的一款高清智能人脸识别网络摄像机，不仅可以在本地完成数据处理，而且具有人脸抓拍、特征抽取、人脸特征值对比和识别等功能。用户可以自行对摄像头采集到的数据进行处理和转化，完成多目标定位监测、多目标轨迹分析、多目标识别、行人属性分类等任务。该款摄像机可以完成 50000 张人脸库级别的人脸识别，在对每秒 30 帧的 1080P 视频进行处理时，每帧可以对 200 个目标进行跟踪、识别，准确率高达 99.7%。

11.2.2　安防机器人

智能安防机器人是一种半自主、自主或者在人类完全控制下协助人类完成安全防护工作的机器人，被广泛用来解决安全隐患、巡逻监控及灾情预警等。中国安全防范产品行业协会发布的《中国安防行业"十三五"（2016—2020年）发展规划》提出，"十三五"期间要实现机器视觉、语音识别、生物特征识别、安保机器人等关键技术的突破，加强和提升智能技术在安防领域的实战应用和效能。

我国企业不断涌入安防机器人市场。例如，海尔子公司克路德机器人发布的安防机器人，能够实现在低速固定区域的无人驾驶和监控上传；深兰科技推出的瓦力巡警机器人，集成了自动驾驶、人脸识别、机器视觉、人体检测跟踪、语音交互等人工智能技术，在遇到可疑犯罪分子时，能主动追踪并拍照，还能进行说话警告，同时还可以实时监控、自动充电，支持地图扫描、自动路径规划、智能选择巡逻的区域等。

在数字经济3.0时代，人工智能技术进步将使安防机器人更加灵活和智能，5G网络将进一步满足机器人安防应用需求，促进安防机器人市场的规模扩张和应用完善。

近年来，随着安防、人工智能和移动机器人等技术的进步，以及移动通信网络、云计算等基础设施的改善，安防机器人的技术水平不断提高，相关产品日渐成熟。安防领域的机器人主要包括智能巡检机器人、监控机器人、侦察机器人、排爆机器人和武装打击机器人等几类。

（1）智能巡检机器人

智能巡检机器人主要携带红外热成像仪等检测装置，可以将画面和数据传输至远端监控系统。智能巡检机器人可以自动判定运行中的事故隐患和故障先兆并报警。智能巡检机器人在环境应对、性能效率等方面具有人力所不及的优势，所以越来越多地被应用到安防巡检、电力巡检、轨道巡检等特殊场所，令特殊场所巡检工作变得更加轻松安全。

（2）监控机器人

监控机器人能够移动，具有灵活、智能、友好等特点，可以集成更多功能，为普通家庭提供全面的安全监控服务，也可以在工厂、公司、网吧、超市等场所进行巡逻，同时也被广泛应用于通信、电力、化工等环境监控场景。

（3）侦察机器人

侦察机器人主要用于对敌目标探测、识别等，通过安装控制装置可以在山地、陡坡等多种地形实时传送文字、图像和语音信息，拥有智能敏捷的"身手"。

（4）排爆机器人

通常分为大型排爆机器人和小型排爆机器人，属于作业型机器人，通过遥控装置，可以自动行走，并带有机械臂进行各种排爆作业。它可代替人接近可疑物，进行爆炸物识别、转移和销毁等作业。它能够通过有线和无线操作进行控制，有跨越一定障碍的能力。

（5）武装打击机器人

武装打击机器人一般具备监控、侦察、子弹打击等功能，主要应用于反恐行动中。

1. 痛点问题

安防机器人可以实现对环境、人员、车辆、意外事件等要素的信息感知，在服务人民群众的同时有效保障安全，能够很好地弥补传统技术防控和人防的不足。为实现该目标，安防机器人具备的主要功能包括人脸抓拍、实时对比、夜间巡逻、红外感知、精确定位、精准导航、自主巡逻、智能避障、实时监控、信息回传、远程控制、人机交互等。安防机器人与现有的安防监控系统结合，将发展出动态安保服务运营体系，实现全方位、多参数智能监控，同时具备抵近侦察和现场处置能力，大幅提高出警能力。除了需要解决移动机器人的关键共享技术问题，应用安防机器人还需要解决复杂环境下的低成本导航定位技术、多通道高清图像无线传输技术、智能识别与警情判断技术、安防机器人运营管理平台等问题。

结合具体应用场景和实战要求，安防机器人系统架构如图 11-17 所示。

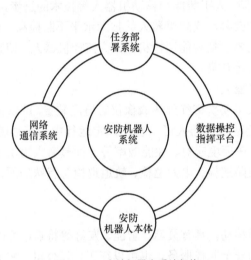

图 11-17　安防机器人系统架构

任务部署系统通常是装备了指控平台和机器人本体的指挥车，方便将机器人快速部署于任务现场；数据操控指挥平台是指实现机器人编队控制、警务功能信息汇总的信息平台系统；安防机器人本体则是执行安防任务的机器人平台，包括移动平台载体和警务功能模块；网络通信系统提供安全可信的网络，确保安防机器人本体与数据操控指挥平台之间的安全、可靠、及时数据互联。

网络通信系统是限制安防机器人大规模应用和发展的瓶颈。在安防机器人应用中，目前网络多使用 Wi-Fi 或者 4G 网络驱动，而 Wi-Fi 和 4G 网络存在网络服务质量保障差、无法实时监控、移动性差和安全性弱等问题。

（1）网络服务质量保障差

安防机器人是传感技术、人工智能及互联网技术的典型融合应用，需要借助无线网络连接支撑以实现远程可视化监控及人机协同能力。在 4G 网络架构中，网络设备硬件和软件紧耦合，难以为特定业务应用提供网络服务保障，难以满足业务需求。

（2）无法实时监控

安防机器人搭载多路高清摄像头，对网络传输的上行带宽及传输时延要求较高。4G 网络带宽不足以支撑安防机器人的实际业务应用，无法实现多路高清视频的实时回传需求。

（3）移动性差和安全性弱

安防机器人采用 Wi-Fi 作为备选无线连接方案，可实现视频实时回传的业务需求。但 Wi-Fi 不具备大范围覆盖能力，大幅限制了移动机器人的巡检能力。另外，Wi-Fi 加密方式有很多不安全因素，难以满足移动安防的安全接入要求。

2. 解决方案

利用 5G 网络支持的 eMBB、mMTC、URLLC 三大特性，不仅可以大幅提升移动警务大带宽业务的体验，低时延、高可靠的网络特性更适合机器人安防应用的网络需求，主要体现在以下几个方面。

（1）灵活的差异化服务质量保障机制。5G 网络引入 SDN/NFV 技术，通过网络控制平面与用户平面的分离，将有效地根据业务需求实现硬件资源的动态配置和高效调度，最终可实现业务应用的差异化服务质量保障。

（2）高效的传输和时延保障能力。5G 网络具备高性能、低时延与高容量特性，将有效提供传输和时延的保障。

（3）安全保障。5G 网络将引入网络切片技术，为行业客户提供差异化的安全服务，形成专业的高安全切片，满足业务应用的安全需求。

3. 应用实例

德勤的研究报告显示，一个安防巡检机器人可以覆盖 800～1000m 长的路段，并可持续工作 7～8h。机器人上装有云台摄像机、360°环视全景摄像机（6～7 路摄像头）及热成像设备。机器人在巡逻过程中通过 5G 网络实时将多路高清视频与图像传回后方公安部门监控平台，并利用算法对人脸和行为进行智能识别。此外，所拍摄的周边环境影像也将用来规划机器人自身行驶路线，配合装配的激光雷达、GPS 及各类传感器，对周边的障碍物、人流等进行自动规避，完成自主导航巡检。在巡逻过程中，机器人也可以实时与后方监控室或就近岗亭的警察进行移动语音对讲联动，辅助警方到现场处理突发事故或案件。

公安人员将基于机器人上传的高清视频和图像对周边情况做出判断，通过 5G 网络将操作决策下发至机器人并对其进行实时操控。基于 4G 网络只能做到 720P 的分辨率，无法满足高清视频回传、人脸识别和分析的需求。5G 网络的部署，将推动安防机器人技术加速成熟，极大改善社会安防工作。

11.2.3　5G+无人机

无人机是无人驾驶飞行器（Unmanned Aerial Vehicle，UAV）的简称，是指利用无线电遥控或程序控制来执行特定任务的不载人飞行器。在第一次世界大战期间，英国的两位将军向当时的英国军事航空学会提出研制无人机。从那时起，军事用途一直是无人机的主要用途，如作为靶机、侦察机、战斗机等。随着无人机技术的不断成熟，近年来，无人机开始向民用领域发展，通过搭配不同功能的挂载，在自然灾害、事故救援及社会安全等方面发挥重要作用。

无人机系统也从单纯的航拍系统发展为多功能应用平台，即无人机除了搭载相机，还可以携带喊话器、抛投器、气体探测器、探照灯等各类多功能挂载以完成不同的行业任务。在一些特殊任务中，人力往往难以及时到达现场，人员作业存在安全风险，无人机可实现空域高点视频回传，具有快速、高效、灵活的调遣能力，作业也更加安全。

地面控制系统发出指令，控制无人机的飞行方向和速度，这种操控方式属于点对点通信。此时遥控器和无人机之间的数据传输，是通过 Wi-Fi 或蓝牙方式实现的，但是 Wi-Fi 或蓝牙的通信距离非常有限。一般加密 Wi-Fi 控制无人机的通信距离不超过 5km，而且信号容易被黑客干扰截获。5G 的应用将在飞行范围和数据传输安全方面做出大幅改进。基于 5G 通信网络，无人机不仅可以支持 4K 以上视频回传，支撑人脸识别等高带宽应用，还能实现更大范围的安全飞行。

1. 痛点问题

无人机与地面的通信，主要有图传、数传和遥控 3 种目的。图传是指图像传输，将无人机挂载相机拍摄的视频或静态图像回传到地面；数传是指数据传输，回传数据包括无人机上搭载的传感器采集到的数据、无人机的飞行数据等；遥控是指通过地面遥控装置对无人机的飞行方向、高度等进行控制。

传统无人机与地面通信采用 Wi-Fi 或者蓝牙的方式，但 Wi-Fi 或蓝牙的通信距离有限。以 Wi-Fi 为例，通常只能控制在 300～500m 的视距范围，一旦无人机与地面遥控系统相距过远，会导致无人机和操控人员之间的通信中断。这种点对点通信约束了无人机的飞行范围。新的无人机通信方式可以有效解决这一问题。网联无人机是指利用蜂窝通信网络连接和控制无人机，即利用基站实现无人机联网。和 Wi-Fi 相比，基站的覆盖范围更广，无人机的通信可以更加灵活。以图像传输为例，当使用 Wi-Fi 进行点对点通信时，通信距离一般不超过 500m，图传能力可以达到 1080P，每秒 30 帧左右。使用网联无人机、4G 蜂窝通信技术，在网络基站覆盖到位的情况下，理论上通信不受距离限制，图传能力主要是 720P，最高可达 1080P。

4G 网络搭配网联无人机虽然在通信距离和数据传输方面比 Wi-Fi 点对点通信有了一定的提升,但在飞行范围、图传清晰度、定位精度等方面仍有很多局限,不能满足丰富的应用场景和业务需求。例如,在覆盖空域方面,4G 网络只能覆盖空域 120m 以下的范围应用;在 120m 以上,无人机容易出现失联情况。在定位方面,4G 网络在空域的定位精度约为几十米,如果采用 GPS 定位,精度大约在米级,在一些需要更高定位精度的应用方面,如园区物流配送、复杂地形导航等,必须增加基站提供辅助才能实现。

2. 解决方案

相对于地面固定摄像头和地面移动的车载摄像头、单兵等安防监控方案,无人机具有移动性强、多角度全视角监控、操作灵活等突出优点。5G 通信网络具备速度快、时延低、功耗低特性,这些特点渗透到安防行业,并与无人机结合,将加速构建智慧安防体系,5G 无人机业务将更加有效地实现现场实时跟踪,并回传数据支持决策。5G 无人机安防业务应用如图 11-18 所示。

图 11-18　5G 无人机安防业务应用

无人机系统由飞行器搭载不同的挂载进行现场拍摄或执行特殊任务,现场的图像和数据信息通过 5G 网络实时传到地面站,也可以直接传送到指挥平台和决策中心,给指挥人员提供现场信息;同时可以与指挥车结合,将图像信息实时传回指挥车大屏,通过指挥车进行移动指挥。在无人机的控制方面,既可以通过地面指挥站进行手动操控,也可以通过指挥官软件设置航迹路径和其他自动飞行任务。

与 4G 网络相比,5G 网络在图像传输方面有极大的提升,大带宽和低时延可以轻松实现超高分辨率图像传输,提高了无人机的图传能力。在 5G 网络支撑下,无人机还可以吊装 360°全景相机,进行多维度拍摄,地面人员可以佩戴 VR 眼镜自由观看。毫秒级的传输时延将使无人机响应地面命令的速度更快,操控人员对无人机的操控更加精确。现场视频的快速、高质量回传对于安防救援工作有重要意义。

凭借 5G 的海量连接特性,5G 网络可以实现每平方千米接入 100 万个终端。因此,5G 网络可以接入的无人机数量几乎不受限制,也就可以实现同一区域下多架无人机共同作业。同时，5G 还能提供设备到设备（Device to Device，D2D）通信能力，可以让无人机与无人机之间实现直接通信。

泛在网的出现解决了无人机操控距离的限制问题，5G 的到来对无人机的飞行高度及定位精度也有很大的提升，可以有效解决现有网联无人机定位精度不高的问题。另外，与 4G 网络和 Wi-Fi 相比，5G 数据传输无线信道不容易被干扰或入侵，在数据传输过程中，可以带来更高的可靠性和安全性。

3．应用实例

5G+无人机业务可用于立体监控、智能巡检、突发应急等场景，包括区域巡检、边防巡逻、环境监测、道路巡检、水利监测、港口管理、事故勘察、消防指挥、抢险救灾等。

2020 年 7 月 10 日，中国移动（成都）产业研究院与中国移动通信集团福建有限公司厦门分公司、华为公司共同举行救援演练，这是 5G 网联无人机在海防救援的全国首次应用。厦门市警航中队指挥部通过中移凌云（5G 网联无人机管理运营平台）派出搭载"哈勃一号"（5G 网联无人机机载专用通信终端）的 5G 网联多旋翼侦察无人机，根据实时回传画面，发现海面船艇侧翻致多人落水。指挥部收到侦察无人机求救信号后，立刻紧急出动抛投无人机，寻找被困落水者并空投救生浮具。同时，出动摩托艇、冲锋舟组，远程协调对漂浮的溺水者进行施救工作。在海救队救援船艇赶到被困落水者附近后，通过喊话安抚落水者情绪，再使用救援船艇接近救援，成功解救落水者并全部带回安全海岸。

在这次救援演练中，中国移动 5G 网联无人机使用 5G 蜂窝网代替无人机的自建通信链路，充分利用 5G 大带宽、低时延的特性，实现了远程自动化飞行控制、5G 实时高清图像回传、海岸规划定点巡检等功能，突破了传统操控距离限制，无人机居高临下的位置优势、"空中监视视角"将为城市警务、案件追踪、海防救援等应急处置及时提供数据和决策信息。

11.2.4　5G+车载安防

如图 11-19 所示，车载监控管理系统主要是由车载终端、传输网络和监控中心组成的 3 层联网式综合监控系统，其中车载终端是车载监控管理系统的前端设备；监控中心是调度指挥系统的核心，是远程可视指挥和监控管理平台，对所有现场车辆进行监控，实现音/视频双向交互指挥，能与 110、119 接处警中心联动以便在发生警情时及时出动警力到达现场，保障应急处理的效率。视频监控的传输方式分为有线传输和无线传输，但在车载视频监控中，车辆不停移动，所以无线通信网络传输成为唯一的选择。

图 11-19 车载监控管理系统

在 2G~4G 时代，网络技术还不能达到超高清视频的要求，而随着 5G 时代的到来及云计算、AI 技术的发展，车载无线监控正朝着高清化甚至超高清化、智能化、云存储化的方向发展。同时，5G 网络的边缘云技术，保障了后端处理的实时性，拓宽了车载视频监控应用的范围。"5G+车载安防"通过在车辆上安装车载视频监控系统，实时抓拍人脸、违法行为等，借助 5G 网络的大带宽、低时延特性传输高清视频，结合后端 AI 能力，实现应急指挥、综合调度，实时处置突发事件，从而为公共安全保驾护航。

1．痛点问题

车辆交通事故是最普遍的事故。如图 11-20 所示，与 2014 年相比，2018 年我国交通事故发生数增加约 5 万起，其中机动车交通事故发生数增加 3.6 万起。

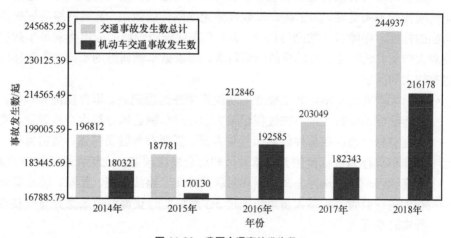

图 11-20 我国交通事故发生数

醉驾、疲劳驾驶及超载等是造成机动车交通事故的重要原因，造成的人身损害和财产损失特别巨大。如图 11-21 所示，以 2018 年为例，交通事故直接财产损失达到 138456 万元，其中机动车交通事故直接财产损失达到 131024 万元，因此做好车载安防、减少生命财产损失意义重大、刻不容缓。

图 11-21　交通事故造成的直接财产损失

2. 解决方案

"5G+车载安防"包括车载视频监控和车载移动布控两个方面。

车载视频监控将地面固定场所的视频监控功能应用到移动的车辆上，是视频监控在交通领域的重要应用。随着视频传输高清化需求的增加，车载视频监控对网络大带宽的需求日益强烈。为了提高前后端交互的实时性及联动指挥的效率，车载视频监控需要网络具有低时延的特性。车载终端随时运动，基站切换频繁，造成了视频无线网传的不确定性，为了提升车载视频无线网传的效果，需要网络能够提供无缝切换的特性，保障较小的网络抖动。5G 在车载安防领域的应用将满足车载视频监控对大带宽、低时延、高质量的网络需求，而根据车辆属性的不同，车载移动布控也有较大的区别。

- 对于大型客运车辆，其主要业务功能集中在过程记录、事件监测和预警，以及运营规范管控方面。在过程记录方面，对车辆运输过程中全程录像，实现全程有据可查；在事件监测和预警方面，需要对驾驶员超速、疲劳驾驶、夜间开车等行为进行监测并向驾驶员和后台发出预警；在运营规范管控方面，对高速停车、中途停车载客、异常区间停车、路线偏离、赖站、跳站等运营行为进行监管，后端人员可以通过 5G 网络实时获得监控录像并与驾驶员进行实时交互。

- 对于小型客运车辆，其主要业务功能集中在信息对比、过程记录，以及异常行为预警方面。其中信息对比是指对驾驶员进行信息对比，确保人证车证合一，保护乘客安全；过程记录是指对乘客进行身份信息收集，并实时上报基础库；异常行为预警是指对跨区域、偏远地区驾驶等异常行为进行预警。

- 对于执法车辆或船舶，其主要业务功能集中在过程记录、信息采集和指挥联动方面。其中，信息采集是指在车船巡逻过程中，智能采集人、车、船的信息，实现人脸识别、身份证/护照核验、车牌识别等，并与执法基础库进行实时对比，能够现场发现嫌疑目标并进行甄别；指挥联动是指挥中心人员在获得视频信息后可以与前端人员进行交互，实现远程指挥、多方联动、事故快速处置等。

3. 应用实例

2019 年 9 月，日海智能在天翼智能生态博览会上召开新品发布会，发布了多款 AI 产品。其中，AI 车载智盒是日海智能与滴滴 AI Lab 合作开发的针对网约车的车载 AI 边缘计算终端，是实现人车路三位协同的小型运营车辆监控解决方案，在车内监控和车外监控都做了相当大的改进。

- 在车内监控方面，AI 车载智盒以高清视频监控为基础，对车内环境进行 360°的监控，实时捕捉驾驶员行为状态、车辆周围情况及运营车辆信息。通过智能对比已收录的 100 多种危险驾驶行为可以提前进行预警，为驾驶员提供更加优质的安全乘车服务。据了解，AI 车载智盒的人脸识别精度高于 99%，识别危险驾驶行为的精准度高于 95%，能够起到"防患于未然"的作用。
- 在车外监控方面，利用安装在车上的各种传感器和 5G 无线通信模组对车辆行驶数据进行实时上传，在汽车行驶过程中随时感应周围环境、收集数据，进行静态、动态物体的辨识、侦测与追踪，并结合导航地图数据，进行系统的运算与分析，预先让驾驶者察觉可能发生的危险，包括车道偏离、超速、急减速、急转弯、压线行驶等违规行为，并向驾驶者发出警报。

致　谢

　　本书是集体智慧的结晶。数字经济是一个很大的概念，书中内容涉及众多领域，既有理论体系，也有实践案例。若凭一己之力完成这项工作，实在困难重重。幸运的是，我们拥有强大的专家力量和高效的团队合作，所以才能事半功倍。我们需要感谢的人如此之多，在这短小篇幅间列举若干姓名，难免有挂一漏万之虞。

　　书中的案例材料凝结了中国移动集团总部及其下属分公司基层业务实践的众多宝贵经验。首先，要感谢一支由中国移动设计院年轻专家组成的团队对此进行了认真细致的收集整理，他们分别是许建雷、李伟、向家敏、李昶、夏勇、吴谦、吴文昌、王爽、于鑫、种曼、解素慧、王锦龙、倪淼、姚键、李木荣、王悦、罗晓明、李洋、杨子毅、黄灵海、兰琨、方天戟、欧阳晶、舒琴、杨磊、喻婧、陈奉辉、李宗林、王学敏、张鹏。其次，我们从与大量外部专家的交流研讨中受益匪浅，北京邮电大学的王琦、彭志文两位教授对本书的理论框架提供了建设性意见，饶尧、袁莉、张玲玲几位硕士生也帮忙做了一些基础性工作，在此一并感谢。最后，感谢人民邮电出版社的吴娜达主任，在她的督促和帮助之下，本书能够以最快的速度与读者见面。

　　数字经济方兴未艾，当前对数字经济的认识尚处在探索阶段。本书写作的初衷追求深入浅出、工整停当、引人入胜。为此，有时不得不损失一些精确、深刻和完整。加上作者知识所限，难免有所错漏、不足之处，敬请各位读者不吝指教。我们期待着与读者共同进步，也一起见证我国数字经济的发展奇迹。

缩略语

英文缩写	英文全称	中文释义
AI	Artificial Intelligence	人工智能
IoT	Internet of Things	物联网
CT	Communication Technology	通信技术
IT	Information Technology	信息技术
ICT	Information and Communication Technology	信息通信技术
DT	Data Technology	数据技术
GSM	Global System for Mobile Communications	全球移动通信系统
O2O	Online to Offline	线上线下商务
BT	Blockchain Technology	区块链技术
IPv6	Internet Protocol Version 6	第 6 版互联网协议
eMBB	Enhanced Mobile Broadband	增强型移动带宽
mMTC	Massive Machine-Type Communication	海量机器类通信
URLLC	Ultra-Reliable and Low-Latency Communication	超可靠低时延通信
MEMS	Microelectromechanical System	微机电系统
GPS	Global Positioning System	全球定位系统
CPU	Central Processing Unit	中央处理器
IDC	Internet Data Center	互联网数据中心
VR	Virtual Reality	虚拟现实
AR	Augmented Reality	增强现实
FCC	Federal Communications Commission	美国联邦通信委员会
NSF	National Science Foundation	美国国家科学基金会
CSIS	Centre for Strategic and International Studies	美国国际战略研究中心
GBDF	Global Block chain Development Fund	全球区块链发展基金

续表

英文缩写	英文全称	中文释义
ARPANET	Advanced Research Projects Agency Network	阿帕网
ARPA	Advanced Research Project Agency	高级研究计划署
DCMS	Department for Culture, Media and Sport	英国文化、媒体和体育部
FCA	Financial Conduct Authority	英国金融行为监管局
BTS	Base Transceiver Station	基站收发台
CSTI	Council for Science, Technology and Innovation	日本综合科学技术创新会议
JST	Japan Science and Technology Agency	日本科学技术振兴机构
CRDS	Center for Research and Development Strategy	研究开发战略中心
ICO	Initial Coin Offering	首次币发行
GDP	Gross Domestic Product	国内生产总值
LED	Light-Emitting Diode	发光二极管
ECM	Electret Capacitance Microphone	驻极体电容器传声器
RF	Radio Frequency	射频
V2N	Vehicle to Network	车辆与网络
V2I	Vehicle to Infrastructure	车辆与基础设施
V2P	Vehicle to Pedestrian	车辆与行人
PC	Personal Computer	个人计算机
ADAS	Advanced Driving Assistance System	高级驾驶辅助系统
OPA	Optical Phased Array	光学相控阵
IMU	Inertial Measurement Unit	惯性测量单元
V2X	Vehicle to Everything	车辆与万物
V2V	Vehicle to Vehicle	车辆与车辆
SAE	Society of Automotive Engineers	美国汽车工程师学会
WLAN	Wireless Local Area Network	无线局域网
AMPS	Advanced Mobile Phone System	高级移动电话系统
ITU	International Telecommunications Union	国际电信联盟
LTE	Long Term Evolution	长期演进
HTS	High Throughput Satellite	高通量卫星
NFV	Network Functions Virtualization	网络功能虚拟化
SDN	Software Defined Network	软件定义网络

续表

英文缩写	英文全称	中文释义
NTN	Non-Terrestrial Network	非地面网络
PSTN	Public Switched Telephone Network	公用电话交换网
ISDN	Integrated Services Digital Network	综合业务数字网
xDSL	x Digital Subscriber Linex	数字用户线
HFC	Hybrid Fiber/ Coax	混合光纤同轴电缆
PDH	Plesiochronous Digital Hierarchy	准同步数字系列
SDH	Synchronous Digital Hierarchy	同步数字系列
MSTP	Multi-Service Transport Platform	多业务传送平台
WDM	Wavelength Division Multiplexing	波分复用
DWDM	Dense Wavelength Division Multiplexing	密集波分复用
SPN	Slicing Packet Network	分组切片网
SR	Segment Routing	分段路由
TCP/IP	Transmission Control Protocol/Internet Protocol	传输控制协议/互联网协议
MPLS	Multi-Protocol Label Switching	多协议标签交换
SLA	Service Level Agreement	服务水平协议
PLMN	Public Land Mobile Network	公共陆地移动网
EPC	Evolved Packet Core	演进的分组核心
SA	Standalone	独立
NSA	Non-Standalone	非独立
SBA	Service-Based Architecture	服务化架构
M2M	Machine to Machine	机器对机器
TOF	Time of Flight	飞行时间
AOA	Angle of Arrival	到达角
UWB	Ultrawideband	超宽带
NB-IoT	Narrow Band Internet of Things	窄带物联网
LT	Logic Theorist	逻辑理论家
LISP	List Processing	表处理
EDC	Enterprise Data Center	企业数据中心
DSP	Digital Signal Processor	数字信号处理器
FPGA	Field Programmable Gate Array	现场可编程门阵列

英文缩写	英文全称	中文释义
GPU	Graphics Processing Unit	图形处理单元
ASIC	Application Specific Integrated Circuit	专用集成电路
CNN	Convolutional Neural Network	卷积神经网络
DBN	Deep Belief Network	深度置信网络
GNMT	Google Neural Machine Translation	谷歌神经机器翻译
PaaS	Platform as a Service	平台即服务
DR	Diabetic Retinopathy	糖尿病视网膜病变
OCR	Optical Character Recognition	光学字符识别
NFC	Near Field Communication	近场通信
P2P	Peer-to-Peer	对等网络
AIoT	Artificial Intelligence & Internet of Things	人工智能物联网
EVM	Ethereum Virtual Machinecode	以太坊虚拟机代码
PoW	Proof of Work	工作量证明
BSN	Blockchain-based Service Network	区块链服务网络
VPN	Virtual Private Network	虚拟专用网络
APN	Access Point Name	接入点名称
HLR	Home Location Register	归属位置寄存器
GGSN	Gateway GPRS Support Node	GPRS 网关支持节点
GIS	Geographic Information System	地理信息系统
TOS	Terminal Operating System	码头操作系统
DLP	Digital Light Processing	数字光处理
PLC	Programmable Logic Controller	可编程逻辑控制器
AGV	Automated Guided Vehicle	自动导引车
IGV	Intelligent Guided Vehicle	智能导引车
G2B	Government to Business	政府对企业
G2C	Government to Citizen	政府对公民
SCF	Supply Chain Financing	供应链金融
DA	Distribution Automation	配电自动化
DNA	Distribution Network Automation	配网自动化
DTU	Distribution Terminal Unit	配电终端单元

续表

英文缩写	英文全称	中文释义
GPRS	General Packet Radio Service	通用分组无线业务
CDMA	Code-Division Multiple Access	码分多址
UAV	Unmanned Aerial Vehicle	无人驾驶飞行器
D2D	Device to Device	设备到设备

参考文献

[1] 美国白宫. National strategy to secure 5G[R]. 2020.

[2] 农业农村部信息中心, 中国国际电子商务中心研究院. 2020全国县域数字农业农村电子商务发展报告[R]. 2020.

[3] 中商产业研究院. 2019 年智慧交通行业市场发展前景及投资研究报告[R]. 2020.

[4] 中国人民银行. 2019 年支付体系运行总体情况[EB]. 2020.

[5] 美团研究院, 中国饭店协会外卖专业委员会. 2019 年及 2020 年上半年中国外卖产业发展报告[R]. 2020.

[6] 中共中央网络安全和信息化委员会办公室, 中华人民共和国国家互联网信息办公室, 中国互联网络信息中心. 2020 年第 45 次中国互联网络发展状况统计报告[R]. 2020.

[7] 中国信息通信研究院. 中国数字经济发展白皮书（2020 年）[R]. 2020.

[8] 史蒂芬·平克. 心智探奇：人类心智的起源与进化[M]. 郝耀伟, 译. 杭州: 浙江人民出版社, 2016.

[9] 尼克. 人工智能简史[M]. 北京: 人民邮电出版社, 2017.

[10] 周志华. 机器学习[M]. 北京: 清华大学出版社, 2016.

[11] 《2019 年中国数字政府服务能力评估总报告》发布[EB]. 2019.

[12] 普华永道. 银行公司业务转型正当时, 交易银行能力塑造以制胜[EB]. 2020.

[13] 李正茂, 王晓云, 张同须, 等. 5G+：5G 如何改变社会[M]. 北京: 中信出版集团, 2019.

[14] 卜向红, 杨爱喜, 古家军. 边缘计算：5G 时代的商业变革与重构[M]. 北京: 人民邮电出版社, 2019.

[15] 中国联合网络通信有限公司网络技术研究院. 中国联通 5G 智慧新安防业务发展白皮书[R]. 2019.

[16] 李长江. 关于数字经济内涵的初步探讨[J]. 电子政务, 2017(9): 83-92.

[17] 田丽. 各国数字经济概念比较研究[J]. 经济研究参考, 2017(40): 101-106, 112.

[18] 张辉, 石琳. 数字经济：新时代的新动力[J]. 北京交通大学学报(社会科学版), 2019, 18(2): 10-22.

[19] 吴韬. 习近平新时代数字经济思想及其现实意义[J]. 云南社会主义学院学报, 2018, 20(2): 5-11.

[20] 何枭吟. 美国数字经济研究[D]. 长春: 吉林大学, 2005.

[21] 许宪春, 张美慧. 中国数字经济规模测算研究: 基于国际比较的视角[J]. 中国工业经济, 2020(5): 23-41.

[22] 续继. 国内外数字经济规模测算方法总结[J]. 信息通信技术与政策, 2019(9): 78-81.

[23] 戚聿东, 肖旭. 数字经济时代的企业管理变革[J]. 管理世界, 2020, 36(6): 135-152.

[24] 崔保国, 刘金河. 论数字经济的定义与测算: 兼论数字经济与数字传媒的关系[J]. 现代传播, 2020, 42(4): 120-127.

[25] 商务部电子商务和信息化司. 中国电子商务报告（2019）[R]. 2020.

[26] 项立刚. 5G 时代: 什么是 5G, 它将如何改变世界[M]. 北京: 中国人民大学出版社, 2019.

[27] 龟井卓也. 5G 时代: 生活方式和商业模式的大变革[M]. 田中景, 译. 杭州: 浙江人民出版社, 2020.

[28] 埃里克·达尔曼, 斯特凡·巴克浮, 约翰·舍尔德. 5G NR 标准: 下一代无线通信技术[M]. 朱怀松, 王剑, 刘阳, 译. 北京: 机械工业出版社, 2019.

[29] 孙松林. 5G 时代: 经济增长新引擎[M]. 北京: 中信出版集团, 2019.

[30] E. Bruce Goldstein. 认知心理学: 心智、研究与你的生活（第三版）[M]. 张明, 等, 译. 北京: 中国轻工业出版社, 2015.

[31] 奥利维尔·布兰查德, 大卫·约翰逊. 宏观经济学（第 6 版）[M]. 王立勇, 等, 译. 北京: 清华大学出版社, 2014.

[32] 斯蒂芬·茨威格. 人类的群星闪耀时[M]. 舒昌善, 译. 桂林: 广西师范大学出版社, 2004.

[33] 2021 年政府工作报告[EB]. 2020.

[34] 国研网行业研究部. 2019—2020 年智慧城市建设行业市场竞争趋势及投资战略分析报告[R]. 2020.

[35] 国研网行业研究部. 2019—2020 年基础设施行业市场竞争趋势与投资战略分析报告[R]. 2020.

[36] 国研网行业研究部. [国研专稿]我国显示产业发展现状及趋势浅析[EB]. 2019.

[37] 国研网行业研究部. [国研专稿]2019 年无人机发展趋势展望[EB]. 2019.

[38] 国研网行业研究部. 2019—2020 年度大数据产业市场竞争趋势与投资战略分析报告[R]. 2020.

[39] 国研网行业研究部. 2019—2020 年度人工智能行业市场竞争趋势与投资战略分析报告[R]. 2020.

[40] 国研网行业研究部. 2019—2020 年度互联网行业市场竞争趋势及投资战略分析报告[R]. 2020.

[41] DON T. The digital economy: promise and peril in the age of networked intelligence[M]. New York: McGraw-Hill, 1996.

[42] 二十国集团数字经济发展与合作倡议[Z]. 2016.

[43] 中共中央, 国务院. 中共中央 国务院关于构建更加完善的要素市场化配置体制机制的意见[EB]. 2020.

[44] REINSEL D, GANTZ J, RYDNING J. 数据时代 2025[R]. 2017.

[45] REINSCH W, SUOMINEN K. Harnessing blockchain for american business and prosperity[R]. 2020.

[46] MATSUI D O. H.R.1361 - 116th congress (2019-2020): blockchain promotion act of 2019[EB]. 2019.

[47] The Government Office for Science. The future of manufacturing: a new era of opportunity and challenge for the UK - summary report[J]. 2013.

[48] Department for Science, Innovation and Technology, Department for Digital, Culture, Media & Sport, HM Treasury. Next generation mobile technologies: a 5G strategy for the UK[EB]. 2017.

[49] 上海市科学技术委员会. 数字德国发展报告[EB]. 2015.

[50] 驻德国经商参处. 德国"高科技战略 2025"内容概要[EB]. 2019.

[51] 工业和信息化部办公厅. 工业和信息化部办公厅关于全面推进移动物联网（NB-IoT）建设发展的通知[EB]. 2017.

[52] 中共中央办公厅, 国务院办公厅. 中共中央办公厅、国务院办公厅印发《国家信息化发展战略纲要》[EB]. 2016.

[53] 国务院. 国务院关于印发新一代人工智能发展规划的通知（国发〔2017〕35 号）[EB]. 2017.

[54] 中国科学院科技战略咨询研究院. 日本发布《科技创新综合战略 2017》[EB]. 2017.

[55] 国务院. 国家中长期科学和技术发展规划纲要（2006—2020 年）[EB]. 2006.

[56] 胡喆. 发展负责任的人工智能：我国新一代人工智能治理原则发布[EB]. 2019.

[57] 国家互联网信息办公室. 区块链信息服务管理规定[EB]. 2019.